胜券在握系列丛书

# 建设工程法规及相关知识一书通关

嗨学网考试命题研究委员会　组织编写

陈印　主编

杜诗乐　杨光　副主编

中国建筑工业出版社

图书在版编目（CIP）数据

建设工程法规及相关知识一书通关/陈印主编；嗨学网考试命题研究委员会组织编写. —北京：中国建筑工业出版社，2017.5

（胜券在握系列丛书）

ISBN 978-7-112-20760-2

Ⅰ.①建… Ⅱ.①陈… ②嗨… Ⅲ.①建筑法—中国—资格考试—自学参考资料 Ⅳ.①D922.297

中国版本图书馆CIP数据核字（2017）第092931号

责任编辑：牛 松 李 杰 王 磊
责任校对：焦 乐 关 健

胜券在握系列丛书
## 建设工程法规及相关知识一书通关
嗨学网考试命题研究委员会　组织编写
陈印　主编
杜诗乐　杨光　副主编

\*

中国建筑工业出版社出版、发行（北京海淀三里河路9号）
各地新华书店、建筑书店经销
北京嗨学网教育科技有限公司制版
北京云浩印刷有限责任公司印刷

\*

开本：787×1092毫米　1/16　印张：21¾　字数：626千字
2017年5月第一版　2017年5月第一次印刷
定价：77.00元
ISBN 978-7-112-20760-2
（30428）

如有印装质量问题，可寄本社退换
（邮政编码　100037）

---

版权所有　翻印必究

请读者识别、监督：

本书环衬用含有中国建筑工业出版社水印的专用防伪纸印刷，封底贴有中国建筑工业出版社专用防伪标，否则为盗版书，欢迎举报监督！举报电话：（010）58337026；举报QQ：3050159269

本社法律顾问：上海博和律师事务所许爱东律师

# 建设工程法规及相关知识一书通关

主　　编　陈　印

副主编　杜诗乐　杨　光

编委成员　陈　印　李佳升　肖国祥　徐　蓉　朱培浩　程庭龙
　　　　　杜诗乐　郭俊辉　韩　铎　李四德　李冉馨　李珊珊
　　　　　王　丹　王　欢　王　玮　王晓波　王维雪　徐玉璞
　　　　　杨　彬　杨　光　杨海军　杨占国

监　　制　王丽媛

执行编辑　王倩倩　李红印

版　　权　北京嗨学网教育科技有限公司

网　　址　www.haixue.com

地　　址　北京市朝阳区红军营南路绿色家园
　　　　　媒体村天畅园7号楼二层

关注我们
一建公众微信二维码

# 前　言

2010年，互联网教育行业浪潮迭起，嗨学网（www.haixue.com）顺势而生。七年来，嗨学网深耕学术团队建设、技术能力升级和用户体验提升，不断提高教育产品的质量与效用；时至今日，嗨学网拥有注册用户接近500万人，他们遍布中国大江南北乃至海外各地，正在使用嗨学产品改变着自身职场命运。

为了更好的教学效果和更佳的学习体验，嗨学团队根据多年教研成果倾力打造了此套"胜券在握系列丛书"，丛书以《建设工程经济》《建设工程项目管理》《建设工程法规及相关知识》《建筑工程管理与实务》《机电工程管理与实务》《市政公用工程管理与实务》等六册考试教材为基础，依托嗨学网这一国内先进互联网职业教育平台，研究历年考试真题，结合专家多年实践教学经验，为广大建筑类考生奉上一套专业、高效、精致的辅导书籍。

此套"胜券在握系列丛书"具有以下特点：

（1）内容全面，紧扣考试大纲

图书编写紧扣考试大纲和一级建造师执业资格考试教材，知识点全面，重难点突出，图书逻辑思路在教材的基础上，本着便于复习的原则重新得以优化，是一本源于大纲和教材却又高于教材、复习时可以代替教材的辅导用书。编写内容适用于各层次考生复习备考，全面涵盖常考点、难点和部分偏点。

（2）模块实用，考学用结合

知识点讲解过程中辅之以经典例题和章节练习题，同时扫描二维码还可以获得配套知识点讲解高清视频；"嗨·点评"模块集结口诀、记忆技巧、知识点总结、易混知识点对比、关键点提示等于一体，是相应内容的"点睛之笔"；全书内容在仔细研读历年超纲真题和超纲知识点的基础上，结合工程实践经验，为工程管理的从业人员提供理论上的辅导，并为考生抓住超纲知识点提供帮助和指导。总之，这是一本帮助考生准确理解知识点、把握考点、熟练运用并举一反三的备考全书。

（3）名师主笔，保驾护航

本系列丛书力邀陈印、李佳升、肖国祥、徐蓉、朱培浩等名师组成专家团队，嗨学考试命题研究委员会老师组成教学研究联盟，将多年的教学经验、深厚的科研实力，以及丰富的授课技巧汇聚在一起，作为每一位考生坚实的后盾。行业内权威专家组织图书编写并审稿，一线教学经验丰富的名师组稿，准确把握考试航向，将教学实践与考试复习相结合，严把图书内容质量关。

（4）文字视频搭配，线上线下配合

全书每节开篇附二维码，扫码可直接播放相应知识点配套名师精讲高清视频课程；封面二维码扫描获赠嗨学大礼包，可获得增值课程与高质量经典试题；关注嗨学网一建官方微信公众号可加入我们的嗨学大家庭，获得更多考试信息的同时，名师、"战友"一起陪你轻松过考试。

本书在编写过程中虽斟酌再三，但由于时间仓促，难免存在疏漏之处，望广大读者批评指正。

嗨学网，愿做你学业之路的良师，春风化雨，蜡炬成灰；职业之路的伙伴，携手并肩，攻坚克难；事业之路的朋友，助力前行，至臻至强。

编者
2017年5月

# 目录 CONTENTS

## 第一篇　前导篇

　　一、考试介绍　　　　　　　　　　　　　　　　　　　　　　3
　　二、复习指导　　　　　　　　　　　　　　　　　　　　　　4

## 第二篇　考点精讲篇

### ❶ 1Z301000 建设工程基本法律知识

　　1Z301010 建设工程法律体系　　　　　　　　　　　　　　10
　　1Z301020 建设工程法人制度　　　　　　　　　　　　　　18
　　1Z301030 建设工程代理制度　　　　　　　　　　　　　　23
　　1Z301040 建设工程物权制度　　　　　　　　　　　　　　32
　　1Z301050 建设工程债权制度　　　　　　　　　　　　　　41
　　1Z301060 建设工程知识产权制度　　　　　　　　　　　　45
　　1Z301070 建设工程担保制度　　　　　　　　　　　　　　52
　　1Z301080 建设工程保险制度　　　　　　　　　　　　　　62
　　1Z301090 建设工程法律责任制度　　　　　　　　　　　　67

### ❷ 1Z302000 施工许可法律制度

　　1Z302010 建设工程施工许可制度　　　　　　　　　　　　73
　　1Z302020 施工企业从业资格制度　　　　　　　　　　　　79
　　1Z302030 建造师注册执业制度　　　　　　　　　　　　　87

### ❸ 1Z303000 建设工程发承包法律制度

　　1Z303010 建设工程招标投标制度　　　　　　　　　　　　96
　　1Z303020 建设工程承包制度　　　　　　　　　　　　　　113
　　1Z303030 建筑市场信用体系建设　　　　　　　　　　　　121

### ❹ 1Z304000 建设工程合同和劳动合同法律制度

　　1Z304010 建设工程合同制度　　　　　　　　　　　　　　129
　　1Z304020 劳动合同及劳动关系制度　　　　　　　　　　　150
　　1Z304030 相关合同制度　　　　　　　　　　　　　　　　166

**❺ 1Z305000 建设工程施工环境保护、节约能源和文物保护法律制度**

  1Z305010 施工现场环境保护制度   181
  1Z305020 施工节约能源制度   191
  1Z305030 施工文物保护制度   198

**❻ 1Z306000 建设工程安全生产法律制度**

  1Z306010 施工安全生产许可证制度   205
  1Z306020 施工安全生产责任和安全生产教育培训制度   211
  1Z306030 施工现场安全防护制度   220
  1Z306040 施工安全事故的应急救援与调查处理   234
  1Z306050 建设单位和相关单位的建设工程安全责任制度   242

**❼ 1Z307000 建设工程质量法律制度**

  1Z307010 工程建设标准   250
  1Z307020 施工单位的质量责任和义务   257
  1Z307030 建设单位及相关单位的质量责任和义务   265
  1Z307040 建设工程竣工验收制度   271
  1Z307050 建设工程质量保修制度   280

**❽ 1Z308000 解决建设工程纠纷法律制度**

  1Z308010 建设工程纠纷主要种类和法律解决途径   287
  1Z308020 民事诉讼制度   295
  1Z308030 仲裁制度   310
  1Z308040 调解、和解制度与争议评审   320
  1Z308050 行政复议和行政诉讼制度   325

# 第三篇  知识总结篇

  各章常考时间汇总   337

# 第一篇 前导篇

# 一、考试介绍

## （一）一级建造师考试资格与要求

报名条件

1.凡遵守国家法律、法规，具备以下条件之一者，可以申请参加一级建造师执业资格考试：

（1）取得工程类或工程经济类大学专科学历，工作满6年，其中从事建设工程项目施工管理工作满4年。

（2）取得工程类或工程经济类大学本科学历，工作满4年，其中从事建设工程项目施工管理工作满3年。

（3）取得工程类或工程经济类双学士学位或研究生班毕业，工作满3年，其中从事建设工程项目施工管理工作满2年。

（4）取得工程类或工程经济类硕士学位，工作满2年，其中从事建设工程项目施工管理工作满1年。

（5）取得工程类或工程经济类博士学位，从事建设工程项目施工管理工作满1年。

2.符合上述报考条件，于2003年12月31日前，取得建设部颁发的《建筑业企业一级项目经理资质证书》，并符合下列条件之一的人员，可免试《建设工程经济》和《建设工程项目管理》2个科目，只参加《建设工程法规及相关知识》和《专业工程管理与实务》2个科目的考试：

（1）受聘担任工程或工程经济类高级专业技术职务。

（2）具有工程类或工程经济类大学专科以上学历并从事建设项目施工管理工作满20年。

3.已取得一级建造师执业资格证书的人员，也可根据实际工作需要，选择《专业工程管理与实务》科目的相应专业，报名参加考试。考试合格后核发国家统一印制的相应专业合格证明。该证明作为注册时增加执业专业类别的依据。

4.上述报名条件中有关学历或学位的要求是指经国家教育行政部门承认的正规学历或学位。从事建设工程项目施工管理工作年限是指取得规定学历前后从事该项工作的时间总和。全日制学历报考人员，未毕业期间经历不计入相关专业工作年限。

## （二）一级建造师考试科目

| 考试科目 | 考试时间 | 题型 | 题量 | 满分 |
| --- | --- | --- | --- | --- |
| 建设工程经济 | 2小时 | 单选题 | 60题 | 100分 |
| | | 多选题 | 20题 | |
| 建设工程项目管理 | 3小时 | 单选题 | 70题 | 130分 |
| | | 多选题 | 30题 | |
| 建设工程法规及相关知识 | 3小时 | 单选题 | 70题 | 130分 |
| | | 多选题 | 30题 | |
| 专业工程管理与实务 | 4小时 | 单选题 | 20题 | 160分（其中案例分析120分） |
| | | 多选题 | 10题 | |
| | | 案例分析题 | 5题 | |

# 第一篇　前导篇

《专业工程管理与实务》科目共包括10个专业，分别为：建筑工程、公路工程、铁路工程、民航机场工程、港口与航道工程、水利水电工程、市政公用工程、通信与广电工程、矿业工程和机电工程。

（三）《建设工程法规及相关知识》试卷分析

1.试卷构成

一级建造师职业资格考试《建设工程法规及相关知识》试卷共分2部分：单项选择题、多项选择题。其中单项选择题70道，多项选择题30道。

全卷总分共计130分，其中：单项选择题70分（每题1分），多项选择题60分（每题2分）。

2.评分规则

单项选择题：共70题，每题1分，每题的备选项中，只有1个最符合题意。

多项选择题：共30题，每题2分，每题的备选项中有2个或以上符合题意，至少有一个错项。错选，本题不得分；少选，所选每个项目得0.5分。

3.答题思路

（1）单选题

单选题一般考察的知识点都非常基础，正常选择是可以选出答案的，题目主要考察学员对知识的记忆和掌握。个别题目稍有难度，需要通过排除法等方法进行选择。因为单选题只有四个选项，因此答案一般比较明显。

（2）多选题

多选题偏重对学员能力的考察和对知识的综合性考察。大多数题目学员很难拿到2分，总是在一些干扰项上犹豫不决，选上了结果错了，没选上结果没拿到2分。对于这些题目，除了要求学员对知识能前后关联，精确把握，也要求学员学会"舍得"的做题原则。也就是说，多选题的给分选择是少选有分，选错0分，因此做多选题要宁缺毋滥，宁愿拿不满，不要全丢分。不要每道题都强求2分，有得有失，通过是要务。

二、复习指导

1.历年考情分析

近三年考试真题分值统计　　　　　　　　　　　　　　（单位：分）

| 章 \ 年份 | 2014年 | 2015年 | 2016年 |
| --- | --- | --- | --- |
| 1Z301000 建设工程基本法律知识 | 28 | 19 | 29 |
| 1Z302000 施工许可法律制度 | 10 | 6 | 7 |
| 1Z303000 建设工程发承包法律制度 | 11 | 15 | 13 |
| 1Z304000 建设工程合同和劳动合同法律制度 | 14 | 25 | 14 |
| 1Z305000 建设工程施工环境保护、节约能源和文物保护法律制度 | 10 | 10 | 9 |
| 1Z306000 建设工程安全生产法律制度 | 18 | 25 | 18 |

续表

| 章 \ 年份 | 2014年 | 2015年 | 2016年 |
|---|---|---|---|
| 1Z307000 建设工程质量法律制度 | 21 | 18 | 21 |
| 1Z308000 解决建设工程纠纷法律制度 | 18 | 12 | 19 |

1Z301000 建设工程基本法律知识

基本法律知识在考试中所占的分值越来越高，是整本教材里节的数目最多的，共有九节，同时也是知识点最繁杂、细节最多的，需要花非常多的时间精力去学习。但相对来讲各节内容比较独立，建议考生在学习中分章为节，按节学习。

1Z302000 施工许可法律制度

施工许可法律制度考频较低，占分较少，需要考生学习施工许可、施工企业从业资格、建造师注册执业制度这三方面内容。在学习过程中，难点不多，便于理解。

1Z303000 建设工程发承包法律制度

发承包法律制度主要考察招投标、承包制度、信用体系建设。在本章中，招投标的内容是最重要，也是知识点最多的，需要结合实际进行掌握。同时，教材内容与实践工作有一定的偏差，需要考生能够区分，不能一概而谈，完全带着工作经验来学习书本内容。

1Z304000 建设工程合同和劳动合同法律制度

合同制度分成三节：建设工程合同制度、劳动合同以及相关合同。其中，第一节和第二节是完全独立的两种合同，内容不能混淆，考生在学习中也不要去做对比，没有可比性。相关合同当中包括八种相关合同，在学习的时候需要有一定的侧重。

1Z305000 建设工程施工环境保护、节约能源和文物保护法律制度

本章分为三节：环保、节能、文物保护，考察内容比较基础，是八章里占分相对较少的一章，学习中注意对知识点进行归纳，有详有略进行学习。

1Z306000 建设工程安全生产法律制度

安全生产法律制度内容较多，但没有难点，需要考生结合实际进行理解。抓好关键词，抓好重点，进行常规学习即可。

1Z307000 建设工程质量法律制度

质量法律制度内容比安全略少，知识点比较独立，重点也非常突出。其中，第一节分值很少，其他四节内容都非常重要，需要考生重点掌握。

1Z308000 解决建设工程纠纷法律制度

纠纷解决是历年考试考生学习痛点，知识点散而杂，非常容易混淆，需要考生有集中对比，归纳总结的能力。

我们可以将整本教材分梯度进行学习，分配自己的时间精力。二、五两章占分较少，知识点也相对简单且分散，找准重点进行学习即可，三、四、六、七四章内容不少，但知识点相对来讲都比较简单且非常好理解，正常掌握即可，而第八章涉及较多的对比且容易混淆，难度仅次于第一章，需要学员融会贯通。

2.学习建议

《建设工程法规及相关知识》这门课程生活中接触的较多,学习起来感觉不陌生,再加上认真听课,是比较容易通过的。《建设工程法规及相关知识》的读书、听课、做题的关系可以用1:1:1来划分。首先需要自己详细阅读教材,对教材有初步的认识,很多知识点自己是可以理解并记忆的。其次是听课,自己看书过程中没有看懂的知识点通过听课能够理解;漏掉的、大而化之的知识点通过老师的强调能够重视起来;看懂的通过听课巩固,同时注意老师的讲解,判断自己的理解是否正确并加深记忆。最后是做题。书看再多遍,都需要通过做题来落到实处。不做题永远不知道考试会怎么进行考察。题目做多了,有了所谓的题感,通过自然不在话下。

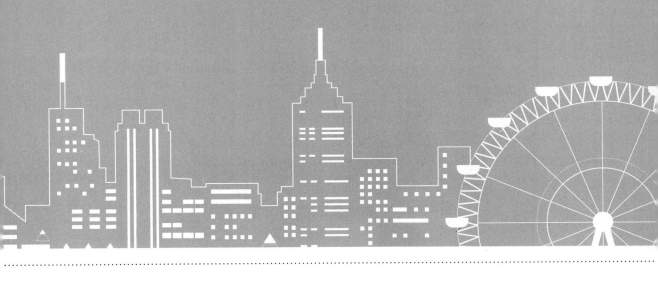

# 第二篇 考点精讲篇

# 1Z301000 建设工程基本法律知识

## 一、本章近三年考情

本章近三年考试真题分值统计　　　　　　　　　　　（单位：分）

| 节 \ 年份 | 2014年 单选题 | 2014年 多选题 | 2015年 单选题 | 2015年 多选题 | 2016年 单选题 | 2016年 多选题 |
|---|---|---|---|---|---|---|
| 1Z301010 建设工程法律体系 | 2 |  | 2 |  | 2 |  |
| 1Z301020 建设工程法人制度 | 2 |  |  | 2 | 2 |  |
| 1Z301030 建设工程代理制度 | 1 | 2 | 2 |  | 2 | 2 |
| 1Z301040 建设工程物权制度 | 2 | 2 | 2 |  | 2 | 2 |
| 1Z301050 建设工程债权制度 | 1 | 2 | 1 | 2 | 2 | 2 |
| 1Z301060 建设工程知识产权制度 | 2 | 2 | 2 | 2 | 2 | 2 |
| 1Z301070 建设工程担保制度 | 3 | 2 | 1 |  | 2 | 2 |
| 1Z301080 建设工程保险制度 | 2 |  |  |  | 1 |  |
| 1Z301090 建设工程法律责任制度 | 1 | 2 | 1 | 2 | 2 | 2 |

## 二、本章学习提示

　　本章总分呈现逐年上升的趋势，各节重要程度相当。其中，第一节讲解法律体系，内容比较枯燥，非常不好记忆；第二节讲解法人制度，内容简单，考查知识点非常集中，主要考察项目经理部和企业法人的关系；第三节代理制度的难点在于无权代理与表见代理；第四节物权制度，讲解了建设工程中常见的三种物权，其中第二种建设用地使用权和第三种地役权需要考生重点掌握；第五节债权制度主要讲解了债的几种发生依据，要求考生能够举一反三，精确判断；第六节知识产权制度介绍了三种常见的知识产权，考生在学习中需要注意辨析三种的异同；第七节担保制度介绍了常见的物种担保方式，每一种都非常重要，目前考试考察比较综合，要求考生能够对比五种担保方式的异同；第八节考察频率稍低，重点掌握一切险即可；第九节法律责任介绍了三种法律责任和四种工程中常见犯罪，注意区别。

# 1Z301010 建设工程法律体系

**本节知识体系**

本节主要讲解了法律体系的基本框架以及法的形式和效力层级，分别从横向和纵向来对我们国家的法律体系进行了划分和讲解。法律体系的基本框架主要根据一定的原则将我国的法律体系划分成不同的法律部门（或称部门法），调整了不同的社会关系。法的形式和效力层级则是将我国的法律体系按照一定的原则划分成不同的形式，同时比较这些形式效力的大小。

**核心内容讲解**

## 一、法律体系的基本框架

### （一）法律体系与部门法的概念

1. 法律体系（也称法的体系）：由一个国家现行的各个部门法构成的有机联系的统一整体。

2. 部门法（法律部门）：根据一定标准、原则所制定的同类法律规范的总称。

### （二）法律体系的基本框架

法律体系的基本框架主要讲解了七种不同的法律部门，分别为宪法及宪法相关法、民法商法、行政法、经济法、社会法、刑法、诉讼与非诉讼程序法。不同法律部门调整的社会关系及主要举例见表1Z301010-1。

法律部门的对应关系　　表1Z301010-1

| 法律部门 | 调整关系 | | 举例 |
|---|---|---|---|
| 宪法 | 国家大事 | | 全国人民代表大会组织法、选举法、国籍法、民族区域自治法 |
| 民商法 | 民-民，商-商（主体平等） | 国家不介入 | 合同法、物权法、侵权责任法 |
| 经济法 | | 国家积极介入、主动监管 | 土地管理法、节约能源法、政府采购法、反垄断法 |
| 行政法 | 官-官，官-民（主体不平等） | | 行政处罚法、行政许可法、环境影响评价法、建筑法 |
| 社会法 | 保护弱势 | 国家积极介入、主动监管 | 残疾人保障法、职业病防治法、劳动合同法、安全生产法 |
| 程序法 | | | 民事诉讼法、行政诉讼法、刑事诉讼法（三大诉讼程序法）、仲裁法（非诉讼程序法） |

**嗨·点评**　表格内容在历年考试中多次涉及，着重将法律部门与相对应的举例作为考点，考生备考时可按照调整的社会关系来进行记忆。

【经典例题】1.（2015年真题）下列法律中，属于宪法相关法的是（　　）。
A.《中华人民共和国建筑法》
B.《中华人民共和国民法通则》

C.《中华人民共和国全国人民代表大会组织法》
D.《中华人民共和国政府采购法》
【答案】C
【嗨·解析】A属于行政法，B属于民商法，D属于经济法。

【经典例题】2.在我国法律体系中，属于民商法部门的是（　　）。
A.行政许可法、环境影响评价法、建筑法
B.节约能源法、土地管理法、反垄断法
C.合同法、物权法、侵权责任法
D.安全生产法、职业病防治法、劳动合同法
【答案】C
【嗨·解析】A是行政法部门，B是经济法部门，C是民商法部门，D是社会法部门。

## 二、法的形式

### （一）概述

法的形式是指法律创制方式和外部表现形式。我国法的形式是制定法形式，具体可分为：1.宪法；2.法律；3.行政法规；4.地方性法规、自治条例和单行条例；5.部门规章；6.地方政府规章；7.国际条约。

我国法的形式为制定法。习惯、宗教、判例不是法的形式。

### （二）法的形式的判定

法的形式可以根据一定的方法进行判定，具体见表1Z301010-2。

法的形式的判定方法　　表1Z301010-2

| 法的形式 | 判定方法 | 举例 |
| --- | --- | --- |
| 宪法 | 无 | 《中华人民共和国宪法》 |
| 法律 | ××"法" | 《合同法》 |
| 行政法规 | ××"条例" | 《建设工程质量管理条例》 |
| 地方性法规、自治条例和单行条例 | （地名）××"条例" | 《北京市建筑市场管理条例》 |
| 部门规章 | ××"规定/办法/实施细则" | 《招标公告发布暂行办法》《市政公用设施抗震设防管理规定》 |
| 地方政府规章 | （地名）××"规定/办法/实施细则" | 《重庆市建设工程造价管理规定》 |
| 国际条约 | — | — |

### （三）法的形式的制定部门

由于不同的法的形式制定部门不同，效力不同，因此学习不同法的形式的制定部门对法的效力的学习尤为重要。法的形式与制定部门的对应关系见表1Z301010-3。

法的形式的制定部门　　表1Z301010-3

| 法的形式 | 制定部门及解释 | 其他 |
| --- | --- | --- |
| 宪法 | 由全国人民代表大会依照特别程序制定的具有最高效力的根本法 | |
| 法律 | 由全国人民代表大会和全国人民代表大会常务委员会制定颁布的规范性法律文件 | 国家主席签署主席令予以公布 |
| 行政法规 | 国家最高行政机关国务院根据宪法和法律就有关执行法律和履行行政管理职权的问题，以及依据全国人民代表大会及其常务委员会特别授权所制定的规范性文件的总称 | 总理签署国务院令予以公布 |

续表

| 法的形式 | 制定部门及解释 | 其他 |
| --- | --- | --- |
| 地方性法规、自治条例和单行条例 | 省、自治区、直辖市的人民代表大会制定的地方性法规 | 由大会主席团发布公告予以公布 |
| | 省、自治区、直辖市的人民代表大会常务委员会制定的地方性法规 | 由常务委员会发布公告予以公布 |
| | 设区的市、自治州的人民代表大会及其常务委员会制定的地方性法规 | 报经批准后,由设区的市、自治州的人民代表大会常务委员会发布公告予以公布 |
| | 自治条例和单行条例报经批准后,分别由自治区、自治州、自治县的人民代表大会常务委员会发布公告予以公布 | |
| 部门规章 | 国务院各部、委员会、中国人民银行、审计署和具有行政管理职能的直属机构所制定的规范性文件称部门规章 | 由部门首长签署命令予以公布 |
| 地方政府规章 | 省、自治区、直辖市和设区的市、自治州的人民政府,可以根据法律、行政法规和本省、自治区、直辖市的地方性法规,制定地方政府规章 | 由省长或者自治区主席或者市长签署命令予以公布 |
| 国际条约 | — | — |

**(四)《立法法》相关规定**

1.《立法法》规定,下列事项只能制定法律:

(1)国家主权的事项;

(2)各级人民代表大会、人民政府、人民法院、人民检察院的产生、组织和职权;

(3)民族自治区域制度、特别行政区制度、基层群众自治制度;

(4)犯罪和刑罚;

(5)对公民政治权利的剥夺、限制人身自由的强制措施和处罚;

(6)税种、税率、税收征管;

(7)对非国有财产的征收;

(8)民事基本制度;

(9)基本经济制度以及财政、海关、金融、外贸基本制度;

(10)诉讼和仲裁制度;

(11)其他。

2.《立法法》规定,设区的市的人大及常委会,根据本市的具体情况和实际需要,可以对城乡建设与管理、环境保护、历史文化保护等方面事项制定地方性法规。

3.《立法法》规定,没有法律、行政法规根据时,部门规章不得设定减损公民、法人和其他组织权利或增加其义务的规范,不得增加本部门的权力或者减少本部门的法定职责。

简记:不得减少民的权利增加民的义务,不得增加官的权力减少官的职责。

🔊 **嗨·点评** 考生应重点掌握不同法的形式如何判断,依据上表内容进行判别。同时,需掌握不同法的形式的制定与公布。

【经典例题】3.(2015年真题)下列规范性文件中,由国务院有关部委负责制定并公布的是( )。

A.《建设工程质量管理条例》

B.《北京市建筑市场管理条例》

C.《重庆市建设工程造价管理规定》

D.《招标公告发布暂行办法》

【答案】D

【嗨·解析】本题考查的是法的形式。部门规章规定的事项应当属于执行法律或者国务院的行政法规、决定、命令的事项,其名称可以是"规定"、"办法"和"实施细则"等。

【经典例题】4.设区的市可以对本辖区内

（　　）等方面的事项制定地方性法规和地方政府规章。

A.城乡建设与管理　　B.非国有财产的征收
C.环境保护　　　　　D.基层群众自治
E.历史文化保护

【答案】ACE
【嗨·解析】BD只能制定法律。

### 三、法的效力层级

（一）法的效力层级的概念

法的效力层级，是指法律体系中的各种法的形式，由于制定的主体、程序、时间、适用范围等的不同，具有不同的效力，形成法的效力等级体系。法的效力层级本质上是法的冲突适用问题。

我国法律体系按纵向可以划分为如下层级。见图1Z301010-1。

宪法→法律→行政法规⎧地方性法规→地方政府规章
　　　　　　　　　　⎩部门规章

图1Z301010-1　法律体系的纵向层级

（二）法的效力层级的基本原则（见表1Z301010-4）

法的效力层级的基本原则　表1Z301010-4

| 基本原则 | 具体规定 |
| --- | --- |
| 1.宪法至上 | 宪法是具有最高法律效力的根本大法，具有最高的法律效力 |
| 2.上位法优于下位法 | 当两个规范性文件规定不一致，且存在上下位关系，称为"法的纵向冲突"：直接适用上位规定，下位的规定无效 |
| 3.特别法优于一般法 | 同一机关制定的法律、行政法规、地方性法规、自治条例和单行条例、规章，特别规定与一般规定不一致的，适用特别规定 |
| 4.新法优于旧法 | 同一机关制定的法律、行政法规、地方性法规、自治条例和单行条例、规章，新的规定与旧的规定不一致的，适用新的规定 |
| 5.特殊情况 | — |

（三）特殊情况

当两个规范性文件规定不一致，且不存在上下位关系，称为"法的横向冲突"，适用何者规定，一般需要经过有权机关裁决。

1.新的一般规定与旧的特别规定冲突：

根据上述基本原则：新法优于旧法，特别法优于一般法。当新的一般规定与旧的特别规定冲突时，基本原则不适用，则适用原则见表1Z301010-5。

新的一般规定与旧的特别规定冲突的解决　表1Z301010-5

| 冲突 | | 解决原则 |
| --- | --- | --- |
| 法律之间 | 对同一事项的新的一般规定与旧的特别规定不一致 | 由全国人民代表大会常务委员会裁决 |
| 行政法规之间 | 对同一事项的新的一般规定与旧的特别规定不一致 | 由国务院裁决 |
| 同一机关制定的 | 新的一般规定与旧的特别规定不一致 | 由制定机关裁决 |

2. 地方性法规、规章之间不一致时，由有关机关依照下列规定的权限作出裁决，见表1Z301010-6。

不同机关制定的内容冲突　表1Z301010-6

| 冲突 | | 解决原则 |
| --- | --- | --- |
| 不同机关制订 | 地方性法规与部门规章冲突 | 国务院认为应适用地方性法规，国务院裁决 |
| | | 国务院认为应当适用部门规章，提请全国人大常委会裁决 |
| | A部门规章与B部门规章冲突 | 国务院裁决 |
| | 部门规章与地方政府规章冲突 | |

### （四）备案和审查

**1.备案**

行政法规、地方性法规、自治条例和单行条例、规章应当在公布后的30日内依照下列规定报有关机关备案，见表1Z301010-7。

行政法规等的备案　表1Z301010-7

| 法的形式 | | 备案部门 | 其他说明 |
| --- | --- | --- | --- |
| 行政法规 | | 报全国人民代表大会常务委员会备案 | |
| 地方性法规 | 省、自治区、直辖市的人民代表大会及其常务委员会制定 | 报全国人民代表大会常务委员会和国务院备案 | |
| | 设区的市、自治州的人民代表大会及其常务委员会制定 | 由省、自治区的人民代表大会常务委员会报全国人民代表大会常务委员会和国务院备案 | |
| 自治州、自治县的人民代表大会制定的自治条例和单行条例 | | 由省、自治区、直辖市的人民代表大会常务委员会报全国人民代表大会常务委员会和国务院备案 | 自治条例、单行条例报送备案时，应当说明对法律、行政法规、地方性法规作出变通的情况 |
| 部门规章 | | 报国务院备案 | |
| 地方政府规章 | | 报国务院备案 | 地方政府规章应当同时报本级人民代表大会常务委员会备案；设区的市、自治州的人民政府制定的规章应当同时报省、自治区的人民代表大会常务委员会和人民政府备案 |
| 根据授权制定的法规 | | 报授权决定规定的机关备案 | |
| 其他规定 | | 经济特区法规报送备案时，应当说明对法律、行政法规、地方性法规作出变通的情况 | |

**2.审查**

国务院、中央军事委员会、最高人民法院、最高人民检察院和各省、自治区、直辖市的人民代表大会常务委员会认为行政法规、地方性法规、自治条例和单行条例同宪法或者法律相抵触的，可以向全国人民代表大会常务委员会书面提出进行审查的要求，由常务委员会工作机构分送有关的专门委员会进行审查、提出意见。其他国家机关和社会团体、企业事业组织以及公民认为行政法规、地方性法规、自治条例和单行条例同宪法或者法律相抵触的，可以向全国人民代表大会常务委员会书面提出进行审查的建议，由常务委员会工作机构进行研究，必要时，送有关的专门委员会进行审查、提出意见。有关的专门委员会和常务委员会工作机构可以对报送备案的规范性文件进行主动审查。

**嗨·点评** 要求考生能够判断不同法的形式效力高低，尤其要关注需有关机关裁决适用的特殊情况，这部分既是学习中的难点，也是考试中的重点。

【经典例题】5.（2016年真题）关于地方性法规批准和备案的说法，正确的是（　　）。

A.设区的市的地方性法规应当报省级人大常委会备案

B.自治州的单行条例报送备案时，应当说明作出变通的情况

C.省级人大常委会的地方性法规应报全国人大常委会批准

D.自治县的单行条例由自治州人大常委会报送全国人大常委会和国务院备案

【答案】C

【嗨·解析】A错误，设区的市、自治州的人民代表大会及其常务委员会制定的地方性法规，由省、自治区的人民代表大会常务委员会报全国人民代表大会常务委员会和国务院备案；

B错误，D错误，自治州、自治县的人民代表大会制定的自治条例和单行条例，由省、自治区、直辖市的人民代表大会常务委员会报全国人民代表大会常务委员会和国务院备案；自治条例、单行条例报送备案时，应当说明对法律、行政法规、地方性法规作出变通的情况；C正确。

【经典例题】6.不同行政法规对同一事项的规定，新的一般规定与旧的特别规定不一致，不能确定如何适用时，由（　　）裁决。

A.国务院主管部门

B.最高人民法院

C.国务院

D.全国人大常委会

【答案】C

【嗨·解析】正式的法律渊源的效力原则中：法律之间对于同一事项的新的一般规定与旧的特别规定不一致，不能确定如何适用的时候，由全国人大常委会裁决。行政法规之间对同一事项的新的一般规定与旧的特别规定不一致。不能确定如何适用时，由国务院裁决。

【经典例题】7.下列与工程建设有关的规范性文件中，法律效力最高的是（　　）。

A.上海市建筑市场管理条例

B.建筑业企业资质管理规定

C.工程建设项目施工招标投标办法

D.建设工程质量管理条例

【答案】D

【嗨·解析】A属于地方性法规；B属于部门规章；C属于部门规章；D属于行政法规，在四个选项中，D效力最高。

## 章节练习题

**一、单项选择题**

1. 下列法律中，属于行政法的是（　　）。
   A.《统计法》　　　　B.《建筑法》
   C.《预算法》　　　　D.《土地管理法》

2. 下列法律中，属于经济法的是（　　）。
   A.《标准化法》　　　B.《招标投标法》
   C.《物权法》　　　　D.《合同法》

3. 下列关于行政法规签发的表述中，正确的是（　　）。
   A.行政法规由国家主席签署主席令公布
   B.行政法规由国务院总理签署国务院令公布
   C.行政法规由国家发改委主任签署命令公布
   D.行政法规由住建部部长签署命令公布

4. 关于法的效力层级，下列表述中错误的是（　　）。
   A.宪法至上
   B.新法优于旧法
   C.特别法优于一般法
   D.一般法优于特别法

5. 按照上位法与下位法的法律地位与效力，下列说法中错误的是（　　）。
   A.《建筑法》高于《建设工程质量管理条例》
   B.《建设工程质量管理条例》高于《注册建造师管理规定》
   C.《建设工程安全生产管理条例》高于《建设工程施工现场管理规定》
   D.《北京市建筑市场管理条例》高于《河北省建筑市场管理条例》

6. 《房屋建筑和市政基础设施工程竣工验收备案管理办法》的颁布是由（　　）。
   A.国家主席签署主席令公布
   B.国务院总理签署国务院令公布
   C.国家发改委主任签署命令公布
   D.住建部部长签署命令公布

7. 《招标投标法》属于（　　）。
   A.民商法　　　　　　B.行政法
   C.经济法　　　　　　D.社会法

**二、多项选择题**

1. 下列法律中，属于社会法的有（　　）。
   A.《残疾人保障法》　B.《劳动法》
   C.《职业病防治法》　D.《矿山安全法》
   E.《环境影响评价法》

2. 我国现行的建设行政法规主要有（　　）。
   A.《建设工程质量管理条例》
   B.《建设工程安全生产管理条例》
   C.《建设工程勘察设计管理条例》
   D.《城市房地产开发经营管理条例》
   E.《市政公用设施抗灾设防管理规定》

3. 下列立法成果中属于地方性法规、自治条例或单行条例的有（　　）。
   A.《北京市招标投标条例》
   B.《建筑安装工程招标投标试行办法》
   C.《重庆市建设工程造价管理规定》
   D.《宁波市建设工程造价管理办法》
   E.《新疆维吾尔自治区建筑市场管理条例》

## 参考答案及解析

**一、单项选择题**

1.【答案】B
【解析】ACD属于经济法。

2.【答案】A
【解析】根据经济法的概念，上述法律中只有《标准化法》属于经济法，显然，A项为正确选项，BCD属于民法商法。

3.【答案】B
【解析】行政法规是我国法律体系的重要组成部分，依照《立法法》的规定，国务院根据宪法和法律，制定行政法规，由总理签署国务院令公布。因此，正确选项是B。不同法的形式，如法律、行政法规、部门规章、地方性法规与地方规章等，其制定与发布的机构都不相同，这样的知识点应该归纳总结、对比记忆。

4.【答案】D
【解析】我国法的效力层级是：宪法至上、上法优于下法、特别法优于一般法、新法优于旧法等。显然，选项A、B、C表述正确，选项D表述错误，故D为本题答案。

5.【答案】D
【解析】在我国法律体系中，法律的效力是上位法高于下位法，具体表现为宪法—法律—行政法规—地方性法规等，其法律地位与效力依次降低，而地方性法规之间没有高低上下之分。上述选项中，A、B、C均正确，只有D不符合效力层级规则，因此，答案为D选项。

6.【答案】D
【解析】见表1Z301010-2。该《办法》属于部门规章，由部门首长签署命令予以公布。

7.【答案】A
【解析】见表1Z301010-1。

二、多项选择题

1.【答案】ABCD
【解析】E属于行政法。

2.【答案】ABCD
【解析】E属于部门规章。

3.【答案】AE
【解析】在我国立法中，辨别地方性法规应该注意：地方法规的开头多贯有地方名字；地方性法规大部分称作条例，也有少数是法律在地方的实施细则，以及部分具有法规属性的文件，如决议、决定等。该题目中，显然，选项A属于一般地方性法规，E属于自治条例或单行条例。因此，正确答案是A、E。B属于部门规章，CD属于地方政府规章。

## 1Z301020 建设工程法人制度

**本节知识体系**

本节围绕法人来进行讲解，分别介绍了法人的定义、成立条件、分类、地位和作用以及企业法人与项目经理部的关系。其中，企业法人与项目经理部的法律关系为高频考点。

**核心内容讲解**

### 一、法人应具备的条件

#### （一）法人的概念

法人是具有民事权利能力和民事行为能力，依法独立享有民事权利和承担民事义务的组织（单位）。

#### （二）法人应当具备的条件

一个单位要具备法人资格，应当满足4个条件：

1. 依法成立：设立法人必须经过政府主管机关的批准或者核准登记。
2. 有必要的财产或者经费。
3. 有自己的名称、组织机构和场所：法人的场所则是法人进行业务活动的所在地，也是确定法律管辖的依据。
4. 能够独立承担民事责任。

法人的法定代表人是自然人。他依照法律或者法人组织章程的规定，代表法人行使职权。法人以它的主要办事机构所在地为住所。法人与法定代表人的关系见图1Z301020-1。

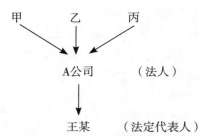

图1Z301020-1　法人与法定代表人的关系

解释：甲乙丙合资成立A公司，A公司符合法人的成立要件，经工商部门核准登记后即为法人。A公司选择王某作为其法定代表人，法定代表人的职务行为可以代表企业法人。

#### （三）法人的分类

1. 法人的分类见图1Z301020-2。

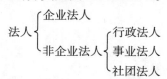

图1Z301020-2　法人的分类

2. 法人取得资格：

不同种类的法人取得资格的程序不同，具体见表1Z301020。

法人取得资格的程序　　表1Z301020

| 法人的分类 | | 法人取得资格的程序 |
| --- | --- | --- |
| 企业法人 | | 依法经工商行政管理机关核准登记后取得法人资格 |
| 有独立经费的机关 | | 从成立之日起，具有法人资格 |
| 具有法人条件的事业单位、社会团体 | 依法不需要办理法人登记的 | 从成立之日起，具有法人资格 |
| | 依法需要办理法人登记的 | 经核准登记，取得法人资格 |

3.企业法人分立、合并或者有其他重要事项变更，应当向登记机关办理登记并公告。企业法人分立、合并，其权利和义务由变更后的法人享有和承担。

4.在建设工程中，施工、勘察、设计、监理单位、招标代理机构等一定是法人组织（因为需要申请资质，而申请资质的前提必须是独立法人）。建设单位不需要资质，因此可以是法人，也可以是没有法人资格的其他组织。

🔊 **嗨·点评** 考生需重点理解法人的成立条件，同时应对法人的分类做熟练掌握，尤其是区分法人的不同种类在取得法人资格时的相关规定。

【经典例题】1.（2016年真题）关于法人的说法，正确的是（　　）。

A.法人分为企业法人和行政法人

B.企业法人合并、分立的，应当向登记机关办理登记并公告

C.有独立经费的机关法人从批准之日取得法人资格

D.具有法人条件的事业单位经批准登记取得法人资格

【答案】B

【嗨·解析】A错误，法人可以分为企业法人和非企业法人两大类；B正确，企业法人分立、合并或者有其他重要事项变更，应当向登记机关办理登记并公告；C错误，有独立经费的机关从成立之日起，具有法人资格；D错误，具有法人条件的事业单位、社会团体，依法不需要办理法人登记的，从成立之日起，具有法人资格；依法需要办理法人登记的，经核准登记，取得法人资格。

【经典例题】2.甲公司欠某供应商500万元贷款，后甲公司分立为乙丙两家公司。关于甲公司分立后500万元债务的清偿问题的说法，正确的是（　　）。

A.应当由甲公司承担全部债务

B.乙公司与丙公司均不承担清偿债务

C.应当由乙丙公司承担连带债务

D.应当由乙公司承担全部债务

【答案】C

【嗨·解析】企业法人合并、分立的，应当向登记机关登记并公告。企业法人合并的，其权利义务由合并后的单位继续承担。企业法人分立的，其权利义务由分立后的单位连带享有和负担。

## 二、企业法人与项目经理部的法律关系

### （一）与企业法人相关的概念

1.项目经理部：施工企业为了完成某项建设工程施工任务而设立的组织。项目经理部不具备法人资格，而是施工企业根据建设工程施工项目而组建的非常设的下属机构。

2.项目经理：施工企业的项目经理，是受企业法人的委派，对建设工程施工项目全面负责的项目管理者，是一种施工企业内部的岗位职务。项目经理根据企业法人的授权，组织和领导本项目经理部的全面工作。在每个施工项目上必须有一个经企业法人授权的项目经理。

3.法定代表人：企业法人的法定代表人，其职务行为可以代表企业法人。

### （二）企业法人与项目经理部的法律关系

项目经理部是施工企业法人设立的一次性生产组织。大中型施工项目，应当在施工现场设立项目经理部；小型项目，施工企业自主决定是否设置。施工企业应当明确项目经理部的职责、任务和组织形式。

由于项目经理部不具备独立的法人资格，无法独立承担民事责任。所以，项目经理部行为的法律后果将由企业法人承担。

🔊 **嗨·点评** 考生需重点记忆项目经理部与法人的关系，结合实践来理解项目经理部不是法人以及企业法人担责的规定。

【经典例题】3.（2016年真题）某施工企业的项目经理李某在工程施工过程中订立材料采购合同，承担该合同付款责任的是（    ）。
A.李某
B.施工企业
C.李某所属施工企业项目经理部
D.施工企业法定代表人
【答案】B
【嗨·解析】由于项目经理部不具备独立的法人资格，无法独立承担民事责任。所以，项目经理部行为的法律后果将由企业法人承担。

【经典例题】4.（2015年真题）关于项目经理部及其行为法律后果的说法正确的是（    ）。
A.其行为的法律后果由项目经理承担
B.不具备法人资格
C.是施工企业为完成某项工程建设任务而设立的组织
D.其行为的法律后果由项目经理部承担
E.其行为的法律后果由企业法人承担
【答案】BCE
【嗨·解析】本题考查企业法人和项目经理的法律关系。项目经理部行为的法律后果将由企业法人承担，A、D错误；项目经理部不具备独立的法人资格。项目经理部是施工企业为了完成某项建设工程施工任务而设立的组织。

# 章节练习题

## 一、单项选择题

1. 施工企业取得法人资格的时间为（　　）。
   A.注册资金到位日
   B.公司成立日
   C.工商部门核准登记日
   D.建设行政主管部门颁发资质证书日

2. 在某工程项目施工中，施工企业经项目经理签字的材料款，未能按时支付，则承担法律责任的主体是（　　）。
   A.施工企业　　　B.项目经理
   C.建设单位　　　D.项目经理部

3. 下列选项中，关于企业法人与项目经理部法律关系的表述，正确的是（　　）。
   A.项目经理部具有法人资格
   B.项目经理经企业法人授权，其职务行为可以代表企业法人
   C.项目经理部行为的法律后果应由企业法人承担
   D.项目经理部行为的法律后果应由项目经理承担

4. 根据《民法通则》，施工企业的项目经理属于企业（　　）。
   A.委托代理人
   B.法定代理人
   C.指定代理人
   D.授权的项目管理者

5. 关于项目经理的说法，正确的是（　　）。
   A.项目经理是企业法人授权在建设工程施工项目上的管理者
   B.施工项目可以设有项目经理
   C.项目经理具有相对独立的法人资格
   D.由项目经理签字的材料款项未及时支付，材料供应商应以项目经理为被告进行起诉

6. 根据《公司法》，公司法人成立日期是（　　）之日。
   A.公司营业执照签发
   B.申请公司设立
   C.工商管理机关批准
   D.组织机构代码证签发

7. 关于施工企业法人与项目经理部法律关系的说法，正确的是（　　）。
   A.项目经理部具备法人资格
   B.项目经理是企业法人授权在建设工程施工项目上的管理者
   C.项目经理部行为的法律后果由其自己承担
   D.项目经理部是施工企业内部常设机构

## 二、多项选择题

1. 下列对于法人的表述中，正确的是（　　）。
   A.法人可以分为企业法人和事业法人
   B.机关法人从设立时起具有法人资格，无须经专门机构核准登记
   C.企业法人经工商行政管理机关核准登记后取得法人资格
   D.企业法人分立、合并，应当向登记机关办理登记并公告
   E.企业法人分立、合并，其权利和义务由变更后的法人享有和承担

2. 设立法人应当具备的条件包括（　　）。
   A.依法成立
   B.有自己的名称、组织机构和场所
   C.有必要的财产和经费
   D.有法定的代表人
   E.能够独立承担民事责任

# 参考答案及解析

## 一、单项选择题

1.【答案】C
【解析】企业法人依法经工商行政管理机关核准登记后取得法人资格。

2.【答案】A
【解析】项目经理部不具有法人资格，不能独立承担民事责任，项目经理是施工企业法定代表人在项目上的授权代表，其在行使职权时产生的法律后果应当由施工企业承担。显然，A项正确。

3.【答案】C
【解析】A错误，项目经理部不具有法人资格；B错误，企业法人的法定代表人，其职务行为可以代表企业法人；C正确；D错误，项目经理部行为的法律后果应由企业法人承担。

4.【答案】D
【解析】根据《民法通则》的规定，项目经理部属于施工企业内部的现场生产组织机构，没有独立法人资格；项目经理是企业法人授权的项目管理者。

5.【答案】A
【解析】A正确，施工企业的项目经理，是受企业法人的委派，对建设工程施工项目全面负责的项目管理者，是一种施工企业内部的岗位职务；B错误，在每个施工项目上必须有一个经企业法人授权的项目经理；C错误，由于项目经理部不具备独立的法人资格，无法独立承担民事责任。所以，项目经理部行为的法律后果将由企业法人承担；D错误，项目经理签字的材料款，如果不按时支付，材料供应商应当以施工企业为被告提起诉讼。

6.【答案】A
【解析】《公司法》第7条明确规定，"依法成立的公司，由公司登记机关发给公司营业执照，公司营业执照签发日期为公司成立日期"。

7.【答案】B
【解析】A错误，项目经理部不具备独立的法人资格；B正确；C错误，项目经理部行为的法律后果由企业法人承担；D错误，项目经理部是施工企业根据建设工程施工项目而组建的非常设的下属机构。

二、多项选择题

1.【答案】BCDE
【解析】法人分为企业法人和非企业法人两大类，非企业法人包括行政法人、事业法人、社团法人。所以A项错误。机关法人的设立取决于宪法和法律的规定，因此其设立无须经专门机构核准登记，所以B项正确。而C、D、E都是企业法人的重要特点。故B、C、D、E为正确选项。

2.【答案】ABCE
【解析】D不属于法人的成立要件。

# 1Z301030 建设工程代理制度

**本节知识体系**

本节主要围绕代理制度，讲解了代理的特征和种类、代理的设立和终止、无权代理与表见代理、不当代理所需要承担的责任等，对代理的内容进行了全方位的介绍。其中，无权代理与表见代理的异同是考生学习的难点，也是考试的重点。

**核心内容讲解**

## 一、代理的法律特征和主要种类

### （一）代理的定义

公民、法人可以通过代理人实施民事法律行为。代理人在代理权限内，以被代理人的名义实施民事法律行为。被代理人对代理人的代理行为，承担民事责任。代理涉及三方当事人，即被代理人、代理人和代理关系所涉及的第三人。具体关系见图1Z301030-1。

图1Z301030-1 代理所涉及的当事人

### （二）代理的法律特征

代理有四项法律特征，见图1Z301030-2。

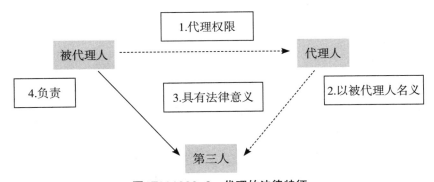

图1Z301030-2 代理的法律特征

1. 代理人必须在代理权限范围内实施代理行为。（没有代理权、超越代理权或者代理权终止后的行为，只有经过被代理人的追认，被代理人才承担民事责任，即无权代理。）

2. 代理人应该以被代理人的名义（而不是自己的名义）实施代理行为。

3. 代理必须是具有法律意义的行为。（即被代理人意图与第三人发生权利义务关系，产生法律后果的行为。）

4. 代理行为的法律后果归属被代理人。（即该代理行为由被代理人承担民事责任。）

（三）代理的主要种类（见表1Z301030-1）

代理的主要种类　表1Z301030-1

| 代理的主要种类 | 解释 | 举例 |
| --- | --- | --- |
| 委托代理 | 委托代理按照被代理人的委托行使代理权 | 被代理人是以意思表示的方法将代理权授予代理人。比如委托招标代理机构 |
| 法定代理 | 根据法律的规定而发生的代理 | 无民事行为能力人、限制民事行为能力人的监护人是他的法定代理人 |
| 指定代理 | 根据人民法院或有关单位的指定而发生的代理 | 在诉讼中，无民事行为能力人、限制民事行为能力人的监护人是他的法定代理人。事先没有确定监护人的，可以由有监护资格的人协商确定，协商不成的，由人民法院在他们之间指定诉讼中的法定代理人 |

【嗨·点评】 要求考生理解代理的定义及特征，能判断代理的种类。

【经典例题】1.根据《民法通则》，关于代理的说法，正确的是（　　）。

　A.代理人在授权范围内实施代理行为的法律后果由被代理人承担

　B.代理人可以超越代理权实施代理行为

　C.被代理人对代理人的一切行为承担民事责任

　D.代理是代理人以自己的名义实施民事法律行为

【答案】A

【嗨·解析】A正确，代理人在代理权限内，以被代理人的名义实施名师法律行为。被代理人对代理人的代理行为，承担民事责任；

B错误，代理人只能在代理权限内实施代理行为，超越代理权的行为属于无权代理；

C错误，被代理人对代理人的代理行为承担民事责任，而不是一切行为；

D错误，代理是代理人以被代理人的名义实施民事法律行为。

【经典例题】2.根据代理权获得的方式不同，代理可分为（　　）。

　A.指定代理　　　　B.委托代理
　C.隐名代理　　　　D.法定代理
　E.居间代理

【答案】ABD

【嗨·解析】代理包括委托代理、法定代理和制定代理。委托代理按照被代理人的委托行使代理权；法定代理是指根据法律规定而发生的代理；指定代理是根据人民法院或有关单位的指定而发生的代理。

【经典例题】3.下列代理中，不属于委托代理的是（　　）。

　A.招标代理　　　　B.采购代理
　C.诉讼代理　　　　D.指定代理

【答案】D

【嗨·解析】代理包括委托代理、法定代理和指定代理。委托代理按照被代理人的委托行使代理权，如工程招标代理、材料设备采购代理以及诉讼代理等。指定代理是根据人民法院或有关单位的指定而发生的代理。

## 二、建设工程代理行为的设立和终止

建设工程中，招标活动、采购活动、诉讼活动均可以委托代理。但工程承包活动的代理实际上是挂靠行为，为法律所禁止。

（一）建设工程代理行为的设立

1.不得委托代理的建设工程活动

（1）依照法律规定或者按照双方当事人约定，应当由本人实施的民事法律行为，不得代理。

（2）建设工程的承包活动不得委托代理：施工总承包的，建筑工程主体结构的施工必须由总承包单位自行完成。

2.须取得法定资格方可从事的建设工程代理行为：

（1）下列人员可以被委托为诉讼代理人：
①律师、基层法律服务工作者；
②当事人的近亲属或者工作人员；
③当事人所在社区、单位以及有关社会团体推荐的公民。

（2）招标代理机构是依法设立、从事招标代理业务并提供相关服务的社会中介组织。招标代理机构应当具备下列条件：
①有从事招标代理业务的营业场所和相应资金；
②有能够编制招标文件和组织评标的相应专业力量；
③有符合本法规定条件、可以作为评标委员会成员人选的技术、经济等方面的专家库。

（3）从事工程建设项目招标代理业务的招标代理机构，其资格由国务院或者省、自治区、直辖市人民政府的建设行政主管部门认定。

3.民事法律行为的委托代理（书面/口头皆可）

书面委托代理授权书内容：
☐ 代理人姓名或名称
☐ 代理事项、权限和期间
☐ 委托人签名或盖章

委托书授权不明的，被代理人应当向第三人承担民事责任，代理人负连带责任。

（二）建设工程代理行为的终止（见表1Z301030-2）

建设工程代理行为的终止的情形　表1Z301030-2

| 委托代理终止 | 法定代理/指定代理终止 |
|---|---|
| 代理期间届满/代理事务完成 | 被代理人取得/恢复民事行为能力 |
| 被代理人取消委托/代理人辞去委托 | 其他原因引起的被代理人与代理人之间监护关系消灭 |
| 代理人死亡 | 被代理人或者代理人死亡 |
| 代理人丧失民事行为能力 ||
| 作为被代理人/代理人的法人终止 | 指定代理的人民法院/指定单位取消指定 |

🔊 **嗨·点评** 建设工程代理行为的设立为常规考点，理解即可。此处难点在于区分代理行为终止的情形。

【经典例题】4.（2016年真题）关于建设工程代理的说法，正确的是（　　）。

A.招标活动应当委托代理
B.代理人不可以自行辞去委托
C.被代理人可以单方取消委托
D.法定代表人与法人之间是法定代理关系

【答案】C

【嗨·解析】A错误，招标代理机构是依法设立、从事招标代理业务并提供相关服务的社会中介组织。建设单位可以委托招标代理机构招标，也可以自行招标，不是应当；B错误，代理人可以自行辞去委托，代理人辞去委托，委托代理终止；C正确；D错误，法定代表人与公司法人在内部关系上也往往是劳动合同关系，故法定代表人属于雇员范畴。但对外关系上，法定代表人对外以法人名义进行民事活动时，其与法人之间并非代理关系，而是代表关系，且其代表职权来自法律的明确授权，故不另需法人的授权委托书。

【经典例题】5.（2014年真题）根据《民法通则》法定代理或指定代理终止的情形有（　　）。

A.代理期间届满或者代理事务完成

B.被代理人取得或者恢复行为能力
C.被代理人或者代理人死亡
D.代理人丧失民事行为能力
E.指定代理的人民法院或者指定单位取消指定

【答案】BCDE

【嗨·解析】本题考查的是建设工程代理行为的终止。选项A属于委托代理终止。

### 三、代理人和被代理人的权利、义务及法律责任

（一）代理人在代理权限内以被代理人的名义实施代理行为（略）

（二）转托他人代理应当事先取得被代理人的同意

代理人对自己所托的复代理人的行为负民事责任。

除非：1.被代理人事前/事后同意；2.情况紧急，为保护被代理人利益而转托的，由被代理人承担责任。

记忆要点：被代理人有选择权。具体内容见图1Z301030-3。

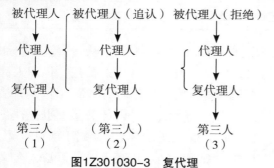

图1Z301030-3 复代理

（1）委托代理人为被代理人的利益需要转托他人代理的，应当事先取得被代理人的同意；

（2）事先没有取得被代理人同意的，应当在事后及时告诉被代理人，如果被代理人同意（追认），则被代理人承担责任；

（3）如果被代理人不同意，由代理人对自己所转托的人的行为负民事责任，但在紧急情况下为了保护被代理人的利益而转托他人代理的除外（此种情况下被代理人承担责任）。

（三）无权代理与表见代理

1.无权代理：没有代理权、超越代理权或者代理权终止后的行为，只有经过被代理人的追认，被代理人才承担民事责任。未经追认的行为，由行为人承担民事责任。

记忆要点：被代理人有选择权。具体见图1Z301030-4：

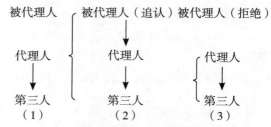

图1Z301030-4 无权代理

（1）被代理人与代理人之间的内部授权缺失（没有代理权、超越代理权或代理权已终止）→无权代理；

（2）被代理人追认（补足内部授权），被代理人承担民事责任；

（3）被代理人拒绝（内部授权仍然缺失），行为人（无权代理人）承担民事责任。

2.表见代理：行为人没有代理权、超越代理权或者代理权终止后以被代理人名义订立合同，相对人有理由相信行为人有代理权的，该代理行为有效。

记忆要点：1.无权；2.有效。具体见图1Z301030-5：

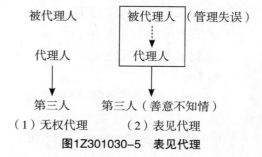

图1Z301030-5 表见代理

（1）为无权代理，显然被代理人和代理人之间的内部授权缺失（被代理人与代理人之间为空白）。

（2）为表见代理，在被代理人和代理人之间的内部授权缺失（没有代理权、超越代理权、代理权已终止，实质上就是无权代理，在图中表现为被代理人和代理人之间为虚线）的基础上，由于①须存在足以使相对人相信行为人具有代理权的事实或理由（如行为人持有由本人发出的委任状、已加盖公章的空白合同书或者有显示本人向行为人授予代理权的通知函告等证明类文件）；②须本人存在过失（管理失误）；③须相对人为善意（不知情），则构成表见代理。

其中：相对人是指第三人，相对人为善意是指第三人对内部授权缺失这件事毫不知情，行为人指无权代理人，本人指被代理人。

### （四）不当或违法行为应承担的法律责任

代理当中涉及被代理人、代理人、第三人，任何一方的过错造成的损失都应该由过错方承担，具体见表1Z301030-3。

代理中的责任承担　表1Z301030-3

| 不当或违法行为 | 被代理人 | 代理人 | 第三人 |
|---|---|---|---|
| 委托书授权不明 | 连带责任 | | — |
| 代理人不履行职责而给被代理人造成损害 | — | 民事责任 | |
| 代理人和第三人串通，损害被代理人的利益 | | — | 连带责任 |
| 第三人知道行为人是无权代理，还与行为人实施民事行为给他人造成损害 | | — | 连带责任 |
| 代理人知道被委托代理的事项违法仍然进行代理活动的，或者被代理人知道代理人的代理行为违法不表示反对 | 连带责任 | | — |

注意：连带责任是指依照法律规定或者当事人约定，两个或者两个以上当事人对其共同债务全部承担或部分承担，并能因此引起其内部债务关系的一种民事责任。当责任人为多人时，每个人都负有清偿全部债务的责任，各责任人之间有连带关系。

### （五）总结（见表1Z301030-4）

代理、无权代理、表见代理的对比　表1Z301030-4

| 对比 | 表现 | 后果 | |
|---|---|---|---|
| 代理 | 被代理人 → 代理人 → 第三人<br>　　　内部授权　　外部行为 | 合同有效，被代理人担责 | |
| 无权代理 | 被代理人　代理人 → 第三人<br>　　　　　　　　外部行为 | 效力待定合同 | 被代理人追认，被代理人担责 |
| | | | 被代理人拒绝，无权代理人担责 |
| 表见代理 | 被代理人 --→ 代理人 → 第三人<br>　　　　　　　　外部行为 | 合同有效 | 本人（被代理人）担责，担责后可向行为人（无权代理人）追偿 |

🔊 嗨·点评　无权代理与表见代理的区别是考生最难掌握也最难理解的内容，考生可进行对比记忆。

【经典例题】6.（2016年真题）关于转代理的说法，正确的是（　）。

A.法定代理人死亡后可以转代理

B.复代理人和代理人均为被代理人选定

C.转代理不成立的，代理人对自己所转托的人负民事责任

D.为了保护被代理人的利益而转托他代理的，可以不取得被代理人的同意

【答案】C

【嗨·解析】A错误，法定代理人死亡，法定代理终止，法定代理和转代理没有任何关系；B错误，代理人为处理代理事务，为被代理人选任其他人进行代理被称为复代理，因此复代理人不一定是被代理人选定；C正确；D错误，《民法通则》规定，委托代理人为被代理人的利益需要转托他人代理的，应当事先取得被代理人的同意。事先没有取得被代理人同意的，应当在事后及时告诉被代理人，如果被代理人不同意，由代理人对自己所转托的人的行为负民事责任，但在紧急情况下为了保护被代理人的利益而转托他人代理的除外。

【经典例题】7.（2014年真题）甲公司业务员王某开除后，为报复甲公司，用盖有甲公司公章的空白合同书与乙公司订立一份购销合同。乙公司并不知情，并按时将货送至甲公司所在地。甲公司拒绝引起纠纷。关于该案代理与合同效力的说法，正确的是（　　）。

A.王某的行为为无权代理，合同无效
B.王某的行为为表见代理，合同无效
C.王某的行为为表见代理，合同有效
D.王某的行为为委托代理，合同有效

【答案】C

【嗨·解析】本题中，王某实质上无代理权，但是有使第三人相信其有代理权的表征，因此构成表见代理，AD错误。在表见代理中，本人、表见代理人与相对人之间实施的法律行为的约束，签订的合同有效，因此B错误。

【经典例题】8.（2016年真题）关于不当或违法代理行为应承担法律责任的说法，正确的有（　　）。

A.第三人明知代理人超越代理权与其实施民事行为的，第三人承担主要责任
B.代理人不履行职责，应当承担民事责任
C.被代理人知道代理人行为违法而不反对的，代理人承担主要责任
D.表见代理的民事责任由被代理人承担
E.委托书授权不明的，责任由被代理人承担

【答案】BD

【嗨·解析】A错误，第三人知道行为人没有代理权、超越代理权或者代理权已终止还与行为人实施民事行为给他人造成损害的，由第三人和行为人负连带责任；B正确；C错误，被代理人知道代理人的代理行为违法不表示反对的，被代理人和代理人负连带责任；D正确；E错误，委托书授权不明的，被代理人应当向第三人承担民事责任，代理人负连带责任。

【经典例题】9.乙公司接受甲公司委托，与丙公司签订一份钢筋买卖合同。在履行合同过程中，由于甲对乙的授权不明确，给丙公司造成100万元的经济损失。以下丙公司要求赔偿损失的说法，正确的是（　　）。

A.丙公司可以向甲公司要求赔偿全部损失
B.丙公司只能要求甲公司赔偿全部损失
C.丙公司可以要求甲乙公司各赔偿50万元
D.丙公司可以要求甲公司赔偿70万元损失，乙公司赔偿30万元损失
E.丙公司可以要求乙公司赔偿全部损失

【答案】ACDE

【嗨·解析】此题考查连带责任。委托书授权不明，代理人和被代理人承担连带责任。而连带责任的各方都有清偿全部债务的义务，因此甲公司和乙公司向丙公司承担连带责任，100万的损失甲乙都有清偿全部债务的义务，因此ACDE这几种赔偿方式都正确。B选项错在"只能"。

【经典例题】10.王某受公司指派分别采购施工所需的钢筋、水泥、涂料、防火板等材料，但各个委托授权书中对材料的规格、标准、颜色、数量等未列明。王某凭委托授

权书分别签订了材料采购合同，下列情况，公司不得拒绝承担责任的是（    ）。

A. 王某与钢筋供应商约定，钢筋价格高出市场价的5%结算，高出部分为王某回扣

B. 王某购买水泥时，与水泥供应商又约定购买一批卷材

C. 王某签订的涂料采购合同中，用于外墙的涂料颜色与施工合同要求不符

D. 王某因事务繁忙转委托李某购买防火板，李某误买了多层板

【答案】C

【嗨·解析】A属于恶意串通，B属于无权代理，C属于授权不明，D属于转代理。委托书授权不明的，被代理人向第三人承担民事责任，代理人负连带责任。

# 章节练习题

## 一、单项选择题

1. 代理人在代理权限内,以被代理人的名义实施民事法律行为,对其代理行为承担民事责任的是( )。
   A.代理人本人　　　B.被代理人
   C.第三人　　　　　D.权利人

2. 某施工企业请某律师代理诉讼属于( )。
   A.委托代理　　　　B.法定代理
   C.指定代理　　　　D.表见代理

3. 关于代理的法律特征,下列表述中正确的是( )。
   A.任何行为都可以代理
   B.代理行为的法律后果归属于第三人
   C.代理人应该以自己的名义实施代理行为
   D.代理人应该以被代理人的名义实施代理行为

4. 下列属于委托代理终止的是( )。
   A.被代理人取得民事行为能力
   B.被代理人恢复民事行为能力
   C.代理期间届满或者代理事务完成
   D.指定代理的人民法院取消指定

5. 乙公司明知甲公司经营部部长被取消了对外签订合同的授权,还继续与其签订设备采购合同,因此给甲公司造成经济损失,其法律后果应该由( )。
   A.甲公司自行承担责任
   B.乙公司自行承担责任
   C.甲乙公司承担连带责任
   D.乙公司和甲公司经营部部长承担连带责任

6. 在委托代理关系中,因为授权不明确而给第三人造成损失,则应该由( )。
   A.第三人自己承担损失
   B.代理人独自向第三人承担责任
   C.被代理人独自向第三人承担责任
   D.被代理人与代理人向第三人承担连带责任

7. 甲公司授权其业务员张某购买一批建材,甲公司向张某签发了授权委托书,但委托书中并未明确授权委托期限。后不久甲公司与张某解除了劳务关系,张某怀恨在心,恶意与乙公司签订合同购买一批建材,给乙公司造成了经济损失,其法律后果应该由( )。
   A.张某自行承担责任
   B.甲公司自行承担责任
   C.乙公司自行承担责任
   D.甲公司与张某向乙公司承担连带责任

8. 在委托代理中,委托授权书的内容不包括( )。
   A.代理人的姓名或者名称
   B.代理的事项、权限
   C.代理的期间
   D.第三人的姓名或者名称

9. 建设工程活动中涉及的代理行为比较多,下列选项中不得委托代理的是( )。
   A.工程招标　　　　B.工程承包
   C.纠纷诉讼　　　　D.材料设备采购

## 二、多项选择题

1. 下列关于表见代理的表述中,正确的有( )。
   A.表见代理是无效代理
   B.表见代理是特殊的无权代理
   C.表见代理的行为人没有代理权
   D.第三人有理由相信行为人有代理权
   E.表见代理对本人产生有权代理的效力

2. 下列关于复代理的表述中,正确的有( )。
   A.复代理就是转委托
   B.复代理基于本代理而产生
   C.复代理人由代理人选择
   D.复代理人由被代理人选择
   E.本代理人转委托一般须经被代理人同意

# 参考答案及解析

## 一、单项选择题

1. 【答案】B
   【解析】根据民法通则的规定，代理是指代理人在代理权限范围内，以被代理人的名义与第三人实施法律行为而行为后果由该被代理人承担的法律制度。

2. 【答案】A
   【解析】委托代理是指根据被代理人的委托而产生的代理，按照被代理人的委托行使代理权。

3. 【答案】D
   【解析】A错误，不是所有行为都能委托代理，比如建设工程承包活动；B错误，代理行为的法律后果归属于被代理人；C错误，D正确，代理人应该以被代理人的名义实施代理行为。

4. 【答案】C
   【解析】本题考察委托代理、法定代理和指定代理这三种代理终止的不同情形，根据《民法通则》规定，显然，选项A、B属于法定代理终止的情形，选项D属于指定代理的终止情形，只有选项C属于委托代理的终止情形。

5. 【答案】D
   【解析】此题目属于第三人明知行为人没有代理权还与其进行民事法律行为因而给他人造成损失，应该由第三人和行为人承担连带责任。

6. 【答案】D
   【解析】委托书授权不明的，被代理人应当向第三人承担名师责任，代理人负连带责任。

7. 【答案】D
   【解析】此题目属于委托书授权不明而给第三人造成损失时法律责任的承担，是上个题目的应用。

8. 【答案】D
   【解析】委托授权书应当载明代理人的姓名或者名称。

9. 【答案】B
   【解析】一方面，在本课程复习中，委托代理的规定不难掌握；另一方面，在建设工程活动中，《建筑法》规定，禁止承包单位将其承包的全部建筑工程转包给他人，禁止承包单位将其承包的全部建筑工程肢解以后以分包的名义分别转包给他人。这规定也是耳熟能详，但是，学员常常不能自觉地将两者联系起来，不能意识到它的另一种表达就是"建设工程的承包活动不得委托代理"。

## 二、多项选择题

1. 【答案】BCDE
   【解析】选项A是个重要特征的错误表述，表见代理是法律使之有效的代理，显然，A错误。

2. 【答案】ABE
   【解析】选项D是个重要特征的错误表述，复代理人由代理人而不是由被代理人选择，显然，D错误。

# 1Z301040 建设工程物权制度

**本节知识体系**

本节是第一章考察的重点，主要围绕物权展开，讲解了物权本身的涵义，以及与建设工程相关的几种主要物权，最后讲解了物权的设立等知识点。物权与考生生活关联度较大，在学习的过程中，可以结合实际生活去理解。

**核心内容讲解**

## 一、物权的法律特征和主要种类

### （一）物权的定义

物权是指权利人依法对特定的物享有直接支配和排他的权利，包括所有权、用益物权和担保物权。

### （二）物权的特征（见图1Z301040-1）

图1Z301040-1　物权的特征

1.支配权：权利人可以根据自己的意志直接支配标的物，无须他人的意思或义务人的行为介入。举例：属于张三个人独有的房屋，张三可以根据自己的意志按照法律规定卖掉，无须他人意思表示或义务人的行为介入。

2.绝对权：权利人可以对抗一切不特定的人（区分于债权的相对性，债权只能对抗特定的人）。

3.财产权：物权是一种具有物质内容的、直接体现为财产利益的权利。

4.排他性：一物一权，相排斥的物权不能同时存在于同一物上。

### （三）物权的种类（见表1Z301040-1）

物权的种类　表1Z301040-1

| 物权的种类 | 内容 |
|---|---|
| 所有权 | 对自己的物的权利。含占有、使用、收益、处分四项权能 |
| 用益物权 | 对他人的物的占有、使用、收益权（没有处分权） |
| | 包括：建设用地使用权、地役权、宅基地使用权、土地承包经营权 |
| 担保物权 | 对他人的物的优先受偿权 |
| | 包括：抵押权、质权、留置权 |

🔊 **嗨·点评**　物权的特征和种类内容较少，也比较简单。需要考生重点把握的是所有权与用益物权的区分，以及用益物权包括的四项权利，这是考试的常考点。

【经典例题】1.根据法律规定，关于土地所有权表述正确的是（　　）。

A. 土地所有权属于用益物权

B. 城市市区和郊区的土地，属于国家所有

C. 农村的土地，全部属于农民集体所有

D. 宅基地、自留地和自留山，属于农民

集体所有

【答案】D

【嗨·解析】A错误,土地所有权属于所有权;B错误,城市市区的土地,属于国家所有;C错误,农村和城市郊区的土地,除由法律规定属于国家所有的以外,属于农民集体所有。

【经典例题】2.(2016年真题)在工程建设中,建设单位对在建工程的权利是( )。

A.债务 B.担保物权
C.所有权 D.用益物权

【答案】C

【嗨·解析】所有权是所有人依法对自己财产(不动产或动产)所享有的占有、使用、收益和处分的权利。

【经典例题】3.下列物权中,不属于用益物权的是( )。

A.土地所有权 B.土地承包经营权
C.建设用地使用权 D.地役权

【答案】A

【嗨·解析】A属于所有权。

## 二、土地所有权和建设用地使用权

### (一)土地所有权

1.土地所有权的定义:

土地所有权是国家或农民集体依法对归其所有的土地所享有的具有支配性和绝对性的权利。

2.土地所有权的性质:

我国实行土地的社会主义公有制,即全民所有制和劳动群众集体所有制。全民所有即国家所有土地的所有权由国务院代表国家行使。

3.土地所有权的分类(见图1Z301040-2)

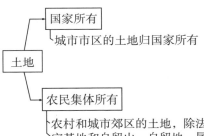

图1Z301040-2 土地所有权的分类

### (二)建设用地使用权

1.建设用地使用权的概念

建设用地使用权是因建造建筑物、构筑物及其附属设施而使用国家所有的土地的权利,该权利只能存在于国家所有的土地上,农民集体所有的土地上不能设立建设用地使用权。

2.建设用地使用权的设立

(1)建设用地使用权可以在土地的地表、地上或者地下分别设立。新设立的建设用地使用权,不得损害已设立的用益物权。如:地下停车场、房屋、过街天桥等。

(2)设立建设用地使用权,可以采取出让或者划拨等方式(见图1Z301040-3)。

图1Z301040-3 建设用地使用权的设立方式

工业、商业、旅游、娱乐和商品住宅等经营性用地以及同一土地有两个以上意向用地者的,应当采取招标、拍卖等公开竞价的方式出让。

国家严格限制以划拨方式设立建设用地使用权。采取划拨方式的,应当遵守法律、行政法规关于土地用途的规定。

（3）设立建设用地使用权的，应当向登记机构申请建设用地使用权登记。建设用地使用权自登记时设立。登记机构应当向建设用地使用权人发放建设用地使用权证书。

3.建设用地使用权的流转、续期和消灭

建设用地使用权人将建设用地使用权转让、互换、出资、赠与或者抵押，应当符合以下规定：

（1）当事人应当采取书面形式订立相应的合同。使用期限由当事人约定，但不得超过建设用地使用权的剩余期限（见图1Z301040-4）；

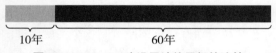

图1Z301040-4 建设用地使用权的流转

某建设用地使用权70年，已使用10年，现使用权人对该建设用地使用权进行转让，则须与让与人签订书面合同，约定使用期限，但最长不得超过剩余期限，即70-10=60年。

（2）应当向登记机构申请变更登记；

（3）附着于该土地上的建筑物、构筑物及其附属设施一并处分（"房地不分离"）。

住宅建设用地使用权期间届满的，自动续期。非住宅建设用地使用权期间届满后的续期，依照法律规定办理。

建设用地使用权消灭的，出让人应当及时办理注销登记。登记机构应当收回建设用地使用权证书。

4.对土地权利的总结（见图1Z301040-5）。

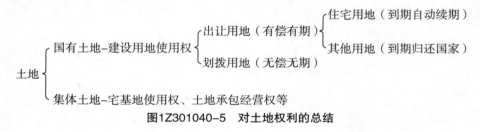

图1Z301040-5 对土地权利的总结

**嗨·点评** 建设用地使用权可以联系实际做理解记忆，同时注意与土地所有权做区分。

【经典例题】4.（2015年真题）关于建设用地使用权流转、续期和消灭的说法，正确的是（ ）。

A.建设用地使用权流转时附着于该土地上的建筑物，构筑物及附属设施应一并处分

B.建设用地使用权流转时使用期限的约定不得超过50年

C.建设用地使用权期间届满的，自动续期

D.建设用地使用权消灭的，建设用地使用权人应当及时办理注销登记

【答案】A

【嗨·解析】本题考查建设用地使用权的流转、续期和消灭。B错误，使用期限由当事人约定，但不得超过建设用地使用权的剩余期限；C错误，住宅建设用地使用权期间届满的，自动续期；D错误，建设用地使用权消灭的，出让人应当及时办理注销登记。登记机构应当收回建设用地使用权证书。

## 三、地役权

1.地役权的概念

地役权是指为使用自己不动产的便利或提高其效益而按照合同约定利用他人不动产的权利。他人的不动产为供役地，自己的不动产为需役地。

2.地役权的设立见图1Z301040-6。

图1Z301040-6 地役权

（1）地役权自地役权合同生效时设立。

（2）当事人要求登记的，可以向登记机构申请地役权登记；未经登记，不得对抗善意第三人。

举例：甲为了在家中可以更好眺望远处，和他的相邻居住的乙约定，甲一次性支付乙2万元，乙5年内不得再盖高过10米的建筑，保障甲的眺望权。2年后，乙将自己的房屋转让给了丙。

在没有登记的情况下，且丙对甲乙的地役权不知情，丙可以盖超过10米的建筑，因为甲的地役权没有登记，不能对抗作为善意第三人的丙。如果甲和乙的地役权登记过，那么就算乙将房屋转让给丙，丙亦要承担原地役权合同的义务。

（3）土地上已设立土地承包经营权、建设用地使用权、宅基地使用权等权利的，未经用益物权人同意，土地所有权人不得设立地役权。

3.地役权的变动

（1）需役地变动（见图1Z301040-7）：

图1Z301040-7 需役地变动

需役地以及需役地上的土地承包经营权、建设用地使用权、宅基地使用权部分转让时，转让部分涉及地役权的，受让人同时享有地役权。举例：甲为了在家中可以更好眺望远处，和他的相邻居住的乙约定，甲一次性支付乙2万元，乙5年内不得再盖高过10米的建筑，保障甲的眺望权。2年后，甲将自己的房屋转让给了丙，那么丙同时享有地役权，可以继续要求邻居乙房屋不得再盖超过10米。

（2）供役地变动（见图1Z301040-8）：

图1Z301040-8 供役地变动

供役地以及供役地上的土地承包经营权、建设用地使用权、宅基地使用权部分转让时，转让部分涉及地役权的，地役权对受让人具有约束力。（该约束力存在例外：未经登记，不得对抗善意第三人，结合上述地役权的设立进行学习）

🔊 嗨·点评 地役权是一种非常重要、考频很高的与建设工程相关的权利。要求考生结合举例理解记忆。

【经典例题】5.（2016年真题）甲在乙拥有使用权的土地上设立地役权并办理了登记，乙将自己的土地使用权让给丙。

A.甲的地役权因办理登记而设立

B.乙转让土地使用权应经甲同意

C.土地所有权人设立地役权不必经乙同意

D.甲的地役权对丙具有约束力

【答案】D

【嗨·解析】A错误，地役权自地役权合同生效时设立；B错误，D正确，供役地以及供役地上的土地承包经营权、建设用地使用权、宅基地使用权部分转让时，转让部分涉及地役权的，地役权对受让人具有约束力。B不需要甲同意，D地役权对丙有约束力；C错误，土地上已设立土地承包经营权、建设用地使用权、宅基地使用权等权利的，未经用益物权人同意，土地所有权人不得设立地役权。

【经典例题】6. 2016年11月21日，甲公司与相邻土地建设用地使用权人乙公司签订书面合同，约定："甲在乙的土地上修一条机动车道，以利于出行方便；期限为30年；甲每年向乙支付2万元费用"。11月25日，甲向乙支付第一笔费用，12月25日该车道修筑完成并通车，12月30日双方向有关主管部门办理了权利登记。

（1）该权利属于（　　）。

A.建设用地使用权　　B.租赁权

C.地役权　　D.相邻权

【答案】C

【嗨·解析】租赁的特征是转移占有，而地役权不转移占有。相邻权的特征是法定、无偿，地役权约定、有偿。

（2）该权利设立的时间是（　　）。

A. 11月21日　　B. 11月25日

C. 12月25日　　D. 12月30日

【答案】A

【嗨·解析】地役权自地役权合同生效时设立。题中11月21日签订的地役权合同。《合同法》规定，依法成立的合同，自合同成立时合同生效。

（3）如果后来甲将地块转让给丙，乙能否拒绝丙继续利用该车道通行？

【答案】不可以拒绝继续通行。甲的建设用地使用权是主权利，地役权属于从权利，具有从属性不可分割性。甲将地块转让给丙，丙一并取得甲对乙的地役权。

**四、物权的设立、变更、转让、消灭和保护**

**（一）不动产物权的设立、变更、转让、消灭**

1.不动产物权-登记设立：不动产物权的设立、变更、转让和消灭，应当依照法律规定登记，自记载于不动产登记簿时发生效力。经依法登记，发生效力；未经登记，不发生效力，但法律另有规定的除外。

2.法律其他规定：依法属于国家所有的自然资源，所有权可以不登记。

3.登记机构：不动产登记，由不动产所在地的登记机构办理。

4.不动产物权的合同-成立生效：当事人之间订立有关设立、变更、转让和消灭不动产物权的合同，除法律另有规定或者合同另有约定外，自合同成立时生效；未办理物权登记的，不影响合同效力。

**（二）动产物权的设立和转让**

1.动产物权-交付：动产物权以占有和交付为公示手段。动产物权的设立和转让，应当依照法律规定交付。

2.特殊动产-登记对抗：动产物权的设立和转让，自交付时发生效力，但法律另有规定的除外。船舶、航空器和机动车等物权的设立、变更、转让和消灭。未经登记，不得对抗善意第三人。

举例：设甲欠乙债10万元，以自己所有的一辆汽车向乙设立抵押，但没有办理登记。抵押期间，甲未经乙的同意，以9万元的价格擅自将汽车卖于不知该汽车已设有抵押权事实的丙，并货款两清，乙几天后知晓此事诉至法院，称自己不同意甲出卖该汽车，主张甲与丙的买卖无效。法院不予支持该主张，因为甲乙之间的抵押权未经登记，不得对抗善意第三人丙。

（三）物权的保护（见表1Z301040-2）

物权的保护　表1Z301040-2

| 纠纷解决的方式 | 和解、调解、仲裁或诉讼 | |
|---|---|---|
| 物权保护的一般规定 | 侵害物权，造成权利人损害的，权利人可以请求损害赔偿，或追究其他民事责任 | |
| 物权保护的具体规定 | 归属、内容发生争议 | 请求确认物权 |
| | 无权占有 | 请求返还原物 |
| | 妨害物权 | 请求排除妨害 |
| | 可能妨害物权 | 请求消除危险 |
| | 造成毁损 | 请求修理、重作、更换 |
| | | 请求恢复原状 |

对于物权保护方式，可以单独适用，也可以根据权利被侵害的情形合并适用。

侵害物权，除承担民事责任外，违反行政管理规定的，依法承担行政责任；构成犯罪的，依法追究刑事责任。

（四）物权内容的总结（见表1Z301040-3）

不动产物权与动产物权的对比　表1Z301040-3

| 物权 | 适用原则 | 情形 |
|---|---|---|
| 不动产物权 | 登记生效主义 | 自登记时生效，不登记不发生物权效力 |
| 例外1：地役权 | 登记对抗主义 | 自地役权合同生效时设立，可以不登记。但未经登记不得对抗善意第三人 |
| 例外2：依法属于国家所有自然资源 | | 可以不作所有权登记 |
| 动产物权 | 交付主义 | 自交付时生效 |
| 例外：机动车、船舶、航空器、企业动产 | | 自交付时生效。但未经登记不得对抗善意第三人 |

**嗨·点评** 物权的保护难点在于不动产物权和动产物权设立的对比，不动产物权和不动产物权合同的效力的对比，考生应结合实践和举例来进行理解记忆。

【经典例题】7.根据《物权法》，当事人之间订立有关设立、变更、转让和消灭不动产物权的合同，除法律另有规定或合同另有约定外，该合同效力为（　　）。

A.合同自办理物权登记时生效
B.合同自成立时生效
C.未办理物权登记合同无效
D.未办理物权登记不影响合同效力
E.合同生效当然发生物权效力

【答案】BD

【嗨·解析】不动产物权的设立、变更、转让和消灭，应当依照法律规定登记，自记载于不动产登记簿时发生效力。经依法登记，发生效力；未经登记，不发生效力，但法律另有规定的除外。当事人之间订立有关设立、变更、转让和消灭不动产物权的合同，除法律另有规定或者合同另有约定外，自合同成立时生效；未办理物权登记的，不影响合同效力。

【经典例题】8.（2015年真题）关于物权保护的说法，正确的是（　　）。

A.物权受到侵害的，权利人不能通过和解方式解决

B.侵害物权造成权利人损害的，权利人既可请求损害赔偿，也可请求承担其他民事责任

C.侵害物权的，承担民事责任后，不再承担行政责任

D.物权的归属、内容发生争议的，利害关系人应当请求返还原物

【答案】B

【嗨·解析】本题考查的是物权的保护。A错误，物权受到侵害的，权利人可以通过和解、调解、仲裁、诉讼等途径解决；

B正确；

C错误，侵害物权，除承担民事责任外，违反行政管理规定的，依法承担行政责任；构成犯罪的，依法追究刑事责任；

D错误，物权的归属、内容发生争议的，利害关系人可以请求确认权利。

# 章节练习题

## 一、单项选择题

1. 下列权利中，不属于物权的是（    ）。
   A.抵押权　　　　　　B.房屋产权
   C.房主的租金　　　　D.建设用地使用权

2. 下列对收益权的描述中，正确的是（    ）。
   A. 使用权包括收益权
   B. 收益权不是一项独立的权能
   C. 收益权是指收取由原物产生出来的新增经济价值的权能
   D. 所有人不行使对物的使用权，则不能享有对物的收益权

3. 下列关于地役权的表述中，正确的是（    ）。
   A. 地役权可以单独转让
   B. 地役权自合同签订时设立
   C. 地役权是按照当事人的约定设立的用益物权
   D. 当事人可以采用口头形式订立地役权合同

4. 施工方甲单位由于建设需要，需要经过乙厂的道路运送建筑材料。于是，甲、乙双方订立合同，约定施工方甲单位向乙厂支付一定的费用，甲单位可以通过乙单位的道路运送材料。在此合同中，施工单位甲拥有的权利是（    ）。
   A.相邻权
   B.地役权
   C.土地租赁权
   D.建设用地使用权

5. 动产物权的设立和转让，自（    ）时发生效力，但法律另有规定的除外。
   A.占有　　　　　　B.交付
   C.登记　　　　　　D.合同成立

6. 按照《物权法》的规定，建设用地使用权自（    ）时设立。
   A.合同签订　　　　B.合同生效
   C.登记　　　　　　D.支付出让金

7. 下列选项中，属于担保物权的是（    ）。
   A.抵押权　　　　　B.地役权
   C.处分权　　　　　D.用益物权

8. 下列关于城市建设用地使用权的表述中，正确的是（    ）。
   A. 城市建设用地使用权，可在土地地表、地上或地下分别设立
   B. 严禁以划拨方式设立建设用地使用权
   C. 经营性建设用地可以采用招标、拍卖方式出让
   D. 建设用地使用权存在于国有土地和集体土地上

## 二、多项选择题

1. 所有权的内容包括（    ）。
   A.占有权　　　　　B.处分权
   C.使用权　　　　　D.抵押权
   E.收益权

2. 下列权利中，属于用益物权的有（    ）。
   A.地役权　　　　　B.留置权
   C.土地承包经营权　D.宅基地使用权
   E.建设用地使用权

3. 物权人的物权受到侵害的，权利人可以通过（    ）等途径解决。
   A.和解　　　　　　B.公证
   C.调解　　　　　　D.诉讼
   E.仲裁

# 参考答案及解析

## 一、单项选择题

1.【答案】C
   【解析】《物权法》规定，物权包括所有权、用益物权和担保物权。本题选项中，

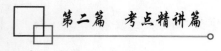

A属于担保物权，B属于所有权，D属于用益物权；而C是房屋租赁合同中房主的权利，属于合同债权。

2.【答案】C

【解析】收益权是指收取由原物产生出来的新增经济价值的权能。收益往往是因为使用而产生的，因而收益权也往往与使用权联系在一起。但是，收益权本身是一项独立的权能，使用权并不能包括收益权。有时，所有人并不行使对物的使用权，仍可以享有对物的收益权。而A、B、D选项均与收益权的特点相矛盾，故A、B、D错误，正确答案为C。

3.【答案】C

【解析】本题考察了地役权的几个特点。根据《物权法》的规定，地役权具有这几个特点：地役权以利用他人土地为内容，即为用益物权；地役权具有从属性、不可分性，即不得单独转让、抵押、出租；地役权根据当事人的约定，应该书面签订地役权合同，并且地役权自地役权合同生效时设立；所以，本题选项中A、B、D均为错误，而C正确，因此，答案选C。

4.【答案】B

【解析】根据《物权法》对地役权的规定，地役权是为使用自己不动产的便利或提高其效益而按照合同约定利用他人不动产的权利，施工方甲为了自己的方便与乙厂签订合同，从而被允许通行，显然是取得了地役权，因此，正确答案为B。

5.【答案】B

【解析】动产物权的设立和转让，自交付时发生效力，但法律另有规定的除外。

6.【答案】C

【解析】设立建设用地使用权的，应当向登记机构申请建设用地使用权登记。建设用地使用权自登记时设立。

7.【答案】A

【解析】物权分为所有权、用益物权、担保物权。B属于用益物权，C属于所有权。

8.【答案】A

【解析】B错误，不是"严禁"，是"严格限制"；C错误，不是"可以采用"，而是"应当采用"；D错误，建设用地使用权只能存在于国家所有的土地上。

二、多项选择题

1.【答案】ABCE

【解析】根据《物权法》的规定，所有权作为物权的一种，其具体权能包括占有权、使用权、收益权和处分权共四种，即A、B、C、E四个选项，而D是担保物权的一种，不属于所有权。

2.【答案】ACDE

【解析】根据《物权法》的规定，用益物权是权利人对他人所有的不动产或者动产，依法享有占有、使用和收益的权利。用益物权包括土地承包经营权、建设用地使用权、宅基地使用权和地役权；而留置权属于担保物权。

3.【答案】ACDE

【解析】物权人的物权受到侵害的，权利人解决问题的途径就是和解、调解、仲裁和诉讼。而公证是公证机构根据自然人、法人或者其他组织的申请，依照法定程序对民事法律行为、有法律意义的事实和文书的真实性、合法性予以证明的活动。公证只是一种司法行政行为，并不处理当事人之间的权利义务关系。

# 1Z301050 建设工程债权制度

## 本节知识体系

本节内容比较简单，主要围绕债的几种发生依据展开，合同、侵权、无因管理、不当得利，彼此独立又相互关联。在考试当中考察非常灵活，需要活学活用。

## 核心内容讲解

### 一、债的基本法律关系

1.债的概念

债是按照合同的约定或者按照法律规定，在当事人之间产生的特定的权利和义务关系，享有权利的人是债权人，负有义务的人是债务人。债权人有权要求债务人按照合同的约定或者依照法律的规定履行义务。

2.债的内容

（1）债权主体的相对性；

（2）债权内容的相对性；

（3）债权责任的相对性。

【经典例题】1.（2015年真题）关于债权相对性的说法，正确的有（　　）。

A.债权客体的相对性

B.债权期限的相对性

C.债权主体的相对性

D.债权内容的相对性

E.债权责任的相对性

【答案】CDE

【嗨·解析】本题考查的是债的内容。债权相对性理论的内涵，可以归纳为以下三个方面：（1）债权主体的相对性；（2）债权内容的相对性；（3）债权责任的相对性。

### 二、建设工程债的发生依据

1.债的发生依据：

合同：=交易行为。

侵权：行为人不法侵害他人合法权益。

不当得利≈捡便宜：没有合法根据，取得不当利益，造成他人损失。

无因管理≈见义勇为：没有法定或约定的义务，为避免他人利益遭受损失，自觉为他人管理事务的行为。

其中，合同债属于约定之债，而侵权、不当得利、无因管理均属于法定之债。

2.侵权责任的承担（见表1Z301050）

侵权责任　表1Z301050

| 侵权情形 | 责任承担 | |
|---|---|---|
| 搁置物、悬挂物脱落、坠落（如广告牌等） | 除非证明自己无过错，否则建筑物所有人、管理人或使用人承担侵权责任 | |
| 倒塌 | 其他责任人原因 | 建设单位与施工单位连带 |
| | | 其他责任人 |
| 抛掷或坠落（如楼上扔垃圾等） | 难以确定具体侵权人，除非证明自己不是侵权人，否则由可能加害的建筑物使用人承担侵权责任（如二楼以上全部担责） | |

**🔊 嗨·点评** 考生应结合实践理解记忆：不同债的发生依据对应不同的情形。

**【经典例题】** 2.（2016年真题）关于工程建设中债的说法，正确的有（　　）。

A.监理单位要求存在重大安全隐患的工程暂停施工构成侵权之债

B.投标人给招标人巨额贿赂骗取中标构成不当得利之债

C.劳务人员按照规定维修施工工具构成无因管理之债

D.施工中的建筑物上坠落的砖块造成他人损害构成侵权之债

E.施工企业向设备商租赁起重机械构成合同之债

**【答案】** DE

**【嗨·解析】** A错误，属于施工过程中的正常管理行为。

B错误，行贿谋取中标的，中标无效；行为人对其他投标人构成侵权，发生侵权之债。

C错误，选项表述为"按照规定"，因此不构成无因管理之债。C为有因管理。

D正确，E正确。

# 章节练习题

## 一、单项选择题

1. 在债的发生依据中,既未受人之托,也不负有法律规定的义务,而自觉为他人管理事务或提供服务的行为是(　　)。
   A.无权代理　　　　B.不当得利
   C.侵权行为　　　　D.无因管理

2. 某工程项目为赶工期而昼夜施工,严重影响了相邻小区居民的休息,经现场劝阻无效,居民便成立维权小组与该施工企业谈判,要求其停止夜间施工,并赔偿2万元作为抚慰金。关于该施工企业与相邻小区居民之间的关系,以下表述中正确的是(　　)。
   A.其间构成了不当得利之债
   B.其间构成了无因管理之债
   C.其间构成了侵权之债
   D.其间没有形成债的关系

3. 物权和债权的性质分别可以表述为(　　)。
   A.相对权,绝对权　　B.相对权,相对权
   C.绝对权,相对权　　D.绝对权,绝对权

4. 建设工程债发生的最主要的依据是(　　)。
   A.侵权　　　　　　B.合同
   C.不当得利　　　　D.无因管理

5. 就法律关系的主体而言,债的主体(　　)。
   A.双方都是特定的
   B.双方都是不特定的
   C.债权人是特定的,债务人是不特定的
   D.债务人是特定的,债权人是不特定的

6. 下列债中,属于当事人之间按照约定产生的债是(　　)。
   A.侵权之债　　　　B.不当得利之债
   C.无因管理之债　　D.合同之债

7. 在施工过程中,施工企业与甲材料供应商订立材料买卖合同,但施工企业误将应支付给甲材料供应商的货款支付给了乙材料供应商,关于该货款处理的说法,正确的是(　　)。
   A.能由法院确定归属
   B.工企业可以要求乙材料供应商返还不当得利
   C.材料供应商应当返还给甲材料供应商
   D.材料供应商可以依据买卖合同要求乙材料供应商返还

## 二、多项选择题

1. 建设工程债产生的根据有(　　)。
   A.合同　　　　　　B.侵权
   C.公证　　　　　　D.不当得利
   E.无因管理

2. 根据《侵权责任法》的规定,建筑物、构筑物或者其他设施倒塌造成他人损害的,由(　　)承担连带责任。有其他责任人的,有权向其他责任人追偿。
   A.监理单位　　　　B.建设单位
   C.设计单位　　　　D.施工单位
   E.质量监督站

3. 关于施工合同的义务下列说法正确的是(　　)。
   A.施工合同的义务包括完成施工任务和支付工程价款
   B.对于完成施工任务,建设单位是债务人,施工单位是债权人
   C.对于支付工程价款,建设单位是债权人,施工单位是债务人
   D.对于支付工程价款,建设单位是债务人,施工单位是债权人
   E.对于完成施工任务,建设单位是债权人,施工单位是债务人

4. 某施工单位与甲材料供应商订立了材料买卖合同,却误将货款支付给乙材料供应商,随后施工单位索要回货款支付给甲供应商。关于本案中债的性质,下列说法中正确的有(　　)。
   A.向甲供应商支付货款属于合同之债
   B.向乙供应商支付货款属于合同之债

C.甲、乙供应商之间没有债的关系
D.乙供应商获得货款形成无因管理之债
E.乙供应商获得货款形成不当得利之债

## 参考答案及解析

一、单项选择题

1.【答案】D
【解析】本题考查无因管理的定义。

2.【答案】C
【解析】由于该工程在夜间施工行为明显侵犯了居民的休息权，对居民的正常生活作息造成严重影响，已经构成侵权，侵权行为产生的债被称为侵权之债。因此，C为正确答案。

3.【答案】C
【解析】物权是绝对权，债权具有相对性。

4.【答案】B
【解析】任何合同关系的设立，都是在当事人之间设立了债权债务的关系，每个工程项目都存在着数个合同，如设计合同、施工合同、监理合同等，但并不是每个工程项目都一定会发生不当得利、侵权行为以及无因管理等情形。虽然它们也是建设工程债的发生依据，但不是债发生的最主要、最普遍的依据。

5.【答案】A
【解析】债具有相对性，为主体的相对性、内容的相对性、责任的相对性。主体的相对性是说债的当事人双方是具有相对性的。

6.【答案】D
【解析】在当事人之间因产生了合同法律关系，也就是产生了权利义务关系，便设立了债的关系。任何合同关系的设立，都会在当事人之间发生债权债务的关系。合同引起债的关系，是债发生的最主要、最普遍的依据。合同产生的债被称为合同之债。

7.【答案】B
【解析】本题构成不当得利，得利者应当将所得的不当利益返还给受损失的人。

二、多项选择题

1.【答案】ABDE
【解析】建设工程债产生的根据有合同、侵权、无因管理、不当得利等，而公证是公证机构根据自然人、法人或者其他组织的申请，依照法定程序对民事法律行为、有法律意义的事实和文书的真实性、合法性予以证明的活动。虽然，公证制度是国家司法制度的组成部分，但是，它并不产生债的关系。

2.【答案】BD
【解析】本题是《侵权责任法》第86条规定的原文，规定了建筑物缺陷损害责任的具体承担，即建筑物没有达到法律、法规规定的标准，存在对他人人身、财产的不合理危险，其损害责任由建设单位与施工单位承担连带责任，建设单位、施工单位赔偿后，有其他责任人的，有权向其他责任人追偿。显然，该责任属于无过错责任，而且，没有免责的事由。其中，他人泛指受损的一切人，包括建筑物所有人、管理人在内。

3.【答案】ADE
【解析】B错误，对于完成施工任务，建设单位是债权人，施工单位是债务人；C错误，对于支付工程价款，建设单位是债务人，施工单位是债权人。

4.【答案】ACE
【解析】本题旨在区分合同之债、无因管理之债、不当得利之债之间的关系，所以，正确理解其基本含义便能够作出选择。

# 1Z301060 建设工程知识产权制度

## 本节知识体系

本节主要围绕知识产权的三个主要种类：专利权、商标权、著作权来进行展开，对每一种知识产权从概念、适用对象、申请条件等进行了详细的描述。虽然本节内容繁杂，但对考生的学习要求并不高，尤其是法律责任部分，历史上从未考察过，可不作重点钻研。

## 核心内容讲解

### 一、知识产权的法律特征

#### （一）知识产权的概念

知识产权是权利人对其创造的智力成果依法享有的权利。

#### （二）知识产权的内容

我国的知识产权包括著作权（版权）、专利权、商标专用权、发现权、发明权以及其他科技成果权。

#### （三）知识产权的基本类型（见图1Z301060-1）

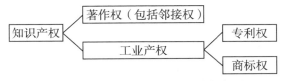

图1Z301060-1　知识产权的基本类型

1．工业产权应作最广义的理解，不仅应当适用于工商业本身，而且也应当同样适用于农业和采掘业以及一切制成品或天然产品。

2．我国的知识产权包括著作权（版权）、专利权、商标专用权、发现权、发明权以及其他科技成果权。其中，前三类权利构成了我国知识产权的主体。

#### （四）知识产权的法律特征

1．财产权和人身权的双重属性

知识产权由人身权（署名权、发表权、修改权）和财产权（发行权、获得报酬权）两部分构成。其中，财产权可以依法转让。

2．专有性

知识产权原意为"知识（财产）所有权"或者"智慧（财产）所有权"，也称为智力成果权。是国家赋予创造者对其智力成果在一定时期内享有的专有权或独占权。

3．地域性

知识产权具有地域性，即除签有国际公约或双边互惠协定外，经一国法律所保护的某项权利只在该国范围内发生法律效力。

4．期限性

知识产权具有期限性，即法律对各项知识产权，都规定有一定的保护期限。

🔊 嗨·点评　主要要求考生理解知识产权的内涵，为后续知识点的理解做铺垫。

【经典例题】1.关于知识产权的说法，正确的是（　　）。

A.知识产权是权利人对其创造的智力成果依法享有的权利

B.知识产权可以分为两大类，一类是邻接权，一类是著作权

C.我国法律规定的工业产权范围广于《保护工业产权巴黎公约》所规定的工业产权

D.构成我国知识产权的主体是发现权、

发明权以及科技成果权

【答案】A

【嗨·解析】A正确，知识产权是权利人对其创造的智力成果依法享有的权利；B错误，知识产权可以分为两大类：一类是著作权，包括邻接权；一类是工业产权，主要包括专利权和商标权；C错误，按照《保护工业产权巴黎公约》的规定，工业产权应作最广义的理解；D错误，我国知识产权的主体是著作权（版权）、专利权、商标专用权。

## 二、建设工程知识产权的常见种类

### （一）专利权

1.专利权的概念

专利权是指权利人在法律规定的期限内，对其发明创造所享有的制造、使用和销售的专有权。

2.专利法保护的对象（见图1Z301060-2）

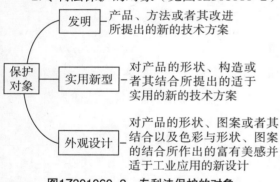

图1Z301060-2 专利法保护的对象

3.授予专利权的条件

（1）授予专利权的发明和实用新型，应当具备新颖性、创造性和实用性。

（2）授予专利权的外观设计，应当同申请日以前在国内外出版物上公开发表过或者国内公开使用过的外观设计不相同和不相近似，并不得与他人在先取得的合法权利相冲突。除了新颖性外，外观设计还应当具备富有美感和适于工业应用两个条件。

4.专利权的期限

发明专利权的期限为20年，实用新型专利权和外观设计专利权的期限为10年，均自申请日起计算。

5.专利的申请

（1）申请专利应提交的文件：申请发明或者实用新型专利的，应当提交请求书、说明书及其摘要和权利要求书等文件。

（2）专利申请日：国务院专利行政主管部门收到专利申请文件之日为申请日。如果申请文件是邮寄的，以寄出的邮戳日为申请日。

6.专利权的授予

发明专利申请经实质审查没有发现驳回理由的，由国务院专利行政主管部门作出授予发明专利权的决定，发给发明专利证书，同时予以登记和公告。发明专利权自公告之日起生效。实用新型和外观设计专利申请经初步审查没有发现驳回理由的，由国务院专利行政主管部门作出授予实用新型专利权或者外观设计专利权的决定，发给相应的专利证书，同时予以登记和公告。实用新型专利权和外观设计专利权自公告之日起生效。

### （二）商标权

1.商标权的概念

商标是商品的生产者、经营者在其生产、制造、加工、拣选或者经销的商品上或者服务的提供者在其提供的服务上采用的，用于区别商品或服务来源的，由文字、图形、字母、数字、三维标志、声音、颜色组合，或上述要素的组合，具有显著特征的标志。

经商标局核准注册的商标为注册商标，商标注册人享有商标专用权，受法律保护。

2.商标专用权的内容及保护对象

（1）商标专用权的内容

商标专用权是指商标所有人对注册商标所享有的具体权利，包括使用权和禁止权两个方面。

使用权是商标注册人对其注册商标充分支配和完全使用的权利,权利人也有权将商标使用权转让给他人或通过合同许可他人使用其注册商标。

禁止权是商标注册人禁止他人未经其许可而使用注册商标的权利。

（2）商标权的保护对象

商标专用权的保护对象是经过国家商标管理机关核准注册的商标,未经核准注册的商标不受商标法保护。商标注册人有权标明"注册商标"或者注册标记。任何能够将自然人、法人或者其他组织的商品与他人的商品区别开的标志,包括文字、图形、字母、数字、三维标志、颜色组合和声音等,以及上述要素的组合,均可以作为商标申请注册。

3.商标的核准注册

对初审公告的商标,在规定的异议期间内没有异议,或者经裁定异议不能成立的,予以核准注册,发给商标注册证,并予以公告。

4.注册商标的续展

注册商标的有效期为10年,自核准注册之日起计算。注册商标有效期满,需要继续使用的,应当在期满前12个月内申请续展注册;在此期间未能提出申请的,可以给予6个月的宽展期。宽展期满仍未提出申请的,注销其注册商标。每次续展注册的有效期为10年。

（三）著作权

1.著作权的概念

著作权,是指作者及其他著作权人依法对文学、艺术和科学作品所享有的专有权。

2.建设工程活动中常见的著作权作品

文字作品、建筑作品、图形作品。

3.著作权主体（见表1Z301060-1）

著作权的主体是指从事文学、艺术、科学等领域的创作出作品的作者及其他享有著作权的公民、法人或者其他组织。

著作权主体　表1Z301060-1

| 种类 | | 举例 | 作者 | 著作权主体 |
|---|---|---|---|---|
| 单位作品 | | 招标文件<br>投标文件 | 单位 | 单位 |
| 职务作品 | 一般职务作品 | （1）主要利用了单位的物质技术条件,<br>（2）由单位承担责任的,是第二类职务作品<br>（如产品设计图） | 职工 | 归作者（单位优先使用） |
| | 特殊职务作品 | | | 作者有署名权,<br>单位有其他权利 |
| 委托作品 | | 勘察、设计文件 | 受托人 | 按约定（未约定归受托人） |

4.著作权的保护期

（1）作者的署名权、修改权、保护作品完整权的保护期不受限制。

（2）公民的作品,其发表权、使用权和获得报酬权的保护期,为作者终生及其死后50年。如果是合作作品,截止于最后死亡的作者死亡后第50年的12月31日。

（3）法人或者其他组织的作品、著作权（署名权除外）由法人或者其他组织享有的职务作品,其发表权、使用权和获得报酬权的保护期为50年,截止于作品首次发表后第50年的12月31日,但作品自创作完成后50年内未发表的,不再受著作权法保护。

（四）计算机软件的法律保护

1.计算机软件的概念

计算机软件,是指计算机程序及其有关文档。

2.软件著作权的归属

（1）软件著作权属于软件开发者,《计算机软件保护条例》另有规定的除外。如无相反证明,在软件上署名的自然人、法人或者其他组织为开发者。

（2）由两个以上的自然人、法人或者其他组织合作开发的软件，其著作权的归属由合作开发者签订书面合同约定。

（3）接受他人委托开发的软件，其著作权的归属由委托人与受托人签订书面合同约定；无书面合同或者合同未作明确约定的，其著作权由受托人享有。

3.计算机软件著作权的保护期限

自然人的软件著作权，保护期为自然人终生及其死亡后50年，截止于自然人死亡后第50年的12月31日；软件是合作开发的，截止于最后死亡的自然人死亡后第50年的12月31日。法人或者其他组织的软件著作权，保护期为50年，截止于软件首次发表后第50年的12月31日，但软件自开发完成之日起50年内未发表的，不再受到《计算机软件保护条例》的保护。

（五）总结（见表1Z301060-2）

专利权、商标权、著作权保护期　表1Z301060-2

| 种类 | 保护期起点 | | 保护期限 | 是否可延期 |
| --- | --- | --- | --- | --- |
| 专利权 | 发明 | 申请之日 | 20年 | 不予延期 |
| | 外观设计 | | 10年 | |
| | 实用新型 | | | |
| 商标权 | 核准注册 | | 10年 | 可以续展 |
| | | | 续展期12个月（到期前），宽展期6个月（到期后） | |
| 著作权 | 作品完成 | | 自然人：作者终生及死后50年（12月31日）<br>单位：首次发表后50年（12月31日） | 不予延期 |

【嗨·点评】考生在复习时，要重点关注专利权、商标权、著作权之间关于保护期的区别，对比记忆。

【经典例题】2.（2015年真题）关于注册商标有效期的说法，正确的是（　　）。

A.10年，自申请之日起计算
B.10年，自核准注册之日起计算
C.20年，自申请之日起计算
D.20年，自核准注册之日起计算

【答案】B

【嗨·解析】本题考查的是商标权。注册商标的有效期为10年，自核准注册之日起计算。

【经典例题】3.（2015年真题）下列事项中，可以申请专利的是（　　）。

A.施工企业的名称或标志
B.施工企业编制的投标文件
C.施工企业开发的计算机软件
D.施工企业发明的新技术

【答案】D

【嗨·解析】专利必须是"发明创造"。A可以申请商号和商标注册。B、C是作品并非"发明创造"，受著作权保护。

【经典例题】4.下列关于知识产权保护期限和续期的说法，正确的是（　　）。

A.专利权的保护期限为20年，自专利批准时起计算
B.著作权的保护期限为50年，自作品发表时起计算
C.商标权的保护期限为10年，自核准注册时起计算
D.知识产权保护期间届满的，均可以申请续期

【答案】C

【嗨·解析】见表1Z301060-2。

【经典例题】5.建设单位委托设计单位进行设计工作，双方没有约定著作权的归属，

图纸由甲设计师完成，则图纸的著作权归（　　）。

A.建设单位和设计单位共同所有
B.设计单位和甲设计师共同所有
C.建设单位和甲设计师共同所有
D.建设单位独自所有

【答案】B

【嗨·解析】本题考查的是工程知识产权侵权的法律责任。该设计图纸对于建设单位和设计单位而言，属于委托作品，建设单位是委托人，设计单位是受托人，如果双方合同未作明确约定，著作权属于受托人，即设计单位所有。图纸由甲设计师完成，属于职务作品，但这一职务作品属于主要是利用法人或者其他组织的物质技术条件创作，并由法人或者其他组织承担责任的工程设计图，所以甲设计师只享有署名权，著作权的其他权利由法人或其他组织享有，因此为属于设计单位和甲设计师共同所有。

# 章节练习题

## 一、单项选择题

1. 实用新型专利权和外观设计专利权的期限为（　　）年。
   A.10　　B.15　　C.20　　D.30
2. 注册商标的有效期为10年，其计算起始日为（　　）之日。
   A.核准注册　　　　B.提出申请
   C.续展申请　　　　D.初审公告
3. 专利是对于（　　）所享有的制造、使用和销售的专有权。
   A.技术秘密　　　　B.商业秘密
   C.发明创造　　　　D.公开的发明创造
4. 商标权的客体是（　　）。
   A.商标　　　　　　B.注册的商标
   C.文字和图案　　　D.商标的图像
5. 注册商标有效期满，可以提出续展申请，续展申请的次数为（　　）。
   A.1次　　　　　　B.3次
   C.无数次　　　　　D.5次
6. 李某经过长期研究发明了新型混凝土添加剂，2010年2月5日向国家专利局提出了专利申请，4月5日国家专利局将其专利公告，2011年3月15日授予李某专利权。该专利权届满的期限是（　　）。
   A.2030年2月5日　　B.2020年2月5日
   C.2030年3月15日　　D.2020年3月15日
7. 某施工企业拟向商标局申请注册商标，2010年3月5日申请书以挂号信寄出，3月15日商标局收到申请书，5月5日商标局对其申请的商标予以公告，12月15日核准注册。该商标的有效期计算日为（　　）。
   A.2010年3月5日　　B.2010年3月15日
   C.2010年5月5日　　D.2010年12月15日
8. 自然人的软件著作权保护期为（　　）。
   A.自然人终生及其死亡后50年
   B.50年
   C.自然人终生及其死亡后30年
   D.30年

## 二、多项选择题

1. 下列关于知识产权的说法中，正确的是（　　）。
   A.知识产权具有财产权和人身权的双重特征
   B.知识产权一经确认，在全世界范围内有效
   C.知识产权仅在法律规定的期限内受到法律保护
   D.知识产权包括著作权和工业产权两大类
   E.知识产权具有绝对的排他性
2. 商标的主体包括（　　）。
   A.企业单位　　　　B.事业单位
   C.个体工商户　　　D.一般自然人
   E.外资企业
3. 下列关于商标权的说法中，正确的有（　　）。
   A.商标专用权包括使用权和禁止权两个方面
   B.商标专用权的内容包括财产权和商标设计者的人身权
   C.注册商标每次续展注册的有效期为10年
   D.注册商标不能转让
   E.注册商标的有效期自提出申请之日起计算
4. 著作权的主体包括（　　）。
   A.作者
   B.著作权人
   C.职务作品的著作权人
   D.作者工作的辅助人
   E.出版社
5. 胜利建筑公司注册商标于2013年12月31日到期，下列说法中正确的是（　　）。
   A.如公司需要继续使用该商标，应当在2013年申请续展注册

B. 如公司未能在2013年提出续展申请，该商标将被注销
C. 如公司未能在2013年提出续展申请，可以给予6个月的宽展期
D. 如公司未能在2014年6月30日前提出续展申请，其注册商标将被注销
E. 公司可以在到期前提出续展注册，续展注册的有效期为20年

# 参考答案及解析

## 一、单项选择题

1. 【答案】A
【解析】发明专利权的期限为20年，实用新型专利权和外观设计专利权的期限为10年，均自申请日期计算。

2. 【答案】A
【解析】注册商标的有效期为10年，自核准注册之日起计算。

3. 【答案】C
【解析】专利权是指权利人在法律规定的期限内，对其发明创造所享有的制造、使用和销售的专有权。

4. 【答案】B
【解析】商标专用权是指商标所有人对注册商标所享有的具体权利。因此，商标权的客体是注册商标。

5. 【答案】C
【解析】注册商标的有效期为10年，自核准注册之日起计算。注册商标可以无数次提出续展申请，理论上的有效期是无效的。

6. 【答案】A
【解析】发明专利权的期限为20年，自申请日起计算。因此从2010年2月5日开始计算。

7. 【答案】D
【解析】发明专利权的期限为20年，自申请日起计算。国务院专利行政主管部门收到专利申请文件之日为申请日。如果申请文件是邮寄的，以寄出的邮戳日为申请日。

8. 【答案】A
【解析】自然人的软件著作权，保护期为自然人终生及其死亡后50年，截止于自然人死亡后第50年的12月31日。

## 二、多项选择题

1. 【答案】ACDE
【解析】知识产权具有地域性。知识产权在空间上的效力并不是无限的，而是要受到地域的限制，其效力只及于确认和保护知识产权的一国法律所能及的区域内。

2. 【答案】ABCE
【解析】商标权的主体，是指企业、事业单位和个体工商业者，一般自然人不得为商标权主体。

3. 【答案】AC
【解析】B错误，商标专用权的内容只包括财产权，商标设计者的人身权利受著作权法保护；D错误，权利人有权将商标使用权转让给他人或通过合同许可他人使用其注册商标；E错误，注册商标有效期为10年，从核准注册之日起计算。

4. 【答案】ABC
【解析】著作权的主体包括：作者、著作权人、合作作品的著作权人、职务作品著作权由作者享有。

5. 【答案】ACD
【解析】根据《商标法》规定，注册商标有效期满，需要继续使用的，应当在期满前12个月内申请续展注册；在此期间未能提出申请的，可以给予6个月的宽展期。宽展期满仍未提出申请的，注销其注册商标。每次续展注册的有效期为10年。

## 1Z301070 建设工程担保制度

**本节知识体系**

本节是第一章重中之重,考查频率非常高。主要讲解了五种常见的担保方式,分别为保证、抵押、质权、留置、定金。其中,保证内容最多,知识点也最零散,需要考生重点掌握。质权、留置相对来讲内容很少,理解即可。

**核心内容讲解**

### 一、担保与担保合同的规定

（一）概念

担保是指当事人根据法律规定或者双方约定,为促使债务人履行债务实现债权人权利的法律制度。

（二）担保中当事人之间的关系（见图1Z301070-1）

图1Z301070-1　担保的规定

1. 第三人为债务人向债权人提供担保时,可以要求债务人提供反担保。反担保适用《担保法》规定。

2. 担保合同具有从属性、不可分性。主合同无效,担保合同也无效。担保合同被确认无效后,债务人、担保人、债权人有过错的,应当根据过错各自承担相应的责任。

🔊 **嗨·点评** 考生需对担保的定义做理解,对主合同与从合同的关系做记忆。

【经典例题】1.某施工单位通过行贿中标某大型项目,并向项目建设单位提交了某银行出具的工程履约保函,则（　　）。

A. 施工合同无效,履约保函有效
B. 施工合同无效,履约保函也无效
C. 施工合同有效,履约保函也有效
D. 施工合同与履约保函效力没有相关性

【答案】B

【嗨·解析】保函不可能孤立存在,总是为某个具体的合同作担保。被担保的合同无效,担保不可能有效。

### 二、保证

（一）保证的概念

所谓保证,是指保证人和债权人约定,当债务人不履行债务时,保证人按照约定履行债务或者承担责任的行为。具有代为清偿债务能力的法人、其他组织或者公民,可以作保证人。

（二）保证合同

1. 保证合同当事人的关系（见图1Z301070-2）

图1Z301070-2　保证合同当事人的关系

2.保证合同的规定

保证人与债权人可以就单个主合同分别订立保证合同，也可以协议在最高债权额限度内就一定期间连续发生的借款合同或者某项商品交易合同订立一个保证合同。

3.保证合同的内容

（1）被保证的主债权种类、数额；（2）债务人履行债务的期限；（3）保证的方式；（4）保证担保的范围；（5）保证的期间；（6）双方认为需要约定的其他事项。保证合同不完全具备以上规定内容的，可以补正。

（三）保证方式（见图1Z301070-3）

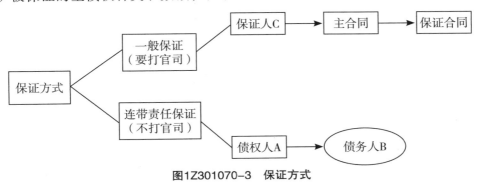

图1Z301070-3 保证方式

1.一般保证：当事人在保证合同中约定，债务人不能履行债务时，由保证人承担保证责任的，为一般保证。在一般保证中，当债务履行期限届满，债务人不能履行债务，债权人首先要求债务人履行，等通过司法途径（打官司后强制执行），债务人仍然不能够履行完债务，债权人才可以要求保证人承担保证责任（要求保证人履行债务发生在保证期间）。

2.连带责任保证：当事人在保证合同中约定保证人与债务人对债务承担连带责任的，为连带责任保证。连带责任保证的债务人在主合同规定的债务履行期届满没有履行债务的，债权人可以要求债务人履行债务，也可以要求保证人在其保证范围内承担保证责任（即不用通过司法途径，可以直接要求保证人承担责任）。

3.当事人对保证方式没有约定或者约定不明确的，按照连带责任保证承担保证责任。

（四）保证人资格

具有代为清偿债务能力的法人、其他组织或者公民，可以作为保证人。但是，以下组织不能作为保证人：

1.国家机关不得为保证人，但经国务院批准为使用外国政府或者国际经济组织贷款进行转贷的除外。

2.学校、幼儿园、医院等以公益为目的的事业单位、社会团体不得为保证人。

3.企业法人的分支机构、职能部门不得为保证人。企业法人的分支机构有法人书面授权的，可以在授权范围内提供保证。

任何单位和个人不得强令银行等金融机构或者企业为他人提供保证；银行等金融机构或者企业对强令其为他人提供保证的保证行为，有权拒绝。

（五）保证责任

1.保证担保的范围

保证担保的范围包括主债权及利息、违约金、损害赔偿金和实现债权的费用。保证合同另有约定的，按照约定。当事人对保证担保的范围没有约定或者约定不明确的，保证人应当对全部债务承担责任。

## 2. 保证合同变动（见表1Z301070-1）

**保证合同的变动　表1Z301070-1**

| 保证合同变动 | 对保证人的影响 | 结果处理 |
| --- | --- | --- |
| 债权人依法转让主债权 | 对保证人无影响 | 保证人在原保证担保的范围内继续承担保证责任（即主债权转让无须保证人同意） |
| 债权人许可债务人转让债务 | 对保证人有影响 | 需保证人书面同意，未经保证人同意，保证人不再承担保证责任 |
| 债权人与债务人协议变更主合同 | 对保证人有影响 | 需保证人书面同意，未经保证人同意，保证人不再承担保证责任，合同另有约定除外 |

### 3. 保证期间

（1）一般保证：一般保证的保证人未约定保证期间的，保证期间为主债务履行期届满之日起6个月。

（2）连带责任保证：连带责任保证的保证人与债权人未约定保证期间的，债权人有权自主债务履行期届满之日起6个月内要求保证人承担保证责任。

### （六）总结（见表1Z301070-2）

**保证的规定　表1Z301070-2**

| 关于保证 | | 具体知识点 | |
| --- | --- | --- | --- |
| 保证合同 | | 债权人与保证人签订，是主合同的从合同 | |
| 保证人资格 | | 国家机关不行、医院学校不行、分支机构不行 | |
| | | 有约定 | 无约定或约定不明 |
| 保证方式 | | | 按连带（分为一般和连带） |
| 保证期间 | | | 主债务履行期限届满之日起6个月内 |
| 保证范围 | 按约定 | | 主债权及利息、违约金损害赔偿金和实现债权的费用 |
| 保证责任 | | 债权人转让主债权，保证人原范围保证 | |
| | | 债权人许可债务人转让债务 | 要保证人书面同意 |
| | | 主合同变更 | |

 **嗨·点评** 保证当中内容琐碎，需要考生细致把握保证当中的所有内容。

【经典例题】2.甲乙双方签订买卖合同，丙为乙的债务提供保证，但担保合同未约定担保方式及保证期间。关于该保证合同的说法，正确的有（　　）。

A.保证期间与买卖合同的诉讼时效相同

B.丙的保证方式为连带责任保证

C.保证期间为主债务履行期届满之日起12个月内

D.甲在保证期内未经丙书面同意将主债权转让给丁，丙不再承担保证责任

E.甲在保证期间未要求丙承担保证责任，则丙免除保证责任

【答案】BE

【嗨·解析】A错误，一般保证的保证人未约定保证期间的，保证期间为主债务履行期届满之日起6个月。连带保证的保证人与债权人未约定保证期间的，债权人有权自主债务履行期届满之日起6个月内要求保证人承担保证责任。保证期间与买卖合同的诉讼时效不同。

B正确，当事人对保证方式没有约定或者约定不明确的，按照连带责任保证承担保证责任。

C错误，连带保证的保证人与债权人未约定保证期间的，债权人有权自主债务履行期届满之日起6个月内要求保证人承担保证责任。

D错误，债权人转让主债权不需要担保人书面同意。E正确。

**【经典例题】** 3.甲企业与乙银行签订一份50万元的贷款合同，丙企业在贷款合同的担保人栏目中加盖了企业印章，但没有约定担保方式。现甲企业逾期没有还款，对于该债务清偿表述正确的是（　　）。

A. 由于保证方式、范围、期间均没有明确约定，该保证合同无效

B. 乙银行只能通过司法途径要求甲企业承担责任后，才可要求丙企业承担责任

C. 乙银行仅有权要求丙企业对50万元债务本金承担责任

D. 乙银行有权直接要求丙企业对50万元债务及利息、罚息承担责任

**【答案】** D

**【嗨·解析】** A、B错误，由于没有约定保证责任，因此为连带责任保证；C错误，D正确，保证范围没有约定，则为主债权及利息、违约金、损害赔偿金和实现债权的费用。

### 三、建设工程施工常用的担保种类

（一）投标保证金

投标保证金可以是现金、银行保函、保兑支票、银行汇票或现金支票。施工项目投标保证金的金额和方式，由招标文件规定，但不得超过项目估算价的2%且不得超过80万元。

（二）履约保证金

履约保证金的金额和方式，由招标文件规定，但不得超过中标合同金额的10%。

（三）工程款支付担保

招标人要求中标人提交履约担保的，应当同时向中标人提交工程款支付担保。

（四）预付款担保

由承包人向发包人提供。

（五）总结（见表1Z301070-3）

施工中常用的担保种类　表1Z301070-3

| 种类 | 主体间关系 | 保证内容 |
| --- | --- | --- |
| 施工投标保证金 | 投标人向招标人提供（乙向甲） | 投标人为自己的有效投标行为担保 |
| 履约保证金 | 中标人向招标人提供（乙向甲） | 保证施工合同顺利履行 |
| 工程款支付担保 | 招标人向中标人提供（甲向乙） | 保证按照合同约定支付工程款 |
| 预付款担保 | 承包人向发包人提供（乙向甲） | 避免承包人拿到预付款后跑路或挪用 |

**嗨·点评** 考生将其作为了解性内容即可。

**【经典例题】** 4.关于建设工程施工中常见的担保种类，说法正确的是（　　）。

A. 投标保证金以现金或现金支票形式提交的，应当从投标人基本账户中转出

B. 中标人必须依法提交中标金额10%的履约保证金

C. 招标人要求中标人提交履约担保的，应当同时向中标人提供工程预付款

D. 预付款担保是发包人向承包人提供的、保证按合同约定支付预付款的担保形式

**【答案】** A

**【嗨·解析】** B错，中标人按照招标文件要求提交履约保证金，并非依法提交。C错，与履约担保对等的是支付担保，不是预付款。

### 四、抵押权

（一）抵押权的概念

抵押是指债务人或者第三人不转移对财产的占有，将该财产作为债权的担保。债务人不履行债务时，债权人有权依照法律规定

以该财产折价或者以拍卖、变卖该财产的价款优先受偿。其中，债务人或者第三人称为抵押人，债权人称为抵押权人。

（二）抵押物（见表1Z301070-4、表1Z301070-5）

债务人或者第三人提供担保的财产为抵押物。

抵押物（一）　表1Z301070-4

| 可以抵押的财产=可以买卖 | 不得抵押的财产=不得买卖 |
| --- | --- |
| （1）建筑物和其他土地附着物；<br>（2）建设用地使用权；<br>（3）以招标、拍卖、公开协商等方式取得的荒地等土地承包经营权；<br>（4）生产设备、原材料、半成品、产品；<br>（5）正在建造的建筑物、船舶、航空器；<br>（6）交通运输工具；<br>（7）法律、行政法规未禁止抵押的其他财产 | （1）土地所有权；<br>（2）耕地、宅基地、自留地、自留山等集体所有的土地使用权；<br>（3）学校、幼儿园、医院等以公益为目的的事业单位、社会团体的教育设施、医疗卫生设施和其他社会公益设施；<br>（4）所有权、使用权不明或者有争议的财产；<br>（5）依法被查封、扣押、监管的财产；<br>（6）依法不得抵押的其他财产 |

抵押物（二）　表1Z301070-5

| 抵押权自登记时设立 | 抵押权自抵押合同生效时设立，未经登记，不得对抗善意第三人 |
| --- | --- |
| （1）建筑物和其他土地附着物；<br>（2）建设用地使用权；<br>（3）以招标、拍卖、公开协商等方式取得的荒地等土地承包经营权；<br>（4）正在建造的建筑物其他财产 | （1）生产设备、原材料、半成品、产品；<br>（2）交通运输工具；<br>（3）正在建造的船舶、航空器 |

（三）抵押的效力

1.抵押担保的范围：主债权及利息、违约金损害赔偿金和实现抵押权的费用。当事人也可自行在抵押合同约定。

2.抵押人有义务妥善保管抵押物并保证其价值。抵押期间，抵押人转让已登记的抵押物的，应当通知抵押权人并告知受让人转让物已抵押的情况，否则该转让无效。

3.抵押人转让抵押物的价款，应当提前清偿或者提存。超过债权的部分归抵押人所有，不足部分由债务人清偿。

4.抵押权与被担保的债权同时存在，不得与债权分离而单独转让。

（四）抵押权的实现

同一财产向两个以上债权人抵押时，拍卖、变卖抵押物所得的价款的清偿顺序问题分为两种不同的情况：

1.抵押权以登记生效的（不动产），按照抵押物登记的先后顺序清偿，顺序相同的，则各债权人按照各自债权比例分配抵押物价值。

在建工程：

3月1日　抵押给甲　借100万元　未登记

3月5日　抵押给乙　借200万元　3月9日登记

3月6日　抵押给丙　借500万元　3月7日登记

结论：先清偿丙，再清偿乙，甲无优先受偿权（不动产抵押权不登记不生效）。

2.抵押权自抵押合同签订之日起生效的（动产），按照合同生效顺序清偿，顺序相同的，按照债权比例清偿。抵押物已登记的先于未登记的受偿。

在建船舶：

3月1日　抵押给甲　借100万元

3月5日　抵押给乙　借200万元

3月6日　抵押给丙　借500万元　3月7日登记

结论：先清偿丙，再清偿甲，再清偿乙。

 嗨·点评　对抵押结合实践做理解记

忆，其中，抵押物做对比记忆。

【经典例题】5.（2014年真题）根据《担保法》，下列财产不能作为担保物的是（　　）。

A.厂房

B.可转让的专利权

C.生产原材料

D.公立幼儿园的教育设施

【答案】D

【嗨·解析】见表1Z301070-4。

【经典例题】6.（2016年真题）关于抵押实现的说法，正确的是（　　）。

A.抵押物折价后，其价款超过债权数额的部分归债务人所有，不足部分由债务人清偿

B.债务履行期届满抵押权人未受清偿的，可以与抵押人协议以拍卖该抵押物所得价款受偿

C.同一财产向两个以上债权人抵押，抵押后同自签订之日起生效的，拍卖、变卖抵押物所得价款按债权比例清偿

D.同一财产向两个以上债权人抵押，抵押合同以登记生效的，拍卖、变卖抵押物所得价款按债权比例清偿

【答案】B

【嗨·解析】A错误，超过债权的部分归抵押人所有，不足部分由债务人清偿；

B正确；

C错误，抵押合同自签订之日起生效的，如果抵押物未登记的，按照合同生效的先后顺序清偿，顺序相同的，按照债权比例清偿。抵押物已登记的先于未登记的受偿；

D错误，抵押合同以登记生效的，按抵押物登记的先后顺序清偿；顺序相同的，按照债权比例清偿。

【经典例题】7.（2016年真题）根据《物权法》，下列各项财产抵押的，抵押权自登记时设立的有（　　）。

A.交通运输工具

B.建筑物

C.生产设备、原材料

D.正在建造的船舶

E.建设用地使用权

【答案】BE

【嗨·解析】见表1Z301070-5。

## 五、质权、留置和定金

（一）质权

1.债权的概念

质押是指债务人或者第三人将其动产或权利移交债权人占有，将该动产或权利作为债权的担保。债务人不履行债务时，债权人有权依照法律规定以该动产或权利折价或者以拍卖、变卖该动产或权利的价款优先受偿。债务人或者第三人为出质人，债权人为质权人，移交的动产或权利为质物。

2.质押的分类（见表1Z301070-6）

质押的分类　　表1Z301070-6

| 质押的分类 | 概念 | 内容 |
| --- | --- | --- |
| 动产质押 | 债务人或者第三人将其动产移交债权人占有，将该动产作为债权的担保。能够用作质押的动产没有限制 | 举例：机动车、船舶、手机、笔记本电脑等 |
| 权利质押 | 一般是将权利凭证交付质押人的担保 | （1）汇票、支票、本票、债券、存款单、仓单、提单；<br>（2）依法可以转让的股份、股票；<br>（3）依法可以转让的商标专用权、专利权、著作权中的财产权；<br>（4）依法可以质押的其他权利 |

### （二）留置

**1.留置的概念**

留置是指债权人按照合同约定占有债务人的动产，债务人不按照合同约定的期限履行债务的，债权人有权依照法律规定留置该财产，以该财产折价或者以拍卖、变卖该财产的价款优先受偿。

**2.留置的范围**

因保管合同、运输合同、加工承揽合同发生的债权，债务人不履行债务的，债权人有留置权。

**3.留置物**

当事人可以在合同中约定不得留置的物。留置权人负有妥善保管留置物的义务。因保管不善致使留置物灭失或者毁损的，留置权人应当承担民事责任。

**4.举例**

施工企业购买材料设备之后由保管人进行储存，存货人未按合同约定向保管人支付保管费时，保管人有权扣留足以清偿其所欠保管费的货物。保管人行使的权利是留置权。

### （三）定金

1.债务人履行债务后，定金应当抵作价款或者收回。

2.给付定金一方不履行债务的，无权要求返还定金。

3.收受定金一方不履行约定的债务的，应当双倍返还定金。

4.定金应当以书面形式约定。当事人在定金合同中应当约定交付定金的期限。定金合同从实际交付定金之日起生效。

5.定金的数额由当事人约定，但不得超过合同标的额的20%（超过20%的部分不适用双倍返还）。

### （四）总结（见表1Z301070-7、表1Z301070-8）

五种担保方式对比　　表1Z301070-7

| 分类 | 担保物 | | 担保物来源 | 是否转移占有 |
| --- | --- | --- | --- | --- |
| 保证 | 人提供担保（即保证人） | | 第三人 | |
| 抵押 | 物的担保 | 不动产、动产 | 债务人、第三人 | 不转移占有 |
| 质押 | | 动产、权利 | | 转移占有（欠A扣B） |
| 留置 | | 动产 | 债务人 | 转移占有（欠A扣A） |
| 定金 | 金钱担保 | | | 转移占有 |

1.留置是法定的担保方式，其他四种都是约定产生的。

2.保证人一定是债权人和债务人之外的第三人，抵押、质押和留置的东西，可以是债务人本人的，也可以是债务人以外的第三人的。

3.抵押不转移占有，举例：房子抵押给银行，房子可以接着住，到期还不上银行钱，房子才可能被处分；质押转移占有但是欠A扣B，举例：张三欠李四1万元，可以协商质押张三的名牌手表，张三的高级笔记本电脑，张三的摩托车，双方协商一致质押的东西可以进行选择，扣B表示扣的东西可以选，东西质押后对方要拿走叫做转移占有；留置转移占有但是欠A扣A，举例：欠运费扣车上的货、欠加工费扣加工的物品，欠保管费扣保管的东西；欠什么扣什么，不能选，扣A表示扣的东西不能选。

# 1Z301000 建设工程基本法律知识

担保物　表1Z301070-8

| | 不动产 | 动产 | 权利（无形） |
|---|---|---|---|
| 抵押权 | √ | √ | × |
| 质权 | × | √ | √ |
| 留置权 | × | √ | × |

**嗨·点评** 担保当中常见的物种担保方式非常容易混淆，需要考生做重点区分。

【经典例题】8.下列担保方式中，只能由债务人而非第三人提供担保的是（　　）。

A.抵押　B.保证　C.质押　D.留置

【答案】D

【嗨·解析】根据表1Z301070-7 五种担保方式对比可以得出，留置和定金的担保方式，只能由债务人提供担保。选项当中没有定金，只能选择留置。注意：如果加一个定金，就转化成多选题。此处近年考察趋向于对比考察，考生须把握不同担保方式的异同。

【经典例题】9.（2014年真题）施工企业购买材料设备之后由保管人进行储存，存货人未按合同约定向保管人支付仓储费时，保管人有权扣留足以清偿其所欠仓储费的货物。保管人行驶的权利是（　　）。

A.抵押权　　　　B.质权
C.留置权　　　　D.用益物权

【答案】C

【嗨·解析】因保管合同、运输合同、加工承揽合同发生的债权，债务人不履行债务的，债权人有留置权。

【经典例题】10.（2015年真题）某开发商将A地块的建设用地使用权作为向银行贷款的担保，确保自己按期还贷，此担保方式属于（　　）。

A.保证　B.质押　C.抵押　D.留置

【答案】C

【嗨·解析】建设用地使用权是有形的不动产，并非无形"权利"。权利指存单仓单提单；理财产品；股票基金；应收账款；知识产权等。不动产只能抵押，不能质押也不能留置。

【经典例题】11. 6月1日，甲乙双方签订建材买卖合同，总价100万元。买方6月10日按约定向卖方交付了25万元定金。说法正确的是（　　）。

A. 定金合同自6月1日生效
B. 定金数额超过主合同标的额20%，定金合同无效
C. 若卖方不能交付货物，应返还50万元
D. 若买方放弃购买，仍可以要求卖方退还5万元

【答案】D

【嗨·解析】A错误，定金合同，从实际交付定金时生效，因此6月10日生效；

B错误，超过20%的部分不能双倍返还，并不是无效；

C错误，20×2+5=45；

D正确。

# 章节练习题

## 一、单项选择题

1. 甲公司与乙公司签订了一份供货合同，由甲公司为乙公司供应钢筋，并由丙公司作为乙公司收到钢筋后支付货款的保证人，但合同对保证方式没有约定。后来乙公司收到钢筋后拒不付款，则丙公司承担保证责任的方式应（　　）。
   A. 为一般保证
   B. 为连带责任保证
   C. 由丙与甲重新协商确定
   D. 由甲、乙、丙三方重新协商确定

2. 下列主体中，不能作为保证人的是（　　）。
   A. 集团公司的子公司
   B. 企业法人的分支机构
   C. 银行
   D. 担保公司

3. 甲公司与乙公司签订了设备采购合同，由乙公司为甲公司生产某专用设备，甲公司向乙公司支付了10万元作为定金，后乙公司未能履行合同，则乙公司应向甲公司返还的数额为（　　）万元。
   A. 10　　　　　　　　B. 15
   C. 20　　　　　　　　D. 30

4. 下列合同中，不能实现留置权的合同是（　　）。
   A. 运输合同　　　　　B. 抵押合同
   C. 保管合同　　　　　D. 加工承揽合同

5. 建设工程招投标过程中，银行为施工单位提供的工程投标保函属于（　　）。
   A. 主合同　　　　　　B. 从合同
   C. 贷款合同　　　　　D. 连带责任合同

6. 某人以其居住的商品住宅作为向银行贷款的担保，这种担保方式属于（　　）。
   A. 保证　　　　　　　B. 质押
   C. 抵押　　　　　　　D. 留置

7. 根据《工程建设项目施工招标投标办法》规定，招标人要求中标人提供履约保证金或其他形式履约担保的，招标人应当同时向中标人提供（　　）。
   A. 工程款支付担保　　B. 抵押担保
   C. 保证金　　　　　　D. 预付款担保

## 二、多项选择题

1. 下列选项中，可以进行抵押的财产有（　　）。
   A. 土地所有权
   B. 高等学校的教学大楼、学生宿舍
   C. 抵押人所有的房屋
   D. 抵押人依法有权处置的国有土地使用权
   E. 抵押人依法承包并经发包人同意的荒地的土地使用权

2. 根据《担保法》的规定，质押担保中的质押包括（　　）。
   A. 动产质押　　　　　B. 不动产质押
   C. 权利质押　　　　　D. 固定资产质押
   E. 无形资产质押

3. 根据《担保法》的规定，下列关于定金的说法中，正确的是（　　）。
   A. 定金应当以书面的形式约定
   B. 定金数额不得超过主合同标的额的20%
   C. 给付定金的一方不履行债务的，无权要求返还定金
   D. 收受定金的一方不履行合同，应双倍返还定金
   E. 定金数额不得超过主合同标的额的10%

4. 下列选项中属于保证担保范围的有（　　）。
   A. 主债权　　　　　　B. 抵押权
   C. 主债权的利息　　　D. 违约金
   E. 损害赔偿金

# 参考答案及解析

## 一、单项选择题

1.【答案】B
【解析】当事人对保证方式没有约定或者约定不明确的，按照连带责任保证承担保证责任。

2.【答案】B
【解析】企业法人的分支机构、职能部门不得为保证人。企业法人的分支机构有法人书面授权的，可以在授权范围内提供保证。

3.【答案】C
【解析】按照《担保法》的规定，收受定金的一方不履行合同，应双倍返还定金。

4.【答案】B
【解析】《担保法》规定，因保管合同、运输合同、加工承揽合同发生的债权，债务人不履行债务的，债权人有留置权。

5.【答案】B
【解析】担保合同是主合同的从合同。

6.【答案】C
【解析】保证只能由人来提供；质押的只能是动产、权利；留置的只能是动产，因此只有抵押物可以是不动产。

7.【答案】A
【解析】根据2013年3月国家发展和改革委员会等8部门经修改后发布的《工程建设项目施工招标投标办法》规定，招标人要求中标人提供履约保证金或其他形式履约担保的，招标人应当同时向中标人提供工程款支付担保。

## 二、多项选择题

1.【答案】CDE
【解析】见表1Z301070-4。可以作为抵押物的财产必须是产权明确并可以强制执行的财产，土地所有权、以公益为目的的事业单位的设施不能作为抵押物。

2.【答案】AC
【解析】质押分为动产质押和权利质押。

3.【答案】ABCD
【解析】E错误，定金数额不得超过主合同标的额的20%。

4.【答案】ACDE
【解析】保证担保的范围包括主债权及利息、违约金、损害赔偿金和实现债权的费用。

## 1Z301080 建设工程保险制度

**本节知识体系**

保险制度内容不少，但重点主要集中在后半部分，也就是建设工程保险的主要种类当中。本节首先介绍了保险是什么，然后结合建设工程，主要讲解了建设工程当中常见的几种保险和各自的范围、责任等。

**核心内容讲解**

### 一、保险与保险索赔的规定

#### （一）保险的概念

保险是指投保人根据合同约定，向保险人支付保险费，保险人对于合同约定的可能发生的事故因其发生所造成的财产损失承担赔偿保险金责任，或者当被保险人死亡、伤残、疾病或者达到合同约定的年龄、期限等条件时承担给付保险金责任的商业保险行为。

#### （二）保险合同及当事人（见图1Z301080-1）

图1Z301080-1 保险合同的规定

保险分为：财产保险和人身保险。

建筑工程一切险、安装工程一切险、第三者责任险均属于财产保险。意外伤害险属于人身保险。

财产保险：在合同有效期内，保险标的危险程度显著增加的，被保险人应当及时通知保险人，保险人可以按照合同约定增加保费或解除合同。

人身保险：保险人对人身保险的保费，不可以诉讼方式要求投保人支付。

1.投保人：是指与保险人订立保险合同，并按照合同约定负有支付保险费义务的人。（即交保费的人。）

2.保险人：是指与投保人订立保险合同，并按照合同约定承担赔偿或者给付保险金责任的保险公司。

3.被保险人：是指其财产或者人身受保险合同保障，享有保险金请求权的人。（保谁，谁就是被保险人。）

投保人可以为被保险人。（即自己可以给自己投保。）

4.受益人：是指人身保险合同中由被保险人或者投保人指定的享有保险金请求权的人。投保人、被保险人可以为受益人。

**嗨·点评** 考生在复习过程中，了解即可，主要为学习后面一切险的内容做一个铺垫。

【经典例题】1.（2014年真题）关于人身保险合同的说法，正确的是（　　）。

A.人身保险的投保人在保险事故发生时，对被保险人应当具有保险利益

B.保险人对人寿保险的险费，不得用诉讼方式要求投保人支付

C.人身保险合同的投保人不可以为受益人

D.人身保险合同的投保人应当一次性支

付全部保险费

【答案】B

【嗨·解析】A错误，《保险法》第12条规定，人身保险的投保人在保险合同订立时，对被保险人应当具有保险利益。财产保险的被保险人在保险事故发生时，对保险标的应当具有保险利益。是保险合同订立时，而非保险事故发生时；

C错误，受益人是指人身保险合同中由被保险人或者投保人指定的享有保险金请求权的人。投保人、被保险人可以为受益人，人身保险的受益人由被保险人或者投保人指定；

D错误，投保人于合同成立后，可以向保险人一次支付全部保险费，也可以按照合同规定分期支付保险费。

## 二、建筑工程一切险（及第三者责任险）

（一）建筑工程一切险的概念

建筑工程一切险是承保各类民用、工业和公用事业建筑工程项目，包括道路、桥梁、水坝、港口等，在建造过程中因自然灾害或意外事故而引起的一切损失的险种（重点关注"在建"）。

建筑工程一切险往往还加保第三者责任险。第三者责任险是指在保险有效期内因在施工工地上发生意外事故造成在施工工地及邻近地区的第三者人身伤亡或财产损失，依法应由被保险人承担的经济赔偿责任（重点关注"第三人"）。

（二）投保人与被保险人

投保人：由发包人投保；发包人委托承包人投保的，保费由发包人承担。

被保险人：具有可保利益的工程参与各方均可以作为被保险人，包括工程业主、承包商分包商、技术顾问等。

（三）保险责任范围

1.自然事件：地震、海啸、雷电、台风、暴雨、水灾等人力不可抗拒的破坏力强大的自然现象。

2.意外事故：不可预料的且被保险人无法有效控制的突发事件，如火灾、爆炸。

（四）除外责任

1.保风险，必然发生的损失（如材料损耗、机械磨损、维修检修费用）不保。

2.自燃、氧化、气温变化、正常水位变化等渐变原因，不属于自然灾害，不保。

3.被保险人管理失误（如设计错误、施工方法不当、材料不合格、停电断电造成的）不属于意外事件，不保。

4.战争、暴乱、恐袭、罢工等属于总除外责任，不保。

5.保建造/安装过程。开始建造前已存在的，结束建造后的（例如工程业主已经验收合格或实际接收的部分）不保。

（五）保险期限（见图1Z301080-2）

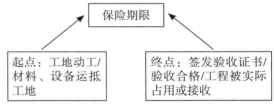

图1Z301080-2　保险期限

上述期限以先发生的为准，但在任何情况下，保险期限的起始或终止不得超出保单明细表中列明的保险生效日或终止日。

【嗨·点评】在学习一切险时，考生需要前后对比，并能够找出建筑工程一切险和后面的安装工程一切险之间的异同，综合记忆。

【经典例题】2.根据《中华人民共和国保险法》，投保人参保建筑工程一切险的建筑工程项目，保险人须负责赔偿因（　　）造成的损失和费用。

A.设计错误　　　　　B.原材料缺陷
C.不可预料的意外事故　D.工艺不完善

【答案】C

【嗨·解析】建筑工程一切险是在建造过

程中因自然灾害或意外事故而引起的一切损失的险种。因此答案C不可预料的意外事故属于意外事故，符合题意。

### 三、安装工程一切险及其他

#### （一）安装工程一切险的概念

安装工程一切险是承保安装机器、设备、储油罐、钢结构工程、起重机、吊车以及包含机械工程因素的各种安装工程的险种。

#### （二）保险责任范围

具体内容与建筑工程一切险基本相同。

#### （三）除外责任

具体内容与建筑工程一切险基本相同。

#### （四）保险期限

具体内容与建筑工程一切险基本相同。

但安装工程一切险的保险期间一般应包括试车考核期。考核期的长短应根据工程合同上的规定来决定。对考核期的保险责任一般不超过3个月，若超过3个月，应另行加收费用。安装工程一切险对于旧机器设备不负考核期的保险责任，也不承担其维修期的保险责任。

#### （五）工伤保险和建筑职工意外伤害险

建筑施工企业应当依法为职工参加工伤保险缴纳工伤保险费。鼓励企业为从事危险作业的职工办理意外伤害保险，支付保险费。

#### （六）总结（见表1Z301080）

几种保险的对比　　表1Z301080

| 保险种类 | 保险范围 | 保险期限 |
| --- | --- | --- |
| 建设工程一切险 | 自然灾害或意外事故（火灾、爆炸）而引起的一起损失 | 起：工地动工，运抵工地；止：验收合格，实际占用。先发生的为准 |
| 安装工程一切险 | 自然灾害或意外事故（火灾、爆炸）而引起的一起损失 | 起：工地动工，运抵工地；止：验收合格，实际占用。先发生的为准。包括一个试车考核期 |
| 附带第三者责任险 | 工地上发生意外造成工地及邻近地区第三者伤亡或财产损失 | — |

🔊 **嗨·点评** 与建筑工程一切险做对比记忆。

【经典例题】3.关于安装工程一切险保险期限的说法，正确的是（　　）。

A．安装保险期限的起始或终止可以超出保险单明细表中列明的保险生效日或终止日

B．安装工程一切险对旧机械设备不负考核期的保险责任，但须承担起维修期的保险责任

C．安装工程一切险的保险期内一般包括一个试车考核期，试车考核期的长短可以超出安装工程保险单明细表中列明的试车和考核期限

D．安装工程一切险的保险责任自保险工程在土地动工或用于保险工程的材料、设备运抵工地之时起始

【答案】D

【嗨·解析】A错误，在任何情况下，安装期保险期限的起始或终止不得超出保险单明细表中列明的保险生效日或终止日；

B错误，安装工程一切险对于旧机器设备不负考核期的保险责任，也不承担其维修期的保险责任；

C错误，安装工程一切险的保险期内，一般应包括一个试车考核期。试车考核期的长短一般根据安装工程合同中的约定进行确定，但不得超出安装工程保险单明细表中列明的试车和考核期限；D正确。

# 章节练习题

## 一、单项选择题

1. 下列关于保险合同的说法中,正确的是( )。
   A.保险合同只能由被保险人和保险人签订
   B.被保险人或受益人必须是投保人
   C.保险合同仅以财产为保险标的
   D.受益人由被保险人或投保人指定

2. 建设工程开工前,办理建筑工程一切险并支付保险费用的是( )。
   A.承包商　　　　　B.发包人
   C.分包商　　　　　D.监理单位

3. 某建筑公司中标了某桥梁工程,依照《建筑法》的规定,该建筑公司必须投保的险种是( )。
   A.建筑工程一切险　B.安装工程一切险
   C.工程监理责任保险　D.工伤保险

4. 下列选项中,属于建筑工程一切险承保的是( )。
   A.大气变化引起的工程损毁
   B.设计错误引起的损失
   C.原材料缺陷引起的保险财产损失
   D.不可抗力引起的工程损失

5. 某建筑公司承包了某工程,该工程计划于5月15日开工,该建筑公司在5月5日与保险公司签订了建筑职工意外伤害保险合同,5月8日,该建筑公司工作人员在巡视工地现场时发生了意外事故,建筑公司拟向保险公司索赔,此时保险公司承担保险责任的期限起算时间应为( )。
   A.5月5日　　　　　B.5月8日
   C.5月15日　　　　D.6月15日

6. 建筑工程一切险和安装工程一切险属于( )。
   A.财产保险合同　　B.人身保险合同
   C.责任保险合同　　D.意外保险合同

## 二、多项选择题

1. 某工程公司承建写字楼工程,根据我国《建筑法》和《建设工程安全生产管理条例》投保了建筑意外伤害保险。该险种承保的范围包括( )。
   A.工程本身受损
   B.施工用设施受损
   C.被保险人从事建筑施工时由于操作不当受伤害致残
   D.被保险人在施工现场被高空坠物砸死
   E.场地清理费

2. 下列选项中,属于建筑意外伤害保险责任免除的情形有( )。
   A.建筑公司的有关人员故意杀害被保险人
   B.被保险人在施工现场内酒后驾驶肇事死亡
   C.被保险人在施工时由于违反机器操作规程导致截肢
   D.被保险人在施工现场之外受到意外伤害
   E.被保险人在施工现场与他人打斗受到重伤

3. 某建筑公司承建一项工程,作为工程施工单位,按照《建筑法》的规定,可以自愿投保的险种有( )。
   A.机动车辆险
   B.建筑工程一切险
   C.建筑职工意外伤害险
   D.安装工程一切险
   E.工伤保险

4. 关于建设工程保险的说法,正确的有( )。
   A.建筑工程一切险的被保险人可以是业主,也可以是承包商或者分包商
   B.工程开工前,承包商应为建设工程办理保险,支付保险费用
   C.工程开工前,业主应为施工现场从事危险作业的施工人员办理意外伤害保险
   D.建筑工程一切险的保险期可以超过保险单明细表中列明的保险生效日和终止日

15天

E. 安装工程一切险的保险期内，一般应包括一个试车考核期

## 参考答案及解析

一、单项选择题

1.【答案】D

【解析】A错误，保险合同是指投保人与保险人约定保险权利义务关系的协议；B错误，投保人、被保险人可以为受益人；C错误，保险合同分为人身保险合同、财产保险合同。

2.【答案】B

【解析】除专用合同同条款另有规定外，发包人应投保建筑工程一切险或安装工程一切险。

3.【答案】D

【解析】工伤保险是强制性的社会保险，必须投保，其他选项均为非强制性保险。

4.【答案】D

【解析】根据建筑工程一切险的保险责任范围及除外责任可知，A、B、C为建筑工程一切险的除外责任，D为建筑工程一切险的承保范围。

5.【答案】C

【解析】建筑职工意外伤害险的保险责任自保险工程在工地动工或用于保险工程的材料、设备运抵工程之时开始。

6.【答案】A

【解析】保险合同分为人身保险合同、财产保险合同。一切险属于财产保险合同。

二、多项选择题

1.【答案】CD

【解析】建筑意外伤害保险的承保范围为：被保险人从事建筑施工及与建筑施工相关的工作，或在施工现场及施工指定的生活区域内遭受意外伤害。

2.【答案】ABDE

【解析】建筑意外伤害险的范围为：被保险人从事建筑施工及与建筑施工相关的工作，或在施工现场及施工指定的生活区域内遭受意外伤害。ABE属于故意犯罪，D区域不符，因此不被保险。

3.【答案】ABCD

【解析】《建筑法》规定，鼓励企业为从事危险作业的职工办理意外伤害险，支付保险费。因此C为自愿投保。《建筑法》规定，建筑施工企业应当依法为职工参加工伤保险、缴纳工伤保险费。因此E为必须投保。其他的均为自愿投保。

4.【答案】AE

【解析】B错误，工程开工前，发包人应当为建设工程办理保险，支付保险费用；C错误，鼓励企业为从事危险作业的职工办理意外伤害险，支付保险费；D错误，任何情况下，保险期限的起始或终止不得超出保险单明细表中列明的保险生效日或终止日。

# 1Z301090 建设工程法律责任制度

**本节知识体系**

本节主要围绕建设工程中法律责任的承担来展开，分别介绍了民事责任、行政责任和刑事责任。同时，还简单介绍了建设工程中常见的几种犯罪。

**核心内容讲解**

## 一、建设工程民事责任和行政责任的种类及承担方式

（一）建设工程民事责任的种类及承担方式（见图1Z301090-1）

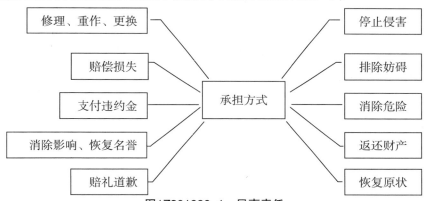

图1Z301090-1 民事责任

以上承担民事责任的方式，可以单独适用，也可以合并适用。

（二）建设工程行政责任的种类及承担方式（见图1Z301090-2）

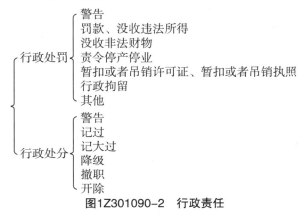

图1Z301090-2 行政责任

**嗨·点评** 考生能将民事责任、行政责任和刑事责任区分，精确记忆。

**【经典例题】** 1.下列承担法律责任的方式中，属于民事责任承担方式的有（　　）。

A.停止侵害
B.没收非法财物
C.排除妨碍
D.修理、重作、更换
E.消除影响、恢复名誉

**【答案】** ACDE

**【嗨·解析】** 见图1Z301090-1。B属于行政处罚。

## 二、建设工程刑事责任的种类及承担方式

（一）建设工程刑事责任的种类及承担方式（见图1Z301090-3）

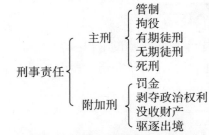

图1Z301090-3　刑事责任的种类

（二）建设工程中常见的犯罪（见表1Z301090-1）

建设工程中常见的犯罪　表1Z301090-1

| 罪名 | 犯罪主体 | 内容 |
| --- | --- | --- |
| 1.工程重大安全事故罪 | 建设、设计、施工、监理 | 违反国家规定，降低工程质量标准，造成重大安全事故 |
| 2.重大责任事故罪 | 自然人犯罪 | 在生产、作业中违反有关安全管理规定（违章操作或违章指挥、强令冒险），造成重大伤亡或其他严重后果 |
| 3.重大劳动安全事故罪 | 单位犯罪（处罚直接责任人员和直接主管人员） | 安全生产设施或安全生产条件不符合国家规定，造成重大伤亡或其他严重后果 |
| 4.串通投标罪 | 投标人 | 相互串通投标报价，损害投标人或者其他投标人利益 |
| | 投标人与招标人 | 串通投标，损害国家、集体、公民的合法权益 |

注意：工程中常见的四种犯罪，其中串通投标罪非常好辨析，其他的三种记忆方法如下：常见的几种犯罪分为"一个工程两个重大"，题干出现关键字"工程质量"，选工程重大安全事故罪；题干出现人为原因的"违章指挥"，选重大里的责任，也就是重大责任事故罪；题干出现关键字"安全设施/安全条件"，选重大里的安全，即重大劳动安全事故罪。

（三）总结（见表1Z301090-2、1Z301090-3）

行政责任与刑事责任的区分　表1Z301090-2

| 行政处罚（违法） | 刑罚（犯罪） |
| --- | --- |
| 拘留 | 拘役 |
| 罚款 | 罚金 |
| 没收违法所得 | 没收（合法）财产 |

**嗨·点评** 考生能将民事责任、行政责任和刑事责任区分，精确记忆。

民事责任、行政责任、刑法种类　表1Z301090-3

| 责任 | 分类 | 具体内容 |
|---|---|---|
| 民事责任（民-民） | 违约责任 | 继续履行；采取补救措施；赔偿损失；违约金；定金 |
| | 侵权责任 | 停止侵害；排除妨碍；消除危害；返还财产；恢复原状；修理、重做、更换；消除影响恢复名誉；赔礼道歉 |
| 行政责任 | 行政处罚（官-民） | 警告；罚款；没收违法所得；责令停产停业；暂扣或吊销许可证；取消投标资格 |
| | 行政处分（官-官） | 警告；记过；记大过；降级；撤职；开除 |
| 刑事责任（国家-犯罪） | 主刑 | 管制；拘役；有期徒刑；无期徒刑；死刑 |
| | 附加刑 | 罚金；剥夺政治权利；没收财产；驱逐出境 |

【经典例题】2.下列法律责任中，属于刑事处罚的是（　　）。

A.处分　　　　B.暂扣执照
C.恢复原状　　D.罚金

【答案】D

【嗨·解析】刑事处罚包括主刑和附加刑两部分。主刑有：管制、拘役、有期徒刑、无期徒刑和死刑。附加刑有：罚金、剥夺政治权利和没收财产。

【经典例题】3.（2016年真题）在施工过程中，某施工企业的安全生产条件不符合国家规定，致使多人重伤，死亡。该施工企业的行为构成（　　）。

A.重大责任事故罪
B.强令违章冒险作业罪
C.重大劳动安全事故罪
D.工程重大安全事故罪

【答案】C

【嗨·解析】见表1Z301090-1。

【经典例题】4.（2015年真题）某开发商在一大型商场项目的开发建设中，违反国家规定，擅自降低工程质量标准，因而造成重大安全事故。该事故的直接责任人员应当承担的刑事责任是（　　）。

A.重大责任事故罪
B.重大劳动安全事故罪
C.危害公共安全罪
D.工程重大安全事故罪

【答案】D

【嗨·解析】见表1Z301090-1。

## 章节练习题

### 一、单项选择题

1. 行政责任的承担方式包括行政处罚和（　　）。
   A.行政处分　　　　B.行政复议
   C.行政诉讼　　　　D.行政许可

2. 某施工单位违反国家规定施工，造成重大安全事故，后果特别严重，对直接责任人的处罚为（　　）。
   A.拘役
   B.无期徒刑
   C.处3年以上5年以下有期徒刑，并处罚金
   D.处5年以上10年以下有期徒刑，并处罚金

3. 某施工单位在参与某工程投标过程中，与另一投标单位提前联系并商讨报价，给建设单位造成重大损失，则该施工单位直接责任人应承担的刑事责任为（　　）。
   A.恶意投标罪　　　B.串通投标罪
   C.重大责任事故罪　D.玩忽职守罪

4. 在公共场所施工，没有设置明显标志造成他人损害的，施工单位应承担赔偿责任。这种责任属于（　　）。
   A.刑事责任　　　　B.违约责任
   C.侵权责任　　　　D.行政责任

5. 某地建设行政主管部门检查某施工企业的施工工地，发现该施工企业没有按照施工现场管理规定设置围挡，依法责令其停止施工。该建设行政主管部门对该施工企业采取的行政行为属于（　　）。
   A.行政处罚　　　　B.行政裁决
   C.行政处分　　　　D.行政强制

6. 关于刑事责任的说法，错误的是（　　）。
   A. 拘役是刑罚主刑的一种
   B. 罚款是刑罚附加刑的一种
   C. 刑罚的附加刑既可以合并使用，也可以独立使用

   D.死刑缓期两年执行是死刑的一种

### 二、多项选择题

1. 建设工程民事责任的主要承担方式包括（　　）。
   A.停业整顿　　　　B.赔偿损失
   C.返还财产　　　　D.修理
   E.支付违约金

2. 以下选项中，属于行政处分的有（　　）。
   A.警告　　　　　　B.行政拘留
   C.剥夺政治权利　　D.降级
   E.撤职

3. 建设工程领域常见的刑事法律责任包括（　　）。
   A.工程重大安全事故罪
   B.重大劳动安全事故罪
   C.串通招标罪
   D.重大责任事故罪
   E.环境污染罪

4. 下列责任种类中，属于行政处罚的有（　　）。
   A.警告
   B.行政拘留
   C.罚金
   D.排除妨碍
   E.没收财产

## 参考答案及解析

### 一、单项选择题

1.【答案】A
【解析】行政责任的承担方式包括行政处罚和行政处分。

2.【答案】D
【解析】根据《刑法》第137条规定，施工单位违反国家规定造成重大安全事故，后果特别严重，对直接责任人处5年以上10

年以下有期徒刑，并处罚金。

3.【答案】B

【解析】此题属于招投标过程中，投标人相互串通投标报价，损害招标人或者其他投标人的利益，因此为串通投标罪。

4.【答案】C

【解析】侵权责任是指行为人因过错侵害他人财产、人身而依法应当承担的责任，以及虽没有过错，但在造成损害以后，依法应当承担的责任。

5.【答案】A

【解析】在建设工程领域，法律、行政法规所设定的行政处罚主要有：警告、罚款、没收违法所得、责令限期改正、责令停业整顿、取消一定期限内参加依法必须进行招标的项目的投标资格、责令停止施工、降低资质等级、吊销资质证书（同时吊销营业执照）、责令停止执业、吊销执业资格证书或其他许可证等。

6.【答案】B

【解析】罚款是行政处罚。

二、多项选择题

1.【答案】BCDE

【解析】停业整顿是行政处罚，是承担行政责任的方式。

2.【答案】ADE

【解析】B属于行政处罚；C属于刑事责任承担方式中的附加刑。

3.【答案】ABCD

【解析】在建设工程领域，常见的刑事法律责任有：工程重大安全事故罪、重大责任事故罪、重大劳动安全事故罪、串通投标罪。

4.【答案】AB

【解析】C、E属于刑事责任承担方式中的附加刑，D属于民事责任的承担方式。

# 1Z302000 施工许可法律制度

## 一、本章近三年考情

本章近三年考试真题分值统计　　　　　　　　　　　　　　　（单位：分）

| 节 \ 年份 | 2014年 | | 2015年 | | 2016年 | |
|---|---|---|---|---|---|---|
| | 单选题 | 多选题 | 单选题 | 多选题 | 单选题 | 多选题 |
| 1Z302010 建设工程施工许可制度 | 2 | 2 | 1 | | 1 | 2 |
| 1Z302020 施工企业从业资格制度 | 2 | 2 | 1 | 2 | 2 | |
| 1Z302030 建造师注册执业制度 | 2 | | | 2 | 2 | |

## 二、本章学习提示

本章分为三节，分别是建设工程施工许可制度、施工企业从业资格制度、建造师注册执业制度。第一节讲解了施工许可证和开工报告的内容，重点阐述施工许可证的办证条件、有效期等；第二节围绕企业资质展开，介绍了企业资质的申请、增项、有效期等内容；第三节围绕建造师注册展开，介绍了建造师考试、注册、建造师的执业、权利等一系列内容。本章在考试中所占分值比例较小，没有难点，考生在复习时不用过于钻研。

# 1Z302010 建设工程施工许可制度

**本节知识体系**

本节主要介绍了两种开工制度：施工许可证和开工报告，其中，施工许可证是重点。本节围绕施工许可证，介绍了适用范围、法定批准条件、有效期、延期等知识点，考生在学习中，应以施工许可证为主进行学习，在学习施工许可证有效期时适当和开工报告作对比。

**核心内容讲解**

## 一、施工许可证和开工报告的适用范围

### （一）不需要办理施工许可证的建设工程（见表1Z302010-1）

不需要办理施工许可证的建设工程　表1Z302010-1

| 不需要领取施工许可证的工程 | | |
|---|---|---|
| 不适用建筑法 | 抢险救灾工程 | 不适用建筑法，开工自然不需要经过行政机关审批 |
| | 临时建筑 | |
| | 农民自建低层住宅 | |
| 适用建筑法但不领取施工许可证 | 限额以下的小型工程 | 工程投资额30万元以下或者建筑面积300m²以下的建筑工程 |
| | 不重复办理施工许可 | 实行开工报告批准制度的建设工程：由国务院另行规定其范围、权限、程序 |
| | 军用房屋建筑 | 是否实行施工许可由国务院和中央军委另行商定 |

口诀："小林（临）军开枪（抢）"。"小"指小型工程，"临"指临时建筑，"军"指军用房屋建筑，"开"指应办理开工报告的工程，"抢"指抢险救灾。

### （二）实行开工报告制度的建设工程

【建设单位申请开工报告审批的条件（4项）】

1. 资金到位情况；
2. 投资项目市场预测；
3. 设计图纸是否满足施工要求；
4. 现场条件是否满足"三通一平"等。

### （三）两个开工报告的区别（见表1Z302010-2）

注意：法律上的"开工报告"≠建设监理中的"开工报告"。

开工报告的区别　表1Z302010-2

| | 开工报告（建设单位→政府部门） | 开工报告（施工→监理） |
|---|---|---|
| 性质 | 政府主管部门的行政许可 | 监理单位对施工单位开工准备工作的认可 |
| 主体 | 建设单位向政府主管部门申报 | 施工单位向监理单位提出 |
| 内容 | 建设单位应具备的开工条件 | 施工单位应具备的开工条件 |

🔊 **嗨·点评** 此处要求考生理解记忆不需要办理施工许可证的建设工程项目，重点记忆其中的数字。

【经典例题】1.根据《建筑工程施工许可管理办法》，不需要办理施工许可证的建筑工程有（    ）。

A.建筑面积200m²的房屋
B.抢险救灾工程
C.城市大型立交桥
D.城市居住小区
E.实行开工报告审批制度的建筑工程

【答案】ABE

【嗨·解析】不需要办理施工许可证的建设工程包括工程投资额在30万元以下或者建筑面积在300m²以下的建筑工程以及抢险救灾等工程。

## 二、申请主体和法定批准条件

### （一）施工许可证的申请主体

建设单位应当按照国家有关规定向工程所在地县级以上人民政府建设行政主管部门申请领取施工许可证。

### （二）施工许可证的法定批准条件

1.（地）已经办理该建筑工程用地批准手续。

任何单位和个人进行建设，必须申请使用国有土地。原来系农民集体土地的，应经过国家征收转化为国有土地。

2.（划）在城市规划区的建筑工程，已经取得规划许可证（2张）。

（1）建设用地规划许可证

划拨土地：建设用地规划许可证→划拨土地→规划审查建设工程规划许可证。（先领证后拿地。）

出让土地：签订出让合同→建设用地规划许可证→规划审查→建设工程规划许可证。（先拿地后领证）

（2）建设工程规划许可证。

3.（地）施工场地已经基本具备施工条件，需要拆迁的，其拆迁进度符合施工要求。

需要先期进行拆迁的，拆迁进度必须能满足建设工程开始施工和连续施工的要求。

4.（施）已经确定建筑施工企业。

按照规定应该招标的工程没有招标，应该公开招标的工程没有公开招标，或者肢解发包工程，以及将工程发包给不具备相应资质条件的，所确定的施工企业无效。

5.（图）有满足施工需要且通过政府审批的施工图纸及技术资料（政府审批）。

6.（安）有保证工程质量和安全的具体措施。

建设单位在领取施工许可证（或开工报告）前，应当按照国家规定办理质量监督手续。建设单位在申请施工许可证时（或开工报告批准后15日内），应当提供安全施工措施报备。

7.（监）按照规定应当委托监理的工程已委托监理。

下列建设工程必须实行监理：

（国）家重点建设工程；（大）中型公用事业工程；成（片）开发建设的住宅小区工程；利用（外）国政府或者国际组织贷款、援助资金的工程；国家规定必须实行监理的其他工程。

8.（钱）建设资金已经落实（见表1Z302010-3）。

建设资金到位情况　　表1Z302010-3

| 工期长短 | 到位资金 |
| --- | --- |
| 工期超过1年 | ≥工程合同价30% |
| 工期不到1年 | ≥工程合同价50% |

9.（其他）法律、行政法规规定的其他条件（只有全国人大及其常委会制定的法律和国务院制定的行政法规，才有权增加施工许可证新的申领条件）：

（1）两类（大型人员密集场所+其他特殊）工程，领取施工许可证前需事先通过公安消防机构消防设计审查；

（2）其他建设工程取得施工许可证后依法抽查不合格的，应当停止施工。

口诀：施工许可证的法定批准条件记忆口诀如下："地划地施，图安监钱其他"。强制监理的工程记忆口诀如下："外国大片"。

（三）施工许可证的颁发

1.发证机关应当自收到申请之日起15日内，对符合条件的申请颁发施工许可证。

2.对于证明文件不全或者失效的，应当当场或5日内一次告知建设单位需要补正的全部内容；审批时间可以自证明文件补全后相应顺延。

3.对于不符合条件的，应当自收到申请之日起15日内书面通知建设单位，并说明理由。

🔊 嗨·点评 要求考生能够熟练掌握施工许可证办理的条件。

【经典例题】2.（2014年真题）关于申请领取施工许可证的说法，正确的有（　　）。

A.应当委托监理的工程已委托监理后才能申请领取施工许可证

B.领取施工许可证是确定建筑施工企业的前提条件

C.法律、行政法规和省、自治区、直辖市人民政府规章可以规定申请施工许可证的其他条件

D.在申请领取施工许可证之前需要落实建设资金

E.在城市、镇规划区的建筑工程，需要同时取得建设用地规划许可证和建设工程规划许可证后，才能申请办理施工许可。

【答案】ADE

【嗨·解析】B错误，已经确定建筑施工企业是领取施工许可证的前提条件；

C错误，只有全国人大及其常委会制定的法律和国务院制定的行政法规，才有权增加施工许可证新的申领条件，其他如部门规章、地方性法规、地方规章等都不得规定增加施工许可证的申领条件。

【经典例题】3.某大型体育馆项目总投资6000万元，经划拨方式取得建设用地使用权。工程合同总价4000万元，工期18个月。则建设单位领取施工许可证前，应当具备的开工条件不包括（　　）。

A.已经取得建设用地批准书和建设工程规划许可证

B.已经确定施工单位和监理单位

C.到位资金必须超过1800万元

D.经公安消防机构消防设计审核

【答案】C

【嗨·解析】资金到位合同价4000万×30%即可。

## 三、延期开工、核验和重新办理批准的规定（见表1Z302010-4）

施工许可证与开工报告的对比　表1Z302010-4

| | 施工许可证 | | 开工报告（官-民） |
|---|---|---|---|
| 管理机关 | 县级以上建设行政主管部门 | | 按国务院规定的权限和程序 |
| 适用范围 | 见表1Z302010-1 | | |
| 开工期限 | 领证后3个月内 | | 获批后6个月内 |
| 不能按期开工 | 申请延期，延期以两次为限，每次不超过3个月。既不开工又不申请延期或者超过延期时限的，施工许可证自行废止 | | （不予延期）及时向批准机关报告→不能按期开工超过6个月→重新办理 |
| 开工后在建项目停工 | 建设单位应当自中止施工之日起1个月内，向发证机关报告，做好维护工作 | <1年，报告后即可复工 | （无核验程序）及时向批准机关报告 |
| | | ≥1年，核验后方可复工 | |

**🔊 嗨·点评** 施工许可证与开工报告在延期开工、核验和重新办理批准的规定上有很大区别，知识点没有难点，但考生在学习当中需要重点区分。

**【经典例题】** 4.（2016年真题）建设单位领取施工许可后，因故不能按期开工又不申请延期或者超过延期时限的，关于其后果的说法，正确的是（　　）。

A.发证机关核验施工许可证
B.发证机关收回施工许可证
C.施工企业重新办理施工许可证
D.施工许可证自行废止

**【答案】** D

**【嗨·解析】**《建筑法》规定，建设单位应当自领取施工许可证之日起3个月内开工。因故不能按期开工的，应当向发证机关申请延期；延期以2次为限。每次不超过3个月。既不开工又不申请延期或者超过延期时限的，施工许可证自行废止。

**【经典例题】** 5.下列选项中，违反施工许可证制度的是（　　）。

A.某临时建筑未申请领取施工许可证即开工
B.某工程因洪水中止施工，半年后向发证机关作了报告
C.某工程因故不能开工，第三个月向发证机关申请延期开工
D.某工程因宏观调控停建1年多，恢复施工前报发证机关核验施工许可证

**【答案】** B

**【嗨·解析】** 停工报告2次：停工之日起1个月内报告，复工时再报告。

# 1Z302000 施工许可法律制度

## 章节练习题

### 一、单项选择题

1. 建设工程实行施工许可制度，主要是为了（　　）。
   A.调控同期开工项目的数量
   B.调控同期在建项目的规模
   C.防止施工单位违法转包工程
   D.确保工程项目符合法定的开工条件

2. 建设工程施工许可证的申请主体是（　　）。
   A.施工单位
   B.建设单位
   C.监理单位
   D.项目管理服务单位

3. 建设单位申请领取施工许可证时必须有已经落实的建设资金。建设工期不足一年的，到位资金原则上不得少于工程合同价的（　　）。
   A.20%　　B.30%　　C.40%　　D.50%

4. 下列关于建设单位申请领取施工许可证应具备的法定条件的表述中，正确的是（　　）。
   A.需要拆迁的，已取得房屋拆迁许可证
   B.施工企业编制的施工组织设计中，有保证工程质量和安全的具体措施
   C.工程所需的消防设计满足施工要求
   D.建设工期超过1年的，到位资金不得少于工程合同价的20%

5. 建设工程因故中止施工一年者，恢复施工时，该建设单位应当（　　）。
   A.报发证机关核验施工许可证
   B.重新领取施工许可证
   C.向发证机关报告
   D.向发证机关备案

6. 某建设单位欲新建一座大型综合市场，于2016年3月20日领到工程施工许可证。开工后因故于2016年10月15日中止施工。根据建筑法施工许可制度的规定，该建设单位向施工许可证发证机关报告的最迟期限应是2016年（　　）。
   A.10月15日　　B.10月22日
   C.11月14日　　D.12月14日

7. 实行开工报告制度的建设工程，其开工报告是指（　　）。
   A.施工单位向监理工程师提交的开工报告
   B.建设单位向政府主管部门提交的开工报告
   C.限额以下可以不办理施工许可证的工程由施工单位向建设单位提交的开工报告
   D.施工单位项目部向公司总部提交的报告

### 二、多项选择题

1. 以下建设工程中，需要办理施工许可证的有（　　）。
   A.投资额30万元以上的建筑装修工程
   B.建筑面积300m²以上的民用建筑工程
   C.实行开工报告审批制度的建筑工程
   D.农民自建低层住宅工程
   E.抢险救灾工程

2. 实行开工报告制度的建设工程，开工报告审查的主要内容包括（　　）。
   A.建设用地征用情况
   B.资金到位情况
   C.投资项目市场预测
   D.设计图纸是否满足施工要求
   E.施工现场是否具备"三通一平"等要求

3. 下列关于施工许可制度和开工报告制度的有关表述中，正确的有（　　）。
   A.实行开工报告批准制度的工程，必须符合建设行政部门的规定
   B.建设单位领取施工许可证后既不开工又不申请延期或延期超过时限的，施工许可证自行废止
   C.建设工程因故中止施工满一年的，恢复

施工前应报发证机关核验施工许可证

D. 按有关规定批准开工报告的工程，因故不能按期开工满6个月的工程，应重新办理开工报告审批手续

E. 实行开工报告批准制度的工程，开工报告主要反映施工单位应具备的条件

4. 下列选项中，符合颁发施工许可证法定条件的有（  ）。

A. 已经办理了建设工程用地批准手续

B. 建设工期不足一年的，银行出具的到位资金证明达到工程合同价款的30%

C. 经公安机关消防机构依法审查工程消防设计合格

D. 施工单位编制的施工组织设计中有根据工程特点制定的保证工程质量、安全的措施

E. 需要拆迁的，其拆迁进度符合建设工程开工的要求

## 参考答案及解析

一、单项选择题

1.【答案】D
【解析】建立施工许可制度，有利于保证建设工程的开工符合必要条件，避免不具备条件的建设工程盲目开工而给当事人造成损失或导致国家财产的浪费。

2.【答案】B
【解析】建设单位应当按照国家有关规定向工程所在地县级以上人民政府建设行政主管部门申请领取施工许可证。

3.【答案】D
【解析】建设工期不足1年的，到位资金原则上不得少于工程合同价的50%，建设工期超过1年的，到位资金原则上不得少于工程合同价的30%。

4.【答案】B
【解析】A错误，需要征收房屋的，其进度符合施工要求；C错误，依法应当经公安机关消防机构消防设计审核的建设工程，未经依法审核或者审核不合格的，负责审批该工程施工许可的部门不得给予施工许可。

5.【答案】A
【解析】《建筑法》第10条规定：建筑工程恢复施工时，应当向发证机关报告；中止施工满一年的工程恢复施工前，建设单位应当报发证机关核验施工许可证。

6.【答案】C
【解析】《建筑法》第10条规定：在建的建筑工程因故中止施工的，建设单位应当自中止施工之日起一个月内，向发证机关报告。

7.【答案】B
【解析】开工报告制度是国务院规定的政府主管部门的一种行政许可制度，性质上与施工许可证审批制度相同，主要是审查建设单位应具备的开工条件，由建设单位向政府主管部门申报。

二、多项选择题

1.【答案】AB
【解析】见表1Z302010-1。

2.【答案】BCDE
【解析】开工报告审查内容包括四条，分别是选项BCDE，不包括A。

3.【答案】BCD
【解析】A错误，符合国务院的有关规定；E错误，反应建设单位应具备的开工条件。

4.【答案】ACD
【解析】B错误，建设工期不足1年的，到位资金原则上不得少于工程合同价的50%；E错误，需要征收房屋的，其进度符合施工要求（开始施工和连续施工的要求）。

# 1Z302000 施工许可法律制度

## 1Z302020 施工企业从业资格制度

**本节知识体系**

本节主要围绕企业的资质来展开，介绍了资质序列、类别、等级，资质许可，资质证书的申请、延续、变更等一系列内容。虽然内容冗繁，但在考试中占比极低，考生需对本节内容当中涉及数字的部分精确记忆。

**核心内容讲解**

### 一、企业资质的法定条件、等级、序列、类别、资质许可

**（一）资质条件**

建筑施工企业应按照其拥有的注册资本（现调整为"净资产"）、专业技术人员、技术装备和已完成的建筑工程业绩等条件，申请建筑业企业资质，经审查合格，取得相应等级的资质证书后，方可在其资质等级许可的范围内从事建筑施工活动。

**（二）资质体系：序列、类别和等级**

建筑业企业资质分为施工总承包、专业承包、施工劳务资质三个序列。

施工总承包、专业承包资质分别设若干资质类别，各资质类别划分为若干资质等级。施工劳务资质不分类别与等级。

**（三）资质许可**

国务院住房城乡建设部门负责全国建筑业企业资质的统一监管。

🔊 **嗨·点评** 考生简要了解即可。

【**经典例题**】1.根据《建筑业企业资质管理规定》，属于建筑业企业资质序列的是（　　）。

A.工程总承包　　B.专业分包
C.专业承包　　　D.劳务承包

【**答案**】C

【**嗨·解析**】根据《建筑业企业资质管理规定》的规定，建筑业企业资质分为施工总承包、专业承包和施工劳务资质三个序列。此处注意"施工总承包"与A选项"工程总承包不同，"施工劳务资质与D选项"劳务承包"不同。此处措辞非常严谨，考生不可想当然去选择。

## 二、资质证书的申请、延续和变更

**（一）资质证书的申请、延续、变更（见表1Z302020-1）**

企业资质的规定　　表1Z302020-1

| 企业资质 | | 具体规定 |
|---|---|---|
| 申请 | 数量 | 可以申请一项或多项 |
| | 首次申请 | 应当申请最低等级资质 |
| | 增项申请 | |
| | 申请应当提交的材料 | （1）建筑业企业资质申请表及相应的电子文档；（2）企业营业执照正副本复印件；（3）企业章程复印件；（4）企业资产证明文件复印件；（5）企业主要人员证明文件复印件；（6）企业资质标准要求的技术装备的相应证明文件复印件；（7）企业安全生产条件有关材料复印件；（8）按照国家有关规定应提交的其他材料 |
| 有效期 | | 5年 |
| 延续 | | 资质证证书有效期届满3个月前向原资质许可机关提出延续申请 |
| | | 资质许可机关应当在建筑业企业资质证书有效期届满前做出是否准予延续的决定；逾期未做出决定的，视为准予延续 |
| 变更 | 办理程序 | 有效期内，企业名称、地址、注册资本、法定代表人变更，在工商部门办理变更手续后1个月内办理资质变更手续 |
| | 更换、遗失 | 资质许可机关在2个工作日内办理完毕 |
| | 合并、分立、改制 | 需承继原资质的，应当申请重新核定资质 |

**（二）不予批准企业资质升级申请和增项申请的规定**

企业申请建筑业企业资质升级、资质增项，在申请之日起前1年至资质许可决定作出前，有下列情形之一的，资质许可机关不予批准其建筑业企业资质升级申请和增项申请：

1. 超越本企业资质等级或以其他企业的名义承揽工程，或允许其他企业或个人以本企业的名义承揽工程的；
2. 与建设单位或企业之间相互串通投标，或以行贿等不正当手段谋取中标的；
3. 未取得施工许可证擅自施工的；
4. 将承包的工程转包或违法分包的；
5. 违反国家工程建设强制性标准施工的；
6. 恶意拖欠分包企业工程款或者劳务人员工资的；
7. 隐瞒或谎报、拖延报告工程质量安全事故，破坏事故现场、阻碍对事故调查的；
8. 按照国家法律、法规和标准规定需要持证上岗的现场管理人员和技术工种作业人员未取得证书上岗的；
9. 未依法履行工程质量保修义务或拖延履行保修义务的；
10. 伪造、变造、倒卖、出租、出借或者以其他形式非法转让建筑业企业资质证书的；
11. 发生过较大以上质量安全事故或者发生过两起以上一般质量安全事故的；
12. 其他违反法律、法规的行为。

注意：第6条，一定是"恶意拖欠"；第11条，"较大以上或者两起以上一般"质量安全事故，也就是说，此处质量安全事故是有等级和数量限制的。

**（三）企业资质证书的撤回、撤销和注销**

1. 撤回（见图1Z302020-1）

# 1Z302000 施工许可法律制度

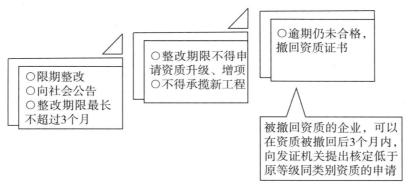

图1Z302020-1　企业资质证书的撤回

2. 撤销

有下列情形之一的，资质许可机关应当撤销建筑业企业资质：

（1）资质许可机关工作人员滥用职权、玩忽职守准予资质许可的；

（2）超越法定职权准予资质许可的；

（3）违反法定程序准予资质许可的；

（4）对不符合资质标准条件的申请企业准予资质许可的；

（5）依法可以撤销资质许可的其他情形。

以欺骗、贿赂等不正当手段取得资质许可的，应当予以撤销。

3. 注销

有下列情形之一的，资质许可机关应当依法注销建筑业企业资质，并向社会公布其建筑业企业资质证书作废，企业应当及时将建筑业企业资质证书交回资质许可机关：

（1）资质证书有效期届满，未依法申请延续的；

（2）企业依法终止的；

（3）资质证书依法被撤回、撤销或吊销的；

（4）企业提出注销申请的；

（5）法律、法规规定的应当注销建筑业企业资质的其他情形。

（四）总结（见表1Z302020-2）

资质的撤回、撤销、吊销、注销的对比　表1Z302020-2

| 结果 | 记忆方法 |
| --- | --- |
| 撤回 | 合法取得后，不再具备相应资质条件 |
| 撤销 | 原本不具备相应资质条件而非法取得 |
| 吊销 | 合法取得后，因违法而受到吊销处罚 |
| 注销 | 被撤销、吊销、关闭后，或有效期到期后未及时办理续期手续，为确保证书失效而办理注销手续 |

🔊 嗨·点评　考生重点记忆时间类知识点同时对撤回、撤销、注销、吊销作区分记忆。

【经典例题】2.（2016年真题）关于施工企业资质证书的申请、延续和变更的说法，正确的是（　　）。

A. 企业首次申请资质应当申请最低等级资质，但增项申请资质不必受此限制

B. 施工企业发生合并需承继原建筑业企业资质的，不必重新核定建筑业企业资质等级

C. 被撤回建筑业企业资质的企业，可以在资质被撤回后6个月内，向资质许可证机关提出核定低于原等级同类别资质的申请

D. 资质许可机关逾期为做出资质准予延续决定的，视为准予延续

【答案】D

【嗨·解析】A错误，建筑业企业可以申请

一项或多项建筑业企业资质；企业首次申请或增项申请资质，应当申请最低等级资质；

B错误，企业发生合并、分立、重组以及改制等事项，需承继原建筑业企业资质的，应当申请重新核定建筑业企业资质等级；

C错误，被撤回建筑业企业资质证书的企业，可以在资质被撤回后3个月内，向资质许可机关提出核定低于原等级同类别资质的申请；

D正确。

【经典例题】3.资质许可机关的上级机关，根据利害关系人的请求或者依据职权，可以撤销建筑业企业资质的情形是（　　）。

A．企业未取得施工许可证擅自施工的

B．资质许可机关超越法定职权作出准予建筑业企业资质许可的

C．企业将承包工程转包或违法分包的

D．企业发生过较大生产安全事故或者发生过两起以上一般生产安全事故的

【答案】B

【嗨·解析】A、C、D是不予批准资质升级、增项申请的情形。B属于非法取得资质，是撤销的情形。

【经典例题】4.（2015年真题）根据《建筑企业资质管理规定》，在申请之日起1年至资质许可决定作出前，出现下列情况的，资质机关不予批准其建筑企业资质升级申请的有（　　）。

A．与建设单位之间相互串通投标

B．将承包的工程转包或违法分包

C．发生过一起一般质量安全事故

D．非法转让建筑业企业资质证书

E．恶意拖欠分包企业工程款

【答案】ABDE

【嗨·解析】C应为发生过较大以上质量安全事故或者发生过2起以上一般质量安全事故的。

### 三、禁止无资质或越级承揽工程的规定

（一）禁止无资质承揽工程（见图1Z302020-2）

承包建筑工程的单位应当持有依法取得的资质证书，并在其资质等级许可的业务范围内承揽工程。

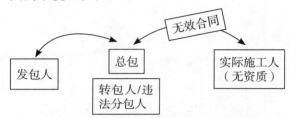

图1Z302020-2　实际施工人与总包、发包人的关系

无资质承包主体签订的专业分包合同或者劳务分包合同都是无效合同。

但是，"实际施工人"的利益受到侵害时：

1.实际施工人以转包人、违法分包人为被告起诉的，法院应当受理。

2.实际施工人以发包人为被告主张权利的，法院可以追加转包人或者违法分包人为本案当事人。

3.发包人只在欠付工程价款的范围内对实际施工人承担责任。

（二）禁止越级承揽工程

1.禁止施工单位超越本单位资质等级许可的业务范围承揽工程。

2.联合共同承包：两人以上不同资质等级的单位（同一专业）实行联合共同承包的，应当按照资质等级低的单位的业务许可范围承揽工程。

3.联合共同承包一般适用于大型或技术复杂的建设工程。

嗨·点评　要求考生掌握无资质主体与转包人/违法分包人以及发包人之间的关系，掌握实际施工人如何维护自身权益。同时，了解联合共同承包资质如何确定。

【经典例题】5.根据《最高人民法院关于

审理建设工程施工合同纠纷案适用法律问题的解释》，正确的是（　　）。

A.实际施工人只能起诉与其有合同关系的转包人或违法分包人

B.发包人只在潜在工程价款范围内对实际施工人承担责任

C.实际施工人以发包人为发包人主张权利的，人民法院不得追加转包人或违法分包人为本案当事人。

D.发包人或转包人或违法分包人对实际施工人就工程价款的清偿承担连带责任

【答案】B

【嗨·解析】A、C错误，实际施工人以转包人、违法分包人为被告起诉的，人民法院应当依法受理。实际施工人以发包人为被告主张权利的，人民法院可以追加转包人或者违法分包人为本案当事人；

B正确，D错误，发包人只在欠付工程价款的范围内对实际施工人承担责任。

## 四、禁止以他企业或他企业以本企业名义承揽工程的规定

1.《建筑法》规定，禁止建筑施工企业超越本企业资质等级许可的业务范围或者以任何形式用其他建筑施工企业的名义承揽工程。禁止建筑施工企业以任何形式允许其他单位或者个人使用本企业的资质证书、营业执照，以本企业的名义承揽工程。《建设工程质量管理条例》也规定，禁止施工单位超越本单位资质等级许可的业务范围或者以其他施工单位的名义承揽工程。禁止施工单位允许其他单位或者个人以本单位的名义承揽工程。

2.《房屋建筑和市政基础设施工程施工分包管理办法》规定，分包工程发包人没有将其承包的工程进行分包，在施工现场所设项目管理机构的项目负责人、技术负责人、项目核算负责人、质量管理人员、安全管理

人员不是工程承包人本单位人员的，视同允许他人以本企业名义承揽工程。

🔊 **嗨·点评** 考生在学习过程中，能够根据具体情形判断是否属于转包，理解即可。

【经典例题】6.（2014年真题）关于施工企业承揽工程的说法，正确的是（　　）。

A.施工企业可以允许其他企业使用自己的资质证书和营业执照

B.施工企业应当拒绝其他企业转让资质证书

C.施工企业在施工现场所设项目管理机构的项目负责人可以不是本单位人员

D.施工企业由于不具备相应资质等级只能以其他企业名义承揽工程

【答案】B

【嗨·解析】A错误，《建筑法》规定，禁止建筑施工企业以任何形式允许其他单位或者个人使用本企业的资质证书、营业执照，以本单位的名义承揽工程；

C错误，在施工现场所设项目管理机构的项目负责人、技术负责人、项目核算负责人、质量管理人员、安全管理人员不是工程承包人本单位人员的，视同允许他人以本企业名义承揽工程；

D错误，《建筑法》规定，禁止建筑施工企业超越本企业资质等级许可的业务范围或者以任何形式用其他建筑施工企业的名义承揽工程。

【经典例题】7.下列承揽工程的情形中，符合工程承包管理相关规定的是（　　）。

A. 超越本企业资质等级许可的业务范围承揽工程

B. 分公司使用总公司的营业执照及资质证书承揽工程

C. 以联营方式使用其他施工企业的营业执照及资质证书承揽工程

D. 子公司使用母公司的营业执照及资质证书承揽工程

【答案】B

【嗨·解析】分公司是总公司的分支机构，不是独立法人，不能独立承担民事责任。分公司以总公司的营业执照和资质证书承揽工程不构成挂靠，其行为后果由总公司承担。

而母公司和子公司是完全相互独立的法人实体。因此，子公司必须以自己的名义承揽工程，其使用母公司营业执照和资质证书的行为应认定为挂靠。

可以这么类比：分公司是未成年子女，其行为需父母认可，闯了祸父母承担。而子公司是成年子女，以自己的名义行事，所作所为与父母无关。

# 章节练习题

## 一、单项选择题

1. 建筑业企业资质证书的有效期为（    ）年。
   A.3    B.4    C.5    D.6

2. 按照《建筑业企业资质管理规定》，企业取得建筑业企业资质后不再符合相应资质条件的且逾期不改的，其资质证书将被（    ）。
   A.撤回    B.撤销    C.注销    D.吊销

3. 按照《建筑业企业资质管理规定》，建筑业企业资质证书有效期满未申请延续的，其资质证书将被（    ）。
   A.撤回    B.撤销    C.注销    D.吊销

4. 关于无资质承揽工程的法律规定，下列表述中正确的是（    ）。
   A.无资质承包主体签订的专业分包合同或劳务分包合同都是无效合同
   B.当作为无资质的"实际施工人"的利益受到损害时，不能向合同相对人主张权利
   C.当无资质的"实际施工人"以合同相对方为被告起诉时，法院不应受理
   D.无资质的"实际施工人"不能以发包人为被告主张权利

5. 两个以上不同资质等级的单位联合承包工程，其承揽工程的业务范围取决于联合体中（    ）的业务许可范围。
   A.资质等级高的单位
   B.资质等级低的单位
   C.实际达到的资质等级
   D.核定的资质等级

6. 下列关于工程承包的选项中，属于非法分包的是（    ）。
   A.分包专业工程的承包人，将其中的劳务作业任务分包给了有相应资质的劳务分包公司
   B.总承包人将劳务作业任务分包给了以自然人为包工头的农民工建筑队
   C.总承包人将设备安装任务分包给了有相应资质的设备制造厂商
   D.总承包人将合同额200万元的劳务作业任务分包给了有相应资质但注册资金仅为50万元的劳务分包公司

7. 某工程由甲公司承包，施工现场检查发现，工程项目管理部的项目经理、技术负责人、质量管理员和安全管理员都不是甲公司的职工，而是丙公司的职工。甲公司的行为视同（    ）。
   A.用其他建筑企业的名义承揽工程
   B.允许他人以本企业名义承揽工程
   C.与他人联合承揽工程
   D.违法分包

8. 关于禁止无资质或超资质承揽工程的说法，正确的是（    ）。
   A.施工总承包单位可以将房屋建筑工程的钢结构工程分包给其他单位
   B.总承包单位可以将建设工程分包给包工头
   C.联合体承包中，可以以高资质等级的承包方为联合体承包方的业务许可范围
   D.劳务分包单位可以将其承包的劳务再分包

## 二、多项选择题

1. 按照《建筑法》的规定，申请人以欺骗手段取得资质证书应承当的法律责任主要包括（    ）。
   A.吊销资质证书
   B.处以罚款
   C.1年内不得再次申请建筑业企业资质
   D.3年内不得再次申请建筑业企业资质
   E.构成犯罪的，依法追究刑事责任

2. 取得建筑业企业资质的企业申请资质升级

或资质增项，在申请之日起前1年内不得有下列选项中的（　　）情形。

A. 超越本企业资质等级或以其他企业名义承揽工程的

B. 将承包的工程转包或违法分包的

C. 发生过较大生产安全事故的

D. 未依法履行工程质量保修义务造成严重后果的

E. 拖欠分包企业工程款或者劳务人员工资的

## 参考答案及解析

### 一、单项选择题

1.【答案】C

【解析】资质证书有效期为5年。

2.【答案】A

【解析】企业不再符合相应建筑业企业资质标准要求条件的，应当整改。逾期仍未达到建筑业企业资质标准要求条件的，资质许可机关可以撤回其建筑业企业资质证书。

3.【答案】C

【解析】资质证书有效期届满，未依法申请延续的，资质许可机关应当依法注销建筑业企业资质，并向社会公布其建筑业企业资质证书作废，企业应当及时将建筑业企业资质证书交回资质许可机关。

4.【答案】A

【解析】B、C错误，实际施工人以转包人、违法分包人为被告起诉的，人民法院应当依法受理；D错误，实际施工人以发包人为被告主张权利的，人民法院可以追加转包人或者违法分包人为本案当事人。

5.【答案】B

【解析】两个以上不同资质等级的单位实行联合共同承包的，应当按照资质等级低的单位的业务许可范围承揽工程。

6.【答案】B

【解析】A、C选项均属合法分包；D选项符合《建筑业企业资质等级标准》中劳务分包企业的资质等级标准，即劳务分包单项业务合同额不超过企业注册资本的5倍，故D选项是合法的。本题只有B选项是违法的。

7.【答案】B

【解析】《房屋建筑和市政基础设施工程施工分包管理办法》第15条第2款规定："分包工程发包人没有将其承包的工程进行分包，在施工现场所设项目管理机构的项目负责人、技术负责人、项目核算负责人、质量管理人员、安全管理人员不是工程承包人本单位人员的，视同允许他人以本企业名义承揽工程。"

8.【答案】A

【解析】本题考查的是禁止无资质或越级承揽工程的规定。B错误，严禁个人承揽分包工程业务；C错误，2个以上不同资质等级的单位实行联合共同承包的，应当按照资质等级低的单位的业务许可范围承揽工程；D错误，分包工程不得再分包。

### 二、多项选择题

1.【答案】ABDE

【解析】以欺骗、贿赂等不正当手段取得建筑业企业资质证书的，由县级以上地方人民政府建设主管部门或者有关部门给予警告，并依法处以罚款，申请人3年内不得再次申请建筑业企业资质。

2.【答案】ABCD

【解析】E应为"恶意"拖欠分包企业工程款或者劳务人员工资。

# 1Z302000 施工许可法律制度

## 1Z302030 建造师注册执业制度

**本节知识体系**

本节围绕建造师注册执业进行展开,主要介绍了建造师考试、注册、继续教育以及注册建造师的执业岗位、受聘单位等内容,最后介绍了在违法行为中应承担的法律责任。本节内容考察点比较集中,需要考生理解记忆。

**核心内容讲解**

### 一、一级建造师的注册

**(一)注册有效期(初始注册、延续注册、变更注册、增项注册)**

1.注册管理机构

住房和城乡建设部或其授权的机构为一级建造师执业资格的注册管理机构。人事部和各级地方人事部门对建造师执业资格注册和使用情况有检查、监督的责任。取得资格证书的人员,经过注册方能以注册建造师的名义执业。

2.注册有效期(见表1Z302030-1)

注册有效期  表1Z302030-1

| 类型 | 适用 | 有效期 |
|---|---|---|
| 初始注册 | 资格证书签发后首次提出注册申请 | 可自资格证书签发之日起3年内提出申请。逾期未申请者,须符合本专业继续教育的要求后方可申请初始注册,注册证书与执业印章有效期为3年 |
| 延续注册 | 注册有效期满 | 应当在注册有效期届满30日前,按照规定申请延续注册。延续注册的,有效期为3年 |
| 变更注册 | 更换执业单位 | 在注册有效期内,注册建造师变更执业单位,应当与原聘用单位解除劳动关系,并按照规定办理变更注册手续,变更注册后仍延续原注册有效期 |
| 增项注册 | 增加执业专业 | 多专业注册的注册建造师,其中一个专业注册期满仍需以该专业继续执业和以其他专业执业的,应当及时办理续期注册 |

3.注册须具备的条件:

初始注册、增项注册、变更注册需要的条件及资料见表1Z302030-2。

注册条件  表1Z302030-2

| 注册类型 | | 内容 |
|---|---|---|
| 初始注册 | 应当具备的条件 | ①经考核认定或考试合格取得资格证书;<br>②受聘于一个相关单位;<br>③达到继续教育要求;<br>④没有《注册建造师管理规定》中规定不予注册的情形 |
| | 需提交的材料 | ①注册建造师初始注册申请表;<br>②资格证书、学历证书和身份证明复印件;<br>③申请人与聘用单位签订的聘用劳动合同复印件或其他有效证明文件;<br>④逾期申请初始注册的,应当提供达到继续教育要求的证明材料 |

续表

| 注册类型 | | 内容 |
|---|---|---|
| 延续注册 | 需提交的材料 | ①注册建造师延续注册申请表；<br>②原注册证书；<br>③申请人与聘用单位签订的聘用劳动合同复印件或其他有效证明文件；<br>④申请人注册有效期内达到继续教育要求的证明材料 |
| 变更注册 | 需提交的材料 | ①注册建造师变更注册申请表；<br>②注册证书和执业印章；<br>③申请人与新聘用单位签订的聘用合同复印件或有效证明文件；<br>④工作调动证明（与原聘用单位解除聘用合同或聘用合同到期的证明文件、退休人员的退休证明） |

4.变更注册与增项注册的其他规定

（1）注册建造师变更聘用企业的，应当在与新聘用企业签订聘用合同后的1个月内，通过新聘用企业申请办理变更手续。因变更注册申报不及时影响注册建造师执业、导致工程项目出现损失的，由注册建造师所在聘用企业承担责任，并作为不良行为记入企业信用档案。

（2）聘用企业与注册建造师解除劳动关系的，应当及时申请办理注销注册或变更注册。聘用企业与注册建造师解除劳动合同关系后无故不办理注销注册或变更注册的，注册建造师可向省级建设主管部门申请注销注册证书和执业印章。

（二）不予注册和注册证书的失效、注销

1.不予注册的情形

《注册建造师管理规定》中规定，申请人有下列情形之一的，不予注册（见表1Z302030-3）。

不予注册的情形　表1Z302030-3

| 情形 | 具体内容 | 年限 |
|---|---|---|
| （1）受到刑事处罚 | 刑事处罚尚未执行完毕 | |
| （2）因执业活动受到刑事处罚 | 刑事处罚执行完毕之日起 | 到申请注册之日不满5年 |
| （3）因非执业活动受到刑事处罚 | 处罚决定之日起 | 到申请注册之日不满3年 |
| （4）被吊销注册证书 | 处罚决定之日起 | 到申请注册之日不满2年 |
| （5）担任项目经理期间，所负责项目发生过重大质量和安全事故 | 发生事故之日起 | 到申请注册之日不满3年 |

其他：
（6）不具有完全民事行为能力的。
（7）申请在两个或者两个以上单位注册的。
（8）未达到注册建造师继续教育要求的。
（9）申请人的聘用单位不符合注册单位要求的。
（10）年龄超过65周岁的。

2.注册证书和执业印章失效

注册建造师有下列情形之一的，其注册证书和执业印章失效：

（1）聘用单位破产的；
（2）聘用单位被吊销营业执照的；
（3）聘用单位被吊销或者撤回资质证书的；
（4）已与聘用单位解除聘用合同关系的；
（5）注册有效期满且未延续注册的；
（6）年龄超过65周岁的；
（7）死亡或不具有完全民事行为能力的；
（8）其他导致注册失效的情形。

3.注销注册

注册建造师有下列情形之一的，由注册机关办理注销手续，收回注册证书和执业印章或者公告其注册证书和执业印章作废：

（1）有以上规定的注册证书和执业印章失效情形发生的；

（2）依法被撤销注册的；

（3）依法被吊销注册证书的；

（4）受到刑事处罚的；

（5）法律、法规规定应当注销注册的其他情形。

**（三）一级建造师的继续教育**

接受继续教育，既是注册建造师应当享有的权利，也是注册建造师应当履行的义务。

注册建造师按规定参加继续教育，是申请初始注册、延续注册、增项注册和重新注册（以下统称注册）的必要条件。

🔊 **嗨·点评** 要求考生对时间类知识点做记忆，对各种注册提交的材料做了解，对注册证书的失效情形做理解记忆。

**【经典例题】1.**（2014年真题）关于建造师注册说法，正确的是（　　）。

A.取得资格证书的人员，经过注册才能以建造师名义执业

B.取得建造师执业资格证书后即可申请注册

C.初始注册者，可自资格证书签发之日起三年内提出申请，未按期申请的，不予注册

D.注册者应向省、自治区、直辖市人民政府的人事部门提出

**【答案】**A

**【嗨·解析】**B错误，取得资格者还需受聘于相关单位才可注册。C错误，未在3年内申请的，只要满足继续教育要求仍可注册。D错误，应当通过聘用单位向单位工商注册所在地的省、自治区、直辖市人民政府建设主管部门提出注册申请。人事部门对建造师执业资格注册和使用情况有检查、监督的责任。

**【经典例题】2.**（2015年真题）根据《注册建造师管理规定》，下列情形中，不予注册的有（　　）。

A.赵某因工伤丧失了民事行为能力

B.钱某取得资格证书3年后申请注册

C.孙某与原单位解除劳动关系后申请变更注册

D.周某申请在两个单位分别注册

E.李某已年满60岁仍担任单位的咨询顾问

**【答案】**AD

**【嗨·解析】**本题考查的是不予注册和注册证书的失效、注销。A不具有完全民事行为能力的，不予注册；D申请在两个或者两个以上单位注册的，不予注册。其他都属于可以注册的情形。

## 二、建造师的受聘单位和执业岗位范围

**（一）一级建造师的受聘单位**

取得资格证书的人员应当受聘于一个具有建设工程勘察、设计、施工、监理、招标代理、造价咨询等一项或者多项资质的单位，经注册后方可从事相应的执业活动。担任施工单位项目负责人的，应当受聘并注册于一个具有施工资质的企业。

**（二）一级建造师的执业范围**

建造师的执业范围包括：（1）担任建设工程项目施工的项目经理；（2）从事其他施工活动的管理工作；（3）法律、行政法规或国务院建设行政主管部门规定的其他业务。

一级建造师可以担任特级、一级建筑业企业资质的建设工程项目施工的项目经理。

一级建造师的执业范围分为执业区域范围、执业岗位范围和执业工程范围（见表1Z302030-4）。

## 一级建造师的执业范围　表1Z302030-4

| 执业范围 | | 内容 |
| --- | --- | --- |
| 执业岗位范围 | 执业区域范围 | 一级注册建造师可在全国范围内以一级注册建造师名义执业。工程所在地各级建设主管部门和有关部门不得增设或者变相设置跨地区承揽工程项目执业准入条件 |
| | 注册建造师不得同时担任两个及以上建设工程施工项目负责人。发生下列情形之一的除外 | （1）同一工程相邻分段发包或分期施工的；（2）合同约定的工程验收合格的；（3）因非承包方原因致使工程项目停工超过120天（含），经建设单位同意的 |
| | 注册建造师担任施工项目负责人期间原则上不得更换。如发生下列情形之一的，应当办理书面交接手续后更换施工项目负责人 | （1）发包方与注册建造师受聘企业已解除承包合同的；（2）发包方同意更换项目负责人的；（3）因不可抗力等特殊情况必须更换项目负责人的 |
| | 执业工程范围 | 注册建造师应当在其注册证书所注明的专业范围内从事建设工程施工管理活动。注册建造师分10个专业，具体略 |

**嗨·点评** 区分注册建造师不得兼任两个及以上项目的项目负责人和注册建造师担任项目负责人不得换人的例外情况，结合实际来理解记忆。

**【经典例题】** 3.（2016年真题）根据《注册建造师执业管理办法（试行）》，注册建造师不得同时担任两个及以上建设工程施工项目负责人，（　　）除外。

A.合同约定的工程验收合格的
B.合同约定工程尚未开工的
C.合同约定的工程主体已经完成的
D.因非承包方原因致使工程项目停工超过120天的

**【答案】** A

**【嗨·解析】** 注册建造师不得同时担任两个及以上建设工程施工项目负责人。发生下列情形之一的除外：（1）同一工程相邻分段发包或分期施工的；（2）合同约定的工程验收合格的；（3）因非承包方原因致使工程项目停工超过120天（含），经建设单位同意的。

### 三、建造师的基本权利和义务

1.建造师的基本权利和义务（见表1Z302030-5）：

## 建造师的基本权利和义务　表1Z302030-5

| 建造师的权利 | 建造师的义务 |
| --- | --- |
| （1）使用注册建造师名称；<br>（2）在规定范围内从事执业活动；<br>（3）在本人执业活动中形成的文件上签字并加盖执业印章；<br>（4）保管和使用本人注册证书、执业印章；<br>（5）对本人执业活动进行解释和辩护；<br>（6）接受继续教育；<br>（7）获得相应的劳动报酬；<br>（8）对侵犯本人权利的行为进行申述 | （1）遵守法律、法规和有关管理规定，恪守职业道德；<br>（2）执行技术标准、规范和规程；<br>（3）保证执业成果的质量，并承担相应责任；<br>（4）接受继续教育，努力提高执业水准；<br>（5）保守在执业中知悉的国家秘密和他人的商业、技术等秘密；<br>（6）与当事人有利害关系的，应当主动回避；<br>（7）协助注册管理机关完成相关工作 |

2.建造师的执业文件（签字盖章）

（1）建设工程活动中形成的施工管理文件，应当由注册建造师签字并盖章。

（2）分包工程施工管理文件，应当由分包企业注册建造师签章。分包质量合格文件上，必须由担任总包项目负责人的注册建造师签章。

（3）修改建造师签字盖章过的文件，应

当由所在企业同意后本人修改。本人不能修改的，应当由企业指定同资格条件的注册建造师进行修改。

🔊 嗨·点评 要求考生理解权利和义务的内涵，做区分记忆。

【经典例题】4.注册建造师依法享有的权利包括（  ）。

A.获得相应劳动报酬
B.保管和使用本人注册证书、执业印章
C.接受继续教育
D.在本人执业活动中形成的文件签字并加盖执业印章
E.保守在执业中知悉的国家秘密和他人的商业、技术等秘密

【答案】ABCD
【嗨·解析】E属于建造师的义务。

### 四、注册执业人员未执行法律法规及因过错造成质量事故应承担的法律责任

《建筑工程施工转包违法分包等违法行为认定查处办法》：对注册执业人员未执行法律法规的，责令其停止执业3个月以上1年以下；情节严重的，吊销执业资格证书，5年内不予注册；造成重大安全事故的，终身不予注册；构成犯罪的，依照刑法有关规定追究刑事责任。

对注册执业人员违反法律法规规定，因过错造成质量事故的，责令停止执业1年；造成重大质量事故的，吊销执业资格证书，5年内不予注册；情节特别恶劣的，终身不予注册。

【经典例题】5.（2016年真题）根据《建筑工程施工转包违法等违法行为认定查处管理办法（试行）》，关于对个人挂靠行为处罚的说法，正确的是（  ）。

A.有执业资格证书的，吊销其执业资格证书，5年内不予执业资格注册
B.处以一定比例的罚款
C.不得再担任项目负责人
D.造成重大质量安全事故的，吊销其执业资格证书，5年以后可以重新注册

【答案】A
【嗨·解析】对认定有挂靠行为的个人，不得再担任该项目施工单位项目负责人；有执业资格证书的吊销其执业资格证书，5年内不予执业资格注册；造成重大质量安全事故的，吊销其执业资格证书，终身不予注册。

# 章节练习题

## 一、单项选择题

1. 下列关于建造师注册的表述中，正确的是（　　）。
   A. 取得建造师资格证书的人员，如果没能在三年内申请注册，其资格证书将失效
   B. 申请初始注册的人员，应受聘于一个相关单位
   C. 注册建造师增加执业专业的，需办理变更注册
   D. 因工作需要，取得建造师资格证书的人员可申请在两个单位注册

2. 工程师肖某取得建造师资格证书后，因故未能在3年内申请注册，3年后申请初始注册时必须（　　）。
   A. 重新取得资格证书
   B. 提供达到继续教育要求的证明材料
   C. 提供新的业绩证明
   D. 符合延续注册的条件

3. 注册建造师延续执业，应申请延续注册，按照有关规定，下列关于延续注册的表述中正确的是（　　）。
   A. 延续注册申请应在注册有效期满前3个月内提出
   B. 申请延续注册只需提供原注册证书
   C. 延续注册有效期为3年
   D. 延续注册执业期间不能申请变更注册

4. 项目经理王某经考试合格取得了一级建造师资格证书，受聘并注册于一个拥有甲级资质专门从事招标代理的单位，按照《注册建造师管理规定》：王某可以建造师名义从事（　　）。
   A. 建设工程项目总承包管理
   B. 建设监理
   C. 建设工程项目管理服务有关工作
   D. 建设工程施工的项目管理

5. 注册建造师王某与原施工单位解除了聘用合同，选择一家在本专业有多项工程服务资质的施工单位担任建设工程施工的项目经理，则他必须进行（　　）。
   A. 初始注册　　　　　B. 延续注册
   C. 变更注册　　　　　D. 增项注册

6. 2006年3月，取得建造师资格证书的王某受聘并注册于甲公司，2007年6月工作单位变动后变更注册于乙公司，其变更后的注册有效期到（　　）止。
   A. 2009年3月　　　　B. 2009年6月
   C. 2010年3月　　　　D. 2010年6月

7. 王某与原执业单位解除合同关系时，为了不影响该单位的资质等级和工作，将自己的注册证书复制了一分交给了该单位，则王某的注册证书将（　　）。
   A. 被吊销　　　　　　B. 被撤销
   C. 延续有效　　　　　D. 被撤回

8. 按照《注册建造师管理规定》，下列情形中不予注册的情形是（　　）。
   A. 申请人年近花甲，已达59岁高龄
   B. 因执业活动受到刑事处罚，自处罚执行完毕之日起至申请注册之日止已满3年
   C. 被吊销注册证书，自处罚决定之日起至申请注册之日止已经满2年
   D. 申请人申请注册之日止4年前担任项目经理期间，所负责的项目发生过重大质量和安全事故

## 二、多项选择题

1. 注册建造师办理变更注册手续时应提交的材料有（　　）。
   A. 注册建造师变更注册申请表
   B. 注册证书和执业印章
   C. 专业增项资格证明
   D. 与新聘用单位签订的聘用合同
   E. 与原单位解除聘用合同的证明

2. 下列选项中，注册建造师享有的权利包括（　　）。
   A. 使用注册建造师名称
   B. 保管和使用本人注册证书、执业印章
   C. 在执业范围外从事相关专业的执业活动
   D. 对侵犯本人权利的行为进行申述
   E. 介入与自己有利害关系的商务活动
3. 下列选项中，属于注册建造师应当履行的义务包括（　　）。
   A. 遵守法律、法规和有关规定，恪守职业道德
   B. 执行技术标准、规范和规程
   C. 能力较强者应担任两个以上建设工程项目施工的负责人
   D. 保证执业成果质量并承担相应责任
   E. 接受继续教育，提高执业水平
4. 根据《注册建造师管理规定》，在下列情形中，不予注册的情形包括（　　）。
   A. 甲某曾于1年前因犯罪被判处管制两年
   B. 乙某5年前因故意伤害罪被判处拘役6个月
   C. 丙某申请在两个单位注册
   D. 丁某去年担任项目负责人期间，该项目发生重大安全事故
   E. 戊某因事故中受伤，被鉴定为限制民事行为能力人

## 参考答案及解析

### 一、单项选择题

1.【答案】B
   【解析】A错误，初始注册者，可自资格证书签发之日起3年内提出申请。逾期未申请者，须符合本专业继续教育的要求后方可申请初始注册；C错误，注册建造师需要增加执业专业的，应当按照规定申请专业增项注册，并提供相应的资格证明；D错误，申请人申请在2个或者2个以上单位注册的，注册机关不予注册。

2.【答案】B
   【解析】初始注册者，可自资格证书签发之日起3年内提出申请。逾期未申请者，须符合本专业继续教育的要求后方可申请初始注册。

3.【答案】C
   【解析】A错误，注册有效满需继续执业的，应当在注册有效期届满30日前，按照规定申请延续注册；B错误，申请延续注册须提交的材料包括：注册建造师延续注册申请表、原注册证书、申请人与聘用单位签订的聘用劳动合同复印件或其他有效证明文件、申请人注册有效期内达到继续教育要求的证明材料；D错误，注册有效期内，建造师可以变更注册。

4.【答案】C
   【解析】A、B、C、D选项均为建造师执业范围，但A、B、D三项超出了聘用单位业务范围，故选项C正确。

5.【答案】C
   【解析】王某在原聘用单位已经注册，故不属初始注册；原注册期限未满，故不属于延续注册；新聘用单位的专业和执业岗位不涉及增项注册的问题，无须进行增项注册。王某面临的仅仅是变更执业单位问题，故只需进行变更注册。

6.【答案】A
   【解析】变更注册按规定仍延续原注册有效期（3年），故A选项正确。

7.【答案】A
   【解析】撤销注册是对申请人以欺骗、贿赂等不正当手段获准注册所做的处分，吊销注册证书是对当事人违规执业所做的处分。王某的注册证书属合法取得，违规使用，故选项A为正确答案，此种情形下注

册证书不可能延续有效，而撤回是对企业资质的一种处分，不合题意。

8.【答案】B

【解析】A年龄超过65周岁的不予注册；B因执业活动受到刑事处罚，自处罚执行完毕之日起至申请注册之日止不满5年，不予注册；C被吊销注册证书，自处罚决定之日起至申请注册之日止，不满2年不予注册；D申请人申请注册之日止3年前担任项目经理期间，所负责的项目发生过重大质量和安全事故，不予注册。

二、多项选择题

1.【答案】ABDE

【解析】见表1Z302030-2。

2.【答案】ABD

【解析】见表1Z302030-5。

3.【答案】ABDE

【解析】见表1Z302030-5。

4.【答案】ACDE

【解析】A选项属于刑事处罚尚未执行完毕，C选项属于违规申请，D选项属于在法规限定的3年内不能有的情形。上述3个选项连同E选项都是法定的不予注册的情形。B选项所指的故意伤害罪不属于因执业活动受到的刑事处罚，该处罚执行完毕满3年即可申请注册，故B选项属于应予注册的情形。

# 1Z303000 建设工程发承包法律制度

一、本章近三年考情

本章近三年考试真题分值统计 （单位：分）

| 节 | 年份 | 2014年 | | 2015年 | | 2016年 | |
|---|---|---|---|---|---|---|---|
| | | 单选题 | 多选题 | 单选题 | 多选题 | 单选题 | 多选题 |
| 1Z301010 建设工程招标投标制度 | | 4 | 2 | 4 | 2 | 3 | 2 |
| 1Z301020 建设工程承包制度 | | 3 | | 1 | 2 | 1 | 4 |
| 1Z301030 建筑市场信用体系建设 | | 2 | | 2 | 4 | 1 | 2 |

二、本章学习提示

　　本章分为三节，第一节为建设工程招标投标制度，主要介绍建设工程当中招标与投标具体的内容；第二节为建设工程承包制度，主要围绕总分包制度和联合共同承包制度来进行讲解；第三节为建筑市场信用体系建设，主要讲解施工单位诚信行为信息分类及公示问题。前两节是本章内容比较重要的部分，第三节在本章的考试当中占分很少，可不作重点掌握。

## 1Z303010 建设工程招标投标制度

**本节知识体系**

本节为建设工程招标投标制度，主要围绕招投标，介绍了法定招标的范围、规模、招标的具体程序，投标的主要内容等。知识点比较繁琐，数字记忆量大。

**核心内容讲解**

### 一、建设工程法定招标的范围和规模

#### （一）建设工程必须招标的范围和规模

建设工程必须要招标的项目，须范围和规模同时满足法定要求（见表1Z303010-1）。

建设工程必须招标的范围和规模　表1Z303010-1

| 范围+规模，两条件同时具备才需要招标 | | |
|---|---|---|
| 范围 | 规模 | |
| | 总投资<3000万元 | 总投资≥3000万 |
| 大型基础设施、公用事业 | 施工≥200万 | 勘察、设计、施工、重要材料设备采购，不论合同额大小，全部需要招标 |
| 全部或部分使用国有资金或国家融资 | 重要采购≥100万 | |
| 外国政府、国际组织援建 | 服务≥50万 | |

口诀：必须要招标的范围可按口诀记忆："外国公鸡（基）"。"外"指外国政府、国际组织原件；"国"指全部或部分使用国有资金或国家融资；"公"指公用事业；"基"指大型基础设施。

#### （二）可以不进行招标的建设工程项目

1.不适宜招标

涉及国家安全、国家秘密、抢险救灾或者扶贫资金实施以工代赈、需要使用农民工等特殊情况，不适宜进行招标的项目。

2.可以不招标

（1）采用不可替代的专利或专有技术；

（2）采购人依法自行建设、生产或者提供；

（3）已通过招标方式选定的特许经营项目投资人依法自行建设、生产或者提供；

（4）需要向原中标人采购工程货物或者服务，否则影响施工或配套要求；

（5）国家规定其他情形。

**嗨·点评** 要求考生对项目是否需要招标有整体系统的理解，能判断项目是否需要招标。

【经典例题】1.（2014年真题）下列建设项目中，属于依法应当进行公开招标范围的是（　　）。

A.涉及国家安全、国家秘密的项目
B.国有资金占控股或主导地位的项目
C.利用扶贫资金以工代赈的项目
D.使用上市公司资金的项目

【答案】B

【嗨·解析】国有资金占控股或主导地位

依法必须进行招标的项目，应当公开招标。

【经典例题】2.（2015年真题）关于工程建设项目是否必须招标的说法，正确的是（  ）。

A.使用国有企业事业单位自有资金的工程建设项目必须进行招标

B.施工单项合同估算价为人民币100万，但项目总投资额为人民币2000万元的工程建设项目必须进行招标

C.利用扶贫资金实行以工代赈、需要使用农民工的建设工程项目可以不进行招标

D.需要采用专利或者专有技术的建设工程项目可以不进行招标

【答案】C

【嗨·解析】A和B选项，必须要招标的项目要范围+规模同时满足。A只有范围，B只有规模。D选项是"不可替代"的专利或专有技术。

## 二、建设工程招标方式和交易场所

### （一）建设工程招标方式（见图1Z303010-1）

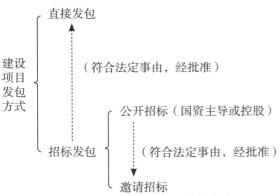

图1Z303010-1　建设工程招标方式

### （二）公开招标

1.公开招标的概念

公开招标，是指招标人以招标公告的方式邀请不特定的法人或者其他组织投标。国有资金占控股或者主导地位的依法必须进行招标的项目，应当公开招标。

2.公开招标的信息发布

依法必须进行招标的项目的招标公告，应当通过国家指定的报刊、信息网络或者其他媒介发布。

### （三）邀请招标

1.邀请招标的概念

邀请招标，是指招标人以投标邀请书的方式邀请特定的法人或者其他组织投标。

2.邀请招标的要求

招标人采用邀请招标方式的，应当向3个以上具备承担招标项目的能力、资信良好的特定的法人或者其他组织发出投标邀请书

3.邀请招标的情形

（1）国务院发展计划部门确定的国家重点项目和省、自治区、直辖市人民政府确定的地方重点项目不适宜公开招标的，经国务院发展计划部门或者省、自治区、直辖市人民政府批准，可以进行邀请招标；

（2）国有资金占控股或者主导地位的依法必须进行招标的项目，应当公开招标；但有下列情形之一的，可以邀请招标：①技术复杂、有特殊要求或者受自然环境限制，只有少量潜在投标人可供选择；②采用公开招标方式的费用占项目合同金额的比例过大。

### （四）总承包招标和两阶段招标

1.招标人可以依法对工程以及与工程建设有关的货物、服务全部或者部分实行总承包招标。

2.对技术复杂或者无法精确拟定技术规格的项目，招标人可以分两阶段进行招标。

### （五）建设工程招标投标交易场所

1.交易场所的设立

设区的市级以上地方人民政府可以根据实际需要，建立统一规范的招标投标交易场所，为招标投标活动提供服务。

2.交易场所的限定

招标投标交易场所不得与行政监督部门

存在隶属关系，不得以营利为目的。国家鼓励利用信息网络进行电子招标投标。

3.电子招标

（1）数据电文形式与纸质形式的招标投标活动具有同等法律效力。

（2）依法必须进行公开招标项目的上述相关公告应当在电子招标投标交易平台和国家指定的招标公告媒介同步发布。

（3）投标人应当在投标截止时间前完成投标文件的传输递交，并可以补充、修改或者撤回投标文件。

（4）投标截止时间前未完成投标文件传输的，视为撤回投标文件。投标截止时间后送达的投标文件，电子招标投标交易平台应当拒收。

【嗨·点评】要求考生对招标项目的招标方式理解记忆，能理解记忆必须招标项目可以直接发包的情形，能区分公开招标和邀请招标的情形。

【经典例题】3.下列施工项目中，属于经批准可以采用邀请招标方式发包的有（　　）工程项目。

A.涉及国家安全、国家秘密的项目而不适宜招标的

B.受自然地域环境限制，只有少量潜在投标人可供选择的

C.技术复杂，仅有几家投标人满足条件的

D.公开招标费用与项目的价值相比不值得的

E.施工主要技术需要使用不可替代的专利或专有技术的

【答案】BC

【嗨·解析】AE属于可以不招标的项目，D应为采用公开招标方式的费用占合同金额比例过大。

【经典例题】4.（2016年真题）关于电子招标投标的说法，正确的有（　　）。

A.投标人在投标截止时间前可以撤回投标文件

B.数据电文形式与纸质形式的招标投标活动具有同等法律效力

C.投标截止时间后送达的投标的文件，电子招标投标平台不得拒收

D.依法必须进行公开招标项目的招标公告应当在电子招标投标交易平台和国家指定的招标公告媒介同步发布

E.投标人应当在投标截止时间前完成投标文件的传输递交，但不可补充、修改投标文件

【答案】ABD

【嗨·解析】C错误，投标截止时间后送达的投标文件，电子招标投标交易平台应当拒收；E错误，投标人应当在投标截止时间前完成投标文件的传输递交，并可以补充、修改或者撤回投标文件。

### 三、招标基本程序

招标基本程序主要包括9个，见图1Z303010-2：

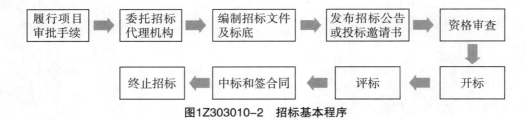

图1Z303010-2　招标基本程序

## （一）履行项目审批手续

按照国家有关规定需要履行项目审批、核准手续的依法必须进行招标的项目，其招标范围、招标方式、招标组织形式应当报项目审批、核准部门审批、核准。

## （二）委托招标代理机构

1. 是否必须委托招标代理机构

招标人具有编制招标文件和组织评标能力的，可以自行办理招标事宜。任何单位和个人不得强制其委托招标代理机构办理招标事宜。依法必须进行招标的项目，招标人自行办理招标事宜的，应当向有关行政监督部门备案。

2. 招标代理机构需符合的规定（见表1Z303010-2）

招标代理机构的资格要求　表1Z303010-2

| 对招标代理机构要求 | 具体规定 |
| --- | --- |
| 具有编制招标文件和组织评标能力 | 招标人具有与招标项目规模和复杂程度相适应的技术、经济等方面的专业人员 |
| 社会中介组织 | 依法设立、从事招标代理业务并提供相关服务 |
| 招标人选择代理机构 | 招标人有权自行选择招标代理机构，委托其办理招标事 |
| 招标代理机构应具备的条件 | （1）有从事招标代理业务的营业场所和相应资金；<br>（2）有能够编制招标文件和组织评标的相应专业力量；<br>（3）有符合该法定条件、可以作为评标委员会成员人选的技术、经济等方面的专家库 |
| 招标代理机构资质 | 从事工程建设项目招标代理业务的招标代理机构，其资格由国务院或者省、自治区、直辖市人民政府的建设行政主管部门认定。具体办法由国务院建设行政主管部门会同国务院有关部门制定 |

## （三）编制招标文件及标底

1. 招标文件内容

招标人应当根据招标项目的特点和需要编制招标文件。招标文件应当包括招标项目的技术要求、对投标人资格审查的标准、投标报价要求和评标标准等所有实质性要求和条件以及拟签订合同的主要条款。国家对招标项目的技术、标准有规定的，招标人应当按照其规定在招标文件中提出相应要求。

2. 招标文件相关时间和规定（表1Z303010-3）

招标文件的时间规定　表1Z303010-3

| 事项 | 时间规定 | |
| --- | --- | --- |
| 招标人发出（第一份）招标文件 | 提交投标文件截止时间至少20日前 | |
| 招标人发售资格预审、招标文件 | ≥5日 | |
| 招标人澄清、修改招标文件 | 提交投标文件截止时间至少15日前 | |
| 澄清、修改资格预审文件 | 提交资格预审文件截止时间至少3日前 | 时间不足，顺延提交文件的截止时间 |
| 澄清、修改投标文件 | 投标截止时间至少15日前 | |
| 潜在投标人或其他利害关系人对招标文件有异议 | 投标截止时间10日前提出，招标人收到异议之日起3日内答复，答复前暂停招投标活动 | |

（1）招标人应当在招标文件中载明投标有效期。投标有效期从提交投标文件的截止之日起算。

（2）招标人可以自行决定是否编制标底。一个招标项目只能有一个标底。标底必须保密。

（3）接受委托编制标底的中介机构不得

参加受托编制标底项目的投标，也不得为该项目的投标人编制投标文件或者提供咨询。

（4）招标人设有最高投标限价的，应当在招标文件中明确最高投标限价或者最高投标限价的计算方法。招标人不得规定最低投标限价。

（5）招标人不得以不合理的条件限制或者排斥潜在投标人，不得对潜在投标人实行歧视待遇。

（6）招标文件应当包括招标项目的技术要求、资格审查标准、投标报价要求和评标标准等所有实质性要求和条件以及拟签订合同的主要条款。招标文件应当载明投标有效期。

3.投标限价（见表1Z1Z303010-4）

投标限价的规定　表1Z303010-4

| 项目 | 具体规定 |
|---|---|
| 国有资金投资的建筑工程招标的 | 应当设有最高投标限价 |
| 非国有资金投资的建筑工程招标的 | 可以设有最高投标限价或者招标标底 |
| 最高投标限价 | 应当依据工程量清单、工程计价有关规定和市场价格信息等编制 |
| 招标人设有最高投标限价的 | 应当在招标时公布最高投标限价的总价，以及各单位工程的分部分项工程费、措施项目费、其他项目费、规费和税金 |
| 招标标底 | 应当依据工程计价有关规定和市场价格信息等编制 |

**（四）发布招标公告或投标邀请书**

1.招标人采用公开招标方式的，应当发布招标公告。招标公告应当载明招标人的名称和地址、招标项目的性质、数量、实施地点和时间以及获取招标文件的办法等事项。

2.招标人采用邀请招标方式的，应当向三个以上具备承担招标项目的能力、资信良好的特定的法人或者其他组织发出投标邀请书。

3.招标人发售资格预审文件、招标文件收取的费用应当限于补偿印刷、邮寄的成本支出，不得以营利为目的。

**（五）资格审查**

资格审查分为资格预审和资格后审。

**（六）开标**

1.开标时间（见图1Z303010-3）

图1Z303010-3　开标时间

【注】开标时间是一个四合一的时间

2.开标的其他规定（见表1Z303010-5）

开标的规定　表1Z303010-5

| 开标 | 规定 |
|---|---|
| 时间 | =提交投标文件截止时间 |
| | =投标有效期起点 |
| | =投标保证金有效期起点 |
| 地点 | 招标文件预先确定的地点 |
| 主持 | 招标人主持，邀请所有投标人参加 |
| 重新招标 | 投标人少于3个的，不得开标，招标人应当重新招标 |
| 异议 | 投标人对开标有异议的，应当在开标现场提出，招标人应当当场作出答复，并制作记录 |

# 1Z303000 建设工程发承包法律制度

## （七）评标

### 1.评标委员会（见表1Z303010-6）

**评标委员会的具体内容　表1Z303010-6**

| 评标委员会 | 规定 |
|---|---|
| 组建 | 招标人组建评标委员会 |
| 成员 | 总人数（5人以上单数）：包括招标人代表+技术、经济方面的专家（技术、经济方面专家不少于成员总数2/3） |
| 成员回避 | 与投标人有利害关系的人不得进入相关项目的评标委员会 |
| 成员保密 | 评标委员会成员名单在中标结果确定前应当保密 |
| 标底 | 有标底的，标底应当在开标时公布。标底仅作为评标参考，不得规定以接近标底作为中标条件，也不得规定投标报价超出标底上下浮动范围作为否决投标的条件 |
| 投标文件含义不明、明显文字计算错误 | 评标委员会认为需要说明，书面通知投标人澄清说明，不暗示、不接受投标人主动说明 |
| 评标依据 | 评标委员会应当按照招标文件确定的评标标准和方法，对投标文件进行评审和比较；设有标底的，应当参考标底。招标文件没有规定的评标标准和方法不得作为评标的依据 |
| 评标人的不良行为 | 评标委员会成员不得私下接触投标人，不得收受投标人给予的财物或者其他好处，不得向招标人征询确定中标人的意向，不得接受任何单位或者个人明示或者暗示提出的倾向或者排斥特定投标人的要求，不得有其他不客观、不公正履行职务的行为 |
| 评标完成 | 评标委员会向招标人提交书面评标报告，并推荐合格的中标候选人。评标委员会经评审，认为所有投标都不符合招标文件要求的，可以否决所有投标。依法必须进行招标的项目的所有投标被否决的，招标人应当依法重新招标 |
| 中标候选人 | 书面评标报告中列明中标候选人：不超过3个且注明顺序 |
| 评标报告 | 评标委员会全体成员签字，不同意见书面说明，既不签字又不说明视为同意 |

### 2.否决其投标

有下列情形之一的，评标委员会应当否决其投标：

（1）投标文件未经投标单位盖章和单位负责人签字；

（2）投标联合体没有提交共同投标协议；

（3）投标人不符合国家或者招标文件规定的资格条件；

（4）同一投标人提交两个以上不同的投标文件或者投标报价，但招标文件要求提交备选投标的除外；

（5）投标报价低于成本或者高于招标文件设定的最高投标限价；

（6）投标文件没有对招标文件的实质性要求和条件作出响应；

（7）投标人有串通投标、弄虚作假、行贿等违法行为。

## （八）中标和签订合同

### 1.时间要求

招标人和中标人应当自中标通知书发出之日起30日内，按照招标文件和中标人的投标文件订立书面合同。

### 2.内容要求

《招标投标法实施条例》规定：招标人和中标人签订书面合同，合同的标的、价款、质量、履行期限等主要条款应当与招标文件和中标人的投标文件的内容一致（否则，招标办不予合同备案）。

### 3.阴阳合同处理

当事人就同一建设工程另行订立的建设工程施工合同与经过备案的中标合同实质性内容不一致的，应当以备案的中标合同作为结算工程价款的根据。

**（九）终止招标**

招标人终止招标的，应当及时发布公告，或者以书面形式通知被邀请的或者已经获取资格预审文件、招标文件的潜在投标人。

🔊 **嗨·点评** 考生应对招标项目的招标程序按顺序进行详细研读，对知识点进行对比记忆，关注数字类知识点。

【经典例题】5.招标人对某招标估算价为6000万元的施工项目进行公开招标，2007年3月3日开始发售招标文件，3月6日停售；招标文件规定投标保证金为200万元；3月20日招标人对已发出的招标文件作了必要的澄清和修改，投标截止日期为同年3月25日。上述案例中有（　　）处错误。

A. 1　　B. 2　　C. 3　　D. 4

【答案】C

【嗨·解析】错误1：招标文件出售不足5日；错误2：投标保证金额度不得超过招标项目估算价2%且不得超过80万元；错误3：澄清和修改招标文件离截止时间不足15日的，应顺延截止时间。

【经典例题】6.根据住房和城乡建设部《建筑工程发包与承包计价管理办法》，国有资金投资的建筑工程招标的，应当（　　）。

A. 设有最低投标限价
B. 设有最高投标限价
C. 编制标底
D. 委托招标代理机构
E. 采用工程量清单计价

【答案】BE

【嗨·解析】见表1Z301010-4。

【经典例题】7.（2016年真题）关于招标文件的说法，正确的是（　　）。

A.招标人可以在招标文件中设定最高投标限价和最低投标限价
B.潜在招标人对招标文件有异议的，应当在投标截止时间15日前提出
C.招标人应当在招标文件中载明投标有效期，投标有效期从提交投标文件的截止之日算起
D.招标人对已经发出的招标文件进行必要的澄清的，应当在投标截止时间至少10日之前，通知所有获取招标文件的潜在招标人

【答案】C

【嗨·解析】A错误，招标人设有最高投标限价的，应当在招标文件中明确最高投标限价或者最高投标限价的计算方法。招标人不得规定最低投标限价；B错误，潜在投标人或者其他利害关系人对招标文件有异议的，应当在投标截止时间10日前提出；C正确；D错误，招标人对已发出的招标文件进行必要的澄清或者修改的，应当在招标文件要求提交投标文件截止时间至少15日前，以书面形式通知所有招标文件收受人。

【经典例题】8.某高速公路建设项目向社会公开招标，下列关于开标的说法正确的是（　　）。

A.开标由当地建设行政主管部门主持
B.开标时必须由公证机构检查投标文件的密封情况并公证
C.投标人对开标有异议的，应当在开标现场提出
D.开标时不能宣读投标文件中的报价信息

【答案】C

【嗨·解析】A错误，开标由招标人主持；B错误，开标时，由投标人或者其推选的代表检查投标文件的密封情况，也可以由招标人委托的公证机构检查并公证；D错误，确认无误后，工作人员当众拆封投标文件，宣读投标人名称、投标价格和投标文件的其他主要内容。

【经典例题】9.（2016年真题）关于评标的说法，正确的是（　　）。

A 评标委员会认为所有投标都不符合招

标文件要求的,可以否决所有投标

B 招标项目设有标底的,可以以投标报价是否接近标底作为中标条件

C 评标委员会成员拒绝在评标报告上签字的,视为不同意评标结果

D 投标文件中有含义不明确的内容的,评标委员会可以口头要求投标人作出必要澄清,说明

【答案】A

【嗨·解析】A正确;

B错误,标底只能作为评标的参考,不得以投标报价是否接近标底作为中标条件,也不得以投标报价超过标底上下浮动范围作为否决投标的条件;

C错误,评标委员会成员拒绝在评标报告上签字又不书面说明其不同意见和理由的,视为同意评标结果;

D错误,投标文件中有含义不明确的内容、明显文字或者计算错误,评标委员会认为需要投标人作出必要澄清、说明的,应当书面通知该投标人。

【经典例题】10.(2016年真题)关于中标后订立建设工程施工合同的说法,正确的是( )。

A. 合同的主要条款应当与招标文件和中标人投标文件的内容一致

B. 对备案的中标合同不得进行协商变更

C. 人工、材料价格行情发生变化,双方应当就合同价款订立新的协议

D. 招标人和中标人应自中标通知书收到之日起30日内订立书面合同

【答案】A

【嗨·解析】关键是要区分"正当的合同变更"与"阴阳合同"是两个完全不同的概念。阴阳合同是指为了逃避政府管制,备案合同和实际履行的合同实质内容不一致。B错误,在合同备案后,因设计变更导致工程量变化或采取赶工措施增加费用,都是合法有效的变更;C错误,如果备案合同是可调价,行情有变应当按约定订立补充协议。如果备案合同是固定价,则行情变化时重签协议构成对备案合同实质性背离,应属无效;D错误,招标人和中标人应自中标通知书发出之日起30日内订立书面合同。

### 四、禁止肢解发包、禁止限制、排斥潜在投标人的规定

#### (一)肢解发包

1.肢解发包的规定

招标项目需要划分标段、确定工期的,招标人应当合理划分标段、确定工期,并在招标文件中载明。提倡对建筑工程实行总承包,禁止将建筑工程肢解发包。

2.肢解发包的法律责任

《建设工程质量管理条例》规定,建设单位不得将建设工程肢解发包。建设单位将建设工程肢解发包的,责令改正,处工程合同价款0.5%以上1%以下的罚款;对全部或者部分使用国有资金的项目,并可以暂停项目执行或者暂停资金拨付。

#### (二)禁止限制、排斥投标人的规定

招标人不得组织单个或者部分潜在投标人踏勘项目现场。

招标人有下列行为之一的,属于以不合理条件限制、排斥潜在投标人或者投标人:

1.就同一招标项目向潜在投标人或者投标人提供有差别的项目信息;

2.设定的资格、技术、商务条件与招标项目的具体特点和实际需要不相适应或者与合同履行无关;

3.依法必须进行招标的项目以特定行政区域或者特定行业的业绩、奖项作为加分条件或者中标条件;

4.对潜在投标人或者投标人采取不同的

资格审查或者评标标准；

5.限定或者指定特定的专利、商标、品牌、原产地或者供应商；

6.依法必须进行招标的项目非法限定潜在投标人或者投标人的所有制形式或者组织形式；

7.以其他不合理条件限制、排斥潜在投标人或者投标人。

**嗨·点评** 考生需结合实践理解招投标中的违法违规行为。

【经典例题】11.下列招标人的行为中合法的是（　　）。

A.招标人可以只组织提出踏勘现场请求的部分潜在投标人踏勘

B.招标人可以限定或者指定特定的专利、品牌、原产地或供应商

C.依法必须进行招标的项目以非特定行业的奖项作为加分条件

D.依法必须进行招标的项目招标人限定投标人必须为国有企业

【答案】C

【嗨·解析】以区域特定或行业特定的奖项作为加分条件违法，不特定则合法。

## 五、投标人、投标文件的法定要求和投标保证金

（一）投标人（见表1Z303010-7）

投标人的规定　表1Z303010-7

| 投标人 | 具体规定 |
| --- | --- |
| 概念 | 响应招标、参加投标竞争的法人或者其他组织 |
| 回避 | 与招标人存在利害关系可能影响招标公正性的法人、其他组织或者个人，不得参加投标。单位负责人为同一人或者存在控股、管理关系的不同单位。不得参加同一标段投标或者未划分标段的同一招标项目投标。违反以上规定的，相关投标均无效 |
| 变化 | 投标人合并、分立、破产等重大变化的，应当及时书面告知招标人（不再具备资格条件或影响公正性，其投标无效） |

（二）投标文件

1.投标文件的内容要求

投标文件应包括下列内容：（1）投标函及投标函附录；（2）法定代表人身份证明或附有法定代表人身份证明的授权委托书；（3）联合体协议书；（4）投标保证金；（5）已标价工程量清单；（6）施工组织设计；（7）项目管理机构；（8）拟分包项目情况表；（9）资格审查资料；（10）投标人须知前附表规定的其他材料。非联合体投标。

与招标文件的对比见表1Z303010-8。

招标文件与投标文件的对比　表1Z303010-8

| 招标文件 | 投标文件 |
| --- | --- |
| 招标公告或投标邀请书 | 投标函（及附录） |
| 投标人须知 | 法定代表人身份证明或授权委托书 |
| 评标办法 | 联合体协议书 |
| 合同条款及格式 | 投标保证金 |
| 工程量清单 | 已标价工程量清单 |
| 技术标准和要求 | 施工组织设计 |
| 投标文件格式 | 项目管理机构 |
|  | 拟分包项目情况表 |
|  | 资格审查资料 |

## 2.投标文件的修改与撤回

投标人在投标截止时间前，可以书面通知撤回、补充或修改投标文件。补充、修改的内容为投标文件的组成部分。

在投标有效期内（截止时间后），投标人补充、修改投标文件的，招标人不予受理。投标人撤销投标文件的，没收其投标保证金。

## 3.投标文件的送达与签收（见表1Z303010-9）

投标文件的送达与签收　表1Z303010-9

| 投标文件 | 具体规定 |
|---|---|
| 提交时间 | 招标文件规定的截止时间前 |
| 保存 | 招标人收到投标文件后，签收保存，不得开启 |
| 数量 | 投标人少于3个的，重新招标 |
| 拒收情形 | 【招标投标法】提交投标文件截止时间后送达<br>【招标投标法实施条例】①未通过资格预审；②逾期送达；③不按招标文件要求密封 |

## （三）投标保证金（见表1Z303010-10）

投标保证金是指投标人按照招标文件的要求向招标人出具的，以一定金额表示的投标责任担保。

投标保证金的规定　表1Z303010-10

| 投标保证金 | 具体规定 |
|---|---|
| 金额 | 不得超过招标项目估算价的2%，且不超过80万元 |
| 有效期 | 与投标有效期一致 |
| 境内投标单位提交的保证金 | 以现金或支票形式提交的投标保证金应当从其基本账户转出 |
| 两阶段招标保证金的提交 | 第二阶段提出 |
| 终止招标 | （已收取）及时退还保证金及银行同期存款利息 |
| 撤回投标文件 | （已收取）书面撤回通知之日起5日内退还 |
| 撤销投标文件 | 不退还投标保证金 |
| 退还投标保证金 | 最迟书面合同签订后5日内向中标和未中标的投标人退还保证金及银行同期存款利息 |

🔊**嗨·点评**　此处知识点琐碎，考生在学习时需要非常细心，尤其对于投标保证金的内容要精确把握。

【经典例题】12.投标人的投标文件，应当（　　）。

A.包括拟签订合同的主要条款

B.包括拟派出的项目负责人与主要技术人员的简历、业绩

C.包括履约保证金

D.在投标截止时间前提交评标委员会

【答案】B

【嗨·解析】A属于招标文件内容；C错，投标人提交投标保证金，中标人提交履约保证金；D错，评标委员会保密，投标文件应提交招标人。

【经典例题】13.（2016年真题）关于投标保证金的说法，正确的是（　　）。

A.投标保证金有效期应当与投标有效期一致

B.招标人最迟应在书面合同签订后10日内向中标人退还投标保证金

C.投标截止后投标人撤销投标文件的，招标人应当返还投标保证金

D.依法必须进行招标的项目的境内投标

单位,以现金形式提交投标保证金的,可以从其任一账户转出

【答案】A

【嗨·解析】A正确;

B错误,招标人最迟应当在书面合同签订后5日内向中标人和未中标的投标人退还投标保证金及银行同期存款利息;

C错误,投标截止后投标人撤销投标文件的,招标人可以不退还投标保证金;

D错误,依法必须进行招标的项目的境内投标单位,以现金或者支票形式提交的投标保证金应当从其基本账户转出。

## 六、禁止串通投标和其他不正当竞争行为的规定

（一）投标人的不正当竞争行为

投标人不正当竞争行为主要包括五种,见图1Z303010-4:

- 禁止投标人相互串通投标
- 禁止招标人与投标人串通投标
- 禁止投标人以行贿手段谋取中标
- 投标人不得以低于成本的报价竞标
- 投标人不得以他人名义投标或以其他方式弄虚作假骗取中标

图1Z303010-4 投标人不正当竞争行为

（二）禁止投标人相互串通投标（见表1Z303010-11）

区分"视为"投标人串通投标与"属于"投标人相互串通投标。

投标人相互串通投标的情形　表1Z303010-11

| 属于投标人串通投标 | 视为投标人串通投标 |
|---|---|
| （1）投标人之间协商投标报价等投标文件的实质性内容;<br>（2）投标人之间约定中标人;<br>（3）投标人之间约定部分投标人放弃投标或者中标;<br>（4）属于同一集团、协会、商会等组织成员的投标人按照该组织要求协同投标;<br>（5）投标人之间为谋取中标或者排斥特定投标人而采取的其他联合行动 | （1）不同投标人的投标文件由同一单位或者个人编制;<br>（2）不同投标人委托同一单位或者个人办理投标事宜;<br>（3）不同投标人的投标文件载明的项目管理成员为同一人;<br>（4）不同投标人的投标文件异常一致或者投标报价呈规律性差异;<br>（5）不同投标人的投标文件相互混装;<br>（6）不同投标人的投标保证金从同一单位或者个人的账户转出 |

注:"属于"中,（1）、（2）、（3）、（5）均为"投标人之间"开头,加上（4）协同投标。"视为"中,均为"不同投标人"开头。如此记忆即可。

🔊 嗨·点评 考生应理解记忆招投标中的不正当竞争行为同时对串通招标做对比记忆。

【经典例题】14.（2014年真题）下列情形中,视为投标人相互串通投标的有（　）。

A.不同投标人的投标文件相互混装

B.属于同一集团、协会、商会等组织成员的投标人按照该组织要求协同投标

C.招标人授意投标人撤换、修改投标文件

D.不同投标人委托同一单位办理投标

E.单位负责人为同一人或者存在控股、管理关系的不同单位参加同一招标项目不同标段的投标

【答案】AD

【嗨·解析】本题考查的是禁止投标人相互串通投标,注意视为和属于的区别。按照上表选择即可。

## 七、联合体投标的规定（见表1Z303010-12）

联合体投标是一种特殊的投标人组织形式。一般适用于大型的或结构复杂的建设项目。

**联合体投标的规定　表1Z303010-12**

| 联合体 | 具体规定 |
|---|---|
| 组成 | 两个以上法人或者其他组织 |
| 身份 | 一个投标人的身份（非法人） |
| 资质 | 同一专业按较低 |
| 内部 | 签订共同投标协议，约定各方责任，共同投标协议与投标文件一并提交招标人 |
| 合同 | 联合体各方共同与招标人签订合同 |
| 外部 | 联合体各方就中标项目向招标人承担连带责任 |
| 竞争 | ①不得强制投标人组成联合体<br>②不得限制投标人竞争<br>③招标人应在（资格预审公告、招标公告或者投标邀请书）载明是否接受联合体 |
| 变化 | 资格预审后联合体增减、更换成员的，其投标无效。 |
| 一标不二投 | 联合体各方在同一招标项目中以自己名义单独投标或者参加其他联合体投标的，相关投标均无效 |

🔊 **嗨·点评** 考生应结合实践理解联合体的内涵，重点掌握联合体的责任承担。

【经典例题】15.《招标投标法》规定，两个以上法人或其他组织可以组成一个联合体，以一个投标人的身份投标。对此，下列说法正确的有（　　）。

A.联合体应具有法人资格

B.联合体的资格采取就高不就低的原则

C.联合体投标应有各方共同签署的共同投标协议

D.中标的联合体各方应分别与招标人签约

E.联合体投标应以联合体或牵头人的名义提交投标保证金

【答案】CE

【嗨·解析】A错误，联合体不具有法人资格；B错误，由同一专业的单位组成的联合体，按照资质等级较低的单位确定资质等级；D错误，中标的联合体各方应当共同与招标人签订合同。

## 八、中标的法定要求和招投标投诉处理

（一）中标的法定要求

1.时间流程（见图1Z303010-5）

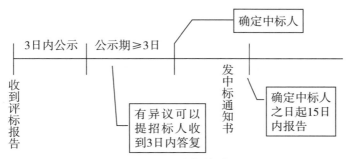

图1Z303010-5　中标的时间规定

2.确定中标人（见表1Z303010-13）

中标人的确定　表1Z303010-13

| 中标 | | 具体规定 |
|---|---|---|
| 确定中标人 | 两种方式确定 | 招标人选（根据评标委员会提交的书面评标报告及推荐的中标候选人） |
| | | 招标人授权评标委员会直接确定 |
| 中标条件 | 两个条件满足其一即可 | 大限度满足招标文件中规定的各项综合评价标准 |
| | | 满足招标文件的实质性要求，并经评审投标价格最低，但低于成本价的除外 |

【注意】国有资金占控股或主导地位依法必须进行招标的项目，招标人应当确定排名第一的中标候选人为中标人

国有资金必须招标的项目，招标人应当确定排名第一的中标候选人为中标人。排名第一的中标候选人放弃中标、因不可抗力不能履行合同、不按照招标文件要求提交履约保证金，或者被查实存在影响中标结果的违法行为等情形，不符合中标条件的，招标人可以：①按照评标委员会提出的中标候选人名单排序依次确定其他中标候选人为中标人；②重新招标。（两种方式任选其一。）

当中标候选人经营、财务状况出现较大变化，可能影响其履约能力的，招标人应当在发出中标通知书前通知原评标委员会根据原来招标文件规定的评标标准和方法重做审查确认。

3.中标通知书和报告招标投标情况

依法必须进行招标的项目，招标人应当自确定中标人之日起15日内，向有关行政监督部门提交招标投标情况的书面报告。

4.履约保证金

履约保证金不得超过中标合同金额的10%。

（二）招标投诉与处理

投诉的规定见表1Z303010-14。

投诉的规定　表1Z303010-14

| 异议的种类 | 提出时间 | 异议处理 | 其他 |
|---|---|---|---|
| 对资格预审文件提出异议 | 至迟在提交资格预审文件截止时间2日前 | 招标人收到异议后3日内答复，答复前暂停招投标活动 | 招标人不答复，或投标人对招标人答复不服的，可以向招标办投诉 |
| 对招标文件提出异议 | 至迟在提交投标文件截止时间10日前 | 招标人收到异议后3日内答复，答复前暂停招投标活动 | |
| 对开标提出异议 | 开标现场当场提出 | 招标人当场回复并书面记录 | |
| 对评标结果提出异议 | 中标候选人公示期间 | 招标人收到异议后3日内答复，答复前暂停招投标活动 | |
| 其他事项 | 知道或应当知道该违法事实之日起10日内 | 直接向招标办投诉 | |

（三）投诉处理的规定

投诉人就同一事项向两个以上有权受理的行政监督部门投诉的，由最先收到投诉的行政监督部门负责处理。

该部门自收到投诉之日起3个工作日内决定是否受理，并自受理之日起30个工作日内作出书面处理意见。

嗨·点评　考生应按时间轴记忆中标的流程，掌握确定中标人的原则，同时记忆关于招标投诉的四种特殊情形及时间规定。

【经典例题】16.（2014年真题）根据《招标投标法实施条例》，国有资金占控股地位的依法招标项目，关于如何确定中标人的说法，正确的是（　　）。

A.招标人可以确定任何一名中标候选人为中标人

B.招标人可以授权评标委员会直接确定中标人

C.排名第一的中标候选人放弃中标的,应当确定第二中标候选人中标

D.排名第一的中标候选人被查实不符合中标条件的,必须重新招标

【答案】B

【嗨·解析】C、D错在"应当"、"必须",是"可以"、"也可以"的关系。

【经典例题】17.(2015年真题)依法必须进行施工招标的项目,招标人应在(　　)之日起15日内向有关行政监督部门提交招标投标情况的书面报告。

A.发出中标通知书　B.合同签订

C.投标有效期结束　D.确定中标人

【答案】D

【嗨·解析】先定标,再报告,再发中标通知。

【经典例题】18.(2016年真题)投标人对开标投诉的,依法应当先向(　　)提出异议。

A.招标人

B.评标委员会

C.纪律检查委员会

D.有关行政监督部门

【答案】A

【嗨·解析】对资格预审文件、招标文件、开标以及对依法必须进行招标项目的评标结果有异议的,应当依法先向招标人提出异议。

【经典例题】19.根据《招标投标实施条例》,国有资金占控股或主导地位的依法必须进行招标的项目,关于确定中标人的说法,正确的是(　　)。

A.评标委员会应当确定投标价格最低的投标人为中标人

B.评标委员会应当以最接近标底价格的投标人确定为中标人

C.招标人应该确定排名第一的中标候选人为中标人

D.招标人可以从评标委员会推荐的前三名中标候选人确定为中标人

【答案】C

【嗨·解析】依法必须进行招标的项目,招标人应当确定排名第一的中标候选人为中标人。

## 章节练习题

**一、单项选择题**

1. 下列工程项目中，除（　　）以外都属于依法必须招标范围的项目。
   A. 成片开发的商品住房建设项目
   B. 民间投资建设的非公用事业、非基础设施项目
   C. 利用国际援助建设的生态环保项目
   D. 全部使用国有企业自有资金建设的工业厂房

2. 在《招标投标法》规定的必须招标的工程建设项目范围内，项目总投资低于3000万元人民币的下列单项工程服务中，必须进行招标的是（　　）。
   A. 勘察、设计服务单项合同估算价50万元以上
   B. 施工单项合同估算价达到160万元
   C. 重要货物采购单项合同估算价80万元
   D. 监理服务单项合同估算价30万元

3. 下列依法必须招标的项目中，应当公开招标的是（　　）。
   A. 公用事业项目
   B. 使用国有资金的建设项目
   C. 基础设施项目
   D. 无特殊要求的国有资金控股的建设项目

4. 下列关于编制招标文件与标底的说法中正确的是（　　）。
   A. 招标文件可设定最低投标限价
   B. 招标文件可设有最高投标限价
   C. 如果编制了标底，则应作为评标定标的依据
   D. 标底应在投标有效期保密

5. 下列关于投标人法定要求的表述中，错误的是（　　）。
   A. 投标人是响应招标、参加投标竞争的法人或其他组织
   B. 任何单位或个人不得非法干涉投标人投标
   C. 存在控股、管理关系的不同单位，可参加同一标段的投标
   D. 投标人发生合并、分立等重大变化可能影响招标公正性的，其投标无效

6. 甲、乙两个施工单位组成施工联合体投标某图书馆工程，甲为施工总承包一级资质，乙为施工总承包二级资质，则下列说法错误的是（　　）。
   A. 该施工联合体应按施工总承包二级资质确定等级
   B. 如果该施工联合体中标，甲、乙应就各自承担的工程与建设单位签订合同
   C. 如果该施工联合体中标，甲、乙应就中标项目向建设单位承担连带责任
   D. 以联合体牵头人名义提交的投标保证金，对其各方成员具有约束力

7. 下列关于投标保证金的表述中，正确的是（　　）。
   A. 投标保证金不得超过投标报价的3%
   B. 投标保证金的有效期与投标有效期相同
   C. 实行两阶段招标的，招标人可要求投标人分两次提交投标保证金
   D. 招标人应在选定中标人后的5日内向投标人退还投标保证金及同期存款利息

8. 关于中标和签订合同，下列说法中正确的是（　　）。
   A. 招标人应当授权评标委员会确定中标人
   B. 招标人和中标人应当自中标通知书发出之日起15日内签订书面合同
   C. 中标合同的主要条款应当与投标文件的内容一致
   D. 招标人与中标人不得在经备案的中标合同之外另行签订承包合同

9. 某住宅项目进行公开招标，投标人在提交

投标文件截止时间后,招标人发现投标人少于三个,此时(    )。
A.应正常开标　　　　B.依法重新招标
C.可进行议标　　　　D.可改为邀请招标

10.关于招标投标活动的投诉与处理,下列说法中正确的是(    )。
A. 投标人认为招标投标活动违法,可以自知道之日起的15日内投诉
B. 投标人对招标过程和评标结果有异议的,应先向招标人提出
C. 行政监管部门收到投诉后应在30个工作日内决定是否受理
D. 行政监管部门处理投诉,不得责令暂停招标投标活动

## 二、多项选择题

1. 根据《招标投标法》,以下关于招标代理的表述正确的有(    )。
A. 招标代理机构是建设行政主管部门所属的专门负责招标投标代理工作的机构
B. 招标代理机构是社会中介组织
C. 招标代理机构应当具备经国家建设行政主管部门认定的资格条件
D. 建设行政主管部门有权为招标人指定招标代理机构
E. 所有的招标都必须委托招标代理机构进行

2. 某工程项目招标人的下列行为中,属于以不合理的条件限制、排斥潜在投标人或投标人的有(    )。
A. 招标文件设有最高投标限价
B. 向投标人提供了有差别的项目信息
C. 设定的资格、技术、商务条件与项目特点和实际需要不符
D. 对投标人采取不同的资格审查条件
E. 以特定奖项作为加分或中标条件

3. 下列情形中,评标委员会应当否决投标人投标的有(    )。
A. 投标报价高于招标文件设定的最高限价
B. 投标报价低于成本
C. 投标文件没有响应招标文件的实质性要求
D. 投标人有串通投标行为
E. 投标人主动提出了对投标文件的澄清、修改

## 参考答案及解析

### 一、单项选择题

1.【答案】B
【解析】A选项商品住房属于关系社会公共利益、公共安全的项目,C选项属于利用国际组织援助建设的基础设施项目,D选项属于国有资金建设项目。上述项目均为法定必须招标的范围。本题只有B选项符合题意。

2.【答案】A
【解析】B施工单项合同估算价不少于200万;C重要货物采购单项合同估算价不少于100万;D监理服务单项合同估算价不少于50万。

3.【答案】D
【解析】国有资金占控股或者主导地位依法必须进行招标的项目,应当公开招标。

4.【答案】B
【解析】A错误,招标文件不得设定最低投标限价;C错误,标底只能作为评标的参考,不得以投标报价是否接近标底作为中标条件,也不得以投标报价超过标底上下浮动范围作为否决投标的条件。

5.【答案】C
【解析】C错误,单位负责人为同一人或者存在控股、管理关系的不同单位,不得参加同一标段投标或者未划分标段的同一项

目投标。

6.【答案】B
【解析】B错误，联合体中标的，联合体各方应当共同与招标人签订合同，就中标项目向招标人承担连带责任。

7.【答案】B
【解析】A错误，投标保证金不得超过招标项目估算价的2%；C错误，实行两阶段招标的，招标人要求投标人提交投标保证金的，应当在第二阶段提出；D错误，招标人最迟应当在书面合同签订后5日内向中标人和未中标的投标人退还投标保证金及银行同期存款利息。

8.【答案】D
【解析】A错误，中标人根据评标委员会提出的书面评标报告和推荐的中标候选人确定中标人，招标人也可以授权评标委员会直接确定中标人，注意是"可以"不是"应当"；B错误，招标人和中标人应当自中标通知书发出之日起30日内，按照招标文件和中标人的投标文件订立书面合同；C错误，中标合同的主要条款应当与招标文件和中标人的投标文件的内容一致。

9.【答案】B
【解析】根据《中华人民共和国招标投标法》第28条规定，投标人少于三个的，招标人应当依法重新招标。

10.【答案】B
【解析】A错误，投标人认为招标投标活动违法，可以自知道之日起的10日内投诉；C错误，行政监管部门收到投诉后应在3个工作日内决定是否受理；D错误，必要时，行政监督部门可以责令暂停招标投标活动。

二、多项选择题

1.【答案】BC
【解析】A错误，招标代理机构是依法设立、从事招标代理业务并提供相关服务的社会中介组织；D错误，任何单位和个人不得强制其委托招标代理机构办理招标事宜；E错误，招标人具有编制文件和组织评标能力的，可以自行办理招标事宜。

2.【答案】BCDE
【解析】招标投标法及其实施条例的规定，招标文件可以设定最高投标限价，A选项不符合题意。此外的B、C、D、E均属排斥和限制潜在投标人或投标人的行为。

3.【答案】ABCD
【解析】E选项中投标人主动提出对投标文件有关内容的澄清，评标委员会不应接受，但不能因此而否决该投标。此外的A、B、C、D选项均为法定的否决投标的情形。

# 1Z303020 建设工程承包制度

**本节知识体系**

本节主要介绍了施工总承包、共同承包、分包等内容,重点介绍了他们的资质、适用范围、责任承担等。考生在学习中,要学会对比这几者的异同。

**核心内容讲解**

## 一、建设工程总承包的规定

### (一)建设工程发包的基本规定

1.《建筑法》规定,建筑工程实行招标发包的,发包单位应当将建筑工程发包给依法中标的承包单位。建筑工程实行直接发包的,发包单位应当将建筑工程发包给具有相应资质条件的承包单位。

2.按照合同约定,建筑材料、建筑构配件和设备由工程承包单位采购的,发包单位不得指定承包单位购入用于工程的建筑材料、建筑构配件和设备或者指定生产厂、供应商。

### (二)建设工程承包的基本规定

《建筑法》规定,承包建筑工程的单位应当持有依法取得的资质证书,并在其资质等级许可的业务范围内承揽工程。

建设单位违法发包的认定:

1.建设单位将工程发包给个人的;

2.建设单位将工程发包给不具有相应资质或安全生产许可的施工单位的;

3.未履行法定发包程序,包括应当依法进行招标未招标,应当申请直接发包未申请或申请未核准的;

4.建设单位设置不合理的招投标条件,限制、排斥潜在投标人或者投标人的;

5.建设单位将一个单位工程的施工分解成若干部分发包给不同的施工总承包或专业承包单位的;

6.建设单位将施工合同范围内的单位工程或分部分项工程又另行发包的;

7.建设单位违反施工合同约定,通过各种形式要求承包单位选择其指定分包单位的;

8.法律法规规定的其他违法发包行为。

### (三)工程总承包的方式

工程总承包主要有下列方式:

1.设计采购施工(EPC)/交钥匙总承包;

2.设计—施工总承包(D—B);

3.设计—采购总承包(E—P);

4.采购—施工总承包(P—C)。

### (四)总承包单位的资质管理

我国对工程总承包不设立专门的资质。凡具有工程勘察、设计或施工总承包资质的企业,均可依法从事资质许可范围内相应等级的建设工程总承包业务。但是,承接施工总承包业务的,必须是取得施工总承包资质的企业。

### (五)工程总承包与工程项目管理

1.工程总承包单位可以接受建设单位委托,按照合同约定承担工程项目管理业务,但不应在同一个工程项目上同时承担工程总承包和工程项目管理业务,也不应与承担工程总承包或者工程项目管理业务的另一方企业有隶属关系或者其他利害关系。

2.工程项目管理是指从事工程项目管理的企业受建设单位委托，按照合同约定，代表建设单位对工程项目的组织实施进行全过程或若干阶段的管理和服务。

**（六）总承包单位的责任（见图1Z303020-1）**

内部：建筑工程总承包单位按照总承包合同的约定对建设单位负责；分包单位按照合同的约定对总承包单位负责。

外部：总承包单位和分包单位就分包工程对建设单位承担连带责任。

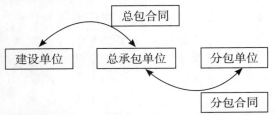

图1Z303020-1　建设单位、总包和分包的合同关系

**嗨·点评**　要求考生对总承包的规定做了解，重点理解总分包的连带责任。

**【经典例题】**1.（2016年真题）对于从事某个项目的工程项目管理企业，下列表述中正确的是（　　）。

A.可以直接从事该工程项目的勘察、设计、施工

B.与该工程项目的总承包企业或勘察、设计、供货、施工等企业签订合同

C.在同一个工程项目中同时承担工程总承包和工程项目管理业务

D.协助业主监督工程总承包企业、勘察、设计、供货企业等适当履行合同

**【答案】**D

**【嗨·解析】**工程项目管理企业是"代甲方"，是建设单位（"真正的甲方"）的代理人，代表建设单位管理各参建单位，与各参建单位无合同关系。基于职业道德，也不能与被管理的参建单位有隶属和利害关系。

**【经典例题】**2.分包工程发生质量、安全、进度等问题给建设单位造成损失的，关于承担的说法，正确的是（　　）。

A.分包单位只对总承包单位负责

B.建设单位只能向给其造成损失的分包单位主张权利

C.总承包单位赔偿金额超过其应承担份额的，有权向有责任的分包单位追偿

D.建设单位与分布单位无合同关系，无权向分包单位主张权利

**【答案】**C

**【嗨·解析】**分包单位就分包工程和总包单位向建设单位承担连带责任，由分包单位造成的质量、安全、进度等问题给建设单位造成损失，总包可以要求总包单位赔偿，超出总包承担份额的，有权向分包主张权利。

**二、建设工程共同承包的规定**

共同承包是指由两个以上具备承包资格的单位共同组成非法人的联合体，以共同的名义对工程进行承包的行为（见表1Z303020-1）。

共同承包的规定　表1Z303020-1

| 共同承包 | 具体规定 |
|---|---|
| 适用范围 | 大型建筑工程或者结构复杂的建筑工程 |
| 资质 | 同一专业就低不就高 |
| 合同 | 联合体各方应当共同与招标人签订合同 |
| 责任承担 | 联合体各方应当就中标项目向招标人承担连带责任 |

🔊 **嗨·点评** 考生参照联合体投标来理解共同承包即可。

**【经典例题】** 3.（2015年真题）乙施工企业和丙施工企业联合共同承包甲公司的建筑工程项目，由于联合体管理不善，造成该建筑项目损失。关于共同承包责任的说法，正确的是（　　）。

A.甲公司有权请求乙施工企业与丙施工企业承担连带责任

B.乙施工企业和丙施工企业对甲公司各承担一半责任

C.甲公司应该向过错较大的一方请求赔偿

D.对于超过自己应赔偿的那部分份额，乙施工企业和丙施工企业都不能进行追偿

**【答案】** A

**【嗨·解析】** 本题考查的是共同承包的责任。《建筑法》规定，共同承包的各方对承包合同的履行承担连带责任。

### 三、建设工程分包的规定

（一）分包工程的范围

1.建筑工程总承包单位可以将承包工程中的部分工程发包给具有相应资质条件的分包单位。

2.施工总承包的，建筑工程主体结构的施工必须由总承包单位自行完成。

3.中标人按照合同约定或者经招标人同意，可以将中标项目的部分非主体、非关键性工作分包给他人完成。

4.中标人应当就分包项目向招标人负责，接受分包的人就分包项目承担连带责任。

5.分包工程发包人可以就分包合同的履行，要求分包工程承包人提供分包工程履约担保；分包工程承包人在提供担保后，要求分包工程发包人同时提供分包工程付款担保的，分包工程发包人应当提供。

（二）分包单位的条件与认可

1.建筑工程总承包单位可以将承包工程中的部分工程发包给具有相应资质条件的分包单位，但是，应当依法告知建设单位并取得认可。这种认可应当依法通过两种方式：（1）在总承包合同中规定分包的内容；（2）在总承包合同中没有规定分包内容的，应当事先征得建设单位的同意。

2.建设单位不得直接指定分包工程承包人。

（三）分包单位不得再分包（见图1Z303020-2）

禁止分包单位将其承包的工程再分包。

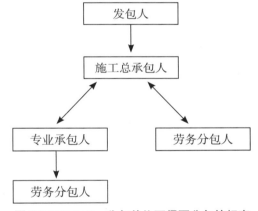

图1Z303020-2　分包单位不得再分包的规定

1.专业承包单位承揽工程后不得在进行专业分包。

2.施工劳务资质（劳务分包人）承揽工程后不得再进行劳务分包。

3.专业承包单位可以进行一次劳务分包。

（四）转包、违法分包和挂靠行为的界定

按照我国法律的规定，转包是必须禁止的，而依法实施的工程分包则是允许的。因此，违法分包同样是在法律的禁止之列。区分见图1Z303020-3。

"转包"中B是以自己名义施工，"挂靠"中B是以A的名义施工

图1Z303020-3 转包、违法分包与挂靠

### （五）发承包的禁止性规定

1. 发包有2个禁止：禁止肢解发包（何谓肢解？设计以单项工程为最小发包单位；施工以单位工程作为最小发包单位）；禁止发包给不具有相应资质条件的单位。

2. 承包有2个禁止：禁止挂靠和被挂靠；禁止无资质或超越资质等级承担项目。

3. 分包有4个禁止：禁止分包给不具备相应资质条件的单位；禁止擅自分包（未经建设单位认可）；禁止主体结构分包；禁止分包再分包。

### （六）专业工程分包与劳务作业分包的对比（见表1Z303020-2）

专业工程分包与劳务作业分包 的对比 表1Z303020-2

|  | 专业工程分包<br>（专业承包资质，36个类别） | 劳务作业分包<br>（施工劳务资质，不再设类别和等级） |
| --- | --- | --- |
| 相同点 | 应分包给有相应资质的分包单位 |  |
| 是否需要认可 | 总承包合同约定或建设单位事先认可 | 不需要建设单位认可 |
| 分包范围 | 主体结构不得进行专业分包 | 主体结构中的劳务作业可以全部分包 |
| 是否可以再分包 | 专业分包单位不得再进行专业分包 | 专业分包单位可以将劳务作业全部再分包 |

🔊 **嗨·点评** 考生应结合实践来理解记忆分包的相关规定，掌握分包中的合法行为和违法行为。

【经典例题】4.（2016年真题）施工总承包单位分包工程应当经过建设单位认可，符合法律规定的认可方式有（　　）。

A. 总承包合同中约定分包的内容
B. 建设单位指定分包人
C. 总承包合同没有约定分包内容的，事先征得建设单位同意
D. 劳务分包合同由建设单位确认
E. 总承包单位在建设单位推荐的分包人中选择

【答案】AC

【嗨·解析】总承包单位如果要将所承包的工程再分包给他人，应当依法告知建设单位并取得认可。这种认可应当依法通过两种方式：（1）在总承包合同中规定分包的内容；（2）在总承包合同中没有规定分包内容的，应当事先征得建设单位的同意。

【经典例题】5.（2016年真题）关于分包工程的说法，正确的是（　　）。

A. 分包工程承包人在提供分包工程履约担保后，不得要求分包工程发包人提供分包工程付款担保
B. 中标人可以自行决定将中标项目的部分非主体、非关键性工作分包给他人完成
C. 中标人和分包人就分包项目向招标人

根据各自过错承担相应的责任

D.施工总承包的，建筑工程主体结构的施工必须由总承包单位完成

【答案】D

【嗨·解析】A错误，分包工程发包人可以就分包合同的履行，要求分包工程承包人提供分包工程履约担保；分包工程承包人在提供担保后，要求分包工程发包人同时提供分包工程付款担保的，分包工程发包人应当提供；B错误，中标人按照合同约定或者经招标人同意，可以将中标项目的部分非主体、非关键性工作分包给他人完成；C错误，中标人应当就分包项目向招标人负责，接受分包的人就分包项目承担连带责任；D正确。

### 四、违法行为应承担的法律责任

（一）发包单位违法行为应承担的法律责任

《建筑法》规定，发包单位将工程发包给不具有相应资质条件的承包单位的，或者违反本法规定将建筑工程肢解发包的，责令改正，处以罚款。

《建设工程质量管理条例》规定，建设单位将建设工程发包给不具有相应资质等级的勘察、设计、施工单位或者委托给不具有相应资质等级的工程监理单位的，责令改正，处50万元以上100万元以下的罚款。

（二）承包单位违法行为应承担的法律责任

1.建筑施工企业转让、出借资质证书或者以其他方式允许他人以本企业的名义承揽工程的，责令改正，没收违法所得，并处罚款，可以责令停业整顿，降低资质等级；情节严重的，吊销资质证书。对因该项承揽工程不符合规定的质量标准造成的损失，建筑施工企业与使用本企业名义的单位或者个人承担连带赔偿责任。

2.承包单位将承包的工程转包或者违法分包的，责令改正，没收违法所得。对勘察、设计单位处合同约定的勘察费、设计费25%以上50%以下的罚款；对施工单位处工程合同价款0.5%以上1%以下的罚款；可以责令停业整顿，降低资质等级；情节严重的，吊销资质证书。

3.对2年内发生2次转包、违法分包、挂靠、转让出借资质证书或者以其他方式允许他人以本单位的名义承揽工程的施工单位，责令其停业整顿6个月以上，停业整顿期间，不得承揽新的工程项目。

4.对2年内发生3次以上转包、违法分包、挂靠、转让出借资质证书或者以其他方式允许他人以本单位的名义承揽工程的施工单位，资质审批机关降低其资质等级。

🔊 嗨·点评 法律责任部分略作了解即可。

【经典例题】6.（2016年真题）根据《建筑工程施工转包违法分包等违法行为认定查处管理办法（试行）》，施工企业有转包、违法分包违法行为，应承担的法律责任有（ ）。

A.给予警告，期限整改

B.责令改正，没收违法所得

C.并处工程合同价款一定比例的罚款

D.责令停业整顿，降低资质等级

E.情节严重的，吊销资质证书

【答案】BCDE

【嗨·解析】承包单位将承包的工程转包或者违法分包的，责令改正，没收违法所得。对勘察、设计单位处合同约定的勘察费、设计费25%以上50%以下的罚款；对施工单位处工程合同价款0.5%以上1%以下的罚款；可以责令停业整顿，降低资质等级；情节严重的，吊销资质证书。

# 章节练习题

## 一、单项选择题

1. 工程项目管理企业受建设单位委托，按合同约定可以（　　）。
   A. 直接承担该工程的勘察、设计、施工业务
   B. 直接与该工程项目的总承包单位签订合同
   C. 协助业主与该工程项目的总承包单位签订合同并监督合同的履行
   D. 分包该工程项目的物资采购业务

2. 下列关于工程承包活动相关连带责任的表述中，正确的是（　　）。
   A. 联合体承包工程其成员之间的连带责任属约定连带责任
   B. 如果分包单位是经业主认可的，总包单位对其过失不负连带责任
   C. 工程总分包单位之间的连带责任是法定连带责任
   D. 负有连带责任的每个债务人，都负有清偿部分债务的义务

3. 甲、乙、丙三家公司组成联合体投标中标了一栋写字楼工程，施工过程中因甲施工的工程质量问题而出现赔偿责任，则建设单位（　　）。
   A. 可向甲、乙、丙任何一方要求赔偿
   B. 只能要求甲负责赔偿
   C. 只能与甲、乙、丙协商由谁赔偿
   D. 如向乙要求赔偿，乙有权拒绝

4. 施工总承包单位承包建设工程后的下列行为中，除（　　）以外均是法律所禁止的。
   A. 将承包的工程全部转让给他人完成的
   B. 将有关专业工程发包给了业主推荐的分包人的
   C. 将承包的工程肢解后以分包的名义全部转让给他人完成的
   D. 将分包的工程发包后未设立项目管理机构进行组织管理的

5. 甲公司投标承包了一栋高档写字楼工程的施工总承包业务，经业主方认可将其中的专业工程分包给了具有相应资质等级的乙公司，工程施工中因乙分包的工程发生了质量事故给业主造成了10万元的损失而产生了赔偿责任。对此，正确的处理方式应当是（　　）。
   A. 业主方只能要求乙赔偿
   B. 如果业主方要求甲赔偿，甲可以乙是业主认可的分包商为由而拒绝
   C. 甲不能拒绝业主方的10万元赔偿要求，但赔偿后可按分包合同的约定向乙追赔
   D. 乙可以拒绝甲的追赔要求

6. 《建筑法》及相关法规规定，禁止分包单位将其承包的工程再分包，但下列分包中的（　　）例外。
   A. 专业分包单位将其承包工程中的非关键工作分包给了同等资质的单位
   B. 为了赶工期，劳务分包企业将其承包的部分施工作业分包给了同类企业
   C. 专业分包单位将其承包工程中的劳务作业分包给了劳务分包企业
   D. 分包工程的发包人将所承包的工程肢解后全部发包给他人

## 二、多项选择题

1. 依照《建设工程质量管理条例》的规定，下列情形中属于违法分包的有（　　）。
   A. 总承包单位将部分工程分包给了不具有相应资质的单位
   B. 未经建设单位认可，承包单位将部分工程交由他人完成
   C. 分包单位将其承包的工程再分包
   D. 未经建设单位的认可，施工总承包人将

劳务作业任务分包给了有相应资质的劳务分包企业
E. 施工总承包人将承包工程的关键性工作分包给了具有先进技术的其他单位

2. 总承包单位分包工程应当经过建设单位认可，符合法律规定的认可方式有（    ）。
   A. 在总承包合同中规定分包的内容
   B. 由建设单位指定分包，分包人与总承包单位签约
   C. 总承包合同没有规定分包内容时，事先征得建设单位同意
   D. 劳务作业任务的发包人与承包人签订的劳务分包合同，由建设单位确认
   E. 由建设单位向总承包单位推荐分包人，总承包人不能拒绝

3. 按照《建筑法》及相关法规的规定，下列选项中，工程勘察、设计、施工、监理等单位在工程承包中被法律禁止的行为有（    ）。
   A. 合伙以非法人共同体承包
   B. 超越自身资质等级承包
   C. 允许他人以自己名义承包
   D. 转包或违法分包工程
   E. 与资质等级高的单位合伙共同承包

4. 下列关于工程总承包的表述中，符合现行建设法规的有（    ）。
   A. 总承包分为工程总承包和施工总承包
   B. 具有工程勘察、设计或施工总承包资质的企业，可在其资质等级许可的工程项目范围内开展工程总承包业务
   C. 工程总承包是按合同约定对工程项目的勘察、设计、采购、施工、监理、试运行等全过程或若干阶段的承包
   D. 总承包单位和分包单位就总承包工程对建设单位负连带责任
   E. 具有勘察、设计资质的企业，可以进行施工总承包

# 参考答案及解析

## 一、单项选择题

1.【答案】C
【解析】为防止工程项目管理企业不正当地从同一工程项目中渔利，法规禁止A、B、D选项所列的行为，本题只有C选项符合规定。

2.【答案】C
【解析】工程总分包、联合体承包方式中各成员之间的连带责任都是法定的。民法通则规定，负有连带义务的债务人都负有清偿全部债务的义务，故本题只有C选项正确。

3.【答案】A
【解析】联合体向建设单位承担的连带责任是法定连带责任，当出现责任事故时，建设单位可向联合体任何一方要求赔偿，当事人不得拒绝，但事后可对超出自己应承担责任的部分向伙伴方退偿。

4.【答案】B
【解析】本题意在考核转包、分包、违法分包的界定。转包和违法分包是法规禁止的，合法的分包是允许的。选项A和D属转包行为，选项C属违法分包，选项B是合法分包，为正确选项。

5.【答案】C
【解析】总承包单位和分包单位就分包工程对建设单位承担连带责任。在此题中，甲乙公司向业主承担连带责任。

6.【答案】C
【解析】劳务作业分包由劳务作业发包人与劳务作业承包人通过劳务合同约定，可不经建设单位认可。

## 二、多项选择题

1.【答案】ABCE
【解析】劳务作业分包由劳务作业发包人

与劳务作业承包人通过劳务合同约定，可不经建设单位认可，故D选项不是违法分包。

2.【答案】AC

【解析】B错误，建设单位不得直接指定分包工程承包人；D错误，劳务作业分包由劳务作业发包人与劳务作业承包人通过劳务合同约定，可不经建设单位认可；E错误，对于建设单位推荐的分包单位，总承包单位有权作出拒绝或者采用的选择。

3.【答案】BCD

【解析】共同承包是指由2个以上具备承包资格的单位共同组成非法人的联合体，以共同的名义对工程进行承包的行为。B、C、D均为违法行为。

4.【答案】ABC

【解析】D错误，总承包单位和分包单位就分包工程对建设单位承担连带责任；E错误，凡具有工程勘察、设计或施工总承包资质的企业，均可依法从事资质许可范围内相应等级的建设工程总承包业务。但是，承接施工总承包业务的，必须是取得施工总承包资质的企业。

# 1Z303000 建设工程发承包法律制度

## 1Z303030 建筑市场信用体系建设

**本节知识体系**

本节主要介绍了工程建设市场信用体系建设。建筑市场诚信行为信息分为良好行为记录和不良行为记录，本节重点讲解了不良行为记录的划分、公示等内容。

**核心内容讲解**

### 一、建筑市场诚信行为信息的分类

1. 建筑市场诚信行为信息分为良好行为记录和不良行为记录两大类。

2. 良好行为记录是指建筑市场主体在工程建设过程中严格遵守有关工程建设的法律、法规、规章或强制性标准，行为规范，诚信经营，自觉维护建筑市场秩序，受到各级建设行政主管部门和相关专业部门的奖励和表彰所形成的良好行为记录。

3. 不良行为记录是指建筑市场主体在工程建设过程中违反有关工程建设的法律、法规、规章或强制性标准和执业行为规范，经县级以上建设行政主管部门或者委托的执法监督机构查实和行政处罚所形成的不良行为记录。

🔊 **嗨·点评** 考生能了解建筑市场诚信行为信息分为两类即可。

### 二、建筑市场施工主体不良行为记录认定标准（见表1Z303030-1）

不良行为记录的认定标准　表1Z303030-1

| 分类 | | 具体内容 |
|---|---|---|
| 资质不良 | 资质证书问题 | （1）未取得资质证书承揽工程的，或超越本单位资质等级承揽工程的；<br>（2）以欺骗手段取得资质证书承揽工程的；<br>（3）未在规定期限内办理资质变更手续的；<br>（4）涂改、伪造、出借、转让《建筑业企业资质证书》的 |
| | 借出资质 | （5）允许其他单位或个人以本单位名义承揽工程的 |
| | 技术工种持证上岗 | （6）按照国家规定需要持证上岗的技术工种的作业人员未经培训、考核，未取得证书上岗，情节严重的 |
| 承揽业务不良 | 不正当手段 | （1）利用向发包单位及其工作人员行贿、提供回扣或者给予其他好处等不正当手段承揽业务的；<br>（2）相互串通投标或与招标人串通投标的，以向招标人或评标委员会成员行贿的手段谋取中标的 |
| | 借入资质 | （3）以他人名义投标或以其他方式弄虚作假，骗取中标的 |
| | 违约 | （4）不按照与招标人订立的合同履行义务，情节严重的 |
| | 发承包违法 | （5）将承包的工程转包或违法分包的 |

续表

| 分类 | | 具体内容 |
|---|---|---|
| 质量不良 | 未按设计 | （1）在施工中偷工减料的，使用不合格建筑材料、建筑构配件和设备的，或者有不按照工程设计图纸或施工技术标准施工的其他行为的；<br>（2）未按照节能设计进行施工的 |
| | 未检验 | （3）未对建筑材料、建筑构配件、设备和商品混凝土进行检测，或未对涉及结构安全的试块、试件以及有关材料取样检测的 |
| | 保修问题 | （4）工程竣工验收后，不向建设单位出具质量保修书的，或质量保修的内容、期限违反规定的；<br>（5）不履行保修义务或者拖延履行保修义务的 |
| 安全不良 | | 24条，一般有明显的安全字样，利用排除法选择 |
| 拖欠工程款或工人工资不良 | | 恶意拖欠或克扣劳动者工资 |

【嗨·点评】 要求考生对建筑市场施工主体不良行为记录做理解区分，尤其重点区分资质不良和承揽业务不良的情形。

【经典例题】1.（2015年真题）根据《全国建筑市场各方主体不良行为记录认定标准》，属于施工单位不良行为的有（  ）。

A.未履行注册建造师职责造成环境事故的

B.以欺骗手段取得资质证书承揽工程的

C.未在规定期限内办理资质变更手续的

D.不按照与招标人订立的合同履行义务，情节严重的

E.对建筑安全事故隐患不采取措施予以消除的

【答案】BCDE

【嗨·解析】本题考查的是施工单位不良行为记录的认定标准。A属于注册建造师不良行为记录的认定标准；B、C属于资质不良；D属于承揽业务不良；E属于安全不良。

【经典例题】2.（2015年真题）根据《全国建筑市场各方主体不良行为记录认定标准》，属于承揽业务不良行为的是（  ）。

A.允许其他单位或个人以本单位名义承揽工程的

B.不履行保修义务或者拖延履行保修义务的

C.将承包的工程转包的或者违法分包的

D.未按照节能设计进行施工的

【答案】C

【嗨·解析】A属于资质不良；B属于质量不良；D属于质量不良。

### 三、建筑市场诚信行为的公布和奖惩机制

（一）建筑市场诚信行为的公布时限（见表1Z303030-2）

建筑市场诚信行为的公布时限　表1Z303030-2

| 不良行为记录 | 一般行政处罚 | 招投标处理决定 |
|---|---|---|
| 公布时间 | 行政处罚决定作出后7日内 | 行政处理决定作出之日起20个工作日内 |
| 公布的时限 | 不良行为记录：6个月~3年<br>（整改确有实效的，由企业提出申请，经批准，可缩短不良记录公布期限，最短不少于3个月；拒不整改可延长）<br>良好行为记录：3年 | 6个月<br>（限制招标投标当事人资质等，长于6个月的，从其决定） |

## （二）公布的内容和范围

1. 属于《全国建筑市场各方主体不良行为记录认定标准》范围的不良行为记录除在当地发布外，还将由住房和城乡建设部统一在全国公布，公布期限与地方确定的公布期限相同。

2. 招标投标违法行为记录公告不得公开涉及国家秘密、商业秘密、个人隐私的记录。但是，经权利人同意公开或者行政机关认为不公开可能对公共利益造成重大影响的涉及商业秘密、个人隐私的违法行为记录，可以公开。

## （三）公告的变更

1. 对发布有误的信息，由发布该信息的省、自治区和直辖市建设行政主管部门进行修正，根据被曝光单位对不良行为的整改情况，调整其信息公布期限，保证信息的准确和有效。

2. 行政处罚决定经行政复议、行政诉讼以及行政执法监督被变更或被撤销，应及时变更或删除该不良记录，并在相应诚信信息平台上予以公布，同时应依法妥善处理相关事宜。

3. 行政处理决定在被行政复议或行政诉讼期间，公告部门依法不停止对违法行为记录的公告，但行政处理决定被依法停止执行的除外。原行政处理决定被依法变更或撤销的，公告部门应当及时对公告记录予以变更或撤销，并在公告平台上予以声明。

## （四）建筑市场诚信行为的奖惩机制

《建筑业企业资质管理规定》中规定，企业未按照本规定要求提供企业信用档案信息的，由县级以上地方人民政府住房城乡建设主管部门或者其他有关部门给予警告，责令限期改正；逾期未改正的，可处以1000元以上1万元以下的罚款。

**嗨·点评** 要求考生重点记忆建筑市场诚信行为的公布时限、范围，尤其是区分不同不良行为的公布时限，对时间规定进行记忆。

【经典例题】3.关于建筑市场行为公布的说法，正确的是（　　）。

A.行政处理决定在被行政复议或者行政诉讼期间，公告部门应当停止对违法行为记录的公告

B.招标投标违法行为记录公告涉及国家秘密、商业秘密和个人隐私的记录一律不得公开

C.原行政处理决定被依法变更或撤销的，公告部门应当及时对公告记录予以变更或撤销，无需在公告平台上予以声明

D.企业整改经审核确实有效的，可以缩短其不良行为记录信息公布期限，但公布期限最短不得少于3个月

【答案】D

【嗨·解析】A错误，行政处理决定在被行政复议或行政诉讼期间，公告部门依法不停止对违法行为记录的公告，但行政处理决定被依法停止执行的除外；

B错误，招标投标违法行为记录公告不得公开涉及国家秘密、商业秘密、个人隐私的记录。但是，经权利人同意公开或者行政机关认为不公开可能对公共利益造成重大影响的涉及商业秘密、个人隐私的违法行为记录，可以公开；

C错误，行政处罚决定经行政复议、行政诉讼以及行政执法监督被变更或被撤销，应及时变更或删除该不良记录，并在相应诚信信息平台上予以公布，同时应依法妥善处理相关事宜。

【经典例题】4.（2014年真题）关于建筑市场诚信行为的公布时限的说法，正确的是（　　）。

A.不良行为记录信息公布期限一般为6个

月至3年

　　B.良好行为记录信息公布期限一般为6个月

　　C.招标投标法违法行为记录公告期限为1年

　　D.依法限制招标投标当事人资质公告期限为3个月

【答案】A

【嗨·解析】B错误，良好行为记录信息公布期限一般为3年；C错误，招标投标法违法行为记录公告期限为6个月；D错误，依法限制招标投标当事人资质公告期限一般为6个月，长于6个月的，从其决定。

### 四、建筑市场主体诚信评价的基本规定（见表1Z303030-3）

建筑市场主体诚信评价的基本规定　　表1Z303030-3

|  | 政府对市场主体的守法诚信评价 | 社会中介信用机构的综合信用评价 |
| --- | --- | --- |
| 主导 | 政府主导 | 市场主导 |
| 基础 | 守法为基础 | 以守法、守信（主要指经济信用，包括市场交易信用和合同履行信用）、守德（主要指道德、伦理信用）、综合实力（主要包括经营、资本、管理、技术等）为基础 |
| 性质 | 对市场主体进行诚信评价 | 综合评价 |

 嗨·点评　要求考生对概念进行对比记忆。

【经典例题】5.以市场主导，以守法、守信、守德、综合实力为基础进行综合评价的是（　　）。

　　A.政府对市场主体的守法诚信评价

　　B.社会中介信用机构的综合信用评价

　　C.市场主体的自我综合信用评价

　　D.行业协会协助政府部门的综合信用评价

【答案】B

【嗨·解析】见表1Z303030-3。

# 章节练习题

## 一、单项选择题

1. 下列关于建筑市场诚信行为信息的表述中，正确的是（　　）。
   A. 诚信行为信息分为良好行为记录和不良行为记录
   B. 良好行为记录是企业受到建设单位奖励和表彰所形成的记录
   C. 不良行为记录是受到各级政府行政处罚的记录
   D. 诚信行为信息由公众投诉记录和行政处罚记录所形成

2. 建筑市场诚信行为信息中的良好行为记录，是指企业因严格遵守建设法规，行为规范，诚信经营而受到（　　）表彰、奖励所形成的记录。
   A. 建设单位
   B. 行政主管部门或相关专业部门
   C. 监理单位
   D. 公众评

3. 按照《全国建筑市场各方主体不良行为记录认定标准》，下列选项中属于施工单位承揽业务不良行为的是（　　）。
   A. 串通投标
   B. 偷工减料
   C. 未取得资质证书承揽工程
   D. 出借、转让资质证书

4. 按照《全国建筑市场各方主体不良行为记录认定标准》，下列选项中属于施工单位资质不良行为的是（　　）。
   A. 以他人名义投标
   B. 允许他人以本单位名义承揽工程
   C. 违法向他人分包工程
   D. 转让安全生产许可证

5. 建筑市场诚信行为记录信息的公布期限一般为6个月到3年，但针对具体情况有不同的规定。对此，下列表述中正确的是（　　）。
   A. 良好行为记录信息的公布期限为5年
   B. 企业整改经审核确有实效的，可以缩短公布期限，但最短不得少于3个月
   C. 招标投标违法行为记录的公告期限为1年，但行政处罚限定当事人投标资格的期限少于1年的例外
   D. 需要同时在地方和全国公布的不良行为记录，公布期限可以不同

6. 招标投标违法行为的行政处理决定在被行政复议或行政诉讼期间，关于公告的说法，正确的是（　　）。
   A. 原则上不停止公告，但行政处理决定依法停止执行的除外
   B. 公告部门一律不停止对违法行为记录的公告
   C. 依照当事人申请可停止公告
   D. 公告部门可自行决定是否停止公告

## 二、多项选择题

1. 根据《全国建筑市场各方主体不良行为记录认定标准》的规定，下列选项中属于施工单位不良行为认定标准的有（　　）。
   A. 资质不良行为认定标准
   B. 承揽业务不良行为认定标准
   C. 工程质量不良行为认定标准
   D. 市场管理不良行为认定标准
   E. 工程安全不良行为认定标准

2. 按照《建筑市场诚信行为信息管理办法》及相关法规的规定，下列建筑市场诚信行为公布内容和范围的表述中，正确的有（　　）。
   A. 属于《全国建筑市场各方主体不良行为记录认定标准》范围的不良行为记录，应在当地和全国公布
   B. 通过与工商、税务、纪检、监察、司法、

银行等部门的信用共享获取的不良行为记录，在本地区公布

C. 公告部门可将招标投标违法行为的行政处罚决定书直接公告

D. 招标投标违法行为记录的公告不得涉及商业秘密和个人隐私

E. 要逐步实现全国建筑市场诚信信息平台网络互联、信息共享和实时发布

3. 建筑施工企业的下列行为中，应作为不良行为记入其信用档案的有（　　）。

A. 甲公司用仲裁方式解决与建设单位的合同履约纠纷

B. 乙公司中标后不与建设单位签订合同，受到行政处罚

C. 丙公司将承包的工程转包给他人被责令停业整顿

D. 丁公司允许包工头以自己的名义承包工程，被吊销了营业执照

E. 戊公司因工资纠纷被员工投诉

4. 建筑市场诚信行为公告，在下列（　　）情况下可修正或变更。

A. 公布的信息有误

B. 被公告单位的整改经审核确认有实效

C. 行政处罚决定经行政复议、行政执法监督被变更或撤销

D. 行政处罚记录公告期间，被公告单位的经营状况恶化

E. 行政处罚因行政诉讼被依法变更或撤销

## 参考答案及解析

一、单项选择题

1.【答案】A

【解析】B错误，是受到各级建设行政主管部门和相关专业部门的奖励和表彰所形成的良好行为记录；C错误，是经县级以上建设行政主管部门或者委托的执法监督机构查实和行政处罚所形成的不良行为记录；D错误，诚信行为信息分为良好行为记录和不良行为记录，不仅是行政处罚。

2.【答案】B

【解析】良好行为记录是指建筑市场主体在工程建设过程中严格遵守有关工程建设的法律、法规、规章或强制性标准，行为规范，诚信经营，自觉维护建筑市场秩序，受到各级建设行政主管部门和相关专业部门的奖励和表彰所形成的良好行为记录。

3.【答案】A

【解析】B属于质量不良；C、D属于资质不良。

4.【答案】B

【解析】AC属于承揽业务不良；D属于安全不良。

5.【答案】B

【解析】A错误，良好行为记录信息的公布期限为3年；C错误，招标投标违法行为记录的公告期限为6个月，但行政处罚限定当事人投标资格的期限长于6个月的，从其决定。

6.【答案】A

【解析】行政处理决定在被行政复议或行政诉讼期间，公告部门依法不停止对违法行为记录的公告，但行政处理决定被依法停止执行的除外。

二、多项选择题

1.【答案】ABCE

【解析】施工单位不良行为认定标准除了A、B、C、E外，还有拖欠工程款或工人工资不良行为。

2.【答案】ABCE

【解析】D错误，招标投标违法行为记录公告不得公开涉及国家秘密、商业秘密、个人隐私的记录。但是，经权利人同意公开

或者行政机关认为不公开可能对公共利益造成重大影响的涉及商业秘密、个人隐私的违法行为记录，可以公开

3.【答案】BCD
【解析】承包人与建设单位用仲裁方式解决合同履约纠纷是正当的行为，不能作为不良行为记录记入其信用档案，故A选项错误。戊公司因工资纠纷被员工投诉，并不等于公司方就一定有违法行为，要以诉讼结果而论，故E选项也不符合题意。本题只有B、C、D选项属于不良行为记录（有处理结果的不良行为），应记入乙、丙、丁公司的信用档案。

4.【答案】ABCE
【解析】建筑市场诚信行为公告的变更与单位的经营状况无关。

# 1Z304000 建设工程合同和劳动合同法律制度

## 一、本章近三年考情

本章近三年考试真题分值统计　　　　　　　　　　　　　　（单位：分）

| 节 \ 年份 | 2014年 | | 2015年 | | 2016年 | |
| --- | --- | --- | --- | --- | --- | --- |
| | 单选题 | 多选题 | 单选题 | 多选题 | 单选题 | 多选题 |
| 1Z304010 建设工程合同制度 | 4 | 2 | 8 | 6 | 5 | 2 |
| 1Z304020 劳动合同及劳动关系制度 | 2 | 2 | 3 | 2 | 1 | 2 |
| 1Z304030 相关合同制度 | 2 | 2 | 4 | 2 | 2 | 2 |

## 二、本章学习提示

　　本章分为三节，分别是建设工程合同制度、劳动合同及劳动关系制度、相关合同制度。第一节合同制度主要根据《合同法》来展开讲解，介绍了合同的订立原则、分类、建设工程合同、合同的效力、履行、变更、撤销、终止及违约等一系列内容。知识点比较琐碎，需要考生在复习当中融会贯通，做适当对比。第二节劳动合同及劳动关系制度主要根据《劳动法》、《劳动合同法》来展开讲解。重点介绍了劳动合同的签订、解除、终止以及劳动关系存续期间的社会保险、劳动争议解决等内容。劳动合同与考生生活关联度比较大，学习起来便于理解。第三节相关合同介绍了八种常见的合同。考生在学习时要注意详略，分配不同的时间精力。

# 1Z304010 建设工程合同制度

### 本节知识体系

本节主要根据《合同法》展开讲解，重点介绍了合同的分类、要约与承诺、工程价款的支付、合同的效力、合同的履行、变更、转让及违约责任等。知识点细碎，考生在复习时需要非常细心。

### 核心内容讲解

## 一、合同的法律特征和订立原则

### （一）合同的法律特征

1. 合同是一种法律行为；
2. 合同的当事人法律地位一律平等；
3. 合同的目的性在于设立、变更、终止民事权利义务关系；
4. 合同的成立必须有2个以上当事人。

### （二）合同的订立原则（见表1Z304010-1）

合同的订立原则　表1Z304010-1

| 原则 | 内涵 |
| --- | --- |
| 平等原则 | 合同当事人的法律地位平等，一方不得将自己的意志强加给另一方 |
| 自愿原则 | 当事人依法享有自愿订立合同的权利，任何单位和个人不得非法干预 |
| 公平原则 | 根据公平原则确定权利义务、风险合理分配、根据公平原则确定违约责任（强调内容上公平） |
| 诚实信用原则 | 订立合同时、履行合同义务时、合同终止后，都需要遵循诚实信用原则（强调行为上诚实信用） |
| 合法原则 | 当事人订立、履行合同，应当遵守法律、行政法规，尊重社会公德，不得扰乱社会经济秩序，损害社会公共利益 |

### （三）合同的分类（见表1Z304010-2）

合同的分类　表1Z304010-2

| 合同的分类 | 分类依据 | 具体内容 | 举例 |
| --- | --- | --- | --- |
| 有名合同与无名合同 | 法律是否明文规定了一定合同的名称 | 规定：有名合同 | 建设工程施工合同 |
| | | 未规定：无名合同 | — |
| 双务合同与单务合同 | 合同当事人是否互相负有给付义务 | 互负：双务 | 建设工程合同 |
| | | 非互负：单务 | 无偿委托合同、无偿保管合同 |
| 诺成合同与实践合同 | 合同的成立是否需要交付标的物 | 不需要交付：诺成 | 建设工程合同、买卖合同、租赁合同 |
| | | 需要交付：实践 | 保管合同 |

续表

| 合同的分类 | 分类依据 | 具体内容 | 举例 |
| --- | --- | --- | --- |
| 要式合同与不要式合同 | 法律对合同的形式是否有特定要求 | 有特殊要求：要式 | 建设工程合同应当采用书面形式 |
| | | 没有特殊要求：不要式 | — |
| 有偿合同与无偿合同 | 合同当事人之间的权利义务是否存在对价关系 | 存在：利润有偿 | 建设工程合同 |
| | | 不存在：利润无偿 | 赠与合同 |
| 主合同与从合同 | 合同相互间的主从关系 | 主合同 | 建设工程合同 |
| | | 从合同 | 担保合同 |

### （四）建设工程合同

《合同法》规定，建设工程合同是承包人进行工程建设，发包人支付价款的合同。建设工程合同包括工程勘察、设计、施工合同。

**嗨·点评** 要求考生重点掌握合同的分类，能理解每一种分类的依据并举例，能判断建设工程合同对应的合同分类。

**【经典例题】** 1.（2016年真题）下列合同中，属于实践合同的是（　　）。

A.保管合同　　　　B.运输合同
C.租赁合同　　　　D.建设工程合同

**【答案】** A

**【嗨·解析】** 实践合同（又称要物合同），是指除当事人双方意思表示一致以外，尚须交付标的物才能成立的合同，如保管合同。

### 二、合同的要约与承诺

#### （一）合同成立与合同生效

合同成立（交易达成）：订约当事人对合同主要条款达成一致意见。

合同生效（交易生效）：订约方达成的合同条款合法有效，受到法律保护，产生了约束力。

依法成立的合同，自成立时生效，但合同另有约定的除外（附生效条件或附生效期限合同）

#### （二）要约

1.要约的概念

要约是希望和他人订立合同的意思表示，如投标文件。发出要约的人称为要约人，接受要约的人称为受要约人。

2.要约的构成要件

（1）内容具体确定。

（2）表明经受要约人承诺，要约人即受该意思表示约束。例如：张三向李四发出要约，则张三为要约人，李四为受要约人。一旦李四作出承诺，该要约内容对张三就产生约束作用。

3.要约的法律效力

（1）要约到达受要约人时生效。

（2）要约可以撤回，但撤回要约的通知应当在要约到达受要约人之前或者与要约同时到达受要约人。

（3）要约可以撤销，但撤销要约的通知应当在受要约人发出承诺通知之前到达受要约人。

（4）有下列情形之一的，要约不得撤销：①要约人确定了承诺期限或者以其他形式明示要约不可撤销；②受要约人有理由认为要约是不可撤销的，并已经为履行合同作了准备工作。

#### （三）要约邀请

1.要约邀请的概念

要约邀请是希望他人向自己发出要约的意思表示。

2.常见的要约邀请

寄送的价目表、拍卖公告、招标公告、招股说明书、商业广告等。

### （四）承诺

1. 承诺的概念

承诺是受要约人同意要约的意思表示，如中标通知书。

2. 承诺的方式

承诺应当以通知的方式作出，但根据交易习惯或者要约表明可以通过行为作出承诺的除外。

3. 承诺的生效

承诺通知到达要约人时生效。

4. 承诺的内容

承诺的内容应当与要约的内容一致。受要约人对要约的内容作出实质性变更的（如价款、报酬、履行期限等），为新要约。

### （五）要约与承诺在建设工程合同上的应用（见图1Z304010-1）

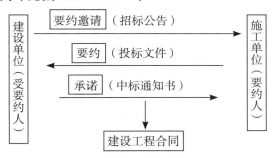

图1Z304010-1　要约、承诺与建设工程招投标

【嗨·点评】要求考生结合招投标来理解记忆要约邀请、要约、承诺的定义以及相关效力的规定。

【经典例题】2.甲建筑公司向乙供货商发出购买100吨钢材的要约，3500元/吨，乙公司收到要约后直接将110吨钢材送进现场，甲公司接受并使用于工程。以下说法正确的是（　　）。

A.乙公司的行为构成承诺

B.乙公司的行为属于新要约

C.甲公司接受钢材并使用于工程，构成承诺

D.双方的合同已经成立

E.乙的行为违背了甲公司的真实意思，合同不成立

【答案】BCD

【嗨·解析】合同内容发生了实质性变更，因此为乙向甲发出新要约，甲收货表示作出承诺。

【经典例题】3.根据《合同法》的规定，下列各项中，属于合同成立的情形是（　　）。

A.甲向乙发出要约，乙作出承诺，该承诺除对履行地点提出异议外，其余内容均与要约一致

B.甲于5月10日向乙发出要约，并规定乙应在5月20日前回复，乙于5月21日发出承诺信函，甲收到后未予理睬

C.甲、乙谈妥合同条款后约定三日后签订合同书，但后来甲将合同书寄送给乙，乙又反悔没有在合同书上签字盖章

D.甲、乙未依法订立书面施工合同，但甲按约定支付了备料款，乙随即进场施工

【答案】D

【嗨·解析】一般合同：承诺生效时合同成立；例外：书面合同，承诺生效时合同不成立，签字盖章才成立。事实合同：法律规定或当事人约定采用书面形式订立合同，当事人未采用书面形式，但一方已经（开始）履行主要义务，对方接受的，该合同成立。

【经典例题】4.（2014年真题）根据《合同法》，撤回要约的通知应当（　　）。

A.在要约到达受要约人之后到达受要约人

B.在受要约人发出承诺之前到达受要约人

C.在受要约人发出承诺同时到达受要约人

D.在要约到达受要约人之前到达受要约人

E.与要约同时到达受要约人

【答案】DE

【嗨·解析】本考查的是要约的撤回。要约可以撤回，但撤回要约的通知应当在要约到达受要约人之前或者与要约同时到达受要约

人。要约可以撤销，但撤销要约的通知应当在受要约人发出承诺通知之前到达受要约人。

【经典例题】5.某施工企业向某玻璃厂发出购买玻璃的要约，要求玻璃厂5月20日之前确认，玻璃厂5月25日答复同意。玻璃厂同意的行为应视为（　　）。

A.要约邀请　　　　B.承诺
C.承诺意向　　　　D.新要约

【答案】D

【嗨·解析】要约人如果在要约中定有存续期间，受要约人必须在此期间内承诺。过期后所作出的承诺属于新要约。

### 三、建设工程施工合同的法定形式和内容

（一）建设工程施工合同的法定形式

《合同法》规定，当事人订立合同，有书面形式、口头形式和其他形式。

《合同法》明确规定，建设工程合同应当采用书面形式。

（二）合同的内容与建设工程施工合同的内容（见表1Z304010-3）

合同的内容　表1Z304010-3

| 合同的内容 | 建设工程施工合同的内容 |
| --- | --- |
| 当事人的名称或者姓名和住所 | |
| 标的，如有形财产、无形财产、劳务、工作成果等 | 工程范围 |
| 数量，应选择使用共同接受的计量单位、计量方法和计量工具 | |
| 质量，国家有强制性标准的，必须按照强制性标准执行，并可约定质量检验方法、质量责任期限与条件、对质量提出异议的条件与期限等 | 工程质量、质量保修范围和质量保证期 |
| 价款或者报酬，应规定清楚计算价款或者报酬的方法 | 工程造价、拨款和结算 |
| 履行期限、地点和方式 | 建设工期、中间交工工程的开工和竣工时间、技术资料交付时间、材料和设备供应责任、竣工验收、双方相互协作等条款 |
| 违约责任，可在合同中约定定金、违约金、赔偿金额以及赔偿金的计算方法等 | |
| 解决争议的方法 | |

（三）建设工程施工合同发承包双方的主要义务（见表1Z304010-4）

建设工程施工合同发承包双方的主要义务　表1Z304010-4

| 发包人的主要义务 | 承包人的主要义务 |
| --- | --- |
| 不得违法发包 | 不得转包和违法分包 |
| 提供必要施工条件 | 自行完成建设工程主体结构施工 |
| 及时检查隐蔽工程 | 接受发包人有关检查 |
| 及时验收工程 | 交付竣工验收合格的建设工程 |
| 支付工程价款 | 建设工程质量不符合约定的无偿修理 |

**嗨·点评** 考生应重点关注建设工程施工合同发承包双方的主要义务，能结合实际进行判断。

【经典例题】6.下列不属于发包人义务的情形是（　　）。

A.提供必要施工条件
B.就审查合格的施工图设计文件向施工企业作出详细说明
C.及时组织工程竣工验收
D.向有关部门移交建设项目档案

**【答案】**B

**【嗨·解析】**《建设工程质量管理条例》规定，设计单位应当就审查合格的施工图设计文件向施工单位作出详细说明。设计文件的技术交底，通常的做法是设计文件完成后，通过建设单位发给施工单位，再由设计单位将设计的意图、特殊的工艺要求，以及建筑、结构、设备等各专业在施工中的难点、疑点和容易发生的问题等向施工单位作出详细说明。并负责解释施工单位对设计图纸的疑问。因此B属于设计单位的义务。

## 四、建设工程工期和支付价款的规定

### （一）建设工程工期

工期是指在合同协议书约定的承包人完成工程所需的期限，包括按照合同约定所作的期限变更。

### （二）开工日期

开工日期包括计划开工日期和实际开工日期。

计划开工日期，是指合同协议书约定的开工日期。

实际开工日期，是指监理人按照约定发出的符合法律规定的开工通知中载明的开工日期。

### （三）暂停施工

暂停施工包括发包人或承包人原因引起的暂停施工、指示暂停施工和紧急情况下的暂停施工。

### （四）工期顺延

因发包人原因未按计划开工日期开工的，发包人应按实际开工日期顺延竣工日期，确保实际工期不低于合同约定的工期总日历天数。

### （五）竣工日期

1.实际工期=实际竣工日-实际开工日-业主指令施工暂停天数-工期顺延天数。

2.与其他科目的异同见表1Z304010-5。

竣工日期的规定　　表1Z304010-5

| 科目 | 管理、实务教材 | 法规教材 |
|---|---|---|
| 来源 | 《施工合同示范文本》（2013） | 最高法院《司法解释》 |
| 工程经竣工验收合格的 | 以承包人提交竣工验收申请报告之日为实际竣工日期 | 以竣工验收合格之日为竣工日期 |
| 因发包人原因拖延验收 | 因发包人原因，未在监理人收到承包人提交的竣工验收申请报告42天内完成竣工验收，或完成竣工验收不予签发工程接收证书的，（也）以提交竣工验收申请报告的日期为实际竣工日期 | 承包人已经提交竣工验收报告，发包人拖延验收的，以承包人提交验收报告之日为竣工日期 |
| 工程未经竣工验收，发包人擅自使用的 | 以转移占有建设工程之日为竣工日期 | |

《示范文本》和《司法解释》两者关系：

合同对竣工日认定方法按《示范文本》有约定的，按约定；

没有约定或约定不明，发生争议起诉的，按《司法解释》。

**【经典例题】**7.（2014年真题）承包人已经提交竣工验收报告，发包人拖延验收的，竣工日期（　　）。

A.以合同约定的竣工日期为准

B.相应顺延

C.以承包人提交竣工报告之日为准

D.以实际通过的竣工验收之日为准

**【答案】**C

**【嗨·解析】**见表1Z304010-5。法规考试即按法规教材规定来选择。

**【经典例题】**8.某扩建工程建设单位因

急于投入生产，于11月15日未经验收而使用该工程，11月20日承包人提交了竣工验收报告，11月30日建设单位组织验收，12月3日工程竣工验收合格。双方签订的施工合同中没有明确约定竣工日的认定方式，因而发生诉讼。则法院应当认定该工程实际竣工日期为（   ）。

A. 11月15日　　B. 11月20日
C. 11月30日　　D. 12月3日

【答案】A

【嗨·解析】见表1Z304010-5。法规考试即按法规教材规定来选择。

### 五、工程价款的支付

（一）合同条款空缺

《合同法》规定，合同生效后，当事人就质量、价款、履行地点等内容没有约定或者约定不明确的，可以协议补充；不能达成补充协议的，按照合同有关条款或者交易习惯确定；如果按照合同有关条款或交易习惯仍不能确定的，则：

1.价款或报酬不明的，按照订立时履行地的市场价格（实行政府定价或政府指导价的，从其规定）；

2.履行期限不明的，债务人可以随时履行，债权人也可以随时要求履行，但应当给对方必要的准备时间。

（二）施工合同价款纠纷：合同约定不明的处理（见图1Z304010-2）

第一步　协议补充（协定）
第二步　合同其他条款或交易习惯（推定）
第三步　订立时履行地市场价格（法定）

图1Z304010-2　施工合同价款纠纷的确定

（三）合同价款的确定（见表1Z304010-6）

招标人与中标人应当根据中标价订立合同。不实行招标投标的工程由发承包双方协商订立合同。

合同价款的确定　表1Z304010-6

| 建筑工程 | 确定合同价款 |
| --- | --- |
| 实行工程量清单计价的建筑工程 | 鼓励发承包双方采用单价方式确定合同价款 |
| 建设规模较小、技术难度较低、工期较短的建筑工程 | 发承包双方可以采用总价方式确定合同价款 |
| 紧急抢险、救灾以及施工技术特别复杂的建筑工程 | 发承包双方可以采用成本加酬金方式确定合同价款 |

当事人就同一建设工程另行订立的建设工程施工合同与经过备案的中标合同实质性内容不一致的，应当以备案的中标合同作为结算工程价款的根据。

（四）工程价款的支付和竣工结算

工程竣工结算文件经发承包双方签字确认的，应当作为工程决算的依据，未经对方同意，另一方不得就已生效的竣工结算文件委托工程造价咨询企业重复审核。发包方应当按照竣工结算文件及时支付竣工结算款。

（五）工程价款的调整（见表1Z304010-7）

工程价款的调整　表1Z304010-7

| 原因 | 工程价款发生如下情况调整 |
| --- | --- |
| 客观原因 | （1）法律、法规、规章或者国家有关政策变化影响合同价款的 |
| | （2）工程造价管理机构发布价格调整信息的 |
| 主观原因 | （3）经批准变更设计的 |
| | （4）发包方更改经审定批准的施工组织设计造成费用增加 |

## 1Z304000 建设工程合同和劳动合同法律制度

### （六）解决工程价款结算争议的规定

1. 视为发包人认可承包人的单方结算价

当事人约定，发包人收到竣工结算文件后，在约定期限内不予答复，视为认可竣工结算文件的，按照约定处理。承包人请求按照竣工结算文件结算工程价款的，应予支持。

2. 对工程量有争议的工程款结算

当事人对工程量有争议的，按照施工过程中形成的签证等书面文件确认。承包人能够证明发包人同意其施工，但未能提供签证文件证明工程量发生的，可以按照当事人提供的其他证据确认实际发生的工程量。

3. 欠款与垫资（见表1Z304010-8）

**欠款与垫资的利息　表1Z304010-8**

| | 有约定 | 无约定 |
|---|---|---|
| 欠款利息 | 按约定<br>欠款利息从应付工程款之日计付。无约定或约定不明：<br>①实际交付：交付日<br>②没有交付：提交竣工结算文件之日<br>③未交付也未结算：当事人起诉之日 | 按中国人民银行发布的同类同期贷款利率 |
| 垫资利息 | 按约定，但高于中国人民银行发布的同类同期贷款利率的部分不支持 | 不予支持 |
| 其他规定 | 当事人对垫资没有约定的，按照工程欠款处理 | |

**嗨·点评** 要求考生学会运用合同条款空缺的三步走方法，能对欠款和垫资的利息做区分，能熟练运用欠款和垫资关于利息的规定。

**【经典例题】** 9.甲乙双方于2016年1月1日在A地签订某施工材料采购合同，约定2016年3月1日在B地履行。当事人对价款没有约定，未达成补充协议，也无法根据合同有关条款或交易习惯确定，则应按照（　　）的市场价格履行。

A. 2016年1月1日A地
B. 2016年1月1日B地
C. 2016年3月1日A地
D. 2016年3月1日B地

**【答案】** B

**【嗨·解析】** 考第三步：按照签订合同时履行地的市场价格。

**【经典例题】** 10.建设工程施工合同对付款时间没有约定或约定不明，则应付款时间为（　　）。

A. 建设工程已竣工验收的，为竣工验收合格之日
B. 建设工程已交付的，为交付之日
C. 建设工程未交付的，为竣工结算完成之日
D. 建设工程未交付的，为提交竣工结算文件之日
E. 建设工程未支付，工程价款也未结算的，为法院受理案件之日

**【答案】** BD

**【嗨·解析】** 注意考得很细致。简记为：交工日、提交结算日、起诉日。

**【经典例题】** 11. 2015年5月1日广州有一贸易展销会，甲公司和乙公司在广州签订了一份合同，合同履行地为北京。2016年5月1日，履行合同时发现合同中价款约定不明，那么此时价款应以（　　）履行。

A. 2015年5月1日广州
B. 2015年5月1日北京
C. 2016年5月1日广州
D. 2016年5月1日北京

**【答案】** B

**【嗨·解析】** 此处应为订立合同时履行地

的价格。订立合同时间为2015年5月1日，履行地为北京。因此选B。

【经典例题】12.某建筑公司与某开发公司签订了一份建设工程施工合同，合同的约定由建筑公司预先垫付20%的工程款，但没有约定利息的计算方法。后两公司就工程款支付发生争议，建筑公司诉至人民法院，要求开发公司支付工程款并偿还垫付工程款的利息，人民法院应（　　）。

A.对该诉讼请求全部予以支持

B.对工程款诉讼请求予以支持，对利息诉讼请求不予支持

C.对该诉讼请求全部不予支持

D.对工程款诉讼请求不予支持，对利息诉讼请求予以支持

【答案】B

【嗨·解析】本题考查工程价款的支付。《最高院对施工合同纠纷法律问题解释》当事人对垫资利息没有约定的，承包人请求支付利息的，不予支持。

**六、承包人工程价款的优先受偿权**

（一）优先受偿权问题：

1.建筑工程的承包人的优先受偿权优于抵押权和其他债权（施工单位先于银行）；

2.消费者交付购买商品房的全部或大部分款项后，承包人就该商品房享有的工程价款优先受偿权不得对抗买受人（消费者先于施工单位）。

（二）关于承包人的优先受偿权：

1.承包人可与发包人协议将工程折价，也可以申请法院将该工程拍卖，价款优先受偿；

2.建筑工程价款包括承包人的实际支出费用，不包括因发包人违约所造成的损失。

（三）工程承包人行使优先权的期限为六个月，自工程竣工之日或合同约定的竣工之日起计算

🔊 嗨·点评　考生需结合实际理解优先受偿权的含义，能判断优先受偿权的顺序，记忆相关的时间规定。

【经典例题】13.某工程竣工后，甲建设单位无力偿还开发贷款5000万元，也无力支付施工单位工程款3000万元（其中含违约造成的损失500万元），则（　　）。

A.施工单位和银行均有权与甲建设单位协议折价

B.施工单位和银行均有权向法院申请拍卖该工程项目后优先受偿

C.竣工之日起6个月内，施工单位有权要求其3000万元债权优先于银行受偿

D.竣工之日起6个月后，银行有权要求其5000万元债权优先于施工单位受偿

E.施工单位无权就其500万元因建设单位违约造成的损失主张优先受偿

【答案】ABDE

【嗨·解析】建筑工程的承包人的优先受偿权优于抵押权和其他债权。建设工程承包人行使的优先受偿权的期限为6个月，自建设工程竣工之日或者建设工程合同约定的竣工之日起计算。

【经典例题】14.（2015年真题）某建设工程施工合同约定工程开工、竣工日期分别为2013年3月1日和2014年10月1日，2014年10月20日工程实际竣工，由于发包人未按约定支付工程款，承包人欲行使工程价款优先受偿权，其最迟必须在（　　）前行使。

A.2013年9月1日　　B.2015年4月1日

C.2015年4月20日　　D.2015年10月20日

【答案】C

【嗨·解析】本题考查的是工程价款的支付。建设工程竣工验收合格的，以竣工验收合格之日为竣工日期。建设工程承包人行使优先受偿权的期限6个月，自建设工程竣工之日或者建设工程合同约定的竣工之日起计算。

2014年10月20日实际竣工,截止到2015年4月20日为6个月。

## 七、建设工程赔偿损失的规定

### (一)赔偿损失的概念

合同违约方因不履行或者不完全履行合同义务而给对方造成的损失,依法或依据合同约定赔偿对方所蒙受损失的一种违约责任形式。

### (二)承担赔偿损失的构成要件

1. 具有违约行为;
2. 造成损失后果;
3. 违约行为与财产等损失之间有因果关系;
4. 违约人有过错,或者虽无过错,但法律规定应当赔偿。

### (三)赔偿损失的范围(见表1Z304010-9)

赔偿损失的范围 表1Z304010-9

| 赔偿损失 | 具体内容 |
|---|---|
| 数额 | 相当于违约所造成的损失 |
| | 包括合同履行后可以获得的利益,但不得超过违反合同一方订立合同时预见到或者应当预见到的损失 |
| 范围 | 直接损失:财产的直接减少 |
| | 间接损失:失去的可以预期取得的利益 |

### (四)约定赔偿损失与法定赔偿损失(见表1Z304010-10)

约定赔偿损失与法定赔偿损失 表1Z304010-10

| 赔偿损失 | 具体内容 |
|---|---|
| 约定赔偿损失 | 当事人可以约定违约时一定数额的违约金,也可以约定因违约造成的损失赔偿额的计算方法 |
| | 约定的违约金<造成的损失,当事人可以请求人民法院或者仲裁机构予以增加 |
| | 约定的违约金>(过分高于)造成的损失,当事人可以请求人民法院或者仲裁机构予以适当减少 |
| 法定赔偿损失 | 根据法律规定的赔偿范围、损失计算原则与标准,确定赔偿损失的金额 |
| 法定赔偿损失是主要形式,约定是为了弥补法定的,原则上约定优先于法定 | |

### (五)赔偿损失的限制

1. 赔偿损失的可预见性原则

赔偿损失=直接损失+可得利益(间接损失)≤违约方订立时的合理预见范围。意外损失不赔,只赔意料中的。

2. 采取措施防止损失的扩大

非违约方的减损义务:当事人一方违约后,对方应当采取适当措施防止损失的扩大;没有采取适当措施致使损失扩大的,不得就扩大的损失要求赔偿。当事人因防止损失扩大而支出的合理费用,由违约方承担。

### (六)建设单位施工合同中的赔偿损失(见表1Z304010-11)

发包人和承包人应承担的赔偿损失 表1Z304010-11

| 发包人应承担的赔偿损失 | 承包人应当承担的赔偿损失 |
|---|---|
| 1. 未及时检查隐蔽工程造成的损失; | 1. 转让、出借资质证书等造成的损失; |
| 2. 未按照约定提供原材料、设备等造成的损失; | 2. 转包、违法分包造成的损失; |
| 3. 因发包人原因致使工程中途停建、缓建造成的损失; | 3. 偷工减料等造成的损失; |
| 4. 提供图纸或者技术要求不合理且怠于答复等造成的损失; | 4. 与监理单位串通造成的损失; |
| 5. 中途变更工作要求造成的损失; | 5. 不履行保修义务造成的损失; |
| 6. 要求压缩合同约定工期造成的损失; | 6. 保管不善造成的损失; |
| 7. 验收违法行为造成的损失 | 7. 合理使用期限内造成的损失 |

**嗨·点评** 考生需结合实际理解赔偿损失的相关规定，对发包人和承包人应承担的损失赔偿做对比掌握。

**【经典例题】** 15.合同法规定的赔偿损失是一种常见的违约责任。赔偿损失既包括直接损失，也包括间接损失。工程施工中，因发包人原因停建，承包人依法解除合同，其可以要求发包人赔偿的间接损失是（　　）。

A.机械设备退场时拆除不当导致工人受伤
B.未使用建筑材料积压、处置产生的损失
C.未完工程的营业额
D.未完工程的计划利润

**【答案】** C

**【嗨·解析】** 间接损失是指当事人可以期待合同顺利履行后获得的利益，指的是利润，而不是营业额。

**【经典例题】** 16.（2015年真题）甲施工企业与乙水泥厂签订水泥供应合同，在约定的履行日期届满时，水泥厂未能按时供应水泥。由于甲施工企业没有采取适当措施寻找货源，致使损失扩大。对于扩大的损失应该由（　　）。

A.乙水泥厂承担
B.双方连带责任
C.双方按比例承担
D.甲施工企业承担

**【答案】** D

**【嗨·解析】** 本题考查的是赔偿损失的限制。当事人一方违约后，对方应当采取适当措施防止损失的扩大；没有采取适当措施致使损失扩大的，不得就扩大的损失要求赔偿。当事人因防止损失扩大而支出的合理费用，由违约方承担。本题中，未能按时供应水泥的损失应由乙水泥厂承担，但甲施工企业未采取有效措施，造成损失扩大，扩大的损失应由甲施工企业自行承担。

## 八、无效合同

### （一）无效合同的特征

1.具有违法性；2.具有不可履行性；3.自订立之时就不具有法律效力。

### （二）无效合同的类型

1.一方以欺诈、胁迫的手段订立合同，损害国家利益；
2.恶意串通，损害国家、集体或者第三人利益；
3.以合法形式掩盖非法目的；
4.损害社会公共利益；
5.违反法律、行政法规的强制性规定。

### （三）无效的免责条款

《合同法》规定，合同中的下列免责条款无效：
1.造成对方人身伤害的；
2.因故意或者重大过失造成对方财产损失的。

### （四）建设工程无效施工合同的主要情形

建设工程施工合同具有下列情形之一的，应当认定无效（因违反法律、行政法规的强制性规定而无效）：
1.承包人未取得建筑施工企业资质或者超越资质等级的；
2.没有资质的实际施工人借用有资质的建筑施工企业名义的；
3.建设工程必须进行招标而未招标或者中标无效的；
4.承包人非法转包、违法分包建设工程或者没有资质的实际施工人借用有资质的建筑施工企业名义与他人签订建设工程施工合同的行为无效。

### （五）无效合同的法律后果

《合同法》无效合同或者被撤销的合同自始没有法律约束力，合同部分无效不影响其他部分效力的，其他部分仍然有效。

# 1Z304000 建设工程合同和劳动合同法律制度

1. 合同无效或者被撤销后，因该合同取得的财产，应当予以返还；
2. 不能返还或者没有必要返还的，应当折价补偿；
3. 有过错的一方应当赔偿对方因此所受到的损失，双方都有过错的，应当各自承担相应的责任。

（六）无效施工合同的工程价款结算（见表1Z304010-12）

无效施工合同的工程价款结算　表1Z304010-12

| 合同 | 建设工程 | | 处理 |
|---|---|---|---|
| 无效 | 竣工验收合格 | | 参照合同约定支付工程款 |
| | 竣工验收不合格 | 修复后合格 | 发包人请求承包人承担修复费用的，应予支持 |
| | | 修复后不合格 | 承包人请求支付工程价款的，不予支持 |

【嗨·点评】考生应对无效合同的情形结合效力待定合同和可撤销合同理解记忆。

【经典例题】17.（2014年真题）下列建设工程合同中，属于无效合同的有（　　）。

A.投标人串通投标中标后与招标人签订的合同
B.招标文件中要求投标人垫资并据此与中标人签订的合同
C.建设单位因对工程内容有重大误解而订立的合同
D.分包单位胁迫施工企业订立的合同
E.建设单位为逃税、洗钱而订立的施工合同

【答案】AE

【嗨·解析】司法解释规定了四类无效施工合同：①超越资质；②挂靠；③中标无效；④转包、违法分包。但要注意：垫资虽然违反建设部禁止性规定，但并不违反法律、行政法规效力性强制性规定，不能因此认定合同无效。

【经典例题】18.甲乙于4月1日签订一份施工合同。合同履行过程中，双方于5月1日发生争议，甲于5月20日单方要求解除合同。乙遂向法院提起诉讼，法院于6月30日判定该合同无效。则该合同自（　　）无效。

A.4月1日　　B.5月1日
C.5月20日　　D.6月30日

【答案】A

【嗨·解析】合同无效，自始就没有法律约束力，即自订立时无效。

【经典例题】19.某建设工程施工合同约定价款为1亿元。施工成本为0.9亿元，按发包人核算造价为0.95亿元，按建设主管部门发布的造价信息计算为1.1亿元。后该合同无效，但建设工程经竣工验收合格，则该施工企业能获得人民法院支持的最高结算价款为（　　）亿元。

A.1　　B.0.9　　C.0.95　　D.1.1

【答案】A

【嗨·解析】合同无效，但竣工验收合格的，参照无效合同约定付款。

【经典例题】20.包工头张某借用某施工企业的资质与甲公司签订一建设工程施工合同。施工结束后，工程竣工验收质量合格，张某要求按照合同约定支付工程款遭到对方拒绝，遂诉至法院。关于该案处理的说法，正确的是（　　）。

A.合同无效，不应支付工程款
B.合同无效，应参照合同约定支付工程款
C.合同有效，应按照合同约定支付工程款
D.合同有效，应参照合同约定支付工程款

【答案】B

【嗨·解析】本题考查的是无效合同。该合同属于借用资质签订，因此为无效合同。合同无效，但工程竣工验收合格，因此参照

合同约定支付工程款。

## 九、效力待定合同

### （一）效力待定合同的概念

效力待定合同是指合同虽然已经成立，但因其不完全符合有关生效要件的规定，其合同效力能否发生尚未确定，一般须经有权人表示承认才能生效。

### （二）效力待定合同的类型

1.限制行为能力人订立的合同

限制民事行为能力人订立的合同，经法定代理人追认后，该合同有效，但纯获利益的合同或者与其年龄、智力、精神健康状况相适应而订立的合同，不必经法定代理人追认。

2.无权代理人订立的合同

相对人可以催告被代理人在1个月内予以追认。被代理人未作表示的，视为拒绝追认。

3.无权处分行为

无处分权的人处分他人财产，经权利人追认或者无处分权的人订立合同后取得处分权的，该合同有效。

**嗨·点评** 考生应对效力待定合同的情形结合无效合同和可撤销合同理解记忆。

**【经典例题】** 21.某施工单位从租赁公司租赁了一批工程模板。施工完毕，施工单位以自己的名义将该批模板卖给其他公司。后租赁公司同意将该批模板卖给施工单位。此时施工单位出卖模板的合同为（　　）合同。

A.可变更、可撤销　　B.有效
C.无效　　　　　　　D.效力待定

**【答案】** B

**【嗨·解析】** 施工单位属于无权处分，因此合同本来为效力待定合同。但是租赁公司同意，也就是权利追认，因此该合同有效。

**【经典例题】** 22.甲公司委托王某购买水泥，王某在建材市场发现钢材价格非常便宜，仅2000元/吨，就以甲的名义与供货商乙签订了200吨钢材供货合同。随后乙催告甲予以追认，而甲未置可否。一个多月后，钢材价格飙涨到2400元/吨，甲要求乙按照合同约定供货200吨，乙拒绝。下列说法正确的是（　　）。

A.乙拒绝供货构成违约
B.合同已经生效，甲有权要求乙履行合同
C.王某代签的合同已经失效
D.王某的行为构成表见代理

**【答案】** C

**【嗨·解析】** 乙催告甲，说明乙明知道王某无代理权，因此本案属于普通无权代理，不构成表见代理，D错。无权代理合同属于效力待定合同，相对人催告时，甲应在1个月内予以追认。未作表示的，视为拒绝追认。

## 十、合同的履行、变更、转让

### （一）合同的履行

合同生效后，当事人不得因姓名、名称的变更或者法定代表人、负责人、承办人的变动而不履行合同义务。

### （二）合同的变更

1.合同的变更须经当事人双方协商一致；
2.合同变更须遵循法定的程序；
3.对合同变更内容约定不明确的，推定为未变更。

### （三）合同权利义务的转让

1.合同权利的转让

（1）合同权利的转让范围：债权人可以将合同的权利全部或者部分转让给第三人，但有下列情形之一的除外：①根据合同性质不得转让；②按照当事人约定不得转让；③依照法律规定不得转让。

（2）合同权利的转让应当通知债务人（不需要债务人同意，但未经通知，该转让对债务人不发生效力）。

（3）债务人对让与人的抗辩：债务人接到债权转让通知后，债务人对让与人的抗辩，可以向受让人主张。

（4）从权利随主权利转让：债权人转让权利的，受让人取得与债权有关的从权利，但该从权利专属于债权人自身的除外。

2.合同义务的转让：债务人将合同的义务全部或者部分转移给第三人的，应当经债权人同意。

3.合同中权利和义务的一并转让（概括转让）：需经对方当事人同意。

**嗨·点评** 考生需结合实践理解合同权利义务转让所需要的程序。

【经典例题】23.甲向乙购买50吨水泥，后甲通知乙需要更改购买数量，但一直未明确具体数量。交货期届至，乙将50吨水泥交付给甲，甲拒绝，理由是已告知要变更合同。关于双方合同关系的说法，正确的是（　　）。

A.乙承担损失
B.甲可根据实际情况部分接收
C.双方合同已变更，乙送货构成违约
D.甲拒绝接收，应承担违约责任

【答案】D

【嗨·解析】对合同变更内容约定不明确的，推定为未变更。

【经典例题】24.（2015年真题）根据《合同法》，债权人将合同中的权利转让给第三人的，（　　）。

A.须经债务人同意，且需办理公证手续
B.无需经债务人同意，也不必通知债务人
C.无需经债务人同意，但需办理公证手续
D.无需经债务人同意，但需通知债务人

【答案】D

【嗨·解析】合同权利的转让应当通知债务人（不需要债务人同意，但未经通知，该转让对债务人不发生效力）。

【经典例题】25.（2016年真题）2015年9月15日，甲公司与丙公司订立书面协议转让其对乙公司的30万元债权，同年9月25日甲公司将该债权转让通知了乙公司。关于该案的说法，正确的是（　　）。

A.甲公司与丙公司之间的债权转让协议于2015年9月25日生效
B.丙公司自2015年9月15日起可以向乙公司主张30万元的债权
C.甲公司和乙公司就30万债务的清偿对丙公司承担连带责任
D.甲公司和丙公司之间的债权转让行为于2015年9月25日对乙公司发生效力

【答案】D

【嗨·解析】债权人转让权利应当通知债务人，未经通知的转让行为对债务人不发生效力。这一方面是尊重债权人对其权利的行使，另一方面也防止债权人滥用权利损害债务人的利益。当债务人接到权利转让的通知后，权利转让即行生效，原债权人被新的债权人替代，或者新债权人的加入使原债权人不再完全享有原债权。

## 十一、可撤销合同和合同的终止

### （一）可撤销合同

1.可撤销合同的概念

因意思表示不真实，通过有撤销权的机构行使撤销权，使已经生效的意思表示归于无效的合同。

2.可撤销合同的种类

（1）因重大误解订立的；
（2）在订立合同时显失公平的；
（3）一方以欺诈、胁迫的手段（未损害国家利益）或者乘人之危，使对方在违背真实意思的情况下订立的合同。（一方以欺诈、胁迫的手段损害国家利益订立的合同是无效合同，注意区分）

3.合同撤销权的行使

有下列情形之一的，撤销权消灭：

（1）具有撤销权的当事人自知道或者应

当知道撤销事由之日起一年内没有行使撤销权（向人民法院或者仲裁机构申请撤销）；

（2）具有撤销权的当事人知道撤销事由后明确表示或者以自己的行为放弃撤销权。

4.被撤销合同的法律后果与无效合同一致

（1）无效的合同或者被撤销的合同自始没有法律约束力。

（2）合同部分无效，不影响其他部分效力的，其他部分仍然有效。

（3）合同无效、被撤销或者终止的，不影响合同中独立存在的有关解决争议方法的条款的效力。

（二）合同的终止

1.合同终止的情形：

有下列情形之一的，合同的权利义务终止：（1）债务已经按照约定履行；（2）合同解除；（3）债务相互抵消；（4）债务人依法将标的物提存；（5）债权人免除债务；（6）债权债务同归于一人；（7）法律规定或者当事人约定终止的其他情形。

2.合同解除的种类

合同解除（取消交易、退钱退货）（类似于婚姻解除）；

法定解除（符合法定条件）：通知到达对方时，合同即解除；

协商解除（不符合法定条件）：只有对方同意时，合同才能解除。

3.法定解除合同的种类（见表1Z304010-13）

法定解除合同的种类　表1Z304010-13

| 关键词 | 法定合同解除的种类 |
| --- | --- |
| 不能实现合同目的 | 因不可抗力致使不能实现合同目的 |
| | 当事人一方延迟履行债务或者有其他违约行为致使不能实现合同目的 |
| 主要债务 | 在履行期限届满之前，当事人一方明确表示或者以自己的行为表明不履行主要债务 |
| | 当事人一方延迟履行主要债务，经催告后在合理期限内仍未履行 |

4.解除合同的程序

一方主张解除合同的，应通知对方；

合同自通知到达对方时解除；

对方有异议的，可以请求法院或者仲裁机构确认解除合同的效力；

法律规定应办理批准、登记手续的，应办理；

当事人对异议期限有约定的从其约定，无约定的，最长为3个月。

5.施工合同的解除（见表1Z304010-14）

施工合同的解除　表1Z304010-14

| 发包人解除施工合同（承包人有下列情形） | 承包人解除（发包人不作为且催告仍然不作为） |
| --- | --- |
| （1）明确表示或者以行为表明不履行合同主要义务的 | （1）未按约定支付工程价款的 |
| （2）合同约定的期限内没有完工，且在发包人催告的合理期限内仍未完工的 | （2）提供的主要建筑材料、建筑构配件和设备不符合强制性标准的 |
| （3）已经完成的建设工程质量不合格，并拒绝修复的 | （3）不履行合同约定的协助义务的 |
| （4）将承包的建设工程非法转包、违法分包的 | |

# 1Z304000 建设工程合同和劳动合同法律制度

6.施工合同解除的法律后果（见表1Z304010-15）

施工合同解除的法律后果　表1Z304010-15

| 合同 | 建设工程 | | 处理 |
|---|---|---|---|
| 解除 | 竣工验收合格 | | 参照合同约定支付工程款 |
| | 竣工验收不合格 | 修复后合格 | 发包人请求承包人承担修复费用的，应予支持 |
| | | 修复后不合格 | 承包人请求支付工程价款的，不予支持 |

🔊 **嗨·点评** 考生应对可撤销合同的情形结合无效合同和效力待定合同理解记忆。同时，对合同的终止情形结合实际进行理解记忆。

**【经典例题】26.**（2016年真题）甲公司以国产设备为样品，谎称进口设备，与乙施工企业订立设备买卖合同后，乙施工企业知悉实情。关于该合同争议处理的说法，正确的有（　　）。

A.若买卖合同被撤销后，有关争议解决条款也随之无效

B.乙施工企业有权自主决定是否行使撤销权

C.乙施工企业有权自合同订立之日起1年内主张撤销该合同

D.该买卖合同被法院撤销后，则该合同自始没有法律约束力

E.乙施工企业有权自知道设备为国产之日起1年内主张撤销该合同

**【答案】**BDE

**【嗨·解析】**A错误，合同无效、被撤销或者终止的，不影响合同中独立存在的有关解决争议方法的条款的效力；B正确，C错误，E正确，行使撤销权应当在知道或者应当知道撤销事由之日起一年内行使，并应当向人民法院或者仲裁机构申请；D正确，无效的合同或者被撤销的合同自始没有法律约束力。

**【经典例题】27.**根据《合同法》，允许单方解除合同的情形是（　　）。

A.由于不可抗力致使合同不能履行

B.法定代表人变更

C.当事人一方发生合并、分立

D.当事人一方违约

**【答案】**A

**【嗨·解析】**由于不可抗力致使不能够实现合同目的，是法定解除合同的一种情形。其他都不能解除合同。

**【经典例题】28.**根据《合同法》的相关规定，下列施工合同履行过程中发生的情形，当事人可以解除合同的有（　　）。

A.发生泥石流将拟建工厂选址覆盖

B.由于报价失误，施工单位在订立合同后表示无力履行

C.建设单位延期支付工程款，经催告后同意提供担保

D.施工单位施工组织不力，导致工程工期延误，使该项目已无投产价值

E.施工单位未经建设单位同意，擅自更换了现场技术人员

**【答案】**ABD

**【嗨·解析】**A属于因不可抗力致使不能够实现合同目的；B属于在履行期限届满之前，当事人一方明确表示或者以自己的行为表明不履行主要债务；D属于当事人一方延迟履行债务或者有其他违约行为致使不能实现合同目的。

**【经典例题】29.**某工程在9月10日发生了地震迫使承包人停止施工。9月15日发包人与承包人共同检查工程的损害程度，并一致认为损害程度严重，需要拆除重建。9月17日发包人将依法单方解除合同的通知送达承包人，

9月18日发包人接到承包人同意解除合同的回复。依据《合同法》规定，该施工合同解除应为（　　）。

A.9月10日　　　　B.9月15日
C.9月17日　　　　D.9月18日

【答案】C

【嗨·解析】由于法定解除，自通知到达对方时发生效力（无须对方同意）。

## 十二、违约责任及违约责任的免除

### （一）违约责任的概念

违约责任，是指合同当事人因违反合同义务所承担的责任。

### （二）当事人承担违约责任应具备的条件

当事人一方明确表示或者以自己的行为表明不履行合同义务的，对方可以在履行期限届满之前要求其承担违约责任。

### （三）承担违约责任的种类（见图1Z304010-3）

```
            ┌ 法定 ┌ 继续履行
            │      ├ 采取补救措施
违约责任 ───┤      └ 赔偿损失
            └ 约定 ┌ 违约金
                   └ 定金
```

图1Z304010-3　承担违约责任的种类

### （四）定金和违约金的适用（见图1Z304010-4）

当事人既约定违约金，又约定定金的，一方违约时，对方可以选择适用违约金或者定金条款。

```
违约金 ┐
定金   ├ 只能要一个（已交付定金，记得收回）
赔偿损失 ┘
```

图1Z304010-4　违约责任的相互适用

### （五）违约责任的免除

1.约定免责：合同中有约定免除责任的情形时，依照约定。

但应注意到：（1）造成对方人身伤害的免责条款无效；

（2）故意或重大过失造成对方财产损失的免责条款无效。

2.法定免责：因不可抗力不能履行合同的，根据影响，全部或部分免责。但当事人迟延履行后发生不可抗力的，不能免除责任。

3.遭遇不可抗力一方的义务：当事人一方因不可抗力不能履行合同的，应当及时通知对方（合同相对方），以减轻可能给对方造成的损失，并应当在合理期限内提供证明。

🔊 **嗨·点评** 考生需理解记忆违约责任的承担方式，同时需熟练掌握既约定违约金又约定定金的赔偿原则。

【经典例题】30.（2014年真题）下列责任中，属于违约责任的承担方式的有（　　）。

A.定金　　　　　B.罚金
C.违约金　　　　D.罚款
E.消除危险

【答案】AC

【嗨·解析】B属于刑事责任的承担方式；D属于行政处罚；E属于民事责任的承担方式。

【经典例题】31.（2010年真题）在合同没有具体约定违约责任的情况下，被违约方可依法要求违约方（　　）。

A.继续履行　　　B.采取补救措施
C.赔偿损失　　　D.支付违约金
E.定金

【答案】ABC

【嗨·解析】违约责任共5种，ABC三种为法律直接规定，DE二种需要当事人约定。

【经典例题】32.甲乙合同约定违约金1万元，合同履行中甲违约造成乙5万元损失。乙起诉后，法院最多支持赔偿（　　）元。

A.1万　　B.5万　　C.6万　　D.7万

【答案】B

【嗨·解析】约定的违约金低于造成的损失的，当事人可以请求人民法院或者仲裁机构予以增加；约定的违约金过分高于造成的损失的，当事人可以请求人民法院或者仲裁机构予以适当减少。由此条款可以推断：违约金和赔偿损失只能择一适用，不能同时适用。

【经典例题】33.（2015年真题）甲与乙订立了一份施工项目的材料采购合同，货款为40万元，乙向甲支付定金4万元，如任何一方不履行合同应支付违约金6万元。甲因将施工材料另卖他人而无法向乙完成交付，在乙提出的如下诉讼请求中，既能最大限度保护自己的利益，又能获得法院支持的诉讼请求是（　　）。

A.请求甲支付违约金6万元
B.请求甲双倍返还定金8万元
C.请求甲支付违约金6万元，同时请求返还支付的定金4万元
D.请求甲双倍返还定金8万元，同时请求甲支付违约金6万元

【答案】C

【嗨·解析】本题考查的是承担责任的种类。当事人既约定违约金，又约定定金的，一方违约时，对方可以选择适用违约金或者定金条款。定金条款：双倍返还定金，为B，违约金条款：支付违约金，自己的定金须返还，为C。题干问最大限度，选C。

【经典例题】34.因施工企业原因，工程未能如期竣工。建设单位听取监理单位建议后，在建设行政主管部门协调下同意不追究施工企业之前的违约责任。之后发生地震致使工期再次拖延，则因此产生的工期责任由（　　）承担。

A.建设单位
B.施工企业
C.监理单位
D.建设行政主管部门

【答案】B

【嗨·解析】当事人迟延履行后发生不可抗力的，不能免责。本案中建设单位同意对施工单位拖延工期的行为不追究责任，但并不能因此改变该地震发生在"迟延履行"后这一事实。因此由施工单位承担。

### 十三、建设工程合同示范文本的使用与法律地位

（一）合同示范文本的作用

示范作用

（二）合同示范文本的内容

住房和城乡建设部、国家工商总局《建设工程施工合同（示范文本）》2013版由合同协议书、通用条款、专用条款组成。

（三）合同示范文本的法律地位

示范文本是为了帮助当事人签订合同合法规范，条款完备。具有引导性、参考性，为自愿采用的文本。

【经典例题】35.关于合同示范文本的说法，正确的是（　　）。

A.示范文本能够使合同的签订规范和条款完备
B.示范文本为强制使用的合同文本
C.采用示范文本是合同成立的前提
D.采用示范文本是合同生效的前提

【答案】A

【嗨·解析】本题考查的是建设工程合同示范文本的性质与作用。如果缺乏合同示范文本，一些当事人签订的合同不规范，条款不完备，漏洞较多，将给合同履行带来很大困难，不仅影响合同履约率，还导致合同纠纷增多，解决纠纷的难度增大。

## 章节练习题

**一、单项选择题**

1. 关于《合同法》的公平原则,下列表述不正确的是（ ）。
   A. 公平包括合同当事人双方的权利义务要平等
   B. 公平包括合同的风险应该合理分配
   C. 公平包括不得假借订立合同恶意进行磋商
   D. 公平包括合同中违约责任的确定要合理

2. 甲、乙双方签订的合同中,约定违约赔偿损失的费用为5万元,合同履行中,甲方违约造成乙方损失3万元,则甲方应支付乙方的赔偿金应为（ ）万元。
   A.2    B.3    C.5    D.8

3. 甲公司的总经理张三到乙公司的董事长李四的办公室,看到丙公司向乙公司发出的一分要约,很感兴趣,就向李四要了这份要约,并按照要约上的要求回复了丙公司,甲公司发出的文件属于（ ）。
   A.要约邀请    B.新要约
   C.承诺    D.承诺意向

4. 甲向乙发出要约后,因发生了重大变故,甲又向乙发出一个通知,声明前一个要约的内容无效,则（ ）。
   A. 甲发出后一个通知的行为是要约撤销
   B. 甲发出后一个通知的行为是要约撤回
   C. 后一个通知必须不迟于前一个通知到达乙时才有效
   D. 后一个通知只要不迟于乙发出承诺到达甲时才有效

5. 某承包人与发包人以中标价签订了建设工程施工合同并履行备案手续后,发包人与承包人又签订了要求承包人在中标价格基础上让利10%的补充协议,结算时双方对工程价款发生争议,则应当以（ ）作为结算工程价款的依据。
   A.备案的建设工程合同
   B.补充协议
   C.重新商定合同
   D.当地建设行政主管部门发布的计价方法

6. 某建设工程施工合同约定2012年11月20日竣工并在1个月内交付发包方使用,后因承包方原因工期拖延3个月,但发包方在2013年元月20日未经验收实际占用了该工程,则该工程的竣工日期应为（ ）。
   A.2012年11月20日
   B.2012年12月20日
   C.2013年1月20日
   D.2013年2月20日

7. 某开发商开发的住宅价值7000万元,其中已售出价值5000万元的住宅,开发商将此笔资金全部用于购买土地。导致开发商欠施工单位的2000万元的工程款迟迟不能支付,另外开发商还欠银行抵押贷款1000万元,欠材料供应商500万元,现承包人申请人民法院拍卖该工程,下列说法正确的是（ ）。
   A. 人民法院可将7000万元的房产拍卖,然后分别偿还开发商各方欠款
   B. 人民法院可将7000万元的房产拍卖,然后先还施工单位,再还银行和材料供应商
   C. 人民法院可将2000万元的房产拍卖,然后按欠款比例分别偿还开发商各方欠款
   D. 人民法院可将2000万元的房产拍卖,首先偿还施工单位欠款

8. 工程施工中所造成的下列损失中,承包人不承担任何损失的是（ ）。
   A. 承包方与监理方串通造成的损失
   B. 承包方不履行保修义务所造成的损失
   C. 发包方采购的材料运抵现场尚未验收的时间段内出现偷盗造成的损失

# 1Z304000 建设工程合同和劳动合同法律制度

D. 工程经竣工验收合格后尚未交付发包方使用的时间段内出现偷盗造成的损失

9. 乙方当事人的违约行为导致工程受到损失，甲方没有采取任何措施减损，导致损失扩大到5万元。甲方与乙方就此违约事实发生纠纷，经过鉴定机构鉴定，乙方的违约行为给甲方造成的损失是2万元，乙方应该向甲方赔偿损失（　　）万元。
   A.1　　B.2　　C.3　　D.5

10. 乙向甲租了一套设备，在甲不知道的情况下，乙与丙签订合同，把该套设备卖给了丙。下列说法正确的是（　　）。
    A. 由于乙没有处分权，因此买卖合同无效
    B. 如合同签订后，甲将设备卖给乙，则合同确定有效
    C. 如丙订立合同之后知道乙没有处分权，则合同无效
    D. 如果设备已经交付给丙，则合同有效

11. 承包人与材料供应商合同约定买卖钢材500吨，由于施工内容的调整变化，发包人通知承包人可能要改变交货数量，但一直没有明确具体交货数额。交货期到达，供应商将500吨钢筋交付承包人，承包人拒绝接受，理由是合同已协议变更，则正确的说法是（　　）。
    A. 供应商应承担由此给承包人造成的损失
    B. 承包人可根据实际情况部分接受货物
    C. 由于双方已变更合同，供应商应暂停送货
    D. 承包人拒绝接受，应承担违约责任

## 二、多项选择题

1. 依据不同的分类标准，定金合同属于（　　）。
   A. 双务合同　　　B. 单务合同
   C. 诺成合同　　　D. 实践合同
   E. 从合同

2. 下列合同中，债权人不得将合同的权利全部或部分转让给第三人的有（　　）。
   A. 当事人因信任订立的委托代理合同
   B. 建筑材料供应合同
   C. 合同中约定禁止债权人转让权利
   D. 供用电、水、气、热力合同
   E. 最高额抵押的主合同

3. 在下列关于合同变更的表述中，正确的有（　　）。
   A. 合同当事人在合法的条件下，协商一致后可以变更合同
   B. 中外合作者在合作期内协商同意后就可以对合作合同作重大变更
   C. 设计合同中的设计变更属于合同的变更
   D. 建设工程施工中经工程师批准的工程变更属于合同变更
   E. 当事人对合同变更内容约定不明的，推定为未变更

4. 下列合同中，属于可撤销合同的有（　　）。
   A. 因误解订立的合同
   B. 违反法律的强制性规定的合同
   C. 一方以欺诈、胁迫手段订立的合同
   D. 订立合同时显失公平的合同
   E. 以合法行为掩盖非法目的的合同

## 参考答案及解析

### 一、单项选择题

1.【答案】A

【解析】《合同法》第5条规定"当事人应当遵守公平原则确定各方的权利义务"。具体包括：（1）在订立合同时，不得滥用权力、不得欺诈，要根据公平原则确定双方的权利和义务；（2）合理分配风险；（3）根据公平原则确定违约责任。公平原则条件下签订合同，有些情况下合同当事人的

权利义务是不平等的，如赠合同中，一方就只有权利，而另一方就只有义务，因此选项中只有A是错误的。

2.【答案】C

【解析】在约定赔偿损失和法定赔偿损失中，原则上约定赔偿损失优先于法定赔偿损失，作为约定赔偿损失，一旦发生违约并造成受害人的损害以后，受害人不必证明其具体损害范围即可依据约定损失条款而获得赔偿。本题中，约定赔偿损失费用为5万元，而且实际损失小于5万元，因而甲方应按照约定损失赔偿额5万元支付给乙方。

3.【答案】B

【解析】承诺必须是受要约人同意要约的意思，本题中，甲公司不是丙公司要约的受要约人，因此其发出的文件不属于承诺，因甲公司按丙公司的要约进行了回复，应该属于新要约。

4.【答案】D

【解析】要约的撤销要求撤销要约的通知在受要约人发出承诺通知之前到达受要约人，撤回则要求要约到达受要约人之前或者同要约同时到达受要约人，本题中并没有说明甲发出的要约是否到达乙，也没有说明乙是否承诺，因此A、B、C选项不确切，D是最符合题意的。

5.【答案】A

【解析】本当事人就同一建设工程另行订立的建设工程施工合同与经过备案的中标合同实质性内容不一致的，应当以备案的中标合同作为结算工程价款的依据。

6.【答案】C

【解析】该工程因承包方原因拖期，但建设工程未经验收而被发包方实际占用，依法应以转移占用之日为竣工日期，故C选项为正确选项。

7.【答案】D

【解析】消费者交付购买商品房的全部或大部分款项后，承包人就该商品房享有的工程价款优先受偿权不得对抗买受人，因此A、B选项错误，另外按照合同法规定，建筑工程承包人的优先受偿权优于抵押权和其他债权，因此只有D是最符合题意的。

8.【答案】C

【解析】本题中选项A是由承包人承担连带赔偿责任，选项B、D则完全是由承包人承担赔偿责任，但是C与D虽然都是出现偷盗造成的损失，但选项C是发包方采购的材料运抵现场尚未验收，其保管责任不属于承包人，选项D是承包人完成的工作成果，在未交付发包方使用前，保管责任属于承包人，因此，本题选C。

9.【答案】B

【解析】依照合同法的规定：当事人一方违约后，对方应当采取适当措施防止损失的扩大；没有采取适当措施致使损失扩大的，不得就扩大的损失要求赔偿。本题中甲方没有采取措施减损，导致损失扩大到5万元，但经鉴定机构鉴定，乙方的违约行为给甲方造成的损失是2万元，因此只能获得乙方违约行为所造成的损失2万元，故选B。

10.【答案】B

【解析】本题所述的合同实际上是一个效力待定的合同，无处分权人订立的合同，经权利人追认后或无处分权人在订立合同后取得处分权时，合同才有效，因此只有B是最符合题意的。

11.【答案】D

【解析】当事人对合同变更的内容约定不明确的，推定为未变更，本题中双方对变更合同的交货数量属于约定不明确，应推定为未变更，供应商按照原合同约定执行

# 1Z304000 建设工程合同和劳动合同法律制度

合同，承包人拒绝接受，应承担违约责任。

## 二、多项选择题

1. 【答案】ADE

   【解析】定金起到的是担保作用，属于从合同，按照《民法通则》的规定：当事人一方给付定金后，如果给付定金方不履行合同，给付方无权要求返还定金，如果接受方不履行合同，则接受方应双倍返还定金。从这个概念上讲，定金合同应该是给付定金之后才能成立的合同，属于实践合同（要物合同），同时约定了双方违反合同后的义务及承担的责任，属于双务合同。

2. 【答案】ACE

   【解析】债权人可以将合同的权利全部或部分转让给第三人，但是下列三种情形除外：（1）根据合同性质不得转让的，A选项属于此类；（2）按照当事人约定不得转让的，C选项属于此类；（3）依照法律规定不得转让的，E选项是按照《担保法》的规定，所以属于此类。

3. 【答案】ACE

   【解析】该题选项难点主要在B、C、D三个选项的判断上。B错误，这种变更还有一个前提是需经审查批准机关批准；D错误，建设工程施工中的工程变更不属于合同变更是因为工程变更往往不是签订合同的主体协商确定的，一般是由工程师单方面根据现场实际情况来决定的。设计变更与工程变更不同，设计变更往往是由建设单位向设计单位提出，设计单位综合考虑分析后再出具设计变更单，是由双方协商确定的。

4. 【答案】CD

   【解析】《合同法》规定因重大误解订立的、在订立合同显失公平的、一方以欺诈或胁迫手段或乘人之危，使对方在违背真实意思的情况下订立的合同，受损害方有权请求人民法院或仲裁机构变更或撤销合同，因此应选择C、D，其他两个选项所订立的合同属于无效合同。

# 1Z304020 劳动合同及劳动关系制度

**本节知识体系**

本节主要围绕《劳动法》和《劳动合同法》展开，介绍了劳动合同的方式、签订、效力、解除，以及劳动保护、劳动纠纷等方方面面的内容，与我们的生活息息相关。考生在学习时，可以结合实践来进行掌握。本节内容记忆量不大，主要需要考生理解。

**核心内容讲解**

## 一、订立劳动合同的原则、劳动合同的种类和基本条款

### （一）订立劳动合同应当遵循的原则

用人单位招用劳动者，不得要求劳动者提供担保，不得以其他名义向劳动者收取财物，不得扣押劳动者身份证或其他证件。

### （二）劳动合同的种类（见表1Z304020-1、表1Z304020-2）

劳动合同的种类　表1Z304020-1

| 劳动合同的种类 | 内容 |
| --- | --- |
| 固定期限劳动合同 | 用人单位与劳动者约定合同终止时间的劳动合同。如1年、2年、5年、10年甚至更长 |
| 无固定期限劳动合同 | 用人单位与劳动者约定无确定终止时间的劳动合同 |
| 以完成一定工作任务为期限的劳动合同 | 用人单位与劳动者约定以某项工作的完成为合同期限的劳动合同 |

无固定期限劳动合同的情形　表1Z304020-2

| | 法定情形 | 法律后果 |
| --- | --- | --- |
| 协商订立 | — | — |
| 应当订立 | 劳动者在该用人单位连续工作满十年的 | 用人单位违反规定，不与劳动者订立无固定期限劳动合同的，自应当订立之日起向劳动者支付双倍工资 |
| | 用人单位初次实行劳动合同制度或者国有企业改制重新订立劳动合同时，劳动者在该用人单位连续工作满十年且距法定退休年龄不足十年的 | |
| | 已连续订立两次固定期限劳动合同，续订劳动合同的 | |
| 视为订立 | 用人单位自用工之日起满1年不与劳动者订立书面劳动合同的 | — |

### （三）劳动合同的基本条款（见表1Z304020-3）

劳动合同的基本条款　表1Z304020-3

| 应当具备≈必须有 | 可以约定≈可以不约定 |
| --- | --- |
| 用人单位的名称、住所地和法定代表人或者主要负责人 | |
| 劳动者的姓名、住址和居民身份证或者其他有效身份证件号码 | |
| 劳动合同期限 | 试用期 |
| 工作内容和工作地点 | 培训 |

续表

| 应当具备≈必须有 | 可以约定≈可以不约定 |
|---|---|
| 工作时间和休息休假 | 保守秘密 |
| 劳动报酬 | 福利待遇 |
| 社会保险 | 补充保险 |
| 劳动保护、劳动条件和职业危害防护 | |

🔊 **嗨·点评** 考生需结合实际理解劳动合同的不同种类和劳动合同条款的相关规定，重点记忆无固定期限劳动合同的情形。

【经典例题】1.（2015年真题）下列某建筑公司的工作人员中，有权要求公司签订无固定期限劳动合同的是（　　）。

A.在公司连续工作满8年的张某

B.到公司工作2年，并被董事会任命为总经理的王某

C.在公司累计工作了10年，但期间曾离开过公司自主创业一年的赵某

D.与公司已经连续订立两次固定期限劳动合同，但因工伤不能从事原工作的李某

【答案】D

【嗨·解析】本题考查劳动合同的种类。A不符合连续工作满10年；B职务和劳动合同种类无关；C不符合连续工作满10年。

【经典例题】2.某建筑公司与王某以书面形式签订了一份劳动合同。其中，属于该劳动合同必备条款的有（　　）。

A.劳动合同期限为5年

B.妥善保守商业和技术秘密

C.劳动合同试用期为3个月

D.每年参加培训时间不得少于10天

E.从事施工现场管理工作

【答案】AE

【嗨·解析】见表1Z304020-3。

## 二、订立劳动合同应当注意的事项和集体合同

### （一）建立劳动关系即应订立劳动合同（见图1Z304020-1）

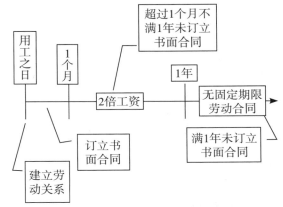

图1Z304020-1　建立劳动关系的过程

1.用人单位自用工之日起即与劳动者建立劳动关系。

2.建立劳动关系，应当订立书面劳动合同。已建立劳动关系，未同时订立书面劳动合同的，应当自用工之日起1个月内订立书面劳动合同。

3.劳动合同文本由用人单位和劳动者各执一份。

### （二）劳动报酬和试用期（见表1Z304020-4、图1Z304020-2）

劳动报酬和试用期的规定　表1Z304020-4

| 劳动合同 | 试用期 | 试用期工资 | 次数 | 其他 |
|---|---|---|---|---|
| 一定工作任务为目标或不满3个月 | 0 | 不得低于本单位相同岗位最低档工资或合同约定工资的80%，且不得低于当地最低工资标准 | 0 | 试用期包含在劳动合同期限内，劳动合同仅约定试用期的，试用期不成立 |
| 3个月以上不满1年 | 1个月 | | 1次 | |
| 1年以上不满3年 | 2个月 | | | |
| 3年以上固定期限和无固定期限 | 6个月 | | | |

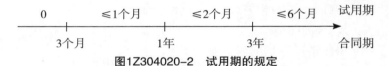

图1Z304020-2　试用期的规定

注意：节点就高。如劳动合同期限3个月，试用期最多不超过1个月。劳动合同期限1年，试用期最多不超过2个月，劳动合同期限3年，试用期最多不超过6个月。

（三）劳动合同的生效与无效

1.劳动合同自双方在合同文本签字或盖章时生效。

2.下列劳动合同无效或部分无效：

（1）以欺诈、胁迫的手段或者乘人之危，使对方在违背其真实意思的情况下订立或者变更劳动合同的；

（2）用人单位免除自己的法定责任、排除劳动者权利的；

（3）违反法律、行政法规强制性规定的。

3.劳动合同无效，劳动者已付出劳动的，用人单位应当向劳动者支付劳动报酬（参照本单位相同或相近岗位劳动者报酬）。对劳动合同效力有争议的，由劳动仲裁机构或法院确认。

（四）集体合同

1.集体合同由工会（代表职工一方）与用人单位订立。

2.集体合同订立后，应当报送劳动行政部门；劳动行政部门自收到集体合同文本之日起15日内未提出异议的，集体合同即行生效。

3.因履行集体合同发生争议的，工会是申请仲裁、诉讼的主体。

🔊 嗨·点评　考生需结合实践记忆劳动合同订立的相关规定和试用期的规定，对数字部分做精确记忆。

【经典例题】3.施工企业与劳动者签订了一份期限为2年半的劳动合同，则该劳动合同中约定的试用期依法最长不得超过（　　）个月。

A.1　　B.2　　C.3　　D.6

【答案】B

【嗨·解析】劳动合同期限1年以上不满3年的，试用期不得超过2个月。

【经典例题】4.关于劳动合同试用期的说法，正确的有（　　）。

A.试用期次数最多为2次

B.试用期不包含在劳动合同期限内

C.试用期最长为6个月

D.试用期内，用人单位可无理由解除劳动合同

E.以完成一定工作任务为期限的劳动合同不得约定试用期

【答案】CE

【嗨·解析】A错误，试用期最多1次；B错误，试用期包含在劳动合同期限内；D错误，劳动者在试用期间被证明不符合录用条件的，

方可解除劳动合同。

【经典例题】5.某企业工会于5月1日代表职工一方与企业签订集体合同。5月2日企业向当地劳动行政部门寄送了集体合同文本，5月3日劳动行政部门收到文本，并未提出异议。则该集体合同于（　　）生效。

A. 5月1日　　　B. 5月3日
C. 5月19日　　D. 6月2日

【答案】C

【嗨·解析】集体合同订立后，应当报送劳动行政部门；劳动行政部门自收到集体合同文本之日起15日内未提出异议的，集体合同即行生效。

### 三、劳动合同的履行和变更

（一）用人单位应当履行向劳动者支付劳动报酬的义务

1. 用人单位应当按照劳动合同约定和国家规定，向劳动者及时足额支付劳动报酬。
2. 用人单位拖欠或者未足额支付劳动报酬的，劳动者可以依法向当地人民法院申请支付令，人民法院应当依法发出支付令。

（二）依法限制用人单位安排劳动者的加班

用人单位安排加班的，应当按照国家有关规定向劳动者支付加班费。

（三）劳动者有权拒绝违章指挥、冒险作业

劳动者拒绝用人单位管理人员违章指挥、强令冒险作业的，不视为违反劳动合同。

（四）用人单位发生变动不影响劳动合同的履行

1. 用人单位变更名称、法定代表人、主要负责人或者投资人等事项，不影响劳动合同的履行。
2. 用人单位发生合并或者分立等情况，原劳动合同继续有效，劳动合同由承继其权利和义务的用人单位继续履行。

（五）劳动合同的变更

1. 用人单位与劳动者协商一致，可以变更劳动合同约定的内容。
2. 变更劳动合同，应当采用书面形式。变更后的劳动合同文本由用人单位和劳动者各执一份。

【经典例题】6.甲施工企业与乙施工企业合并，则原来用的员工与甲签订的劳动合同（　　）。

A. 效力待定　　B. 自动解除
C. 失效　　　　D. 继续有效

【答案】D

【嗨·解析】用人单位发生合并或分立等情况，原劳动合同继续有效，劳动合同由继承其权利和义务的用人单位继续履行。

### 四、劳动合同的解除和终止

（一）劳动合同的解除

1. 劳动者可以单方解除劳动合同的规定（见表1Z304020-5）

**劳动者单方解除劳动合同的情形　表1Z304020-5**

| 提前通知解除（无经济补偿） | 随时通知解除（用人单位有法定过错行为、侵害劳动者权益的六种情况下，允许劳动者行使随时解除权，并且可以主张经济补偿。） | 立即解除（不需事先告知用人单位。劳动者并可以主张经济补偿） |
|---|---|---|
| 用人单位无过错时，劳动者解除劳动合同应提前30日以书面形式通知单位（试用期内应提前3日通知） | （1）用人单位未按照劳动合同约定提供劳动保护或者劳动条件的；<br>（2）用人单位未及时足额支付劳动报酬的；<br>（3）用人单位未依法为劳动者缴纳社会保险费的；<br>（4）用人单位的规章制度违反法律、法规的规定，损害劳动者权益的；<br>（5）用人单位以欺诈、胁迫的手段或者乘人之危，使劳动者在违背真实意思的情况下订立或者变更劳动合同的；<br>（6）用人单位在劳动合同中免除自己的法定责任、排除劳动者权利的 | （1）用人单位以暴力、威胁或者非法限制人身自由的手段强迫劳动者劳动的；<br>（2）用人单位违章指挥、强令冒险作业危及劳动者人身安全的 |

2.用人单位可以单方解除劳动合同的规定（见表1Z304020-6）

**用人单位单方解除劳动合同的情形　表1Z304020-6**

| 随时解除（劳动者有过错） | 预告解除（劳动者无过错）（提前30天通知劳动者/额外支付劳动者1个月工资） |
|---|---|
| （1）试用期被证明不符合录用条件；<br>（2）严重违反单位规章制度；<br>（3）严重失职，营私舞弊，给单位利益造成重大损害；<br>（4）与其他单位同时建立劳动关系，对本单位工作造成严重影响，或经用人单位提出，拒不改正的；<br>（5）以欺诈胁迫手段或乘人之危与单位订立劳动合同致使合同无效的；<br>（6）被依法追究刑事责任 | （1）患病或非因工负伤，规定的医疗期满不能从事原工作，也不能从事另外安排的工作；<br>（2）不能胜任工作，经培训或调岗仍不能胜任；<br>（3）客观情况发生重大变化致使劳动合同无法履行，经协商仍不能变更劳动合同内容 |

3.用人单位经济性裁员的规定和不得解除劳动合同的情形

（1）经济性裁员的概念

经济性裁员是指用人单位由于经营不善等经济原因，一次性辞退部分劳动者的情形。经济性裁员仍属用人单位单方解除劳动合同。

（2）经济性裁员优先留用的劳动者和不得解除合同的劳动者（见表1Z304020-7）。

**优先留用与不得解除劳动合同的规定　表1Z304020-7**

| 不得预告解除或经济性裁员（劳动者极度弱势） | 经济性裁员时应当优先留用（劳动者并不弱势） |
|---|---|
| 职业危害作业劳动者未做离岗体检的 | 长期劳动合同 |
| 在本单位因工负伤或患上职业病，丧失劳动能力 | 无固定期限劳动合同 |
| 患病或非因工负伤，在医疗期内 | 家庭无其他就业人员，有需要扶养的老人或未成年人 |
| 女职工在孕期、产期、哺乳期 | |
| 在本单位连续工作满15年，且距退休年龄不到5年 | |

4.劳动合同的终止

有下列情形之一的，劳动合同终止：

（1）劳动合同期满的；

（2）劳动者开始依法享受基本养老保险待遇的；

（3）劳动者死亡，或者被人民法院宣告死亡或者宣告失踪的；

（4）用人单位被依法宣告破产的；

（5）用人单位被吊销营业执照、责令关闭、撤销或者用人单位决定提前解散的；

（6）法律、行政法规规定的其他情形。

5.职工因工伤致残相应的规定（见表1Z304020-8）

工伤致残的等级及规定　表1Z304020-8

| 伤残等级 | 劳动能力 | 处理 |
| --- | --- | --- |
| 1-4级伤残 | 丧失劳动能力 | 保留劳动关系、退出工作岗位 |
| 5-6级伤残 | 大部分丧失劳动能力 | 保留与用人单位的劳动关系，由用人单位安排适当工作；也可以经工伤职工本人提出，该职工可以与用人单位解除或者终止劳动关系 |
| 7-10级伤残 | 部分丧失劳动能力 | 劳动合同期满终止 |

6.终止劳动合同的经济补偿（见表1Z304020-9、表1Z304020-10）

终止劳动合同的经济补偿的规定　表1Z304020-9

| 合同解除 | 过错方 | 有无经济补偿 |
| --- | --- | --- |
| 协商解除 | 劳动者先提出 | 无经济补偿 |
|  | 单位先提出 | 有经济补偿 |
| 劳动者辞职 | 单位无过错 | 预告解除，无经济补偿 |
|  | 单位有过错 | 随时通知解除或无通知解除，有经济补偿 |
| 单位辞退劳动者 | 劳动者无过错（经济性裁员） | 预告解除，支付经济补偿 |
|  | 劳动者有过错 | 随时解除，无须支付经济补偿 |

经济补偿的计算：经济补偿按劳动者在本单位工作的年限，每满一年支付一个月工资的标准向劳动者支付。六个月以上（包括六个月）不满一年的，按一年计算；不满六个月的，向劳动者支付半个月工资的经济补偿。

劳动者月工资高于用人单位所在直辖市、设区的市级人民政府公布的本地区上年度职工月平均工资三倍的，向其支付经济补偿的标准按职工月平均工资三倍的数额支付，向其支付经济补偿的年限最高不超过十二年。

本条所称月工资是指劳动者在劳动合同解除或者终止前十二个月的平均工资。

解除劳动合同的经济补偿　表1Z304020-10

| 劳动合同的解除方式 | 经济补偿的计算 |
| --- | --- |
| 合法解除/终止 | 经济补偿按上文计算（随时解除除外） |
| 违法解除/终止 | 赔偿金=经济补偿×2 |

**嗨·点评**　考生需结合实际对劳动合同的解除情形做对比记忆，同时能够计算终止合同的经济补偿。

【经典例题】7.劳动者可以立即解除劳动合同且无须事先告知用人单位的情形是（　　）。

A.用人单位未按照劳动合同约定提供劳动保护或者劳动条件

B.用人单位以暴力、威胁或者非法限制人身自由的手段强迫劳动者劳动

C.用人单位未及时足额支付劳动报酬

D.用人单位制定的规章制度违反法律、法规的规定，损害劳动者的权益

【答案】B

【嗨·解析】A、C、D都属于劳动者随时通知解除的情形。

【经典例题】8.某施工单位因经营困难，拟实施经济性裁员，则以下可以列入裁员名单但应当优先留用的是（　　）。

A.甲木工因工伤被鉴定为七级伤残

B.乙项目经理与单位签订有无固定期限

劳动合同

C.丙业务员患肝炎在家病休，2个月后医疗期到期

D.丁会计超期休产假一周，仍未上班

【答案】B

【嗨·解析】无固定期限优先留用。

【经典例题】9.某施工单位技术负责人李某2009年3月上班，2010年5月，施工单位以李某怀孕不能胜任工作为由将其解雇。当地的上年度职工月平均工资为2500元，李某上月工资6000元，前12个月平均工资8500元，如李某不愿意回单位上班，可主张（　　）元赔偿金。

A.12750　　　　B.25500
C.11250　　　　D.22500

【答案】D

【嗨·解析】（1）李某工作1年2个月，经济补偿的标准为1.5个月，由于系违法解除，应适用赔偿金3个月；（2）月工资应按前12个月平均工资8500元而不按上月工资6000元确定；（3）但由于该8500元月工资超出当地上年度职工平均工资三倍，应按三倍封顶计取，即7500元；（4）7500×3=22500元。

## 五、合法用工方式与违法用工模式的规定

### （一）"包工头"用工模式

1.禁止建筑施工企业以任何形式允许其他单位或者个人使用本企业的资质证书、营业执照，以本企业的名义承揽工程。

2.禁止总承包单位将工程分包给不具备相应资质条件的单位。禁止分包单位将其承包的工程再分包。

3.逐步在全国建立基本规范的建筑劳务分包制度，农民工基本被劳务企业或其他用工企业直接吸纳，"包工头"承揽分包业务基本被禁止。

### （二）劳务派遣

1.劳务派遣的用工关系（见图1Z304020-3）

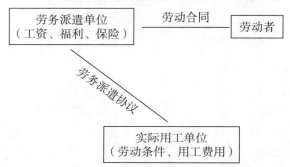

图1Z304020-3　劳务派遣的用工关系

派遣单位向劳动者支付工资、福利及社会保险费用；

实际用工单位提供劳动条件并按照劳务派遣协议支付用工费用。

2.劳务派遣单位（见表1Z304020-11）

劳务派遣单位的规定　表1Z304020-11

| 劳务派遣单位 | 具体规定 | |
|---|---|---|
| 条件 | （1）注册资本不得少于人民币200万元；<br>（2）有与开展业务相适应的固定的经营场所和设施；<br>（3）有符合法律、行政法规规定的劳务派遣管理制度；<br>（4）法律、行政法规规定的其他条件 | |
| 许可 | 经营劳务派遣业务，应当向劳动行政部门依法申请行政许可。经许可的，依法办理相关的公司登记。未经许可，任何单位和个人不得经营劳务派遣业务 | |
| 范围 | 临时性 | 存续时间不超过6个月的岗位 |
| | 辅助性 | 为主营业务岗位提供服务的非主营业务岗位 |
| | 替代性 | 用工单位的劳动者因脱产学习、休假等原因无法工作的一定期间内，可以由其他劳动者替代工作的岗位 |

3.劳动合同与劳务派遣协议

（1）劳务派遣协议：劳务派遣单位派遣劳动者应当与接受以劳务派遣形式用工的单位（以下称用工单位）订立劳务派遣协议；

（2）劳动合同：劳务派遣单位与被派遣劳动者订立的劳动合同。

4.被派遣劳动者（见表1Z304020-12）

被派遣劳动者的规定  表1Z304020-12

| 被派遣劳动者 | 具体内容 |
| --- | --- |
| 劳动合同 | 劳务派遣单位应当与被派遣劳动者订立2年以上的固定期限劳动合同，按月支付劳动报酬 |
| | 被派遣劳动者在无工作期间，劳务派遣单位应当按照所在地人民政府规定的最低工资标准，向其按月支付报酬 |
| 薪酬 | 被派遣的劳动者享有与用工单位劳动者同工同酬的权利。无相同岗位的，参照相近 |

5.用工单位

用工单位应当履行下列义务：

（1）执行国家劳动标准，提供相应的劳动条件和劳动保护；

（2）告知被派遣劳动者的工作要求和劳动报酬；

（3）支付加班费、绩效奖金，提供与工作岗位相关的福利待遇；

（4）对在岗被派遣劳动者进行工作岗位所必需的培训；

（5）连续用工的，实行正常的工资调整机制。用工单位不得将被派遣劳动者再派遣到其他用人单位。

（三）加强和完善建筑劳务管理

1.倡导多元化建筑用工方式，推行实名制管理。

2.落实企业责任，保障劳务人员合法权益与工程质量安全。

3.加大监管力度，规范劳务用工管理。

4.加强政策引导与扶持，夯实行业发展基础。

（四）改革工程建设领域用工方式

加快培育建筑产业工人队伍，推进农民工组织化进程。鼓励施工企业将一部分技能水平高的农民工招用为自有工人，不断扩大自有工人队伍。引导具备条件的劳务作业班组向专业企业发展。

**嗨·点评** 考生需重点学习劳务派遣的相关规定，理解劳务派遣所涉及的三方之间的合同关系。

【经典例题】10.（2015年真题）关于劳务派遣的说法，正确的是（　　）。

A.所有被派遣的劳动者应当实行相同的劳动报酬

B.劳务派遣单位应当取得相应的行政许可

C.劳务派遣用工是建筑行业的主要用工模式

D.用工单位的主要工作都可以由被派遣的劳动者承担

【答案】B

【嗨·解析】本题考查的是劳务派遣。A错误，被派遣劳动者享有与用工单位的劳动者同工同酬的权利；C、D错误，劳务派遣只能在临时性、辅助性或者替代性的工作岗位上实施。

【经典例题】11.关于劳务派遣的说法，正确的是（　　）。

A.甲可以被劳务派遣公司派到某施工企业担任安全员

B.乙可以被劳务派遣公司派到某公司做临时性工作1年以上

C.丙在无工作期间，其所属劳务派遣公司不再向其支付工资

D.劳务派遣协议中应当载明社会保险费的数额

【答案】D

【嗨·解析】A错误，劳务派遣只能是临时性、辅助性、替代性的岗位；B错误，临时性工作是指存续时间不超过6个月的岗位；C错误，被派遣劳动者在无工作期间，劳务派遣单位应当按照所在地人民政府规定的最低工资标准，向其按月支付报酬。

**六、劳动者的工作时间和休息休假、工资**

**（一）工作时间**

1.《劳动法》第36条、第38条规定，国家实行劳动者每日工作时间不超过8小时、平均每周工作时间不超过44小时的工时制度。用人单位应当保证劳动者每周至少休息1日。

2.其他工作办法：缩短工作日、不定时工作日（如高级管理人员、销售等）、综合计算工作日（如交通、铁路等部门）、计件工资时间。

**（二）休息休假**

1.休息休假（见表1Z304020-13）

休息休假　表1Z304020-13

| 休息休假 | 假期 |
| --- | --- |
| 用人单位在下列节日期间应当依法安排劳动者休假 | （1）元旦；（2）春节；（3）国际劳动节；（4）国庆节；（5）法律、法规规定的其他休假节日 |
| 法律、法规规定的其他休假节日有 | 全体公民放假的节日是清明节、端午节和中秋节；部分公民放假的节日及纪念日是妇女节、青年节、儿童节、中国人民解放军建军纪念日 |
| 年假 | 劳动者连续工作1年以上的，享受带薪年休假 |
| 其他 | 探亲假、婚丧假、生育（产）假、节育手术假等 |

2.加班的规定（见表1Z304020-14）

加班的规定　表1Z304020-14

| 加班 | | 具体规定 |
| --- | --- | --- |
| 加班时间 | 一般情况 | 加班一般每日不超过1小时 |
| | 特殊原因（在保障劳动者身体健康的条件下） | 每日不超过3小时，每月不超过36小时 |
| | 特殊情况（如发生自然灾害、抢险抢修等） | 不受上述时间限制 |
| 加班报酬 | 延长工作时间 | 不低于工资的150%的工资报酬 |
| | 休息日安排劳动者工作又不能安排补休的 | 支付不低于200%的工资报酬 |
| | 法定休假日安排工作的 | 支付不低于300%的工资报酬 |

**（三）劳动者的工资**

1.工资基本规定

工资分配应当遵循按劳分配原则，实行同工同酬。

2.最低工资保障制度

（1）最低工资标准的概念

最低工资标准，是指劳动者在法定工作时间或依法签订的劳动合同约定的工作时间内提供了正常劳动的前提下，用人单位依法应支付的最低劳动报酬。

（2）最低工资标准的制定和备案

国家实行最低工资保障制度。最低工资的具体标准由省、自治区、直辖市人民政府规定，报国务院备案。用人单位支付劳动者的工资不得低于当地最低工资标准。

（3）最低工资标准的内容

在劳动者提供正常劳动的情况下,用人单位应支付给劳动者的工资在剔除下列各项以后,不得低于当地最低工资标准:①延长工作时间工资;②中班、夜班、高温、低温、井下、有毒有害等特殊工作环境、条件下的津贴;③法律、法规和国家规定的劳动者福利待遇等。实行计件工资或提成工资等工资形式的用人单位,在科学合理的劳动定额基础上,其支付劳动者的工资不得低于相应的最低工资标准。

### (四)全面规范企业工资支付行为

在工程建设领域,施工总承包企业对所承包工程项目的农民工工资支付负总责,分包企业对所招用农民工的工资支付负直接责任,不得以工程款未到位等为由克扣或拖欠农民工工资,不得将合同应收工程款等经营风险转嫁给农民工。

### (五)劳动安全卫生制度

用人单位必须建立、健全劳动安全卫生制度,严格执行国家劳动安全卫生规程和标准,对劳动者进行劳动安全卫生教育,防止劳动过程中的事故,减少职业危害。

**嗨·点评** 考生需结合实际理解记忆劳动保护的相关规定,能判断做法正确与否。

【经典例题】12.(2016年真题)关于劳动工资保障制度的说法,正确的有( )。
A.乡镇企业不适用最低工资标准制度
B.延长工作时间工资不包括在最低工资内
C.有毒有害等特殊工作条件下的津贴包括在最低工资
D.劳动者依法参加社会活动期间,用人单位应当依法支付工资
E.最低工资的具体标准由省级人民政府规定,报国务院备案

【答案】BDE

【嗨·解析】A错误,乡镇企业是否适用最低工资标准由省、自治区、直辖市人民政府决定。

C错误,不包括。

【经典例题】13.王某的日工资为80元。政府规定2016年10月1日至7日放假7天,其中3天属于法定休假日,4天属于前后两周的周末休息日。公司安排王某在这7天加班不能安排补休。公司应当向王某支付加班费合计( )元。
A.560    B.1360    C.800    D.1120

【答案】B

【嗨·解析】休息日安排劳动者加班,应支付不低于200%的工资报酬;法定节假日安排工作的,支付不低于300%的工资报酬,即3×3×80+2×4×80=1360。

## 七、女职工和未成年工的特殊保护

### (一)女职工和未成年工的工作范围和相关规定(见表1Z304020-15)

女职工和未成年工的特殊保护 表1Z304020-15

| | | 女职工 | 未成年工(年龄:16≤X<18) |
|---|---|---|---|
| 不得从事 | | 矿山井下 | |
| | | 第4级体力劳动强度 | |
| | | — | 有毒有害 |
| 其他 | 经期 | 高处、低温、冷水、第3级体力劳动强度 | 用人单位应对未成年工定期进行健康检查。用人单位招收未成年工除符合一般用工要求外,还须向所在地的县级以上劳动行政部门办理登记 |
| | 怀孕 | 第3级体力劳动强度 | |
| | 怀孕7个月以上 | 不得加班和夜班 | |

## （二）女职工的产假

女职工生育享受98天产假，其中产前可以休假15天；难产的，增加产假15天；生育多胞胎的，每多生育1个婴儿，增加产假15天。女职工怀孕未满4个月流产的，享受15天产假；怀孕满4个月流产的，享受42天产假。

**嗨·点评** 考生需对女职工和未成年工做对比记忆，理解二者工作范围的异同。

**【经典例题】** 14.（2015年真题）根据《劳动法》，关于妇女、未成年人劳动保护的说法，正确的有（　　）。

A.企业应当为未成年工定期进行健康检查
B.企业不得聘用未满18周岁的未成年人
C.企业不得安排未成年工从事有毒有害的劳动
D.企业不得安排妇女从事高处、低温、冷水作业
E.企业不得安排妇女从事国家规定的第4级体力劳动强度的劳动

**【答案】** ACE

**【嗨·解析】** 本题考查的是女职工和未成年工的特殊保护。B错误，《劳动法》规定，禁止用人单位招用未满16周岁的未成年人。D错误，不得安排女职工在经期从事高处、低温、冷水作业和国家规定的第3级体力劳动强度的劳动。

## 八、劳动者的社会保险与福利

### （一）劳动者的社会保险

五险：基本养老保险、基本医疗保险、工伤保险、失业保险、生育保险。

### （二）劳动者的社会保险的缴纳（见表1Z304020-16）

劳动者的社会保险的缴纳和领取　　表1Z304020-16

| 社会保险 | 缴纳 | 领取 |
|---|---|---|
| 基本养老保险 | 单位+个人 | 参加基本养老保险的个人，达到法定退休年龄时累计缴费满15年的，按月领取基本养老金；不足15年的，可以缴费至满15年，按月领取基本养老金；也可以转入新型农村社会养老保险或者城镇居民社会养老保险，按照国务院规定享受相应的养老保险待遇 |
| 基本医疗保险 | 单位+个人 | 符合基本医疗保险药品目录、诊疗项目、医疗服务设施标准以及急诊、抢救的医疗费用，按照国家规定从基本医疗保险基金中支付。达到法定退休年龄时累计缴费达到国家规定年限的，退休后不再缴纳基本医疗保险费，按照国家规定享受基本医疗保险待遇；未达到国家规定年限的，可以缴费至国家规定年限 |
| 工伤保险 | 单位 | — |
| 失业保险 | 单位+个人 | 失业人员符合下列条件的，从失业保险基金中领取失业保险金：（1）失业前用人单位和本人已经缴纳失业保险费满1年的；（2）非因本人意愿中断就业的；（3）已经进行失业登记，并有求职要求的 |
| 生育保险 | 单位 | 生育医疗费用包括下列各项：（1）生育的医疗费用；（2）计划生育的医疗费用；（3）法律、法规规定的其他项目费用。职工有下列情形之一的，可以按照国家规定享受生育津贴：（1）女职工生育享受产假；（2）享受计划生育手术休假；（3）法律、法规规定的其他情形。生育津贴按照职工所在用人单位上年度职工月平均工资计发 |

**嗨·点评** 考生需结合实际理解社保的相关规定。

**【经典例题】** 15.根据《社会保险法》，失业人员从失业保险基金中领取失业保险金应符合的条件有（　　）。

A.本人已经进行失业登记，并有求职要

求的

B.非因本人意愿中断就业的

C.失业前用人单位和本人已经缴纳失业保险费满1年的

D.本人应征服兵役的

E.本人已失业，有身份证明的

【答案】ABC

【嗨·解析】见表1Z304020-15。

【经典例题】16.以下（　　）社会保险，只需要单位缴纳费用，职工个人无须缴费。

A.基本养老保险　　B.基本医疗保险

C.工伤保险　　　　D.失业保险

E.生育保险

【答案】CE

【嗨·解析】ABD由单位和职工共同缴费。CE由单位承担全部费用。

### 九、劳动争议的解决

#### （一）劳动纠纷与民事纠纷的区别

1.劳动仲裁

劳动法是独立的法律部门，有独特的游戏规则，注意掌握。

劳动合同不是民事合同，不适用《合同法》；劳动仲裁不是民事仲裁，不适用《仲裁法》。

2.劳动纠纷与民事纠纷（见表1Z304020-17）

劳动纠纷与民事纠纷的对比　表1Z304020-17

|  | 劳动纠纷 | 民事纠纷 |
| --- | --- | --- |
| 程序 | 先裁后审 | 或裁或审 |
| 申请和受理 | 无需仲裁协议 | 需书面仲裁协议 |
| 管辖 | 法定 | 约定 |
| 仲裁庭组成 | 劳动仲裁委依职权 | 当事人依协议 |
| 时效 | 1年 | 适用诉讼时效 |

#### （二）劳动争议的解决方式（见表1Z304020-18）

1.解决方式

劳动争议的解决方式　表1Z304020-18

| 解决方式 | 解决部门 | 成员 | | |
| --- | --- | --- | --- | --- |
| 调解 | 劳动争议调解委员会 | 职工代表 | 用人单位代表 | 工会代表（主任） |
| 劳动仲裁 | 劳动争议仲裁委员会 | 劳动行政部门代表（主任） | 用人单位方面代表 | 同级工会代表 |
| 诉讼 | 人民法院 | — | | |

2.其他

（1）劳动争议申请仲裁的时效期间为1年。仲裁时效期间从当事人知道或者应当知道其权利被侵害之日起计算。

（2）劳动关系存续期间因拖欠劳动报酬发生争议的，劳动者申请仲裁不受上条限制；但是，劳动关系终止的，应当自劳动关系终止之日起1年内提出。

（3）劳动争议当事人对仲裁裁决不服的，可以自收到仲裁裁决书之日起15日内向人民法院提起诉讼。一方当事人在法定期限内不起诉又不履行仲裁裁决的，另一方当事人可以申请人民法院强制执行。

嗨·点评　考生需结合实际理解劳动纠纷的范围以及纠纷的解决方式，对劳动仲裁和诉讼的基本程序有一定的了解。

【经典例题】17.下列争议中，属于劳动争议的是（　　）。

A.企业职工沈某与某地方劳动保障行政部门工伤认定的争议

B.包工头李某因施工企业拖欠工程款产生的争议

C.退休职工王某与社会保险机构因退休费用产生的争议

D.进城务工的黄某与劳务分包企业因支付工资报酬发生的争议

【答案】D

【嗨·解析】A、C是行政争议（民与官的纠纷）；B是商事争议（商人与商人的纠纷）；D是伙计与老板纠纷。

【经典例题】18.关于用人单位与劳动者发生劳动争议申请劳动仲裁的说法，正确的是（　　）。

A.劳动关系存续期间因拖欠劳动报酬发生争议的，不受仲裁时效期间的限制

B.双方必须先经本单位劳动争议调解委员会调解，调解不成的，才可以向劳动仲裁委员会申请仲裁

C.劳动争议申请仲裁的时效期限为2年

D.仲裁时效期间从权利被侵害之日起计算

【答案】A

【嗨·解析】A正确；

B错误，用人单位与劳动者发生劳动争议的，可以申请调解也可以申请仲裁；

C错误，劳动争议申请仲裁时效期间为1年；

D错误，仲裁时效期间从当事人知道或者应当知道其权利被侵害之日起计算。

## 十、违法行为应承担的法律责任

### （一）劳动合同订立中违法行为应承担的法律责任

用人单位自用工之日起超过1个月不满1年未与劳动者订立书面劳动合同的，应当向劳动者每月支付2倍的工资。用人单位自用工之日起满1年不与劳动者订立书面劳动合同的，视为用人单位与劳动者已订立无固定期限劳动合同。

### （二）用人单位应承担的法律责任

用人单位违反本法规定未向劳动者出具解除或者终止劳动合同的书面证明，由劳动行政部门责令改正；给劳动者造成损害的，应当承担赔偿责任。

### （三）劳动者违法行为应承担的法律责任

劳动者违反本法规定解除劳动合同，或者违反劳动合同中约定的保密义务或者竞业限制，给用人单位造成损失的，应当承担赔偿责任。

### （四）劳动保护违法行为应承担的法律责任

用人单位非法招用未满16周岁的未成年人的，由劳动行政部门责令改正，处以罚款；情节严重的，由工商行政管理部门吊销营业执照。

嗨·点评　法律责任了解即可。

【经典例题】19.用人单位应当向劳动者按月支付2倍工资的情形包括（　　）。

A.自用工之日超过1个月不满1年，未与劳动者订立书面劳动合同

B.符合法定条件时，拒绝与劳动者订立无固定期限合同

C.拖欠劳动者工作报酬

D.法定节假日安排劳动者加班

E.违法与劳动者解除或终止劳动合

【答案】AB

【嗨·解析】C错误，应当赔偿欠付工资50%~100%；D错误，日工资的300%；E错误，经济补偿金的2倍给付赔偿金。

# 章节练习题

## 一、单项选择题

1. 下列关于劳动合同期限的表述中，正确的是（   ）。
   A. 劳动合同期限是劳动合同存在的前提条件
   B. 劳动合同期限不包括试用期限
   C. 超过3次签订固定期限劳动合同的，用人单位应与劳动者签订无固定期限劳动合同
   D. 无固定期限劳动合同没有终止时间

2. 某建筑公司与应届毕业的大学生王某以书面形式签订了一份为期2年的劳动合同，关于小王的试用期，以下说法正确的是（   ）。
   A. 不得约定试用期
   B. 试用期不得超过1个月
   C. 试用期不得超过2个月
   D. 试用期不得超过6个月

3. 电工张某与某建筑公司签订了一份为期3年的劳动合同并约定了2个月的试用期，该公司电工最低档工资为2000元，与张某约定的工资为2200元，当地最低工资标准为1500元，则张某在试用期的工资不得低于（   ）元。
   A. 1200   B. 1500   C. 1600   D. 1760

4. 阳光工程公司提出同公司员工李某解除合同，并经双方协商一致，解除了劳动合同。李某在该公司工作了2年4个月，解除合同前李某月工资2400元。李某要求公司经济补偿，而阳光公司认为是双方协商终止合同，不应当进行经济补偿。根据《劳动法》规定，下列说法正确的是（   ）。
   A. 阳光公司无需给予李某任何经济补偿
   B. 阳光公司应当给予李某6000元经济补偿
   C. 阳光公司应当给予李某7200元经济补偿
   D. 阳光公司应当给予李某5600元经济补偿

5. 以下关于未成年工的特殊劳动保护的说法，正确的是（   ）。
   A. 禁止安排未成年工从事3级体力劳动强度的劳动
   B. 禁止用人单位招收未满18周岁的未成年人
   C. 用人单位招收未成年工，应当向所在地县级以上劳动行政部门办理登记
   D. 未成年工的工作时间应当比正常劳动者减半

6. 某工程公司与劳动者齐某双方发生劳动争议后，经过平等协商，双方达成了一个和解协议，那么对该和解协议理解正确的是（   ）。
   A. 和解协议具有强制执行力
   B. 和解协议是提起诉讼的先决条件
   C. 和解协议达成后，不能再提起诉讼
   D. 和解协议需要当事人自觉履行

7. 2013年3月15日，王某与阳光建筑公司发生了劳动报酬的争议，同年7月1日，王某向当地劳动争议仲裁委员会递交了仲裁申请，而阳光公司不同意通过仲裁方式解决争议。对此，以下说法正确的是（   ）。
   A. 由于建筑公司不同意通过仲裁方式解决争议，因此仲裁委员会不应当受理
   B. 因为超过了劳动仲裁时效，因此仲裁委员会不应当受理
   C. 仲裁委员会应当受理
   D. 阳光公司不同意仲裁结果，可在收到裁决书后的30日内提起诉讼

## 二、多项选择题

1. 下列选项中，属于劳动合同必备条款的有（   ）。
   A. 劳动合同期限    B. 工作内容和地点
   C. 试用期          D. 社会保险
   E. 劳动报酬

2. 下列关于劳动合同试用期的说法中，正确的有（　　）。
   A. 劳动合同期限3个月以上不满1年的，不允许约定试用期
   B. 劳动合同期限1年以上不满3年的，试用期不得超过2个月
   C. 签订无固定期限合同的，试用期不得超过1年
   D. 同一用人单位与同一劳动者只能约定1次试用期
   E. 如果劳动合同期限不满3个月，合同中不得约定试用期

3. 下列选项中，用人单位可以单方解除合同的情形包括（　　）。
   A. 劳动者在试用期内迟到、早退，不符合录用条件
   B. 劳动者因为犯盗窃罪，被依法追究刑事责任
   C. 劳动者因工负伤，成为残疾人，丧失劳动能力
   D. 劳动者同时与其他用人单位签订了劳动合同且不愿改正
   E. 用人单位经济性裁员

4. 某市的一家建筑工程公司准备实施经济性裁员，那么，依据《劳动法》的规定，在下列人员中，该建筑工程公司不得与其解除劳动合同的有（　　）。
   A. 女职工赵某，怀孕5个月
   B. 业务员小钱，感冒后感染肺炎，尚在规定的医疗期内
   C. 职工孙某，患职业病丧失劳动能力，卧病在家
   D. 工程师老李，在本单位已经连续工作20年，目前已经58岁
   E. 员工张某为公司的业务骨干

# 参考答案及解析

## 一、单项选择题

1.【答案】A
【解析】无固定期限的劳动合同不是没有终止时间，因为存在法定解除的情形（如退休年龄等）。有试用期约定的劳动合同，试用期包含在合同期限内。选项C中的签约次数不对（应为2次）。

2.【答案】C
【解析】《劳动法》规定，以完成一定任务为期限的劳动合同不得约定试用期；劳动合同期限3个月以上不满1年的，试用期不得超过1个月；劳动合同期限1年以上不满3年的，试用期不得超过2个月；3年以上固定期限或无固定期限的合同，试用期不得超过6个月。该建筑公司与王某签订了2年期限的合同，因此，试用期不得超过2个月，故C选项正确。

3.【答案】B
【解析】劳动者在试用期的工资不得低于本单位相同岗位最低档工资或劳动合同约定工资的80%，并不得低于当地最低工资标准，因此可有B、C、D三个选项可供选择，B为最低限额。

4.【答案】B
【解析】《劳动法》规定，用人单位向劳动者提出解除劳动合同并与劳动者协商一致解除合同的，用人单位应当向劳动者支付经济补偿，经济补偿的标准，按劳动者在用人单位的工作年限，每满一年支付1个月工资，6个月以上不满1年的，按1年计算；不满6个月的，支付半个月工资。因此阳光公司应当支付的经济补偿为2.5×2400=6000元整。

5.【答案】C
【解析】《劳动法》规定，A错误，禁止未

成年工从事矿山井下、有毒有害、国家规定的第4级体力劳动强度的劳动和其他禁忌从事的劳动；B错误，《劳动法》规定的未成年工年龄为年满16岁未满18岁；D错误，《劳动法》规定对未成年工实行缩短工作时间，但并未规定为正常工作时间的一半。

6.【答案】D

【解析】A错误，劳动法规定，和解协议不具有强制执行力，需要当事人自觉履行；B、C错误，和解协议不是提起诉讼的先决条件，而且和解协议达成后，可以再提起诉讼。

7.【答案】C

【解析】劳动争议仲裁实行强制性原则，仲裁时效为1年，当事人不服仲裁结果的，可在收到裁决书后的15日内提起诉讼，因此本题只有C选项正确。

二、多项选择题

1.【答案】ABDE

【解析】劳动合同的必备条款主要包括用人单位基本信息，劳动者基本信息，合同期限、工作内容和工作地点、工作时间和休息休假、劳动报酬、社会保险、劳动保护、劳动条件和职业危害防护及其他。而约定试用期、培训、保守秘密、补充保险和福利待遇等事项属于可备条款。

2.【答案】BDE

【解析】A错误，劳动而合同期限3个月以上不满1年的，试用期最多不超过2个月；C错误，无固定期限劳动合同，试用期不得超过6个月。

3.【答案】ABDE

【解析】C属于用人单位不得解除劳动合同的情形。

4.【答案】ABCD

【解析】E员工的职务与是否能解除劳动合同无关。

# 1Z304030 相关合同制度

**本节知识体系**

本节主要讲解了8种相关合同，分别是承揽合同、买卖合同、借款合同、租赁合同、融资租赁合同、运输合同、仓储合同、委托合同。其中，前四种合同在考试中非常常见，考察也比较细致，需要考生在复习中做重点把握。融资租赁合同相对来讲较难理解，需要考生首先辨明合同当事人的法律地位然后再做掌握。最后三种合同考频较低，内容也比较简单。

**核心内容讲解**

## 一、承揽合同的法律规定

### （一）承揽合同的概念

承揽合同是承揽人（干活的人）按照定作人（出钱的人）的要求完成工作，交付工作成果，定作人给付报酬的合同。承揽包括加工、定作、修理、复制、测试、检验等工作。

### （二）承揽合同的特征

1. 承揽合同以完成一定的工作并交付工作成果为标的。
2. 承揽人须以自己的设备、技术和劳力完成所承揽的工作。

（1）承揽的主要工作交由第三人完成的，应当经定作人同意；

（2）承揽的辅助工作交由第三人完成的，不需要定作人同意；

（3）承揽人应当就第三人完成的工作成果向定作人负责。

3. 承揽人工作具有独立性。

承揽人完成工作过程中，不受定作人指挥管理，但应当接受定作人必要的监督检验。

### （三）承揽合同当事人的权利义务（见表1Z304030-1）

承揽合同当事人的权利义务　表1Z304030-1

| 承揽人的义务（干活的人） | 定作人的义务（出钱的人） |
|---|---|
| 1.约定完成承揽工作；<br>2.材料检验的义务（无论谁供），承揽人不得擅自更换定作人提供的材料；<br>3.通知和保密（未经定作人许可，不得留存复制品或者技术资料）；<br>4.接受监督检查和妥善保管工作成果（承揽人在工作期间，应当接受定作人必要的监督检验）；<br>5.交付符合质量要求的工作成果（共同承揽人对定作人承担连带责任） | 1.按照约定提供材料和协助承揽人完成工作；<br>2.支付报酬；<br>（支付报酬的期限：约定→协议→有关条款/交易习惯→法律规定，工作成果部分交付的，相应支付）；<br>3.依法赔偿损失（定作人中途变更要求造成承揽人损失的，应当赔偿）；<br>4.验收工作成果 |

# 1Z304000 建设工程合同和劳动合同法律制度

## （四）承揽合同的解除（见表1Z304030-2）

承揽合同的解除　表1Z304030-2

| 承揽合同的解除 | | 具体内容 |
|---|---|---|
| 承揽人的法定解除权 | | 定作人不履行协助义务致使工作不能完成的，经催告逾期不履行的，承揽人可解除合同 |
| 定作人的 | 法定解除权 | 承揽人将主要工作交由第三人完成的，未经定作人同意的，定作人可解除合同 |
| | 法定任意解除权 | 定作人可以随时解除承揽额合同，造成承揽人损失的，应当赔偿损失 |

**🔊嗨·点评** 考生需结合实际理解承揽合同的特征、权利义务及解除的规定。

**【经典例题】** 1.（2014年真题）下列行为中不符合承揽合同特征的是（　　）。

A.承揽人应当以自己的设备、技术和劳力完成所承揽的工作

B.承揽合同以完成一定的工作并交付工作成果为标的

C.承揽人独立完成合同义务，不受定作人的指挥管理

D.承揽人不得将承揽的主要工作交由第三人完成

**【答案】** D

**【嗨·解析】** 未经定作人的同意，承揽人将承揽的主要工作交由第三人完成的，定作人可以解除合同；经定作人同意的，承揽人也应就第三人完成的工作向定作人负责。

**【经典例题】** 2.根据《合同法》关于定做人权利和义务的说法，正确的是（　　）。

A.定做人有权随时解除承揽合同，造成损失的应当赔偿

B.支付报酬期限没有约定且无法确定的，定作人应当先行预付

C.报酬约定不清的，定做人有权拒付

D.因定做人提供的图纸不符合导致损失的，定作人与承揽人承担连带责任

**【答案】** A

**【嗨·解析】** A正确，定作人对承揽合同的任意变更解除权是该合同的最核心内容。B、C均错误，详见上题。D明显错误，定作人提供的图纸错误导致损失的，定作人应当赔偿承揽人。

**【经典例题】** 3.（2015年真题）承揽合同中，关于承揽人义务的说法，正确的是（　　）。

A.承揽人发现定作人提供的材料不符合约定的，可以自行更换

B.共同承揽人对定作人承担按份责任

C.未经定作人许可，承揽人不得留存复制品或技术资料

D.承揽人在工作期间，不必接受定作人必要的监督检验

**【答案】** C

**【嗨·解析】** A错误，如果定作人提供材料的，承揽人应当对定作人提供的材料及时检验，发现不符合约定时，应当及时通知定作人更换、补齐或者采取其他补救措施。承揽人不得擅自更换定作人提供的材料，不得更换不需要修理的零部件。B错误，共同承揽人对定作人承担连带责任，但当事人另有约定的除外。D错误，承揽人在工作期间，应当接受定作人必要的监督检验，但定作人不得因监督检验妨碍承揽人的正常工作。

## 二、买卖合同的法律规定

### （一）买卖合同的概念

买卖合同是指出卖人（卖方）转移标的物的所有权于买受人，买受人（买方）支付价款的合同。

### （二）买卖合同的法律特征（见图1Z304030-1）

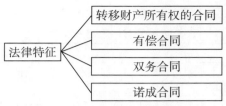

图1Z304030-1 买卖合同的特征

**（三）买卖合同当事人的权利义务（见表1Z304030-3）**

买卖合同当事人的权利义务　表1Z304030-3

| 出卖人的主要义务 | | 买受人的主要义务 |
|---|---|---|
| 按照合同约定交付标的物 | | 支付价款 |
| 转移标的物所有权 | | 受领标的物 |
| 瑕疵担保 | 权利瑕疵担保 | 对标的物进行检验和及时通知 |
| | 物的瑕疵担保 | |

1.出卖人的主要义务-动产交付方式（见表1Z304030-4）

动产交付方式　表1Z304030-4

| 交付方式 | 内容 |
|---|---|
| 现实交付 | 直接交付标的物 |
| 简易交付 | 标的物合同订立前已为买受人占有，合同生效视为完成交付 |
| 占有改定 | 合同生效后标的物仍由出卖人继续占有，但其所有权已转移给买受人 |
| 指示交付 | 标的物为第三人合法占有，买受人取得了返还标的物请求权 |
| 拟制交付 | 交付标的物的权利凭证（如仓单、提单）给买受人 |

2.出卖人的主要义务-瑕疵担保义务

（1）权利瑕疵担保：出卖人就交付的标的物负有保证第三人不向买受人主张任何权利的义务，但法律另有规定的除外。例如：甲将一房屋出卖给乙，但该房屋属于夫妻共同财产且甲妻对卖房不知情，这就属于该买卖合同的权利瑕疵。

（2）物的瑕疵担保：指出卖人就其所交付的标的物具备约定或法定品质所负有的担保义务。出卖人应当按照约定的质量要求交付标的物。

3.买受人的主要义务-买受人应当按照约定的时间支付价款

对支付时间没有约定或者约定不明确→协议补充→合同有关条款或者交易习惯→买受人应当在收到标的物或者提取标的物单证的同时支付。

**（四）标的物毁损灭失风险的承担（见表1Z304030-5）**

标的物毁损灭失风险的承担　表1Z304030-5

| 情形 | 风险转移 | 举例 |
|---|---|---|
| 一般情况下 | 交付前：出卖人承担；<br>交付后：买受人承担 | 去商场买衣服，交付前风险卖家承担，交付后风险卖家承担 |
| 在途标的物 | 合同成立前：出卖人承担<br>合同成立后：买受人承担 | 一批水泥从北京运到西安销售，途中买家张三出现，买下了这批水泥。则风险在合同成立前出卖人承担，成立后买受人张三承担 |

# 1Z304000 建设工程合同和劳动合同法律制度

续表

| 情形 | 风险转移 | 举例 |
|---|---|---|
| 需要运输的标的物（未约定交付地点/约定不明确） | 交付给第一承运人后；买受人承担 | 收货地点待定 |
| 种类物，无辨识度 | 买受人不负担毁损、灭失的风险 | 一模一样的三部手机，没有任何标记，其中一部损毁，则买受人不负担风险 |
| 未交付单证资料 | 风险正常转移 | 购买笔记本电脑，未同时交付说明书，不影响风险的转移 |
| 质量不合格 | 买受人拒绝接受标的物或解除合同，风险由出卖人承担 | 购买水泥，水泥质量不合格，施工单位拒绝收货，则风险由出卖人承担 |

### （五）特殊买卖合同的规定（见表1Z304030-6）

特殊买卖合同的规定　表1Z304030-6

| 特殊买卖合同 | 规定 | 举例 |
|---|---|---|
| 凭样品买卖 | 出卖人交付的标的物应当与样品的质量相同。买受人不知道样品有隐蔽瑕疵的，出卖人交付标的物的质量应当符合通常标准 | 在手机店体验新款手机，然后一次性购买该款手机100台 |
| 试用买卖 | 试用期间届满，买受人对是否购买标的物未作表示的，视为购买 | 新版单反试用1个月 |
| 招标投标买卖 | 招标投标买卖的当事人的权利和义务以及招标投标程序等，依照有关法律、行政法规的规定 | 施工种材料、设备的采购 |
| 拍卖 | 以公开竞价的方式，将标的物出售给应价最高的竞买人的买卖方式。适用《拍卖法》 | 拍卖名人字画 |
| 易货买卖 | 一方交付给对方的货物，即是自己取得对方货物支付的特殊对价 | 张三的苹果换李四的梨 |

### （六）孳息的归属和买卖合同的解除

1.孳息的归属

标的物在交付之前产生的孳息，归出卖人所有。交付后产生的，归买受人所有。

2.买卖合同的解除

（1）因标的物的主物不符合约定而解除合同的，解除合同的效力及于从物。因标的物的从物不符合约定被解除的，解除的效力不及于主物。（如买船送船桨，船是主物，船桨是从物。）

（2）分期付款的买受人未支付到期价款的金额达到全部价款的五分之一的，出卖人有权要求买受人支付全部价款或者解除合同。出卖人解除合同的，可以向买受人要求支付该标的物的使用费。

🔊**嗨·点评**　考生需结合实际理解买卖合同的相关规定，重点掌握标的物毁损灭失风险的承担。

【经典例题】4.（2015年真题）在买卖合同中，出卖人出卖交由承运人运输的在途标的物，除当事人另有约定以外，毁损、灭失的风险自（　　）时起由买受人承担。

A.合同成立　　　　B.标的物交付
C.合同生效　　　　D.支付货款

【答案】A

【嗨·解析】本题考查的是标的物毁损灭失风险的承担。出卖人出卖交由承运人运输的在途标的物，除当事人另有约定以外，毁损、灭失的风险自合同成立时起由买受人承担。

【经典例题】5.（2016年真题）关于买卖合同的说法，正确的有（　　）。

A.标的物在交付之前产生的孳息，归出卖人所有

B.试用期间届满，试用买卖的买受人对

是否购买标的物未做表示的，视为购买

C. 分期付款买卖合同，买受人拖欠款达到货价20%以上的，出卖人只能选择解除合同

D. 因标的物的主物不符合约定而解除合同的，解除合同的效力不及于从物

E. 标的物在订立合同之前已为买受人占有的，合同生效的时间为交付时间

【答案】ABE

【嗨·解析】C错，分期付款的买受人未支付到期价款的金额达到全部价款的五分之一的，出卖人可以要求买受人立即支付全部价款，也可以要求解除合同。

## 三、借款合同

（一）借款合同的概念

借款合同是借款人向贷款人借款，到期返还借款并支付利息的合同。

（二）借款合同的主要法律特征（见图1Z304030-2）

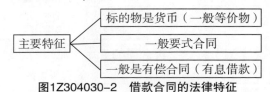

图1Z304030-2　借款合同的法律特征

（三）借款合同当事人的权利义务（见表1Z304030-7）

借款合同当事人的义务　表1Z304030-7

| 贷款人的义务 | 借款人的义务 |
| --- | --- |
| 1.提供借款：贷款人应当按照合同约定提供借款。贷款人未按照约定的日期、数额提供借款，造成借款人损失，应当赔偿损失。<br>2.不得预扣利息：借款的利息不得预先在本金中扣除 | 1.提供担保：贷款人可以要求借款人提供担保；<br>2.提供真实情况：借款人应当按照贷款人的要求提供与借款有关的业务活动和财务状况的真实情况；<br>3.按照约定收取借款；<br>4.按照约定用途使用借款：借款人未按照约定的借款用途使用借款的，贷款人可以停止发放借款、提前收回借款或者解除合同；<br>5.按期还本付息。支付利息期限不明：协议补充→合同有关条款或交易习惯→借款期间不满1年，偿还本金时一并偿还利息；超过1年的，每届满1年偿还一次利息，剩余不足1年的，还款时一并支付 |

（四）借款合同的其他规定

1.展期：借款人可以在还款期限届满之前向贷款人申请展期。

2.生效：自然人之间的借款合同，自贷款人提供借款时生效。

3.利息：自然人之间的借款合同对支付利息没有约定或者约定不明的，视为不支付利息。

4.利息上限：自然人之间的借款合同约定支付利率的，可以适当高于银行利率，但最高不得超过银行同类贷款利率的4倍，超出部分不保护，不得复利。

🔊 嗨·点评　考生需结合实际理解借款合同的相关规定，重点掌握双方当事人的权利义务。

【经典例题】6.关于借款合同权利和义务的说法，正确的有（　　）。

A.贷款人不得预先在本金中扣除利息

B.借款人应当按照约定的用途使用借款

C.对于未定期限且无法确定期限的借款款合同，借款人可以随时偿还

D.订立借款合同，贷款人可以要求借款人提供担保

E.贷款人有权处置拒不还款的借款人的其他财产

【答案】ABD

【嗨·解析】C错误，对借款期限没有约定或者约定不明确，可以协议补充；不能达成协议补充的，按照合同有关条款或者交易习惯确定。对于不能达成补充协议，也不能按照合同有关条款或者交易习惯确定的，借款人可以随

时返还;贷款人可以催告借款人在合理期限内返还。选项C表述不完整。D错误,属于借款人的义务,提供担保的义务。E错误,借款人未按照约定期限返还借款的,应当按照约定或者国家有关规定支付逾期利息。

## 四、租赁合同的法律规定

### (一)租赁合同的概念

租赁合同是出租人将租赁物交付承租人使用、收益,承租人支付租金的合同。

### (二)租赁合同的法律特征(见图1Z304030-3)

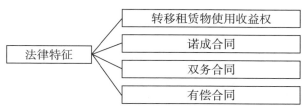

图1Z304030-3 租赁合同的法律特征

### (三)租赁合同的内容和类型

1.租赁合同的内容

租赁合同的内容包括租赁物的名称、数量、用途、租赁期限、租金及其支付期限和方式、租赁物维修等条款。

2.租赁合同的类型

(1)根据租赁标的物不同:可分为动产租赁和不动产租赁。

(2)根据是否约定租赁期限:可分为定期租赁和不定期租赁。

3.租赁合同的相关规定(见表1Z304030-8)

租赁合同的相关规定 表1Z304030-8

| 租赁合同 | 具体规定 |
| --- | --- |
| 租赁期限 | 可以约定,但最长不超过20年。超过20年的,超过部分无效 |
| 租赁期满 | 可以续订合同,但约定期限自续订起仍不得超过20年 |
| 合同形式 | 租赁期限6个月以上的,应当采用书面形式(未用视为不定期租赁) |
| 不定期租赁 | ①当事人没有约定租赁期限<br>②定期合同期满,承租人继续使用,出租人无异议,原租赁合同继续有效,期限为不定期<br>租赁合同期限:无约定或约定不明→协议补充→其他条款/交易习惯→不定期 |
| 其他 | 当事人可以随时解除合同,但出租人解除合同应当在合理期限之前通知承租人 |

### (四)租赁合同当事人的权利义务(见表1Z304030-9)

租赁合同当事人的权利义务 表1Z304030-9

| 出租人的义务 | 承租人的义务 |
| --- | --- |
| 1.交付出租物;<br>2.维修出租物;<br>3.权利瑕疵担保(如果因第三人主张权利,致使承租人不能对租赁物使用、收益的,承租人可以要求减少租金或者不支付租金);<br>4.物的瑕疵担保(出租人应当担保租赁物质量完好,不存在影响承租人正常使用的瑕疵。如果承租人在签订合同时知悉某瑕疵存在,则不应受此约束);<br>5.承租人优先购买权和保证共同居住人继续承租 | 1.交付租金;<br>2.按照约定使用租赁物;<br>3.妥善保管租赁物(承租人经出租人同意,可以对租赁物进行改善或者增设他物。承租人未经出租人同意,对租赁物进行改善或者增设他物的,出租人可以要求承租人恢复原状或者赔偿损失);<br>4.有关事项通知(在租赁期间,遇到租赁物需要维修、第三人主张权利及其他涉及租赁物的相关事项,承租人应当及时通知出租人);<br>5.返还租赁物和赔偿损失 |

## （五）租赁合同的其他规定

在租赁期间因占有、使用租赁物获得的收益，归承租人所有，但当事人另有约定的除外。

🔊 **嗨·点评** 考生需结合实际理解记忆租赁合同的相关规定，重点掌握租赁合同的类型和租赁合同当事人双方的权利义务。

【经典例题】7. 关于租赁合同的说法，正确的有（　　）。

A. 租赁必须转让所有权

B. 租赁期限超过20年的部分无效

C. 租赁期限六个月以上的，应当采用书面形式

D. 交付租赁物是租赁合同的成立要件

E. 当事人未采用书面形式的租赁合同，一律视为不定期租赁

【答案】BC

【嗨·解析】A错误，租赁转移的是租赁物的使用收益权，不转让所有权（买卖合同转让所有权）；D错误，租赁合同是诺成合同，租赁合同的成立不以租赁物的交付为要件；E错误，租赁期限6个月以上的，应当采用书面形式，当事人未采用书面形式的，视为不定期租赁。

## 五、融资租赁合同

### （一）融资租赁合同的概念

融资租赁合同是出租人根据承租人对出卖人、租赁物的选择，向出卖人购买租赁物，提供给承租人使用，承租人支付租金的合同（见图1Z304030-4）。

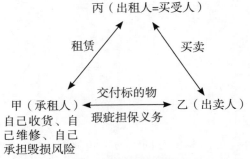

图1Z304030-4　融资租赁合同

### （二）融资租赁合同的法律特征

1. 出租人身份的二重性：出租人同时还是买受人。

2. 出卖人权利与义务相对人的差异性

出卖人是向承租人履行交付标的物和瑕疵担保义务。

3. 融资租赁合同是要式合同（书面）。

### （三）融资租赁合同当事人的权利义务

（见表1Z304030-10）

融资租赁合同当事人的权利义务　表1Z304030-10

| 承租人的义务 | 出租人的义务 | 出卖人的义务 |
| --- | --- | --- |
| 1. 支付租金；<br>2. 妥善保管和使用租赁物：承租人承担租赁物的维修义务；<br>3. 租赁期限届满返还租赁物（承租人破产的，租赁物不属于破产财产） | 1. 向出卖人支付价金；<br>2. 保证承租人对租赁物占有和使用；<br>3. 协助承租人索赔；<br>4. 尊重承租人选择权（出租人根据承租人对出卖人、租赁物的选择订立的买卖合同，未经承租人同意，出租人不得变更与承租人有关的合同内容） | 1. 向承租人交付标的物；<br>2. 标的物的瑕疵担保 |

🔊 **嗨·点评** 考生需对融资租赁合同当中的三方参与者做明确的区分，能掌握三者的权利义务内容。

【经典例题】8. （2016年真题）甲公司和乙施工企业订立一份合同，其条款核心要点为：甲公司按照乙施工企业指定的型号和技术要求购进一套机械设备提供给乙施工企业使用，乙施工企业按期交纳租金，租赁期满设备归乙施工企业所有。根据《合同法》，此协议为（　　）。

A.财产租赁合同　　B.融资租赁合同
C.买卖合同　　　　D.租买合同

【答案】B

【嗨·解析】2014年2月发布的《最高人民法院关于审理融资租赁合同纠纷案件适用法律问题的解释》中规定,承租人将其自有物出卖给出租人,再通过融资租赁合同将租赁物从出租人处租回的,人民法院不应仅以承租人和出卖人系同一人为由认定不构成融资租赁法律关系。

【经典例题】9.甲公司欲购乙公司生产的塔吊,因缺乏资金,遂由丙公司提供融资租赁。由于塔吊存在质量问题,吊装的物品坠落并砸伤行人丁,甲公司被迫停产修理。根据合同法律制度的规定,下列各项中,正确的是（　　）。

A.甲公司有权请求丙公司赔偿修理塔吊的费用
B.甲公司不得以塔吊存在质量问题并发生事故为由,延付或拒付租金
C.丙公司应当对甲公司承担违约责任
D.丁可以请求丙公司赔偿损失

【答案】B

【嗨·解析】A错误,融资租赁期间,维修义务由承租人承担;选项B、C:租赁物不符合租赁合同约定或者不符合使用目的的,出租人不承担责任,但承租人依赖出租人的技能确定租赁物或者出租人干预选择租赁物的除外,故B正确、C错误;D错误,承租人占有租赁物期间,租赁物造成第三人的人身伤害或者财产损害的,出租人不承担责任。

### 六、运输合同的法律规定

**（一）运输合同的概念**

是承运人将旅客或者货物从起运地点运输到约定地点,旅客、托运人或者收货人支付票款或者运输费用的合同。

**（二）货运合同的法律特征（见图1Z304030-5）**

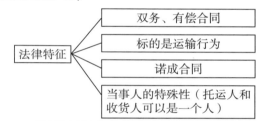

图1Z304030-5　货运合同的法律特征

**（三）货运合同当事人的权利义务**

1.承运人的权利义务（见表1Z304030-11）

承运人的权利义务　表1Z304030-11

| 承运人权利 | 承运人义务 |
| --- | --- |
| （1）求偿权:因托运人申报不实或者遗漏重要情况,造成承运人损失的,托运人应当承担损害赔偿责任;<br>（2）特殊情况下的拒运权:如违反包装的规定;<br>（3）留置权:如不支付运费等 | （1）运送货物;<br>（2）及时通知提领标的物;<br>（3）按指示运输:在承运人将货物交付收货人之前,托运人可以要求承运人中止运输、返还货物、变更到达地或者将货物交给其他收货人,但应当赔偿承运人因此受到的损失;<br>（4）货物毁损灭失的赔偿;<br>（5）因不可抗力灭失货物不得要求支付运费 |

2.托运人的权利义务（见表1Z304030-12）

托运人的权利义务　表1Z304030-12

| 托运人的权利 | 托运人的义务 |
| --- | --- |
| （1）有条件的拒绝支付运费（如承运人未按约定路线或者通常线路运输增加运输费用的,托运人或者收货人可以拒绝支付增加部分的运输费用）;<br>（2）任意变更解除权（但需赔偿损失） | （1）支付运费;<br>（2）妥善包装;<br>（3）告知（货物名称、数量、收货地点等） |

3. 收货人的权利义务（见表1Z304030-13）

收货人的权利义务　表1Z304030-13

| 收货人的权利 | 收货人的义务 |
| --- | --- |
| 承运人未按照约定路线或者通常路线运输运输费用的，托运人或者收货人可以拒绝支付增加部分的运输费用 | （1）提货验收；<br>（2）支付托运人未付或者少付运费及其他费用 |

### （四）多式联运合同

多式联运是指由两种及其以上的交通工具相互衔接、转运而共同完成运输的过程（如火车-飞机-轮船-汽车）。

多式联运经营人负责履行或者组织多式联运合同，对全程运输享有承运人的权利，承担承运人的义务。

🔊 **嗨·点评** 考生需结合实际理解运输合同的相关规定，重点掌握合同中当事人的权利义务。

【经典例题】10.甲代理乙与丙铁路运输公司签订了多式联运合同，由丙和丁汽车运输公司通过铁路、公路联运方式将货物送至乙的工地。因在公路运输途中发生重大交通事故，致使货物受损，无法按期交货。关于责任承担的说法，正确的是（　　）。

A.丙应向甲承担违约责任
B.甲只能向丁主张损害赔偿
C.丙应向乙承担违约责任
D.乙应自行承担货物损失

【答案】C

【嗨·解析】此题考查多式联运，其中，丙铁路公司是多式联运经营人，合同是乙和丙签订的，甲只是代理人，并不是合同当事人。因此根据多式联运，丙向乙担责。

### 七、仓储合同的法律规定

#### （一）仓储合同的概念

是保管人储存存货人交付的仓储物，存货人支付仓储费的合同。

#### （二）仓储合同的法律特征（见图1Z304030-6）

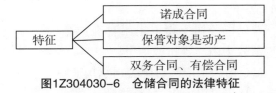

图1Z304030-6　仓储合同的法律特征

#### （三）仓储合同当事人的权利义务（见表1Z304030-14）

仓储合同当事人的权利义务　表1Z304030-14

| 保管人的义务 | 存货人的义务 |
| --- | --- |
| 1.验收的义务；<br>2.出具仓单的义务：存货人或者仓单持有人在仓单上背书并经保管人签字或者盖章的，可以转让提取仓储物的权利；<br>3.允许检查或者提取样品的义务；<br>4.通知的义务：保管人对入库仓储物发现有变质或者其他损坏的，应当及时通知存货人或者仓单持有人；<br>5.催告或做出必要处置的义务；<br>6.损害赔偿的义务：储存期间，因保管人保管不善造成仓储物毁损、灭失的，保管人应当承担损害赔偿责任 | 1.支付仓储费用的义务；<br>2.说明的义务：储存易燃、易爆、有毒、有腐蚀性、有放射性等危险物品或者易变质物品，存货人应当说明该物品的性质，提供有关资料；<br>3.按时提取仓储物 |

🔊 **嗨·点评** 仓储合同的内容了解即可。

【经典例题】11.（2015年真题）关于仓储合同法律特征的说法，正确的是（　　）。

A.因仓储物包装不符合约定造成仓储物变质、损坏的，不免除保管人的损害赔偿责任
B.仓储合同自仓储物交付时成立

C.第三人对仓储物主张权利的，保管人不得自行向存货人交付

D.仓储合同自成立时生效

【答案】D

【嗨·解析】A错误，因仓储物的性质、包装不符合约定或者超过有效储存期造成仓储物变质、损坏的，保管人不承担损害赔偿责任；B错误，仓储合同自成立时生效；C错误，存货人或者仓单持有人在仓单上背书并经保管人签字或者盖章的，可以转让提取仓储物的权利；D正确，仓储合同自成立时生效，不以仓储物是否交付为要件。

## 八、委托合同的法律规定

### （一）委托合同的概念

委托合同是委托人和受托人约定，由受托人处理委托人事务的合同。委托人可以特别委托受托人处理一项或者数项事务，也可以概括委托受托人处理一切事务。

### （二）委托合同的法律特征（见图1Z304030-7）

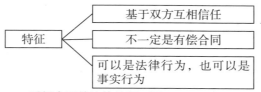

委托合同的法律特征　图1Z304030-7

### （三）委托合同当事人的权利义务（见表1Z304030-15）

委托合同当事人的权利义务　表1Z304030-15

| 委托人的主要义务 | 受托人的义务 |
| --- | --- |
| 1.支付费用（委托人应当预付处理委托事务的费用）<br>2.支付报酬（受托人完成委托事务的，委托人应当向其支付报酬）<br>3.赔偿损失（委托人经受托人同意，可以在受托人之外委托第三人处理委托事务，但因此给受托人造成损失的，受托人可以向委托人要求赔偿损失） | 1.按照委托人的指示处理委托事务；<br>2.受托人应当亲自处理委托事务（经委托人同意可转委托）；<br>3.按照委托人的要求，报告委托事务的处理情况；<br>4.赔偿损失：有偿的委托合同，因受托人的过错给委托人造成损失的，委托人可以要求赔偿损失。无偿的委托合同，因受托人的故意或者重大过失给委托人造成损失的，委托人可以要求赔偿损失。受托人超越权限给委托人造成损失的，应当赔偿损失 |

### （四）委托合同的终止

委托人或者受托人可以随时解除委托合同。因解除合同给对方造成损失的，除不可归责于该当事人的事由以外，应当赔偿损失。

🔊 嗨·点评　委托合同的内容了解即可。

【经典例题】12.某建设单位与某监理公司签订一份监理合同，在合同履行中，双方发生争议而诉讼至法院。法院应根据《合同法》分则中关于（　　）合同的相关规定处理此案。

A.建设工程　　　B.技术服务

C.委托　　　　　D.居间

【答案】C

【嗨·解析】建设工程合同分为施工、勘察、设计合同。监理合同属于委托合同。

## 章节练习题

**一、单项选择题**

1. 甲建筑公司向乙材料供应商订购了一批材料。当这批材料被按期送到指定地点时，项目部工作人员验收发现，除了订购合同约定的材料外，还多出了一部分材料，经了解属于供应商疏忽所致。双方协商后决定，暂时由甲方代为保管这部分多出的材料，并向乙方收取合理费用。代管期间当地气候出现异常，尽管甲方采取了正确的保护措施，但仍有部分材料发生变形，由此给乙方造成了损失。对此，下列选项中正确的是（　　）。
   A.该损失应由甲公司承担
   B.该损失应由甲乙双方共同承担
   C.乙公司可以不支付代管费用
   D.乙公司应负担代管费并承担其损失

2. 甲公司与某输送设备生产厂签订了一份非标准输送设备定制合同，并向该公司支付了预付款。输送设备公司按约定完成了定制任务，但甲公司却未向其支付合同额中剩余的款项，也未提出解除该合同。对此，这家输送设备公司对这些设备享有（　　）。
   A.处置权　　　　　B.所有权
   C.使用权　　　　　D.留置权

3. 甲承包商与乙金属构件厂签订了构件加工协议。协议履行过半，该承包商突然通知构件厂解除这个协议。按照承揽合同的法律规定，下列关于甲、乙双方权利的表述中，正确的是（　　）。
   A.经乙同意后方可解除合同
   B.乙有权要求对方继续履行合同
   C.甲承包商有权随时解除合同，但应赔偿损失
   D.甲承包商不享有随时解除合同权

4. 某学校实验室从化工产品商店购买了一种普通化学制剂，双方对这种制剂的质量要求事先没有约定，也没补充协议。在这种情况下，这种制剂质量要求的确定可按照（　　）。
   A.交易习惯　　　　B.国家标准
   C.行业标准　　　　D.ISO9000标准

5. 王先生欲将其父母留给自己和妹妹的房产出售给李某。李某以为该房产仅为王先生所有，便与王先生签订了房屋买卖合同。对此，王先生应承担的主要义务是（　　）。
   A.办理手续
   B.验收房产
   C.权利瑕疵担保
   D.现实交付

6. 杨先生报名参加了某公司M产品的试用活动，试用期为3个月。试用期内，使用者可以根据试用情况决定购买或者拒绝购买M产品。杨先生试用M产品3个月，始终未表示是否购买。对此，下列说法中正确的是（　　）。
   A.该公司不能视其为购买
   B.杨先生有权继续试用
   C.该公司可以视其为购买
   D.被视为购买的杨先生应拒绝付费

7. 甲公司与乙公司签订了多台成套电子装置采购合同。为按期投产，双方约定分批交货。乙未能如期交付K06电子装置，致使其后各批交付的电子装置不能如期安装、投产。对此，甲公司（　　）。
   A.可以解除K06和其后各批电子装置的采购合同
   B.只能解除K06电子装置的采购合同
   C.只能继续履行合同
   D.解除采购合同应获得乙的同意

8. 某开发商将一项目的策划任务委托给乙公司。由于乙对此类项目策划工作经验不足，便以自己的名义与丙签订了协议。丙按其要求完成了策划任务，后因开发商拒

付酬金，导致乙无法向丙支付酬金。对此，下列说法中错误的是（    ）。
A.丙无权要求开发商履行合同
B.丙可以要求乙履行合同
C.乙可以要求开发商履行合同
D.乙应向丙披露委托人

9. 梁某陷入经商困境时，李某借给梁某60万元以助其渡过难关。双方约定了还款期限，但未约定借款利息。借款期满后梁某并未将60万元还给李某。李认为除了应归还本金外还应偿还借款期间和逾期的利息，而梁则不以为然。李就此事向法院起诉。对此，下列选项中错误的说法是（    ）。
A.法院对偿还借款期限内利息的主张不予支持
B.法院对偿还借款期限内利息的主张予以支持
C.借款合同可以是无偿合同
D.法院对偿还逾期利息的主张予以支持

二、多项选择题
1. 买卖合同、租赁合同、运输合同、仓储合同的共同特点有（    ）。
A.必须具备一定的形式和手续
B.不以交付标的物为合同成立要件
C.在交付标的物后合同才能成立
D.当事人交付标的物属于履行合同
E.合同自当事人双方意思表示一致时成立
2. 甲公司为扩大生产规模与乙银行签订了200万元的借款合同。为此，甲公司应履行的主要义务有（    ）。
A.提供真实情况
B.提供担保人为公司担保
C.按期归还本金和利息
D.按照需要使用借款
E.按约定收取借款
3. 某建筑公司与某设备供应商签订了设备买卖合同，除购买一台大型设备外还捎带采购几个零部件。验货时发现该设备不符合合同约定的质量要求，但零部件满足质量要求。对此，下列选项中正确的有（    ）。
A.建筑公司可以解除设备买卖合同
B.解除设备合同的效力及于零部件
C.解除设备合同的效力不涉及零部件
D.建筑公司可以拒绝接收这台设备
E.建筑公司可以解除设备合同但不应拒绝接收零部件

4. 某公司将其所有的一处房产出租后，因资金紧张又将该房产抵押给银行以获取贷款。当银行借款偿还期届满时，该公司因无力清偿，便将该房产作价折抵给银行。银行在获得该房产所有权后决定自行处置，故向原承租人发出解除租赁合同的书面通知。但原承租人认为租赁合同尚未到期，因而拒绝搬出。对此，下列表述中合理的说法是（    ）。
A.银行无权解除租赁合同
B.抵押厂房的行为无效
C.银行有权解除租赁合同
D.该公司有权抵押房产
E.原承租人有权继续使用房屋直到租赁期满
5. 甲公司和乙租赁公司签订了融资租赁合同，约定乙公司从甲指定的丙公司购买一台K06型彩印机，并以融资租赁方式供甲公司使用。丙公司履行的义务应包括（    ）。
A.向乙公司交付彩印机
B.向甲公司交付彩印机
C.向乙公司履行瑕疵担保义务
D.向甲公司履行瑕疵担保义务
E.履行维修义务
6. 甲建筑公司与乙运输公司签订了一份材料运输合同，在乙公司将该材料交付甲指定的收货人之前，甲公司有权根据实际情况要求乙公司（    ）。
A.返还货物　　　　　B.中止运输

C.变更收货人　　　　D.变更到达地
E.赔偿运输途中材料损毁

## 参考答案及解析

一、单项选择题

1.【答案】D

【解析】根据《合同法》第162条规定，买受人拒绝接收多交部分标的物的，可以代为保管多交部分标的物。出卖人应当负担代为保管期间的合理费用以及买受人代为保管期间非因买受人故意或者重大过失造成的损失。本题中代管材料发生变形并非甲方故意或严重过失所致，因而乙方应按约定向甲方支付合理的代管费用，并承担其损失。

2.【答案】D

【解析】托运人或者收货人不支付运费、报关费以及其他运输费用的，承运人对相应的运输货物具有留置权。

3.【答案】C

【解析】承揽合同是定作人为满足其特殊需求而订立的，承揽人根据定作人的指示进行工作这种性质决定了定作人享有随时解除合同的权利。承揽人只能要求承揽人赔偿其损失，不可主张对方继续履行合同。

4.【答案】A

【解析】在买卖合同中，当事人对标的物的质量要求事先没有约定，也没补充协议的，可按照交易习惯确定；不能按照合同条款或交易习惯确定的，按照国家标准、行业标准履行。普通化学制剂的质量可以按照交易习惯来确定。

5.【答案】C

【解析】《合同法》第150条规定，出卖人就交付标的物负有保证第三人不向买受人主张任何权利的义务。王先生对父母留下的房产没有完全的所有权，买受人李某并不了解王先生之妹也享有该房产的部分权利。因此，王某首先要承担权利瑕疵担保义务。

6.【答案】C

【解析】试用买卖的买受人在试用期内可以购买标的物，也可以拒绝购买。试用期间届满，买受人对是否购买标的物未作表示的，视为购买。因此，该公司可以视杨先生为购买。

7.【答案】A

【解析】对于出卖人分批交付标的物的，出卖人对其中一批标的物不交付或者交付不符合约定，致使其后其他各批标的物的交付不能实现合同目的的，买受人可以就该批以及其后其他各批标的物解除。

8.【答案】A

【解析】在委托合同中，受托人因委托人的原因对第三人不履行义务，受托人应当向第三人披露委托人，第三人因此可以选择受托人或者委托人作为相对人主张其权利，但第三人不得变更选定的相对人。本题中，乙应向丙披露委托人甲，丙可以向甲或者乙主张其权利。

9.【答案】B

【解析】借款合同一般是有偿合同（有息借款），也可以是无偿合同（无息借款）。《合同法》第211条第1款规定："自然人之间的借款合同对支付利息没有约定或者约定不明确的，视为不支付利息。"另外，最高人民法院发布的《关于贯彻执行〈民法通则〉若干问题的意见（试行）》第123条规定："公民之间的无息借款，有约定偿还期限而借款人不按期偿还，出借人要求借款人偿付逾期利息，应予以准许。因此，本题应选B才符合上述规定。"

## 二、多项选择题

1. 【答案】BDE
   【解析】买卖合同、租赁合同、运输合同、仓储合同均属于诺成合同，当事人意思表示一致即成立，不以交付标的物为成立要件，交付标的物属于履行合同。

2. 【答案】ABCE
   【解析】按照《合同法》规定，借款人的主要义务是提供真实情况、提供担保人担保、按照约定收取借款、按照约定用途使用借款、按期归还本金和利息。因此，甲公司只能按照借款合同约定的用途使用借款，而不能随意根据自己的需要使用借款。

3. 【答案】ABD
   【解析】对于买卖合同，因标的物的质量不符合质量要求，致使不能实现合同目的的，买受人可以拒绝接收标的物或者解除合同。因标的物的主物不符合约定而解除合同的，解除合同的效力及于从物。因此，建筑公司可以拒绝接收这台设备或解除设备买卖合同，解除合同的效力及于零部件。

4. 【答案】ADE
   【解析】根据《物权法》第190条规定，"订立抵押合同前抵押财产已出租的，原租赁关系不受该抵押权的影响。"因此，本题中某公司对房产的租赁行为和抵押行为有效，且租赁权设定于抵押权之前，银行无权解除租赁合同，原承租人有权继续使用该房屋，直到租赁期满为止。

5. 【答案】BD
   【解析】根据融资租赁合同，虽然出卖人是向出租人主张价金，但却需按照约定向承租人交付标的物，包括履行瑕疵担保义务。承租人应当履行占有租赁物期间的维修义务。

6. 【答案】ABCD
   【解析】按照《合同法》规定，货运合同中的托运人享有任意变更解除权，即在承运人将货物交付收货人之前，托运人可以要求承运人中止运输、返还货物、变更到达地或者将货物交给其他收货人，但应当赔偿承运人因此受到的损失。至于运输途中材料损毁，如果是因不可抗力、材料本身的自然性质或者合理损耗以及托运人过错造成的，承运人不承担责任。

# 1Z305000 建设工程施工环境保护、节约能源和文物保护法律制度

### 一、本章近三年考情

本章近三年考试真题分值统计　　　　　　　　　　（单位：分）

| 节 \ 年份 | 2014年 单选题 | 2014年 多选题 | 2015年 单选题 | 2015年 多选题 | 2016年 单选题 | 2016年 多选题 |
|---|---|---|---|---|---|---|
| 1Z305010 施工现场环境保护制度 | 2 | 2 | 3 | | 2 | 2 |
| 1Z305020 施工节约能源制度 | 2 | 2 | 1 | 2 | 2 | 2 |
| 1Z305030 施工文物保护制度 | 2 | | 2 | 2 | 1 | |

### 二、本章学习提示

本章分为三节，分别是施工现场环境保护制度、节约能源制度、文物保护制度。这三节相对都非常独立，考生在学习时不用前后关联。本章在考试中所占分值较少，三节分值分布比较均匀，第三节略少，考生在学习中不必锱铢必较，掌握主要内容即可。

# 1Z305000 建设工程施工环境保护、节约能源和文物保护法律制度

## 1Z305010 施工现场环境保护制度

**本节知识体系**

本节主要讲解了施工现场环境保护中的四种污染：噪声污染、水污染、大气污染、固体废弃物污染。其中，噪声污染在考试中考频最高，考察最细致，需要考生重点掌握。

**核心内容讲解**

### 一、施工现场噪声污染防治的规定

#### （一）施工现场环境噪声污染的防治

1. 排放建筑施工噪声应当符合建筑施工场界环境噪声排放标准（见表1Z305010-1）

噪声限值　　表1Z305010-1

| 昼间 | 夜间 | 备注 |
|---|---|---|
| 70dB（A） | 55dB（A） | 夜间噪声最大声级超过限值的幅度不得高于15dB（A） |
| 6:00~22:00 | 22:00~次日6:00 | |

2. 使用机械设备可能产生环境噪声污染的申报

在城市市区范围内，建筑施工过程中使用机械设备，可能产生环境噪声污染的，施工单位必须在工程开工15日以前向工程所在地县级以上地方人民政府环境保护行政主管部门申报该工程的项目名称、施工场所和期限、可能产生的环境噪声值以及所采取的环境噪声污染防治措施的情况。

3. 禁止夜间进行产生环境噪声污染施工作业的规定

（1）夜间噪声施工的特例（见表1Z305010-2）

夜间噪音施工的特例　　表1Z305010-2

| | 区域或事项 | 法律规定 |
|---|---|---|
| 原则 | 城市市区噪声敏感建筑物集中区域内 | 禁止夜间噪声施工 |
| 特例 | 抢险 | 可以夜间噪声施工，但需要公告附近居民 |
| | 抢修 | — |
| | 工艺需要 | |
| | 特殊需要 | 另外，申报时需持（有关部门）证明 |

（2）噪声敏感建筑物

①噪声敏感建筑物：指医院、学校、机关、科研单位、住宅等需要保持安静的建筑物。

②噪声敏感建筑物集中区域：医疗区、文教科研区和以机关或者居民住宅为主的区域。

4. 政府监管部门的现场检查

县级以上人民政府环境保护行政主管部门和其他环境噪声污染防治工作的监督管理

部门、机构，有权依据各自的职责对管辖范围内排放环境噪声的单位进行现场检查。

（二）建设项目环境噪声污染的防治

1.环境影响报告书：建设项目可能产生环境噪声污染的，建设单位必须提出环境影响报告书，规定环境噪声污染的防治措施，并按照国家规定的程序报环境保护行政主管部门批准。环境影响报告书中，应当有该建设项目所在地单位和居民的意见。

2.三同时制度：建设项目的环境噪声污染防治设施必须与主体工程同时设计、同时施工、同时投产使用。

3.环保验收：建设项目在投入生产或者使用之前，其环境噪声污染防治设施必须经原审批环境影响报告书的环境保护行政主管部门验收；达不到国家规定要求的，该建设项目不得投入生产或者使用。

（三）交通运输噪声污染的防治

警车、消防车、工程抢险车、救护车等机动车辆安装、使用警报器，必须符合国务院公安部门的规定；在执行非紧急任务时，禁止使用警报器。

（四）对产生环境噪声污染企业事业单位的规定

产生环境噪声污染的企业事业单位，必须保持防治环境噪声污染的设施的正常使用；拆除或者闲置环境噪声污染防治设施的，必须事先报经所在地的县级以上地方人民政府环境保护行政主管部门批准。

🔊 嗨·点评 考生应结合实际理解记忆噪音污染的相关内容，重点掌握噪声敏感性建筑关于夜间施工的相关规定，同时，对数字规定进行记忆。

【经典例题】1.关于施工现场环境噪声污染防治的说法，正确的有（　　）。

A.禁止夜间进行产生环境噪声污染的建筑施工作业

B.科研单位的建筑物属于噪声敏感建筑物

C.建筑施工场界环境噪声排放限值与时间段无关

D.环保行政管理部门有权对排放环境噪声的施工单位进行现场检查

E.夜间是指22:00至次日8:00之间的时段

【答案】BD

【嗨·解析】本题考查的是施工现场环境噪声污染的防治。

A错误，《环境噪声污染防治法》规定，在城市市区噪声敏感建筑物集中区域内，禁止夜间进行产生环境噪声污染的建筑施工作业，但抢修、抢险作业和因生产工艺上要求或者特殊需要必须连续作业的除外；

C错误，建筑施工场界环境噪声排放限值，昼间70dB（A），夜间55dB（A）；

E错误，夜间是指22:00至次日6:00之间的时段。

二、施工现场废气、废水污染防治的规定

（一）大气污染的防治

1.施工现场大气污染的防治

（1）施工现场大气污染的防治，重点是防治扬尘污染。

（2）绿色施工导则规定：

①运送土方、垃圾、设备及建筑材料的，可采取措施封闭严密，施工现场出口应设置洗车槽；

②土方作业，采取洒水、覆盖等措施，达到作业区目测扬尘高度小于1.5米，不扩散到场区外；

结构施工、安装装饰装修阶段，作业区目测扬尘高度小于0.5米；

③施工现场非作业区达到目测无扬尘要求，可采取洒水、地面硬化、围挡、密网覆盖、封闭等措施；

④构筑物机械拆除和爆破拆除前，做好

# 1Z305000 建设工程施工环境保护、节约能源和文物保护法律制度

扬尘控制计划。选择风力小的天气进行爆破作业；

⑤在场界四周隔挡高度位置测得大气总悬浮颗粒物月平均深度与城市背景值的差值不大于0.08毫克/立方米。

2．建设项目大气污染的防治

新建、扩建、改建向大气排放污染物的项目，必须遵守国家有关建设项目环境保护管理的规定。

3．对向大气排放污染物单位的监管

地方各级人民政府应当加强对建设施工和运输的管理，保持道路清洁，控制料堆和渣土堆放，扩大绿地、水面、湿地和地面铺装面积，防治扬尘污染。

（二）水污染的防治

1．水污染的选择

预防为主、防治结合、综合治理。

2．施工现场水污染的防治

（1）禁止向水体排放油类、酸液、碱液或者剧毒废液。禁止在水体清洗装贮过油类或者有毒污染物的车辆和容器。

（2）禁止向水体排放、倾倒放射性固体废物或者含有高放射性和中放射性物质的废水。向水体排放含低放射性物质的废水，应当符合国家有关放射性污染防治的规定和标准。

（3）未取得排水许可证，排水户不得向城镇排水设施排放污水。

（4）各类施工作业需要排水的，由建设单位申请领取排水许可证。因施工作业需要向城镇排水设施排水的，排水许可证的有效期，由城镇排水主管部门根据排水状况确定，但不得超过施工期限。

（5）排水户应当按照排水许可证确定的排水类别、总量、时限、排放口位置和数量、排放的污染物项目和浓度等要求排放污水。

（6）城镇排水主管部门实施排水许可不得收费。

🔊 嗨·点评 考生应理解记忆水污染相关措施，重点掌握数字方面的规定。

【经典例题】2．（2016年真题）根据《城镇污水排入排水管网许可管理办法》。关于向城镇排水设施排放污水的说法，正确的是（ ）。

A．城镇排水主管部门实施排水许可不得收费。

B．施工作业需要排水的，由施工企业申请领取排水许可证。

C．排水许可证的有效期，由建设主管部门根据工期确定。

D．排水户应当按照实际需要的排水类别、总量排放污水

【答案】A

【嗨·解析】A正确；

B错误，各类施工作业需要排水的，由建设单位申请领取排水许可证；

C错误，因施工作业需要向城镇排水设施排水的，排水许可证的有效期，由城镇排水主管部门根据排水状况确定，但不得超过施工期限；

D错误，排水户应当按照排水许可证确定的排水类别、总量、时限、排放口位置和数量、排放的污染物项目和浓度等要求排放污水。

## 三、施工现场固体废物污染防治的规定

（一）施工现场固体废物污染环境的防治

1．一般固体废物污染环境的防治（见图1Z305010）

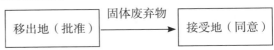

图1Z305010 固体废物的转运（转运出省、自治区、直辖市）

（1）向固体废物移出地的省、自治区、直辖市人民政府环境保护行政主管部门提出申请。

（2）移出地的省级政府环保部门商经接受地的省、自治区、直辖市人民政府环境保护行政主管部门同意后，方可批准。

2.危险废物污染环境防治的特别规定

以填埋方式处置危险废物不符合国务院环境保护行政主管部门规定的，应当缴纳危险废物排污费。危险废物排污费用于污染环境的防治，不得挪作他用。

3.施工现场固体废物的减量化和回收再利用（见表1Z305010-3）

施工现场固体废物的减量化和回收再利用　表1Z305010-3

| 垃圾 | 具体规定 |
| --- | --- |
| 住宅建筑，每万平方米的建筑垃圾 | 不宜超过400吨 |
| 建筑垃圾的再利用和回收率 | 达到30% |
| 建筑物拆除产生的废弃物的再利用和回收率 | 大于40% |
| 对于碎石类、土石方类建筑垃圾，可采用地基填埋、铺路等方式提高再利用率 | 力争再利用率大于50% |
| 施工现场生活区 | 设置封闭式垃圾容器 |
| 施工场地生活垃圾 | 实行袋装化，及时清运 |
| 对建筑垃圾进行分类 | 收集到现场封闭式垃圾站，集中运出 |

**（二）建设项目固体废物污染环境的防治**

在国务院和国务院有关主管部门及省、自治区、直辖市人民政府划定的自然保护区、风景名胜区、饮用水水源保护区、基本农田保护区和其他需要特别保护的区域内，禁止建设工业固体废物集中贮存、处置的设施、场所和生活垃圾填埋场。

【经典例题】3.（2015年真题）根据《固体废物污染环境防治法》，下列处置危险废物的方式中，不符合国务院环境保护行政主管部门规定，应当缴纳危险废物排污费的方式是（　　）。

A.填埋　B.热解　C.堆肥　D.焚烧

【答案】A

【嗨·解析】本题考查的是施工现场固体废物污染环境的防治。以填埋方式处置危险废物不符合国务院环境保护行政主管部门规定的，应当缴纳危险废物排污费。

**四、违法行为应承担的法律责任**

1.施工现场噪声污染防治违法行为应承担的法律责任

未经环境保护行政主管部门批准，擅自拆除或者闲置环境噪声污染防治设施，致使环境噪声排放超过规定标准的，由县级以上地方人民政府环境保护行政主管部门责令改正，并处罚款。

2.按日连续处罚的法律规定

《环境保护法》规定，企业事业单位和其他生产经营者违法排放污染物。受到罚款处罚，被责令改正，拒不改正的，依法作出处罚决定的行政机关可以自责令改正之日的次日起，按照原处罚数额按日连续处罚。前款规定的罚款处罚，依照有关法律法规按照防治污染设施的运行成本、违法行为造成的直接损失或者违法所得等因素确定的规定执行。

【经典例题】4.（2016年真题）根据《环

# 1Z305000 建设工程施工环境保护、节约能源和文物保护法律制度

境保护法》，企业事业单位和其他生产经营者违法排放污染物受到罚款处罚，可以按日连续处罚。关于"按日连续处罚"的说法，正确的是（　　）。

A.责令改正，拒不改正的，可以按原处罚数额按日连续处罚

B.是否可以按日连续处罚，与是否责令改正无关

C.责令改正，拒不改正的，可以重新确定处罚数额按日连续处罚

D.地方性法规不得增加按日处罚的违法行为的种类

【答案】A

【嗨·解析】《环境保护法》规定，企业事业单位和其他生产经营者违法排放污染物。受到罚款处罚，被责令改正，拒不改正的，依法作出处罚决定的行政机关可以自责令改正之日的次日起，按照原处罚数额按日连续处罚。

# 章节练习题

## 一、单项选择题

1. 由于某建设项目建成后可能产生环境噪声污染，建设单位编制了环境影响报告书，制定相应环境噪声污染防治措施，按照规定该报告书须报（　　）批准。
   A.城市规划行政部门
   B.环境保护行政部门
   C.工商行政部门
   D.住房和城乡建设行政部门

2. 某建筑工程在城市住宅区内，主体结构施工阶段建筑公司拟进行混凝土浇筑，使用的机械设备可能产生噪声污染，建筑公司必须在浇筑施工（　　）日以前向工程所在地县级以上地方人民政府环境保护行政主管部门申报该工程的相关情况。
   A.3　　　B.5　　　C.10　　　D.15

3. 《环境噪声污染防治法》规定，在城市市区噪声敏感建筑物集中区域内，禁止夜间进行产生环境噪声污染的建筑施工作业。因特殊需要必须连续作业的，必须有县级以上人民政府或者其有关主管部门的证明。但以下夜间施工无需取得证明的是（　　）。
   A.配合建设单位24小时联动试车
   B.为避免冬期施工进行抢工
   C.自来水管道爆裂进行抢修
   D.全运会项目开幕时间临近必须抢工

4. 根据《环境噪声污染防治法》规定，产生环境噪声污染的企事业单位在拆除或（　　）环境噪声污染防治设施时，必须事先经所在地的县级以上地方政府环境保护行政主管部门批准。
   A.维修　　B.检测　　C.闲置　　D.使用

5. 按照《建筑施工场界环境噪声排放标准》GB 12523—2011的规定，下列符合建筑施工过程中场界环境噪声排放限值的是（　　）。
   A.昼间75dB（A），夜间55dB（A）
   B.昼间70dB（A），夜间55dB（A）
   C.昼间75dB（A），夜间60dB（A）
   D.昼间70dB（A），夜间60dB（A）

6. 按照《绿色施工导则》规定，建筑施工企业在结构施工、安装装饰装修阶段，作业区目测扬尘高度小于（　　）米。
   A.0.5　　B.1　　C.1.5　　D.2

7. 根据《绿色施工导则》的规定，在下列施工作业阶段中，要求作业区目测扬尘高度小于1.5米的是（　　）阶段。
   A.土方作业　　　　B.结构施工
   C.设备安装　　　　D.装饰装修

8. 2008年7月6日，某建筑公司的司机将自己所驾驶的该建筑公司运送沥青混凝土的运输车开进了施工现场附近的一条小河里进行清洗，该行为（　　）。
   A.属于合法行为，洗车是司机的权利
   B.属于违法行为，违反了我国《水污染防治法》中关于防止地表水污染的规定
   C.属于违法行为，违反了我国《水污染防治法》中关于防止地下水污染的规定
   D.属于违法行为，违反了我国《固体废物污染环境防治法》

9. 按照《绿色施工导则》规定，除制定建筑垃圾减量化计划外，还应加强建筑垃圾的回收再利用，力争建筑物拆除产生的废弃物的再利用和回收率大于（　　）。
   A.30%　　B.40%　　C.45%　　D.50%

10. 《中华人民共和国固体废物污染防治法》对于固体废物污染环境问题做了有关规定，下列选项叙述不正确的是（　　）。
    A.禁止境外废物进境倾倒、堆放
    B.禁止将危险物与旅客用同一运输工具运载
    C.禁止向水体排放油类、酸类废液
    D.禁止经中华人民共和国过境转移危险废

# 1Z305000 建设工程施工环境保护、节约能源和文物保护法律制度

物
11. 根据《固体废弃物污染防治法》，转移固体废物出省，应当（    ）。
   A. 经国务院批准
   B. 接受地的省级人民政府许可
   C. 经县级人民政府环境保护行政主管部门同意
   D. 向固体废物移出地的省级人民政府环境保护行政主管部门报告

## 二、多项选择题

1. 某施工单位在某学院教学楼扩建项目施工中，为保证工程进度，拟在夜间进行连续施工作业，根据《环境噪声污染防治法》规定，必须满足以下（    ）条件方可进行。
   A. 取得建设单位同意
   B. 取得县级以上人民政府或有关主管部门的证明
   C. 征得附近居民的同意
   D. 公告附近居民
   E. 征得城管部门同意

2. 下列时间点中，属于《建筑施工场界环境噪声排放标准》GB 12525—2011规定的夜间施工期间的是（    ）。
   A. 21：30          B. 22：00
   C. 24：00          D. 05：00
   E. 06：15

3. 所谓环境保护"三同时"制度，就是指建设项目需要配套建设的环境污染保护设施，必须与主体工程（    ）。
   A. 同时设计        B. 同时规划
   C. 同时施工        D. 同时投产使用
   E. 同时维修

4. 某施工单位在土方施工作业过程中，为有效防治扬尘大气污染，施工现场采取比较得当的措施包括（    ）。
   A. 运送土方车辆封闭严密
   B. 施工现场出口设置洗车槽
   C. 堆放的土方洒水、覆盖
   D. 建筑垃圾分类堆放
   E. 对现场易飞扬物质采取有效措施，如洒水、地面硬化、围挡、密网覆盖、封闭等，防止扬尘产生

5. 按照《水污染防治法》的规定，水污染防治坚持的原则包括（    ）。
   A. 预防为主        B. 生态治理
   C. 防治结合        D. 循环利用
   E. 综合治理

6. 根据《水污染防治法》的规定，下列关于对排放污染物的管理理解正确的是（    ）。
   A. 禁止在江河、湖泊、运河、渠道、水库最高水位线以下的滩地和岸坡堆放、存贮固体废弃物和其他污染物
   B. 禁止向水体排放、倾倒放射性固体废物或者含有高放射性和中放射性物质的废水
   C. 禁止在饮用水水源准保护区内禁止设置排污口
   D. 向水体排放污染物的企业事业单位和个体工商户，应当按照法律、行政法规和国务院环境保护主管部门的规定设置排污口
   E. 可向水体排放、倾倒工业废渣，但不得倾排放或倾倒城镇垃圾和其他废弃物体废弃物和其他污染物

7. 下列关于施工现场排放污水的说法,不正确的是（    ）。
   A. 未取得排水许可证，不得向城镇排水设施排放污水
   B. 各类施工作业需要排水的，由施工单位申请领取排水许可证
   C. 排水许可证的有效期，由城镇排水主管部门根据排水状况确定，但不得超过施工期限
   D. 排水户应当按照排水许可证确定的排水类别、总量、时限、排放口位置和数

量、排放的污染物项目和浓度等要求排放污水

E. 排水许可证的有效期，由城镇排水主管部门根据排水状况确定，视情况可以超过施工期限

8. 按照《固体废弃物污染环境防治法》规定，转移固体废物出省、自治区、直辖市行政区域贮存、处置的,应当（　　）。

A. 向固体废物移出地的省、自治区、直辖市人民政府环境保护行政主管部门提出申请

B. 经途经地的省、自治区、直辖市人民政府环境保护行政主管部门同意

C. 经接受地的省、自治区、直辖市人民政府环境保护行政主管部门同意

D. 制定意外事故的防范措施和应急预案，并向所在地县级以上地方人民政府环境保护行政主管部门备案

E. 禁止将危险废物与旅客在同一运输工具上载运

## 参考答案及解析

**一、单项选择题**

1.【答案】B

【解析】根据《环境噪声污染防治法》的规定.建设项目的环境影响评价文件，由建设单位按照国务院的规定报有审批权的环境保护行政主管部门审批。

2.【答案】D

【解析】在城市市区范围内，建筑施工过程中使用机械设备，可能产生环境噪声污染的，施工单位必须在工程开工15日以前向工程所在地县级以上地方人民政府环境保护行政主管部门申报该工程的项目名称、施工场所和期限、可能产生的环境噪声值以及所采取的环境噪声污染防治措施

的情况。

3.【答案】C

【解析】按照《环境噪声污染防治法》规定，在城市市区噪声敏感建筑物集中区域内，禁止夜间进行产生环境噪声污染的建筑施工作业。因特殊需要必须连续作业的，必须有县级以上人民政府或者其有关主管部门的证明。以上规定的夜间作业，必须公告附近居民。

4.【答案】C

【解析】根据《环境噪声污染防治法》规定，产生环境噪声污染的企业事业单位，必须保持防治环境噪声污染的设施的正常使用；拆除或者闲置环境噪声污染防治设施的，必须事先报经所在地的县级以上地方人民政府环境保护行政主管部门批准。

5.【答案】B

【解析】见下表。

| 昼间 | 夜间 | 备注 |
| --- | --- | --- |
| 70dB（A） | 55dB（A） | 夜间噪声最大声级超过限值的幅度不得高于15dB（A） |
| 6:00～22:00 | 22:00～次日6:00 | |

6.【答案】A

【解析】结构施工、安装装饰装修阶段，作业区目测扬尘高度小于0.5米。

7.【答案】A

【解析】土方作业阶段，采取洒水、覆盖等措施，达到作业区目测扬尘高度小于1.5米，不扩散到场区外。

8.【答案】B

【解析】禁止在水体清洗贮存油类或者有毒污染物的车辆和容器。小河属于地表水。

9.【答案】B

【解析】垃圾不宜超过400吨。加强建筑垃圾的回收再利用，力争建筑垃圾的再利用和回收率达到30%，建筑物拆除产生的废弃物的再利用和回收率大于40%。对于碎

# 1Z305000 建设工程施工环境保护、节约能源和文物保护法律制度

石类、土石方类建筑垃圾，可采用地基填埋、铺路等方式提高再利用率，力争再利用率大于50%。

10.【答案】C
【解析】本题中，A、B、D项都是讲关于固体废物污染环境的防治规定，而C项是讲的水污染防治的相关内容，所以本题应选择答案C。

11.【答案】D
【解析】转移固体废物出省、自治区、直辖市行政区域贮存、处置的，应当向固体废物移出地的省、自治区、直辖市人民政府环境保护行政主管部门提出申请。移出地的省、自治区、直辖市人民政府环境保护行政主管部门应当商经接受地的省、自治区、直辖市人民政府环境保护行政主管部门同意后，方可批准转移该固体废物出省、自治区、直辖市行政区域。未经批准的，不得转移。

二、多项选择题

1.【答案】BD
【解析】《环境噪声污染防治法》规定，在城市市区噪声敏感建筑物集中的区域内，因特殊需要必须连续作业的，必须有县级以上人民政府或者其有关主管部门的证明。以上规定的夜间作业，必须公告附近居民。

2.【答案】BCD
【解析】按照2011年12月修改后的《建筑施工场界环境噪声排放标准》GB 12523—2011规定，"夜间"是指22:00至次日6:00之间的时段。

3.【答案】ACD
【解析】建设项目的环境噪声污染防治设施必须与主体工程同时设计、同时施工、同时投产使用。

4.【答案】ABCE

【解析】对于扬尘控制，建设部《绿色施工导则》中规定：1.运送土方、垃圾、设备及建筑材料等，不污损场外道路。运输容易散落、飞扬、流漏的物料的车辆，必须采取措施封闭严密，保证车辆清洁。施工现场出口应设置洗车槽。2.土方作业阶段，采取洒水、覆盖等措施。3.对现场易飞扬物质采取有效措施，如洒水、地面硬化、围挡、密网覆盖、封闭等，防止扬尘产生。

5.【答案】ACE
【解析】2008年2月颁布的《中华人民共和国水污染防治法》（以下简称《水污染防治法》）规定，水污染防治应当坚持预防为主、防治结合、综合治理的原则，优先保护饮用水水源，严格控制工业污染、城镇生活污染，防治农业面源污染，积极推进生态治理工程建设，预防、控制和减少水环境污染和生态破坏。

6.【答案】ABCD
【解析】直接或者间接向水体排放污染物的企业事业单位和个体工商户，应当按照国务院环境保护主管部门的规定，向县级以上地方人民政府环境保护主管部门申报登记拥有的水污染物排放设施、处理设施和在正常作业条件下排放水污染物的种类、数量和浓度，并提供防治水污染方面的有关技术资料。禁止向水体排放、倾倒放射性固体废物或者含有高放射性和中放射性物质的废水。向水体排放含低放射性物质的废水，应当符合国家有关放射性污染防治的规定和标准。禁止在江河、湖泊、运河、渠道、水库最高水位线以下的滩地和岸坡堆放、存贮固体废弃物和其他污染物。在饮用水水源保护区内，禁止设置排污口。在风景名胜区水体、重要渔业水体和其他具有特殊经济文化价值的水体的保护区内，不得新建排污口。在保护区

附近新建排污口，应当保证保护区水体不受污染。禁止向水体排放、倾倒工业废渣、城镇垃圾和其他废弃物。

7.【答案】BE

【解析】2015年1月住房和城乡建设部发布的《城镇污水排入排水管网许可管理办法》进一步规定，未取得排水许可证，排水户不得向城镇排水设施排放污水。各类施工作业需要排水的，由建设单位申请领取排水许可证。因施工作业需要向城镇排水设施排水的，排水许可证的有效期，由城镇排水主管部门根据排水状况确定，但不得超过施工期限。排水户应当按照排水许可证确定的排水类别、总量、时限、排放口位置和数量、排放的污染物项目和浓度等要求排放污水。

8.【答案】ACDE

【解析】转移固体废物出省、自治区、直辖市行政区域贮存、处置的，应当向固体废物移出地的省、自治区、直辖市人民政府环境保护行政主管部门提出申请。移出地的省、自治区、直辖市人民政府环境保护行政主管部门应当商经接受地的省、自治区、直辖市人民政府环境保护行政主管部门同意后，方可批准转移该固体废物出省、自治区、直辖市行政区域。未经批准的，不得转移。禁止将危险废物与旅客在同一运输工具上载运。产生、收集、贮存、运输、利用、处置危险废物的单位，应当制定意外事故的防范措施和应急预案，并向所在地县级以上地方人民政府环境保护行政主管部门备案。

# 1Z305000 建设工程施工环境保护、节约能源和文物保护法律制度

## 1Z305020 施工节约能源制度

**本节知识体系**

本节主要讲解了施工中节能方面的规定。介绍了节约能源的原则，重点讲解建筑节能的规定，分开阐述了建设单位、施工单位、设计单位等在节能中分别需要遵守什么规定。最后，介绍了节能技术进步及激励措施等规定。考生在学习中，重点把握建筑节能相关的规定，区分各单位在节能方面所需要遵守的规定。

**核心内容讲解**

### 一、合理使用与节约能源的一般规定

#### （一）绿色施工及四节一环保

绿色施工是指工程建设中，在保证质量、安全等基本要求的前提下，通过科学管理和技术进步，最大限度地节约资源与减少对环境负面影响的施工活动，实现四节一环保（节能、节地、节水、节材和环境保护）。

#### （二）合理使用能源与节约能源的一般规定

1.节能的产业政策

国家实行有利于节能和环境保护的产业政策，限制发展高耗能、高污染行业，发展节能环保型产业。

2.用能单位的法定义务

（1）原则：合理用能；

（2）建立节能目标责任制，奖励；

（3）定期开展节能教育和岗位节能培训；

（4）加强能源计量管理，依法使用合格的计量器具；

（5）建立能源消费统计和能源利用状况分析制度；

（6）任何单位不得对能源消费实行包费制。

3.循环经济的法定要求

减量化、再利用、资源化。

【经典例题】1.关于用单位加强能源计量管理的说法，错误的是（　　）。

A.按照规定配备和使用经依法检定合格的能源计量器具

B.建立能源消费统计和能源利用状况分析制度

C.对各类能源消耗实行分类计量和统计

D.对能源消费应实行包费制

【答案】D

【嗨·解析】任何单位不得对能源消费实行包费制。

### 二、建筑节能的规定

#### （一）节约能源法的规定

不符合强制性节能标准的项目，依法负责项目审批或者核准的机关不得批准或者核准建设；建设单位不得开工建设；已经建成的，不得投入生产、使用。

#### （二）采用太阳能、地热能等可再生能源

1.国家鼓励和扶持在新建建筑和既有建筑节能改造中采用太阳能、地热能等可再生能源。

2.在具备太阳能利用条件的地区，有关

地方人民政府及其部门应当采取有效措施，鼓励和扶持单位、个人安装使用太阳能热水系统、照明系统、供热系统、采暖制冷系统等太阳能利用系统。

（三）新建建筑节能的规定（见表1Z305020）

各单位的节能义务　表1Z305020

| 单位 | 节能义务 |
| --- | --- |
| 施工图审查机构 | 应根据民用建筑节能强制性标准对施工图进行审查，不合格的，不得颁发施工许可证 |
| 建设单位 | 1.建设单位不得明示或者暗示设计、施工单位违反节能强制性标准进行设计施工，使用不符合标准的材料和设备；<br>2.建设单位组织竣工验收，应查验是否符合节能强制性标准，不符合的不得出具竣工验收合格报告 |
| 设计单位施工单位监理单位 | 1.各单位应按节能强制性标准进行设计、施工和监理；<br>2.监理单位发现施工单位不按照建筑节能强制性标准施工的，应要求施工单位改正，施工单位拒不改正的，监理单位应当及时报告建设单位，并向有关主管部门报告 |

（四）既有建筑节能的规定

优先采用遮阳、改善通风等低成本改造措施。既有建筑围护结构的改造和供热系统的改造应当同步进行。

**嗨·点评** 考生应结合实际对比记忆，能区分不同单位对于新建建筑所应当遵守的节能规定。

**【经典例题】** 2.（2016年真题）关于建筑节能的说法，正确的是（　　）。

A.已经建成的项目，2年后方可投入生产、使用

B.在新建建筑和既有建筑节能改造中，必须使用节能建筑材料和节能设备

C.在具备太阳能利用条件的地区，地方人民政府可以要求必须安装使用太阳能热水系统

D.不符合强制性节能标准的项目，建设单位不得开工建设

**【答案】** D

**【嗨·解析】** A错误，已经建成的，不得投入生产、使用；

B错误，国家鼓励和扶持在新建建筑和既有建筑节能改造中采用太阳能、地热能等可再生能源；

C错误，在具备太阳能利用条件的地区，有关地方人民政府及其部门应当采取有效措施，鼓励和扶持单位、个人安装使用太阳能热水系统、照明系统、供热系统、采暖制冷系统等太阳能利用系统；D正确。

三、施工节能的规定

（一）节材——鼓励固体废物再利用。同时推广数字化、预制化装配式施工，可以节约建筑材料、减少资源消耗。

《循环经济促进法》规定，国家鼓励利用无毒无害的固体废物生产建筑材料，鼓励使用散装水泥，推广使用预拌混凝土和预拌砂浆。

（二）节水——多装水表。在用水量大、对水质要求不高的工艺点上充分利用中水（循环处理水），可以节约用水（市政自来水）。

1.传统水源提高用水效率：

（1）严禁无措施浇水养护混凝土；

（2）现场机具、设备、车辆冲洗必须设立循环用水装置；

（3）施工现场生活用水与工程用水确定用水定额，分别计量；

（4）不同标段、不同分包生活区，应确定用水定额分别计量。

2.非传统水源利用:

(1)优先采用中水搅拌、中水养护,有条件的应收集雨水养护。

(2)处于基坑降水阶段的工地,宜优先采用地下水作为混凝土搅拌用水、养护用水、冲洗用水和部分生活用水。

(三)节能——建筑物合理设计采光、通风、朝向,可以减少空调使用,从而节约用电。

(四)节地——合理安排施工总平面,库房料场尽可能靠近大门,缩短运输距离,形成环形通路,可以节约用地。

【经典例题】3.(2015年真题)根据《绿色施工导则》,处于基坑降水阶段的工地,宜优先采用(  )作为混凝土搅拌用水、养护用水、冲洗用水和部分生活用水。

A.地下水　　　　B.市政自来水
C.雨水　　　　　D.中水

【答案】A

【嗨·解析】本题考查的是施工节能的规定。处于基坑降水阶段的工地,宜优先采用地下水作为混凝土搅拌用水、养护用水、冲洗用水和部分生活用水。

## 四、施工节能技术进步和激励措施的规定

(一)节能技术进步

国家鼓励、支持节能科学技术的研究、开发、示范和推广,促进节能技术创新与进步。

1.政府政策引导

国务院管理节能工作的部门会同国务院科技主管部门发布节能技术政策大纲,指导节能技术研究、开发和推广应用。

2.政府资金支持

国务院和省、自治区、直辖市人民政府设立发展循环经济的有关专项资金,支持循环经济的科技研究开发、循环经济技术和产品的示范与推广、重大循环经济项目的实施、发展循环经济的信息服务等。

(二)节能激励措施

1.财政安排节能专项资金
2.税收优惠
3.信贷支持
4.价格政策
5.表彰奖励

## 五、违法行为应承担的法律责任

(一)违反建筑节能标准违法行为应承担的法律责任

《民用建筑节能条例》规定,施工单位未按照民用建筑节能强制性标准进行施工的,由县级以上地方人民政府建设主管部门责令改正,处民用建筑项目合同价款2%以上4%以下的罚款;情节严重的,由颁发资质证书的部门责令停业整顿,降低资质等级或者吊销资质证书;造成损失的,依法承担赔偿责任。

注册执业人员未执行民用建筑节能强制性标准的,由县级以上人民政府建设主管部门责令停止执业3个月以上1年以下;情节严重的,由颁发资格证书的部门吊销执业资格证书,5年内不予注册。

(二)《民用建筑节能条例》规定,施工单位有下列行为之一的,由县级以上地方人民政府建设主管部门责令改正,处10万元以上20万元以下的罚款;情节严重的,由颁发资质证书的部门责令停业整顿,降低资质等级或者吊销资质证书;造成损失的,依法承担赔偿责任:

1.未对进入施工现场的墙体材料、保温材料、门窗、采暖制冷系统和照明设备进行查验的。

2.使用不符合施工图设计文件要求的墙体材料、保温材料、门窗、采暖制冷系统和照明设备的。

3.使用列入禁止使用目录的技术、工艺、

材料和设备的。

**【经典例题】**4.（2016年真题）某工程采暖制冷系统出现严重问题给业主造成损失，经查，其主要原因是施工企业使用的采暖制冷系统不符合施工图设计文件要求。根据《民用建筑节能条例》，该施工企业应当承担的法律责任有（　　）。

A.由建设主管部门责令改正，处以罚款
B.情节严重的，吊销资质证书
C.逾期不改正的，处以罚款
D.责令停业整顿，降低资质等级
E.依法承担刑事责任

**【答案】**AB

# 1Z305000 建设工程施工环境保护、节约能源和文物保护法律制度

## 章节练习题

### 一、单项选择题

1. 根据《节约能源法》规定，以下不属于用能单位能源消费方式的是（　　）。
   A.分类计量　　　　B.包费制
   C.分类统计　　　　D.利用状况分析

2. 将废物直接作为原料进行利用或者对废物进行再生利用,称之为循环经济的（　　）。
   A.减量化　　　　　B.再利用
   C.资源化　　　　　D.无害化

3. 根据《循环经济促进法》规定，以下不属于国家鼓励推广使用的工程建筑材料是（　　）。
   A.预拌混凝土　　　B.袋装水泥
   C.预拌砂浆　　　　D.散装水泥

4. 《民用建筑节能条例》规定，（　　）应当按照民用建筑节能强制性标准对施工图设计文件进行审查；经审查不符合民用建筑节能强制性标准的，县级以上地方政府建设行政主管部门不得颁发施工许可证。
   A.城市规划行政主管部门
   B.施工图设计文件审查机构
   C.住房和建设行政主管部门
   D.节能主管部门

5. 按照《民用建筑节能条例》规定，建设工程竣工验收应当符合民用建筑节能强制性标准进行查验；对不符合民用建筑节能强制性标准的，（　　）不得出具竣工验收合格报告。
   A.建设单位
   B.监理单位
   C.政府工程质量监督机构
   D.建设行政主管部门

6. 某建筑设计注册执业人员在施工图纸设计过程中，严重违反民用建筑节能强制性标准的规定，造成严重后果，按照《民用建筑节能条例》的规定，可由颁发资格证书的部门吊销执业资格证书，（　　）年内不予注册。
   A.1　　B.2　　C.3　　D.5

### 二、多项选择题

1. 《绿色施工导则》所倡导的"四节一环保"的内容中不包括（　　）。
   A.节地　　　　　B.节材
   C.节电　　　　　D.节暖
   E.节水

2. 既有建筑节能改造，是指对不符合民用建筑节能强制性标准的既有建筑（　　）等实施节能改造的活动。
   A.围护结构　　　B.保温结构
   C.采暖制冷系统　D.照明设备
   E.供水系统

3. 施工单位下列用水做法符合《绿色施工导则》的是（　　）。
   A.自然养护混凝土
   B.现场机具、车辆冲洗用循环水
   C.生活、工程用水分别计量管理
   D.现场设置雨水搜集利用系统
   E.现场供水管网就近设置多个用户点

4. 以下属于《绿色施工导则》规定提高用水效率的措施是（　　）。
   A.混凝土养护过程中应采取必要措施
   B.将节水定额指标纳入分包或劳务合同中进行计量考核
   C.对现场各个分包生活区合计统一计量用水量
   D.临时用水采用节水型产品，安装计量装置
   E.现场车辆冲洗设立循环用水装置

5. 按照《节约能源法》、《循环经济促进法》的规定，我国目前主要采取的节能激励措施包括（　　）。
   A.安排专项节能财政资金

B.给予节能产业税收优惠
C.对节能项目信贷支持
D.节能价格政策
E.限制高能耗进口

# 参考答案及解析

## 一、单项选择题

1.【答案】B
【解析】根据《节约能源法》规定，任何单位不得对能源的消费实行包费制。

2.【答案】C
【解析】资源化，是指将废物直接作为原料进行利用或者对废物进行再生利用。

3.【答案】B
【解析】《循环经济促进法》规定，国家鼓励利用无毒无害的固体废物生产建筑材料，鼓励使用散装水泥，推广使用预拌混凝土和预拌砂浆。禁止损毁耕地烧砖。

4.【答案】B
【解析】施工图设计文件审查机构应当按照民用建筑节能强制性标准对施工图设计文件进行审查；经审查不符合民用建筑节能强制性标准的，县级以上地方人民政府建设主管部门不得颁发施工许可证。

5.【答案】A
【解析】建设单位组织竣工验收，对不符合民用建筑节能强制性标准的，不得出具竣工验收合格报告。

6.【答案】D
【解析】注册执业人员未执行民用建筑节能强制性标准的，由县级以上人民政府建设主管部门责令停止执业3个月以上1年以下，情节严重的，由颁发资格证书的部门吊销执业资格证书，5年内不予注册。

## 二、多项选择题

1.【答案】CD
【解析】《绿色施工导则》规定：绿色施工是指工程建设中，在保证质量、安全等基本要求的前提下，通过科学管理和技术进步，最大限度地节约资源与减少对环境负面影响的施工活动，实现四节一环保（节能、节地、节水、节材和环境保护）。

2.【答案】ACD
【解析】既有建筑节能改造，是指对不符合民用建筑节能强制性标准的既有建筑的围护结构、供热系统、采暖制冷系统、照明设备和热水供应设施等实施节能改造的活动。

3.【答案】BCD
【解析】《绿色施工导则》进一步对提高用水效率、非传统水源利用和安全用水作出规定。1.提高用水效率：（1）施工中采用先进的节水施工工艺。（2）施工现场喷洒路面、绿化浇灌不宜使用市政自来水。现场搅拌用水、养护用水应采取有效的节水措施，严禁无措施浇水养护混凝土。（3）施工现场供水管网应根据用水量设计布置，管径合理、管路简捷，采取有效措施减少管网和用水器具的漏损。（4）现场机具、设备、车辆冲洗用水必须设立循环用水装置。施工现场办公区、生活区的生活用水采用节水系统和节水器具，提高节水器具配置比率。项目临时用水应使用节水型产品，安装计量装置，采取针对性的节水措施。（5）施工现场建立可再利用水的收集处理系统，使水资源得到梯级循环利用。（6）施工现场分别对生活用水与工程用水确定用水定额指标，并分别计量管理。（7）大型工程的不同单项工程、不同标段、不同分包生活区，凡具备条件的应分别计量用水量。在签订不同标段分包或劳务合同时，将节水定额指标纳入合同条款，进行计量考核。（8）对混凝土搅拌站

# 1Z305000 建设工程施工环境保护、节约能源和文物保护法律制度

点等用水集中的区域和工艺点进行专项计量考核。施工现场建立雨水、中水或可再利用水的搜集利用系统。

4.【答案】ABDE

   【解析】见上题。

5.【答案】ABCD

【解析】按照《节约能源法》、《循环经济促进法》的规定，主要有如下相关的节能激励措施：（1）财政安排节能专项资金；（2）税收优惠；（3）信贷支持；（4）价格政策；（5）表彰奖励。

## 1Z305030 施工文物保护制度

**本节知识体系**

本节主要介绍了文物保护的内容。重点围绕文物保护单位、文物保护单位的保护范围和建设控制地带展开，分别介绍了这三个内容的概念、划定、施工要求等。最后讲解了发现文物的报告问题。考生在学习时，需要对这三个概念做重点区分记忆。

**核心内容讲解**

### 一、受国家保护的文物范围

#### （一）文物保护单位和文物的分级

1. 不可移动文物

古文化遗址、古墓葬、古建筑、石窟寺、石刻、壁画、近代现代重要史迹和代表性建筑等不可移动文物，根据它们的历史、艺术、科学价值，可按图1Z305030-1划分等级。

图1Z305030-1　文物分级（不可移动文物）

2. 可移动文物

历史上各时代重要实物、艺术品、文献、手稿、图书资料、代表性实物等可移动文物，可按图1Z305030-2划分等级。

图1Z305030-2　文物分级（可移动文物）

#### （二）属于国家所有的文物范围

中华人民共和国境内地下、内水和领海中遗存的一切文物，属于国家所有。国有文物所有权受法律保护，不容侵犯。

属于国家所有的水下文物范围包括：

1. 遗存于中国内水、领海内的一切起源于中国的、起源国不明的和起源于外国的文物；

2. 遗存于中国领海以外依照中国法律由中国管辖的其他海域内的起源于中国的和起源国不明的文物，属于国家所有，国家对其行使管辖权；

3. 遗存于外国领海以外的其他管辖海域以及公海区域内的起源于中国的文物，国家享有辨认器物物主的权利。

#### （三）属于集体所有和私人所有的文物保护范围

属于集体所有和私人所有的纪念建筑物、古建筑和祖传文物以及依法取得的其他文物，其所有权受法律保护。文物的所有者必须遵守国家有关文物保护的法律、法规的规定。

**嗨·点评**　考生应结合实际区分文物的归属。

# 1Z305000 建设工程施工环境保护、节约能源和文物保护法律制度

## 二、文物保护单位的保护范围和建设控制地带

### （一）文物保护单位的保护范围和建设控制地带的概念（见图1Z305030-3）

图1Z305030-3  文物保护单位的保护范围和建设控制地带的概念

### （二）文物保护单位的保护范围和建设控制地带的划定

1. 文物保护单位的保护范围的划定（见表1Z305030-1）

文物保护单位的保护范围的划定   表1Z305030-1

| 文物保护单位的级别 | 划定时间 | 划定、设立标志、建保护档案 |
| --- | --- | --- |
| 全国重点文物保护单位 | 核定公布之日起1年内 | 省、自治区、直辖市政府 |
| 省级重点文物保护单位 | | |
| 设区的市重点文物保护单位 | | 设区的市政府 |
| 县级重点文物保护单位 | | 县政府 |

2. 文物保护单位的建设控制地带的划定（见表1Z305030-2）

文物保护单位的建设控制地带的划定   表1Z305030-2

| 文物保护单位的级别 | 划定、公布机关 | 批准机关 |
| --- | --- | --- |
| 全国重点文物保护单位 | 省级文物保护部门会同规划部门 | 省、自治区、直辖市政府 |
| 省级重点文物保护单位 | 省级文物保护部门会同规划部门 | |
| 设区的市重点文物保护单位 | 市级文物保护部门会同规划部门 | |
| 县级重点文物保护单位 | 县级文物保护部门会同规划部门 | |

🔊 **嗨·点评** 考生应结合图表理解记忆文物保护单位的保护范围和建设控制地带分别如何划定。

【经典例题】1.（　　）文物保护单位的建设控制地带，经省、自治区、直辖市人民政府批准，由省、自治区、直辖市人民政府的文物行政部门会同城乡规划行政主管部门划定并公布。

A.省级　　　　　　B.市级
C.县级　　　　　　D.全国重点

【答案】D

【嗨·解析】见表1Z305030-2。

## 三、在文物保护单位保护范围和建设控制地带施工的规定

### （一）历史文化名城名镇名村的保护

具备下列条件的城市、镇、村庄，可以申报历史文化名城、名镇、名村：

1. 保存文物特别丰富；
2. 历史建筑集中成片；
3. 保留着传统格局和历史风貌；
4. 历史上曾经作为政治、经济、文化、

交通中心或者军事要地,或者发生过重要历史事件,或者其传统产业、历史上建设的重大工程对本地区的发展产生过重要影响,或者能够集中反映本地区建筑的文化特色、民族特色。

(二)承担文物保护单位的修缮、迁移、重建工程的单位应当具有相应的资质证书(见表1Z305030-3)

承担文物保护单位的修缮、迁移、重建工程的单位应当具有相应的资质证书　表1Z305030-3

| 单位 | 资质 |
| --- | --- |
| 承担文物保护单位修缮、迁移、重建工程的单位 | 应取得文物行政主管部门颁发的文物保护工程资质证书 | 建设行政主管部门发给的相应等级的资质证书 |
| 不涉及建筑活动的文物保护单位的修缮、迁移、重建 | 应取得文物行政主管部门颁发的文物保护工程资质证书 | — |

(三)在历史文化名城名镇名村保护范围内从事建设活动的相关规定

在历史文化名城、名镇、名村保护范围内禁止下列活动:

1.开山、采石、开矿等破坏传统格局和历史风貌的活动;

2.占用保护规划确定保留的园林绿地、河湖水系、道路;

3.修建生产、储存爆炸性、易燃性、放射性、毒害性、腐蚀性物品的工厂、仓库等;

4.在历史建筑上刻划、涂污。

(四)在文物保护单位保护范围和建设控制地带内从事建设活动的相关规定(见表1Z305030-4)

在文物保护单位保护范围和建设控制地带内从事建设活动的相关规定　表1Z305030-4

| 位置 | | 保护的规定 | |
| --- | --- | --- | --- |
| 保护范围 | 原则上 | 不得进行其他建设工程或者爆破、钻探、挖掘等作业 | |
| | 特殊需要 | 保证文物保护单位安全 | |
| | | 经核定公布该文物保护单位的人民政府批准 | 批准前征得上一级人民政府文物行政部门同意 |
| | 全国重点 | 省级政府批准 | 批准前征得国务院文物行政部门同意 |
| 建设控制地带 | | 不得破坏单位的历史风貌,工程设计方案应当根据文物保护单位的级别,经相应的文物行政部门同意后,报城乡规划部门批准 | |

🔊 嗨·点评　考生应理解记忆历史文化名城、名镇保护的相关规定,同时重点掌握文物保护单位的保护范围和建设控制地带施工所应当遵守的规定。

【经典例题】2.(2015年真题)关于在文物保护单位保护范围和建设控制地带内从事建设活动的说法,正确的是(　　)。

A.文物保护单位的保护范围及其周边的一定区域不得进行爆破作业

B.在全国重点文物保护单位的保护范围内进行爆破作业,必须经国务院批准

C.因特殊情况需要在文物保护单位的保护范围内进行爆破作业,应经核定公布该文物保护单位的人民政府批准

D.在省、自治区、直辖市重点文物保护单位的保护范围内进行爆破作业的,必须经国务院文物行政部门批准

【答案】C

# 1Z305000 建设工程施工环境保护、节约能源和文物保护法律制度

【嗨·解析】文物保护单位的保护范围内不得进行其他建设工程或者爆破、钻探、挖掘等作业。但是，因特殊情况需要在文物保护单位的保护范围内进行其他建设工程或者爆破、钻探、挖掘等作业的，必须保证文物保护单位的安全，并经核定公布该文物保护单位的人民政府批准，在批准前应当征得上一级人民政府文物行政部门同意；在全国重点文物保护单位的保护范围内进行其他建设工程或者爆破、钻探、挖掘等作业的，必须经省、自治区、直辖市人民政府批准，在批准前应当征得国务院文物行政部门同意。

### 四、施工发现文物报告和保护的规定

（一）配合建设工程进行考古发掘工作的规定

先对工程范围内进行考古调查、勘探后方能施工。

确因建设工期紧迫或者有自然破坏危险，对古文化遗址、古墓葬急需进行抢救发掘的，由省、自治区、直辖市人民政府文物行政部门组织发掘，并同时补办审批手续。

（二）施工发现文物的报告和保护

单位或个人应保护现场，立即报告当地文物部门，文物部门应当在24小时内赶赴现场，并在7日内提出处理意见。

【嗨·点评】考生应对时间规定做记忆。

【经典例题】3.建设项目施工过程中发现地下古墓，立即报告当地文物行政部门，文物行政部门接到报告后，一般应在不超过（ ）小时赶赴工地现场。

A.12　　B.36　　C.48　　D.24

【答案】D

【嗨·解析】文物行政部门应该在24小时内赶赴现场，并在7日内提出处理意见。

### 五、违法行为应承担的法律责任

（一）哄抢、私分国有文物等违法行为应承担的法律责任

有下列行为之一，尚不构成犯罪的，由县级以上人民政府文物主管部门会同公安机关追缴文物；情节严重的，处5000元以上5万元以下的罚款：

1.发现文物隐匿不报或者拒不上交的；

2.未按照规定移交拣选文物的。

（二）在文物保护单位的保护范围和建设控制地带内进行建设工程违法行为应承担的法律责任

在文物保护单位的保护范围内或者建设控制地带内建设污染文物保护单位及其环境的设施的，或者对已有的污染文物保护单位及其环境的设施未在规定的期限内完成治理的，由环境保护行政部门依照有关法律、法规的规定给予处罚。

# 章节练习题

## 一、单项选择题

1. 在文物保护单位的保护范围之外，划定的为保护文物单位的安全、环境、历史风貌对建设项目加以限制的区域，称为（　　）。
   A.建设控制地带　　　B.文物保护范围
   C.城市紫线　　　　　D.城市黄线

2. 全国重点文物保护单位的建设控制地带，应经（　　）批准后再划定公布。
   A.国务院文物行政部门
   B.国家发改委
   C.省、自治区、直辖市人民政府
   D.省、自治区、直辖市文物行政部门

3. 某市文物管理部门拟对部分文物建筑进行修缮，则承揽该项目的施工单位须具备（　　）。
   A.建设行政主管部门颁发的相应资质等级证书
   B.文物行政主管部门颁发的相应等级文物保护工程资质证书
   C. A和B满足其一即可
   D. A和B必须同时具备

4. 按照《文物保护法》的规定，在全国重点文物保护单位的保护范围内进行其他建设工程或者爆破、钻探、挖掘等作业的，必须经（　　）批准。
   A.国务院文物行政部门
   B.省、自治区、直辖市文物行政部门
   C.国务院
   D.省、自治区、直辖市人民政府

5. 某施工单位在基础地基施工时发现古墓葬，因工期紧张，须进行抢救性发掘，则该发掘工作应由（　　）组织。
   A.建设单位　　　　B.监理单位
   C.施工单位　　　　D.文物行政部门

6. 在建设工程施工过程中，施工单位发现文物后立即报告当地文物行政部门。根据《文物保护法》的规定，文物行政部门接到报告后，如无特殊情况，应当在（　　）。
   A.8小时内赶赴现场
   B.48小时内赶赴现场
   C.7日内提出处理意见
   D.10日内提出处理意见

## 二、多项选择题

1. 根据《文物保护法》的规定，属于国家所有的不可移动文物的有（　　）。
   A.古文化遗址
   B.古墓葬
   C.石窟寺
   D.中国境内出土的文物
   E.公民、法人和其他组织捐赠给国家的文物

2. 某省辖区某市市区内发现的古文化遗址被确定为全国重点文物保护单位，则其建设控制地带由（　　）来划定。
   A.省文物行政主管部门
   B.市文物行政主管部门
   C.省城乡规划行政主管部门
   D.市城乡规划行政主管部门
   E.国家文物局

3. 《历史文化名城名镇名村保护条例》规定，在历史文化名城、名镇、名村保护范围内禁止以下活动（　　）。
   A.修建储存腐蚀性物品的仓库
   B.开采矿产
   C.进行影视剧摄制活动
   D.举办大型群众性活动
   E.修建生产易燃性物品的工厂

4. 按照《文物保护法实施条例》规定，相关单位取得文物行政主管部门颁发的相应等级的文物保护工程资质证书和建设行政主管部门发给的相应等级的资质证书，即可承担文物保护单位的（　　）等工作。

A.迁移　　B.修补
C.修缮　　D.清洗
E.重建

## 参考答案及解析

### 一、单项选择题

1.【答案】A
【解析】《文物保护法实施条例》规定,文物保护单位的建设控制地带,是指在文物保护单位的保护范围之外,划定的为保护文物单位的安全、环境、历史风貌对建设项目加以限制的区域。

2.【答案】C
【解析】全国重点文物保护单位的建设控制地带,应经省、自治区、直辖市人民政府批准后,由省、自治区、直辖市人民政府的文物行政主管部门会同城乡规划行政主管部门划定公布。

3.【答案】D
【解析】《文物保护法实施条例》规定,承担文物保护单位的修缮、迁移、重建工程的单位,应当同时取得文物行政主管部门发给的相应等级的文物保护工程资质证书和建设行政主管部门发给的相应等级的资质证书。

4.【答案】D
【解析】《文物保护法》规定,在全国重点文物保护单位的保护范围内进行其他建设工程或者爆破、钻探、挖掘等作业的,必须经省、自治区、直辖市人民政府批准,在批准前应当征得国务院文物行政部门同意。

5.【答案】D
【解析】确因建设工期紧迫或者有自然破坏危险,对古文化遗址、古墓葬急需进行抢救发掘的,由省、自治区、直辖市人民政府文物行政部门组织发掘,并同时补办审批手续。

6.【答案】C
【解析】《文物保护法》规定,在进行建设工程或者在农业生产中,任何单位或者个人发现文物,应当保护现场,立即报告当地文物行政部门,文物行政部门接到报告后,如无特殊情况,应当在24小时内赶赴现场,并在7日内提出处理意见。

### 二、多项选择题

1.【答案】ABC
【解析】古文化遗址、古墓葬、石窟寺属于国家所有。国家指定保护的纪念建筑物、古建筑、石刻、壁画、近代现代代表性建筑等不可移动文物,除国家另有规定的以外,属于国家所有。

2.【答案】AC
【解析】根据《文物保护法实施条例》规定,全国重点文物保护单位的建设控制地带,经省、自治区、直辖市人民政府批准,由省、自治区、直辖市人民政府的文物行政主管部门会同城乡规划行政主管部门划定并公布。

3.【答案】ABE
【解析】《历史文化名城名镇名村保护条例》规定,在历史文化名城、名镇、名村保护范围内禁止进行下列活动:(1)开山、采石、开矿等破坏传统格局和历史风貌的活动;(2)占用保护规划确定保留的园林绿地、河湖水系、道路等;(3)修建生产、储存爆炸性、易燃性、放射性、毒害性、腐蚀性物品的工厂、仓库等;(4)在历史建筑上刻画、涂污。

4.【答案】ACE
【解析】《文物保护法实施条例》规定,承担文物保护单位的修缮、迁移、重建工程的单位,应当同时取得文物行政主管部门发给的相应等级的文物保护工程资质证书和建设行政主管部门发给的相应等级的资质证书。其中,不涉及建筑活动的文物保护单位的修缮、迁移、重建,应当由取得文物行政主管部门发给的相应等级的文物保护工程资质证书的单位承担。

# 1Z306000 建设工程安全生产法律制度

一、本章近三年考情

本章近三年考试真题分值统计 （单位：分）

| 年份<br>节 | 2014年 | | 2015年 | | 2016年 | |
|---|---|---|---|---|---|---|
| | 单选题 | 多选题 | 单选题 | 多选题 | 单选题 | 多选题 |
| 1Z306010 施工安全生产许可证制度 | 1 | 2 | 2 | | 3 | 2 |
| 1Z306020 施工安全生产责任和安全生产教育培训制度 | 2 | 2 | 3 | 4 | 2 | |
| 1Z306030 施工现场安全防护制度 | 2 | 2 | 4 | 6 | 2 | 2 |
| 1Z306040 施工安全事故的应急救援与调查处理 | 1 | 2 | 2 | 2 | 1 | 2 |
| 1Z306050 建设单位和相关单位的建设工程安全责任制度 | 2 | 2 | 2 | | 2 | 2 |

二、本章学习提示

本章分为五节，分别介绍了施工安全生产许可证制度、施工安全生产责任和安全生产教育培训制度、施工现场安全防护制度、施工安全事故的应急救援与调查处理以及建设单位和相关单位的建设工程安全责任制度。本章内容是考试的重点，考频很高，占分较多。考生在学习时，须结合本书讲解进行学习，做到融会贯通。

# 1Z306000 建设工程安全生产法律制度

## 1Z306010 施工安全生产许可证制度

**本节知识体系**

本节主要围绕安全生产许可证进行讲解，介绍了安全生产许可证的适用范围、申请条件以及有效期等内容。本节内容考频极高，均为重点，需要考生细心把握。

**核心内容讲解**

### 一、实行生工安全生产许可证制度的范围

应当申请安全生产许可证方可从事经营的五类企业：

1. 矿山企业；
2. 建筑施工企业；
3. 危险化学品生产企业；
4. 烟花爆竹生产企业；
5. 民用爆炸物品生产企业。

企业未取得安全生产许可证的，不得从事生产活动。省、自治区、直辖市人民政府建设主管部门负责建筑施工企业安全生产许可证的颁发和管理，并接受国务院建设主管部门的指导和监督。

🔊 **嗨·点评** 考生应掌握安全生产许可证的申请企业的范围，能做熟练判断。

【**经典例题**】1.根据《安全生产许可证条例》，国家对（ ）实行安全生产许可制度。

A.矿山企业
B.建筑施工企业
C.日用化学品生产、经营、储存单位
D.危险化学品生产、经营、储存单位
E.烟花爆竹、民用爆破器材生产企业

【**答案**】ABE

【**嗨·解析**】C、D应为危险化学品生产企业。日用化学品单位、经营、储存单位不属于安全生产许可证的办理范畴。

### 二、申请领取安全生产许可证的条件

**三安**：安全制度、安全费用、安全机构人员

1. 建立、健全安全生产责任制，制定完备的安全生产规章制度和操作规程；（有制度）
2. 保证本单位安全生产条件所需资金的投入；（有钱）
3. 设置安全生产管理机构，按照国家有关规定配备专职安全生产管理人员；（有管理人员）

**三考**：安全ABC证、特种作业、全员

4. 主要负责人、项目负责人、专职安全生产管理人员经建设主管部门或者其他有关部门考核合格；（负责人安全考核合格）
5. 特种作业人员经有关业务主管部门考核合格，取得特种作业操作资格证书；（特种作业人员合格）
6. 管理人员和作业人员每年至少进行一次教育培训并考核合格；（安全教育培训）

**两保险**：工伤保险、意外伤害险

7. 依法参加工伤保险，依法为施工现场从事危险作业的人员办理意外伤害保险，为从业人员交纳保险费；（人的保险）

（现场、职业病）

8. 施工现场的办公、生活区及作业场所

和安全防护用具、机械设备、施工机具及配件符合有关安全生产法律、法规、标准和规程的要求；（现场管理）

9.有职业危害防治措施，并为作业人员配备符合国家标准或者行业标准的安全防护用具和安全防护服装；（职业病防治）

两应急：危险性较大、易发生事故；安全事故

10.有对危险性较大的分部分项工程及施工现场易发生重大事故的部位、环节的预防、监控措施和应急预案；（应急预案）

11.有生产安全事故应急救援预案、应急救援组织或人员，配备必要的器材、设备等；（应急预案）

12.其他。

🔊 **嗨·点评** 考生应理解记忆安全生产许可证的办理条件。记忆口诀：三安三考两保险，现场职业病两应急。

【经典例题】2.（2015年真题）下列属于建筑施工企业取得安全生产许可证应当具备的条件是（  ）。

A.有职业危害应急救援预案，并配备必要的应急救援器材和设备

B.管理人员和作业人员每年至少进行2次安全生产教育培训并考核合格

C.特种作业人员经有关业务主管部门考核合格，取得特种作业操作资格证书

D.设置安全生产管理机构，按照国家有关规定配备兼职安全生产管理人员

【答案】C

【嗨·解析】A错误，职业危害制定"防治措施"，安全生产事故制定"应急预案"；B错误，每年至少1次安全生产教育培训；D错误，配备专职安全生产管理人员。

### 三、安全生产许可证的有效期和政府监管的规定

（一）安全生产许可证的申请

省、自治区、直辖市人民政府建设主管部门负责建筑施工企业安全生产许可证的颁发和管理，并接受国务院建设主管部门的指导和监督。

（二）安全生产许可证有效期

1.安全生产许可证有效期与施工许可证、开工报告的对比（见表1Z306010）

安全生产许可证与施工许可证、开工报告的对比  表1Z306010

| | 施工许可证 | 开工报告 | 安全生产许可证 |
| --- | --- | --- | --- |
| 办理单位 | 建设单位 | 建设单位 | 施工单位 |
| 有效期 | 3个月 | 6个月 | 3年 |
| 延期 | 期满前办理，可以延期2次，每次不超过3个月 | 不予延期 | 期满前3个月办理，<br>①守法<br>②无死亡事故<br>③发证机关同意<br>延期3年 |
| 办理条件（口诀） | 地划地施，<br>图安监钱其他 | 钱测图地 | 三安三考两保险<br>现场职业病两应急 |

2.安全生产许可证的其他规定

（1）变更：企业变更名称、地址、法定代表人等，在变更后10日内，到原颁证机关办理变更手续。

（2）注销：企业破产、倒闭、撤销的，应当将安全生产许可证交回原颁证机关，并予以注销。

（3）遗失：立即报告原发证机关，并在

公众媒体上声明作废后,方可申请补办。

（三）政府监管

安全生产许可证颁发管理机关或者其上级行政机关发现有下列情形之一的,可以撤销已经颁发的安全生产许可证:

1.安全生产许可证颁发管理机关工作人员滥用职权、玩忽职守颁发安全生产许可证的;

2.超越法定职权颁发安全生产许可证的;

3.违反法定程序颁发安全生产许可证的;

4.对不具备安全生产条件的建筑施工企业颁发安全生产许可证的;

5.依法可以撤销已经颁发的安全生产许可证的其他情形。

简记为:非法发放非法取得的,撤销。

**嗨·点评** 考生应对比记忆施工许可证、开工报告、安全生产许可证的有效期、延期、办理条件等。

**【经典例题】3.**（2016年真题）关于安全生产许可证有效期的说法,正确的有(　　)。

A.安全生产许可证的有效期为3年

B.施工企业应当向原安全生产许可证颁发管理机关办理延续手续

C.安全生产许可证有效期满需要延期的,施工企业应当于期满前1个月办理延期手续

D.施工企业在安全生产许可证有效期内,严格遵守有关安全生产的法律法规,未发生死亡事故的,安全生产许可证有效期届满时,自动延期

E.安全生产许可证有效期延期3年

**【答案】** ABE

**【嗨·解析】** C错误,安全生产许可证有效期满需要延期的,企业应当于期满前3个月向原安全生产许可证颁发管理机关办理延期手续;D错误,企业在安全生产许可证有效期内,严格遵守有关安全生产的法律法规,未发生死亡事故的,安全生产许可证有效期届满时,经原安全生产许可证颁发管理机关同意,不再审查,安全生产许可证有效期延期3年。

### 四、违法行为应承担的法律责任

1.取得安全生产许可证的建筑施工企业,发生重大安全事故的,暂扣安全生产许可证并限期整改。

2.建筑施工企业不再具备安全生产条件的,暂扣安全生产许可证并限期整改;情节严重的,吊销安全生产许可证。

3.建筑施工企业转让安全生产许可证的,没收违法所得,处10万元以上50万元以下的罚款,并吊销安全生产许可证;构成犯罪的,依法追究刑事责任;接受转让的,依照无证施工的规定处罚。

4.冒用安全生产许可证或者使用伪造的安全生产许可证的,依照无证施工的规定处罚。

5.建筑施工企业隐瞒有关情况或者提供虚假材料申请安全生产许可证的,不予受理或者不予颁发安全生产许可证,并给予警告,1年内不得申请安全生产许可证。

6.建筑施工企业以欺骗、贿赂等不正当手段取得安全生产许可证的,撤销安全生产许可证,3年内不得再次申请安全生产许可证;构成犯罪的,依法追究刑事责任。

**【经典例题】4.**（2016年真题）下列建筑施工企业安全生产许可证违法行为中,应当承担"吊销安全生产许可证"法律责任的违法行为是(　　)。

A.取得安全生产许可后,发生较大安全事故的

B.转让安全生产许可证擅自进行生产的

C.未取得安全生产许可证擅自进行生产的

D.未取得安全生产许可有效期满未办理延期手续,继续从事建筑施工活动的

**【答案】** B

# 章节练习题

## 一、单项选择题

1. 根据《安全生产许可证条例》，不属于实行安全生产许可制度的企业是（　　）。
   A.某装饰工程公司
   B.建筑材料生产企业
   C.某烟花爆竹厂
   D.矿山企业

2. 《安全生产许可证条例规定》，建筑施工企业未取得安全生产许可证的（　　）。
   A.不得项目开工
   B.不得从事建筑施工活动
   C.不得参与项目投标
   D.不得办理工程竣工验收

3. 按照《安全生产许可证条例》的规定，负责地方建筑施工企业安全生产许可证颁发和管理的部门是（　　）。
   A.省、自治区、直辖市人民政府建设主管部门
   B.省、自治区、直辖市人民政府
   C.省、自治区、直辖市人民政府安全监督部门
   D.省、自治区、直辖市发改委

4. 《安全生产许可证条例》规定，安全生产许可证的有效期为（　　）年。
   A.2
   B.3
   C.5
   D.因企业类型不同而不同

5. 某建筑企业在安全生产许可证有效期内，严格遵守法律法规，未发生死亡事故的，则安全生产许可证届满时（　　）。
   A.必须再次审查，审查合格延期3年
   B.不再审查，有效期直至发生死亡事故时终止
   C.按照初始条件重新申请办理
   D.经原安全生产许可证颁发管理机关同意，不再审查，有效期延期3年

6. 某建筑施工企业在申领安全生产许可证过程中被发现使用虚假材料，则按照《建筑施工企业安全生产许可证管理规定》，其可能受到的最严厉处罚是（　　）。
   A.1年内不得申请安全生产许可证
   B.3年内不得申请安全生产许可证
   C.吊销安全生产许可证
   D.追究刑事责任

## 二、多项选择题

1. 根据《建筑施工企业安全生产许可证管理规定》要求，下列属于建筑施工企业取得安全生产许可证条件的是（　　）。
   A.有保证本单位安全生产条件所需资金的投入
   B.特种作业人员经有关部门考核合格并取得资格证书
   C.全员参加意外伤害保险
   D.设置安全生产管理机构
   E.有生产安全事故应急救援预案

2. 下述情形中，建筑施工企业必须在变更后10日内到原安全生产许可证颁发管理机关办理安全生产许可证变更手续的是（　　）。
   A.企业股东变更
   B.企业名称变更
   C.企业注册地址变更
   D.企业法定代表人变更
   E.企业设立分公司

3. 下列建筑施工企业作业人员中，属于特种作业人员的是（　　）。
   A.安全员
   B.起重机械拆卸工
   C.高处吊篮安装工
   D.建筑拆除工

E. 建筑起重信号工

4. 按照《安全生产许可证条例》规定,建筑施工企业（　　）的,应当将安全生产许可证交回原安全生产许可证颁发管理机关予以注销。
   A. 变更名称　　　　B. 重组合并
   C. 变更地址　　　　D. 破产倒闭
   E. 撤销

5. 按《建筑施工企业安全生产许可证管理规定》规定,下列情形安全生产许可证颁发管理机关或者其上级行政机关可以撤销安全生产许可证的是（　　）。
   A. 安全生产许可证颁发管理机关工作人员滥用职权、玩忽职守颁发安全生产许可证的
   B. 建筑施工企业不再具备安全生产条件的
   C. 违反法定程序颁发安全生产许可证的
   D. 对不具备安全生产条件的建筑施工企业颁发安全生产许可证的
   E. 建筑施工企业破产、倒闭

## 参考答案及解析

一、单项选择题

1. 【答案】B
   【解析】2013年7月经修改后发布的《安全生产许可证条例》中规定,国家对矿山企业、建筑施工企业和危险化学品、烟花爆竹、民用爆破器材生产企业（以下统称企业）实行安全生产许可制度。企业未取得安全生产许可证的,不得从事生产活动。没有建筑材料生产企业这一项,因此答案为B。

2. 【答案】B
   【解析】根据《安全生产许可证条例》和《建筑施工企业安全生产许可证管理规定》,建筑施工企业未取得安全生产许可证的,不得从事建筑施工活动。

3. 【答案】A
   【解析】《安全生产许可证条例》规定,省、自治区、直辖市人民政府建设主管部门负责建筑施工企业安全生产许可证的颁发和管理,并接受国务院建设主管部门的指导和监督。

4. 【答案】B
   【解析】安全生产许可证的有效期为3年。

5. 【答案】D
   【解析】按照《安全生产许可证条例》的规定,企业在安全生产许可证有效期内,严格遵守有关安全生产的法律法规,未发生死亡事故的,安全生产许可证有效期届满时,经原安全生产许可证颁发管理机关同意,不再审查,安全生产许可证有效期延期3年。

6. 【答案】A
   【解析】《建筑施工企业安全生产许可证管理规定》中规定,建筑施工企业隐瞒有关情况或者提供虚假材料申请安全生产许可证的,不予受理或者不予颁发安全生产许可证,并给予警告,1年内不得申请安全生产许可证。

二、多项选择题

1. 【答案】ABDE
   【解析】《建筑施工企业安全生产许可证管理规定》中将建筑施工企业取得安全生产许可证应当具备的安全生产条件具体规定为：……（7）依法参加工伤保险,依法为施工现场从事危险作业的人员办理意外伤害保险,为从业人员交纳保险费。C选项中是要求"全员",所以错误。

2. 【答案】BCD
   【解析】建筑施工企业变更名称、地址、法定代表人等,应当在变更后10日内,到原安全生产许可证颁发管理机关办理安全生产许可证变更手续。

3. 【答案】BCE

【解析】安全员不属于作业人员，而是管理人员。建筑施工特种作业包括：（1）建筑电工；（2）建筑架子工；（3）建筑起重信号司索工；（4）建筑起重机械司机；（5）建筑起重机械安装拆卸工；（6）高处作业吊篮安装拆卸工；（7）经省级以上人民政府建设主管部门认定的其他特种作业。

4. 【答案】DE

【解析】建筑施工企业破产、倒闭、撤销的，应当将安全生产许可证交回原安全生产许可证颁发管理机关予以注销。

5. 【答案】ACD

【解析】安全生产许可证颁发管理机关或者其上级行政机关发现有下列情形之一的，可以撤销已经颁发的安全生产许可证：（1）安全生产许可证颁发管理机关工作人员滥用职权、玩忽职守颁发安全生产许可证的；（2）超越法定职权颁发安全生产许可证的；（3）违反法定程序颁发安全生产许可证的；（4）对不具备安全生产条件的建筑施工企业颁发安全生产许可证的；（5）依法可以撤销已经颁发的安全生产许可证的其他情形。

# 1Z306020 施工安全生产责任和安全生产教育培训制度

## 本节知识体系

本节主要介绍了施工单位的安全生产责任、安全生产原则以及安全生产教育培训。重点讲解了安全责任的具体规定、主要负责人、项目负责人的安全责任等内容。考生在学习中，需要勤做对比，精确区分。

## 核心内容讲解

### 一、施工单位的安全生产责任

#### （一）施工安全生产管理方针

安全生产工作应当以人为本，坚持安全发展，坚持安全第一、预防为主、综合治理的方针。

#### （二）施工单位的安全生产责任制度

1. 施工单位主要负责人对安全生产工作全面负责

《安全生产法》规定，生产经营单位的主要负责人对本单位的安全生产工作全面负责。生产经营单位的主要负责人对本单位安全生产工作负有下列职责：①建立、健全本单位安全生产责任制；②组织制定本单位安全生产规章制度和操作规程；③保证本单位安全生产投入的有效实施；④督促、检查本单位的安全生产工作，及时消除生产安全事故隐患；⑤组织制定并实施本单位的生产安全事故应急救援预案；⑥及时、如实报告生产安全事故；⑦组织制定并实施本单位安全生产教育和培训计划。

施工单位主要负责人，通常是指对施工单位全面负责，有生产经营决策权的人。具体说，可以是施工企业的董事长，也可以是总经理或总裁等。

2. 施工单位安全生产管理机构和专职安全生产管理人员的职责（见表1Z306020-1）

施工单位安全生产管理机构和专职安全生产管理人员的职责　表1Z306020-1

| 建筑施工企业安全生产管理机构具有以下职责 | 建筑施工企业安全生产管理机构专职安全生产管理人员在施工现场检查过程中具有以下职责 |
| --- | --- |
| （1）宣传和贯彻国家有关安全生产法律法规和标准；（2）编制并适时更新安全生产管理制度并监督实施；（3）组织或参与企业生产安全事故应急救援预案的编制及演练；（4）组织开展安全教育培训与交流；（5）协调配备项目专职安全生产管理人员；（6）制订企业安全生产检查计划并组织实施；（7）监督在建项目安全生产费用的使用；（8）参与危险性较大工程安全专项施工方案专家论证会；（9）通报在建项目违规违章查处情况；（10）组织开展安全生产评优评先表彰工作；（11）建立企业在建项目安全生产管理档案；（12）考核评价分包企业安全生产业绩及项目安全生产管理情况；（13）参加生产安全事故的调查和处理工作；（14）企业明确的其他安全生产管理职责 | （1）查阅在建项目安全生产有关资料、核实有关情况；（2）检查危险性较大工程安全专项施工方案落实情况；（3）监督项目专职安全生产管理人员履责情况；（4）监督作业人员安全防护用品的配备及使用情况；（5）对发现的安全生产违章违规行为或安全隐患，有权当场予以纠正或作出处理决定；（6）对不符合安全生产条件的设施、设备、器材，有权当场作出查封的处理决定；（7）对施工现场存在的重大安全隐患有权越级报告或直接向建设主管部门报告；（8）企业明确的其他安全生产管理职责 |

3.建设工程项目安全生产领导小组的职责

建筑施工企业应当在建设工程项目组建安全生产领导小组。建设工程实行施工总承包的，安全生产领导小组由总承包企业、专业承包企业和劳务分包企业项目经理、技术负责人和专职安全生产管理人员组成。

4.专职安全生产管理人员的配备要求

（1）施工企业专职安全生产管理人员（见图1Z306020-1）

图1Z306020-1　施工企业专职安全生产管理人员

（2）项目总承包单位专职安全员的配备（见图1Z306020-2）

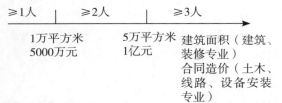

图1Z306020-2　项目总承包单位专职安全员的配备

（3）项目专业承（分）包单位专职安全员的配备

专业承包单位应当配置至少1人，并根据所承担的分部分项工程的工程量和施工危险程度增加。

（4）项目劳务分包单位专职安全员的配备（见图1Z306020-3）

图1Z306020-3　项目劳务分包单位专职安全员的配备

（三）施工单位负责人施工现场带班制度

1.建筑施工企业负责人要定期带班检查，每月检查时间不少于其工作日的25%。建筑施工企业负责人带班检查时，做好检查记录，并分别在企业和工程项目存档备查。

2.现场带班：

（1）工程项目进行超过一定规模的危险性较大的分部分项工程施工时；

（2）工程项目出现险情或发现重大隐患时，建筑施工企业负责人应到施工现场进行带班检查。

3.对于有分公司（非独立法人）的企业集团，集团负责人因故不能到现场的，可书面委托工程所在地的分公司负责人对施工现场进行带班检查。

（四）重大事故隐患治理挂牌督办制度

生产经营单位应当建立健全生产安全事故隐患排查治理制度，采取技术、管理措施，及时发现并消除事故隐患。

（五）建立健全群防群治制度

🔊 嗨·点评　考生应结合实际理解记忆。

【经典例题】1.（2016年真题）关于建筑施工企业负责人施工现场带班制度的说法，正确的是（　　）。

A.建筑施工企业负责人每月带班检查的时间不少于该月的25%

B.建筑施工企业负责人带班检查时形成的检查记录仅在工程项目上存档备查即可

C.超过一定规模的危险性较大的分部分项工程施工时，建筑施工企业负责人应到施工现场进行带班检查

D.对于有分公司的企业集团，集团负责人因故不能到现场的，必须书面委托集团公司所在地分公司负责人进行带班检查

【答案】C

【嗨·解析】A错误，建筑施工企业负责人要定期带班检查，每月检查时间不少于其工作日的25%；

B错误，建筑施工企业负责人带班检查时，应认真做好检查记录，并分别在企业和工程项目存档备查；

C正确；

D错误，对于有分公司（非独立法人）的企业集团，集团负责人因故不能到现场的，可书面委托工程所在地的分公司负责人对施工现场进行带班检查。

## 二、施工项目负责人的安全生产责任

**（一）施工项目负责人的执业资格和安全生产责任（见表1Z306020-2）**

单位主要负责人和项目负责人安全生产责任的区别　表1Z306020-2

| 施工单位主要负责人 | 施工项目负责人 |
| --- | --- |
| 1.建立、健全本单位安全生产责任制；<br>2.组织制定本单位安全生产规章制度和操作规程；<br>3.保证本单位安全生产投入的有效实施；<br>4.督促、检查本单位的安全生产工作，及时消除生产安全事故隐患；<br>5.组织制定并实施本单位的生产安全事故应急救援预案；<br>6.及时、如实报告生产安全事故；<br>7.组织制定并实施本单位安全生产教育和培训计划 | 1.对建设工程项目的安全施工负责；<br>2.落实安全生产责任制度、安全生产规章制度和操作规程；<br>3.确保安全生产费用的有效使用；<br>4.根据工程特点组织制定安全施工措施，消除安全事故隐患；<br>5.及时、如实报告生产安全事故情况 |

**（二）施工单位项目负责人施工现场带班制度（见表1Z306020-3）**

施工单位负责人和施工单位项目负责人现场带班的区别　表1Z306020-3

| | 施工单位负责人 | 施工单位项目负责人 |
| --- | --- | --- |
| 人员 | 法定代表人、总经理、主管质量安全和生产工作的副总经理、总工程师和副总工程师 | 项目经理 |
| 时间 | 本月工作日 | 本月施工时间 |
| 比例 | 25% | 80% |
| 现场带班 | ①超过一定规模的危险性较大的分部分项工程施工；<br>②出现险情或发现重大隐患 | 离开现场，要向建设单位请假，批准后可离开，且委托项目相关负责人负责日常工作 |

🔊 **嗨·点评** 考生应对比施工单位负责人和项目负责人的安全生产责任及现场带班的规定，能做熟练区分。

【经典例题】2.施工单位项目责任人的安全生产主要包括（　　）。

A.组织制定安全施工措施

B.消除安全事故隐患

C.及时、如实上报安全事故情况

D.编制安全生产规章制度和操作规程

E.确保安全生产费用的投入

【答案】BCE

【嗨·解析】A、D属于施工单位主要负责人的安全责任，需要考生重点区分。

## 三、施工总承包和分包单位的安全生产责任

**（一）施工现场安全**

施工现场安全由建筑施工企业负责。实行施工总承包的，由总承包单位负责。分包单位向总承包单位负责，服从总承包单位对施工现场的安全生产管理。

**（二）总承包单位应当承担的法定安全生产责任**

1.分包合同应当明确总分包双方的安全生产责任；

2.统一组织编制建设工程生产安全应急救援预案；

3.负责上报施工生产安全事故;
4.自行完成建设工程主体结构的施工;
5.与分包单位就安全生产承担连带责任。

（三）分包单位应当承担的法定安全生产责任

1.分包单位向总承包单位负责，服从总承包单位对施工现场的安全生产管理。

2.分包单位应当服从总承包单位的安全生产管理，分包单位不服从管理导致生产安全事故的，由分包单位承担主要责任。

🔊 **嗨·点评** 考生应重点掌握总分包的连带责任。

【经典例题】3.（2014年真题）某总承包单位与分包单位在分包合同中约定，由分包单位自行负责分包工程的安全生产，工程施工中，分包工程发生了安全事故，则该事故（ ）。

A.按约定由分包单位自行承担全部责任
B.分包单位承担主要责任，总承包单位承担次要责任
C.总承包单位承担全部责任
D.总承包单位与分包单位承担连带责任

【答案】D

【嗨·解析】总承包单位和分包单位对分包工程的安全生产承担连带责任。

### 四、施工作业人员安全生产的权利和义务

（一）施工作业人员依法享有的安全生产保障权利

1.施工安全生产的知情权和建议权；
2.施工安全防护用品的获得权；
3.批评、检举、控告权及拒绝违章指挥权；
4.紧急避险权：从业人员发现直接危及人身安全的紧急情况时，有权停止作业或者在采取可能的应急措施后撤离作业场所。生产经营单位不得因从业人员在前款紧急情况下停止作业或者采取紧急撤离措施而降低其工资、福利等待遇或者解除与其订立的劳动合同；

5.获得工伤保险和意外伤害保险赔偿的权利；
6.请求民事赔偿权；
7.依靠公会维权和被派遣劳动者的权利。

（二）施工作业人员应当履行的安全生产义务

1.守法遵章和正确使用安全防护用具等的义务；
2.接受安全生产教育培训的义务；
3.施工安全事故隐患报告的义务；
4.被派遣劳动者的义务。

（三）工会权利

1.工会对生产经营单位违反安全生产法律、法规，侵犯从业人员合法权益的行为，有权要求纠正。

2.发现生产经营单位违章指挥、强令冒险作业或者发现事故隐患时，有权提出解决的建议，生产经营单位应当及时研究答复。

3.发现危及从业人员生命安全的情况时，有权向生产经营单位建议组织从业人员撤离危险场所，生产经营单位必须立即作出处理。

4.工会有权依法参加事故调查，向有关部门提出处理意见，并要求追究有关人员的责任。

🔊 **嗨·点评** 考生应结合实际对比记忆施工作业人员的权利和义务，能做熟练区分。

【经典例题】4.（2015年真题）施工作业人员应当享有的安全生产权利有（ ）。

A.获得防护用品权
B.获得保险赔偿权
C.拒绝违章指挥权
D.安全生产决策权
E.紧急避险权

【答案】ABCE

【嗨·解析】决策权并不是普通施工作业人员的权利。

## 五、施工单位安全生产教育培训的规定

### （一）施工单位三类管理人员和特种作业人员的培训考核（见表1Z306020-4）

施工单位三类管理人员和特种作业人员的培训考核　表1Z306020-4

|  | 培训种类 | 适用 | 培训对象 |
|---|---|---|---|
| 建设行政主管部门 | 安全A证 | 岗前培训与上岗资格考试 | 单位主要负责人 |
|  | 安全B证 |  | 项目负责人 |
|  | 安全C证 |  | 专职安全生产管理人员 |
|  | 特种作业资格证 |  | 特种作业人员 |
| 施工企业 | 企业安全内训 | 每年至少一次 | 全体管理人员和作业人员 |
|  | 专门安全培训 | 新岗位新现场新技术新工艺新设备新材料 | 作业人员 |

### （二）特种作业人员

建筑施工特种作业包括：

1. 建筑电工；
2. 建筑架子工；
3. 建筑起重信号司索工；
4. 建筑起重机械司机；
5. 建筑起重机械安装拆卸工；
6. 高处作业吊篮安装拆卸工；
7. 经省级以上人民政府建设行政主管部门认定的其他特种工作业。

### （三）两新+四新

1. 两新：作业人员进入新的岗位或者新的施工现场前，应当接受安全生产教育培训。未经教育培训或者教育培训考核不合格的人员，不得上岗作业。建筑企业要对新职工进行至少32学时的安全培训，每年进行至少20学时的再培训。

2. 生产经营单位采用新工艺、新技术、新材料或者使用新设备，必须了解、掌握其安全技术特性，采取有效的安全防护措施，并对从业人员进行专门的安全生产教育和培训。

### （四）安全教育培训方式

高危企业新职工安全培训合格后，要在经验丰富的工人师傅带领下，实习至少2个月后方可独立上岗。工人师傅一般应当具备中级工以上技能等级，3年以上相应工作经历。

**嗨·点评** 考生应结合实际理解记忆安全生产教育的规定，重点记忆特种作业人员的种类和关于数字的相关规定。

【经典例题】5.（2014年真题）根据《安全生产许可证条例》，必须持特种作业操作证书上岗的人员是（　　）。

A. 项目经理　　　B. 兼职安全员
C. 建筑架子工　　D. BIM系统操作员

【答案】C

【嗨·解析】只有C属于特种作业人员。

## 六、违法行为应承担的法律责任

### （一）施工单位违法行为应承担的法律责任

两个以上生产经营单位在同一作业区域内进行可能危及对方安全生产的生产经营活动，未签订安全生产管理协议或者未指定专职安全生产管理人员进行安全检查与协调的，责令限期改正，可以处5万元以下的罚款，对其直接负责的主管人员和其他直接责任人员可以处1万元以下的罚款；逾期未改正的，责令停产停业。

### （二）施工管理人员违法行为应承担的法律责任

1. 生产经营单位的主要负责人未履行本

法规定的安全生产管理职责,导致发生生产安全事故的,由安全生产监督管理部门依照下列规定处以罚款:(1)发生一般事故的,处上1年年收入30%的罚款;(2)发生较大事故的,处上1年年收入40%的罚款;(3)发生重大事故的,处上1年年收入60%的罚款;(4)发生特别重大事故的,处上1年年收入80%的罚款。

2. 注册执业人员未执行法律、法规和工程建设强制性标准的,责令停止执业3个月以上1年以下;情节严重的,吊销执业资格证书,5年内不予注册;造成重大安全事故的,终身不予注册;构成犯罪的,依照刑法有关规定追究刑事责任。

【经典例题】6.(2015年真题)根据《建设工程安全生产管理条例》,注册执业人员未执行工程建设强制性标准可责令其停止执业(　　)。

A.1个月以上3个月以下
B.3个月以上1年以下
C.3个月以上2年以下
D.6个月以上1年以下

【答案】B
【嗨·解析】见上文。

# 章节练习题

## 一、单项选择题

1. 按照《建筑法》、《建设工程安全生产管理条例》的规定,对施工单位安全生产工作全面负责的是（    ）。
   A.单位法定代表人
   B.单位主要负责人
   C.单位安全职能部门
   D.单位项目负责人

2. 建筑施工总承包特级资质企业,应至少配备（    ）名专职安全生产管理人员。
   A.8      B.6      C.4      D.5

3. 对建设工程项目施工现场安全生产管理全面负责的是（    ）。
   A.施工单位负责人
   B.施工单位主要负责人
   C.施工单位项目负责人
   D.施工项目安全员

4. 按照《建筑施工企业负责人及项目负责人施工现场带班暂行办法》规定的企业负责人带班检查制度,建筑施工企业负责人要定期带班检查,每月检查时间不少于其工作日的（    ）,项目负责人每月带班生产时间不得少于本月施工时间的（    ）。
   A.10%,70%         B.15%,70%
   C.20%,80%         D.25%,80%

5. 某办公楼项目实行施工总承包,装饰部分施工实行专业分包,在装饰施工中发生重大安全生产事故,则应由（    ）将事故情况上报安全监督部门。
   A.建设单位          B.施工总承包单位
   C.分包单位          D.现场监理单位

6. 某幕墙分包单位没有按照审批方案搭设外围脚手架,总承包单位安全人员发现后及时予以制止,并要求整改,但分包仍一意孤行拒不改正,最终导致脚手架失稳而发生坍塌事故致两人死亡,则下列说法错误的是（    ）。
   A.总承包单位承担全部责任
   B.幕墙分包单位需承担责任
   C.总、分包单位承担连带责任
   D.分包单位承担主要责任

7. 某工程项目实行施工总承包的,则该项目的建设工程生产安全事故应急救援预案由（    ）统一组织编制。
   A.建设单位
   B.总承包单位
   C.监理单位
   D.总承包单位和专业分包单位

8. 作业人员李某在脚手架上施工时,发现部分扣件松动而可能导致架体坍塌,故停止了作业,李某的行为属于行使（    ）。
   A.拒绝权            B.知情权
   C.紧急避险权        D.检举权

## 二、多项选择题

1. 施工单位的项目负责人的安全生产责任包括（    ）。
   A. 落实安全生产责任制度、安全生产规章制度和操作规程
   B. 制订资金使用计划,保证安全生产所需资金的投入和使用
   C. 编制并适时更新安全生产管理制度并监督实施
   D. 及时、如实报告生产安全事故
   E. 根据工程特点组织制定安全施工措施,消除安全事故隐患

2. 施工作业人员享有的安全生产权利包括（    ）。
   A. 获得安全生产所需的防护用品
   B. 了解其作业场所和工作岗位存在的危险因素、防范措施及事故应急措施
   C. 安全事故隐患报告

D. 拒绝加班连续作业
E. 获得意外伤害保险赔偿

3. 下列关于建筑施工企业负责人带班检查的表述中错误的是（　　）。
   A. 应认真做好检查记录，并分别在企业和项目存档
   B. 超过一定规模的危险性较大的分部分项工程施工时，应到施工现场进行带班检查
   C. 建筑施工企业负责人要定期带班检查，每月检查时间不少于其工作日的20%
   D. 工程出现险情或发现重大隐患时，应到施工现场带班检查
   E. 工程开工或停工复工时，应到施工现场带班检查

4. 下列属于建筑施工企业在建设工程项目所组建的安全生产领导小组组成人员的有（　　）。
   A. 总承包企业项目经理
   B. 总承包企业技术负责人
   C. 专业分包企业技术负责人
   D. 劳务分包的专职安全员
   E. 专业分包企业质量负责人

## 参考答案及解析

**一、单项选择题**

1.【答案】B
【解析】《建设工程安全生产管理条例》的规定，施工单位主要负责人依法对本单位安全生产工作全面负责。主要负责人是指对施工单位全面负责、有生产经营决策的人，并不限于法定代表人。

2.【答案】B
【解析】住房和城乡建设部《建筑施工企业安全生产管理机构设置及专职安全生产管理人员配备办法》规定，建筑施工企业安全生产管理机构专职安全生产管理人员的配备应满足下列要求，并应根据企业经营规模、设备管理和生产需要予以增加：
（1）建筑施工总承包资质序列企业：特级资质不少于6人……

3.【答案】C
【解析】施工单位的主要负责人要对本单位的安全生产工作全面负责，项目负责人对所负责的建设工程项目的安全生产工作全面负责，安全生产管理人员更是要具体承担本单位日常的安全生产管理工作。

4.【答案】D
【解析】建筑施工企业负责人要定期带班检查，每月检查时间不少于其工作日的25%。项目负责人每月带班生产时间不得少于本月施工时间的80%。

5.【答案】B
【解析】《建设工程安全生产管理条例》进一步规定，施工单位发生生产安全事故，应当按照国家有关伤亡事故报告和调查处理的规定，及时、如实地向负责安全生产监督管理的部门、建设行政主管部门或者其他有关部门报告；特种设备发生事故的，还应当同时向特种设备安全监督管理部门报告。实行施工总承包的建设工程，由总承包单位负责上报事故。

6.【答案】A
【解析】《建设工程安全生产管理条例》规定，总承包单位和分包单位对分包工程的安全生产承担连带责任。《建筑法》规定分包单位向总承包单位负责，服从总承包单位对现场施工的安全生产管理。《建设工程安全生产管理条例》进一步规定，分包单位应服从总承包单位的安全生产管理，分包单位不服从管理导致生产安全事故的，由分包单位承担主要责任。

7.【答案】B

【解析】《建设工程安全生产管理条例》规定，施工单位应当根据建设工程施工的特点、范围，对施工现场易发生重大事故的部位、环节进行监控，制定施工现场安全生产事故应急救援预案。实行施工总承包的，由总承包单位统一组织编制建设工程生产安全事故应急救援预案，工程总承包单位和分包单位按照应急救援预案，各自建立应急救援组织或者配备应急救援人员，配备救援器材、设备，并定期组织演练。

8.【答案】C

【解析】《安全生产法》规定，从业人员发现直接危及人身安全的紧急情况时，有权停止作业或者在采取可能的应急措施后撤离作业场所。

二、多项选择题

1.【答案】ADE

【解析】根据《建设工程安全生产管理条例》第21条的规定，项目负责人的安全责任主要包括：（1）对建设工程项目的安全施工负责；（2）落实安全生产责任制度、安全生产规章制度和操作规程；（3）确保安全生产费用的有效使用；（4）根据工程的特点组织制定安全施工措施，消除安全事故隐患；（5）及时、如实报告生产安全事故。

2.【答案】ABE

【解析】按照《建筑法》、《安全生产法》、《建设工程安全生产管理条例》等法律、行政法规的规定，施工作业人员主要享有如下的安全生产权利：（1）施工安全生产的知情权和建议权；（2）施工安全防护用品的获得权；（3）批评、检举、控告权及拒绝违章指挥权；（4）紧急避险权；（5）获得意外伤害保险赔偿的权利；（6）请求民事赔偿权；（7）依靠工会维权和被派遣劳动者的权利。

3.【答案】CE

【解析】本题考察施工单位负责人施工现场带班制度。建筑施工企业负责人要定期带班检查，每月检查时间不少于其工作日的25%。建筑施工企业负责人带班检查时，应认真做好检查记录，并分别在企业和工程项目存档备查。工程项目进行超过一定规模的危险性较大的分部分项工程施工时，建筑施工企业负责人应到施工现场进行带班检查。工程项目出现险情或发现重大隐患时，建筑施工企业负责人应到施工现场带班检查，督促工程项目进行整改，及时消除险情和隐患。对于有分公司（非独立法人）的企业集团，集团负责人因故不能到现场的，可书面委托工程所在地的分公司负责人对施工现场进行带班检查。

4.【答案】ABCD

【解析】本题考察建设工程项目安全生产领导小组的职责。建筑施工企业应当在建设工程项目组建安全生产领导小组。建设工程实行施工总承包的，安全生产领导小组由总承包企业、专业承包企业和劳务分包企业项目经理、技术负责人和专职安全生产管理人员组成。

# 1Z306030 施工现场安全防护制度

**本节知识体系**

本节主要介绍了施工单位在保障建设工程施工安全生产的目标下,所需要进行的一系列工作。包括编制安全技术措施、专项施工方案、安全技术交底、施工现场安全防护、安全生产费用的提取和管理、特种设备安全管理等一系列问题。考生在学习中,可以结合工作实践来进行理解。其中,专项施工方案中部分内容与实务教材一致,可以与实务同时记忆。

**核心内容讲解**

## 一、编制安全技术措施、专项施工方案和安全技术交底的规定

### (一)编制安全技术措施和施工现场临时用电方案

施工单位应当在施工组织设计中编制安全技术措施和施工现场临时用电方案(见表1Z306030-1)。

施工现场临时用电方案的编制规定　表1Z306030-1

|  | 数量/容量 | 编制 |
| --- | --- | --- |
| 施工现场临时用电设备 | ≥5台或≥50kW | 用电组织设计 |
|  | <5台或<50kW | 安全用电和电气防火措施 |

### (二)编制安全施工方案

对下列达到一定规模的危险性较大的分部分项工程(见图1Z306030-1)编制专项施工方案,并附具安全验算结果,经施工单位技术负责人、总监理工程师签字后实施,由专职安全生产管理人员进行现场监督。

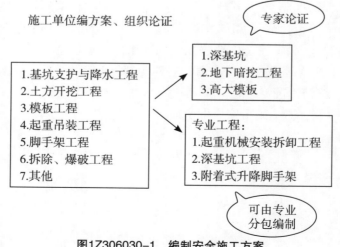

图1Z306030-1　编制安全施工方案

## 1. 安全专项施工方案的编制

施工单位应当在危险性较大的分部分项工程施工前编制专项方案;对超过一定规模的危险性较大的分部分项工程,施工单位应当组织专家对专项方案进行论证。

## 2. 安全专项施工方案的审核(见表1Z306030-2)

安全专项施工方案的审核 表1Z306030-2

| 专项施工方案 | 具体内容 |
| --- | --- |
| 审核 | 施工单位技术部门组织本单位施工技术、安全、质量等部门的专业技术人员进行审核。审核合格的,由施工单位技术负责人签字 |
| | 实行施工总承包的,专项方案应当由总承包单位技术负责人及相关专业承包单位技术负责人签字 |
| 不需要专家论证 | 经施工单位审核合格后报监理单位,由项目总监理工程师审核签字 |
| 需要专家论证 | 经修改完善后,经施工单位技术负责人、项目总监理工程师、建设单位项目负责人签字后,方可实施 |

## 3. 安全专项施工方案的实施

施工单位应当严格按照专项方案组织施工,不得擅自修改、调整专项方案。如因设计、结构、外部环境等因素发生变化确需修改的,修改后的专项方案应当按规定重新审核。对于超过一定规模的危险性较大工程的专项方案,施工单位应当重新组织专家进行论证。

### (三)安全施工技术交底

建设工程施工前,施工单位负责项目管理的技术人员应当对有关安全施工的要求向施工作业班组、作业人员做出详细说明,并由双方签字确认。

**嗨·点评** 考生应结合实际理解记忆,重点掌握施工安全专项方案的规定。

**【经典例题】** 1.(2016年真题)关于安全专项施工方案审核的说法,正确的有(   )。

A.专项方案应当由施工企业技术部门组织本企业施工技术、安全、质量等部门的专项技术人员进行审核

B.专项方案经审核合格的,由施工企业安全部门负责人签字

C.实行施工总承包的,专项方案应当由总承包企业技术负责人及相关专业承包单位技术负责人签字

D.不需专家论证的专项方案,经施工企业审核合格后报监理单位,由项目总监理工程师审核签字

E.超过一定规模的危险性较大的分部分项工程专项方案应当由施工企业组织召开专家论证会

【答案】ACDE

【嗨·解析】B错误,经审核合格的,由施工单位技术负责人签字。

## 二、施工现场安全防护

### 1.危险部位设置安全警示标志(符合国家标准)

生产经营单位应当在有较大危险因素的生产经营场所和有关设施、设备上,设置明显的安全警示标志。

《建设工程安全生产管理条例》进一步规定,施工单位应当在施工现场入口处、施工起重机械、临时用电设施、脚手架、出入通道口、楼梯口、电梯井口、孔洞口、桥梁口、隧道口、基坑边沿、爆破物及有害危险气体和液体存放处等危险部位,设置明显的安全警示标志。安全警示标志必须符合国家标准。

2.不同施工阶段和暂停施工应采取的安全施工措施。

3.现场总平布置要求：办公、生活区与作业区分开设置，并保持安全距离；办公、生活区的选址应当符合安全性要求。职工的膳食、饮水、休息场所等应当符合卫生标准（从供餐单位订餐的，应当从有食品生产经营许可的单位）。施工单位不得在尚未竣工的建筑物内设置员工集体宿舍。

施工现场临建应当符合安全使用要求。装配式活动房屋应具有产品合格证。

4.在城市市区内的建设工程，施工单位应当对施工现场实行封闭围挡在城市主干道，封闭围挡高≥2.5米；辅路及郊区，围挡高≥1.8米。

5.进行可能危及危险化学品管道安全的施工作业，施工单位应当在开工的7日前书面通知管道所属单位，并与管道所属单位共同制定应急预案，采取相应的安全防护措施。管道所属单位应当指派专门人员到现场进行管道安全保护指导。

6.安全防护设备、机械设备等的安全管理。施工单位采购、租赁的安全防护用具、机械设备、施工机具及配件，应当具有生产（制造）许可证、产品合格证，并在进入施工现场前进行查验。

7.承租的机械设备、施工机具、配件，由总包、分包、出租、安装单位共同验收。施工起重机械和自升式架设设施的安装、改造、重大修理，应当经特种设备检验机构"监督检验"合格。

**嗨·点评** 考生应结合实际理解记忆施工现场安全防护，可与实务相关内容做关联记忆。

【经典例题】2.（2016年真题）关于施工企业进行可能危及危险化学品管道安全的施工作业的说法，正确的是（　　）。

A.施工企业应当与建设单位共同制定应急预案

B.施工企业应当在开工日3日前通知管道所属单位

C.施工企业通知管道所属单位时应采用书面形式

D.建设单位应当指派专门人员到现场进行管道安全保护指导

【答案】C

【嗨·解析】A错误，施工单位与管道所属单位；

B错误，7日前；

C正确；

D错误，管道所属单位应当指派专门人员到现场进行管道安全保护指导。

## 三、施工单位安全生产费用的提取和使用管理

施工单位安全生产费用（简称安全费用），是指施工单位按照规定标准提取在成本中列支，专门用于完善和改进企业或者施工项目按生产条件的资金。

原则：企业提取、政府监管、确保需要、规范使用。

## （一）安全生产费用的提取（见表1Z306030-3）

安全生产费用的提取　表1Z306030-3

| 安全生产费用 | 提取管理 | | |
|---|---|---|---|
| 计提依据 | 建筑安装工程造价 | | |
| 标准 | 矿山2.5% | 房建、水利、电力、铁路、轨道交通2.0% | 市政、冶炼、机电、化工、港口、公路、通信1.5% |
| 提取后 | 列入工程造价，竞标时不得删减，列入标外管理 | | |
| 包括 | 文明施工费、环境保护费、临时设施费、安全施工费 | | |
| 报价 | 投标方安全防护、文明施工措施的报价，不得低于依据工程所在地工程造价管理机构测定费率计算所需费用总额的90% | | |
| 预付 | 合同工期在一年以内的，不得低于该费用总额的50%，一年以上的（含一年），预付安全防护、文明施工措施费用不得低于该费用总额的30% | | |
| 挪用 | 限期整改，处挪用费用20%以上50%以下罚款，造成损失的，赔偿 | | |

### （二）安全生产费用的使用

1.完善、改造和维护安全防护设施设备（不含"三同时"要求初期投入的安全设施）；

2.配备、维护、保养应急救援器材、设备支出和应急演练；

3.开展重大危险源和事故隐患评估、监控和整改；

4.安全生产检查、评价（不包括新建、改建、扩建项目安全评价）；安全生产宣传、教育、培训；

5.配备和更新现场作业人员安全防护用品；

6.安全生产适用的新技术、新标准、新工艺、新装备的推广应用支出；

7.安全设施及特种设备检测检验支出；

8.其他与安全生产直接相关的支出。

### （三）安全生产费用的管理

1.工程总承包单位对建筑工程安全防护、文明施工措施费用的使用负总责。

2.总承包单位应当按照本规定及合同约定及时向分包单位支付安全防护、文明施工措施费用。总承包单位不按本规定和合同约定支付费用，造成分包单位不能及时落实安全防护措施导致发生事故的，由总承包单位负主要责任。

### （四）注意三个文件规定不一致

1.2005年建设部《安全费用办法》，合同工期1年以内，安全费用预付50%，1年以上（含1年），预付至少30%；其余费用根据施工进度支付。

2.2013年《施工合同示范文本》取消工期划分，一律按最低50%预付。

3.2013年《工程量清单计价规范》，按当年施工进度计划的安全费用总额的60%预付。

🔊 **嗨·点评** 考生应对生产费用的相关内容做理解记忆，其中，安全生产费用包括的内容与经济科目一致，费用的预付与其他科目不同，请考生注意区分。

【经典例题】3.（2014年真题）某工程项目工期为12个月，其中合同价款中安全防护、文明施工措施费用为100万元。在合同没有约定或约定不明情况下，建设单位预付该部分费用最低应为（　　）万元。

A.10　　B.20　　C.30　　D.50

【答案】C

【嗨·解析】合同工期在一年以上的（含

一年），预付安全防护、文明施工措施费用不得低于该费用总额的30%。

【经典例题】4.施工企业安全费用，应当按照以下范围使用（　　）。
A.改善现场生活设施
B.采购特种设备
C.配备应急救援器材和应急救援演练
D.工伤赔偿
E.事故隐患的评估和整改

【答案】CE
【嗨·解析】安全费用应用在"安全"上，包括安全设施、安全条件。施工单位挪用措施费的，罚挪用部分的20%~50%。

### 四、特种设备安全管理

（一）特种设备的安装、改造和修理（见图1Z306030-2）

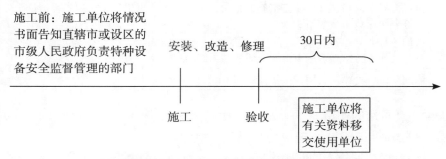

图1Z306030-2　特种设备的安装、改造和修理

🔊 嗨·点评　考生应对时间规定做精确记忆。

【经典例题】5.（2015年真题）特种设备使用单位应当按照安全技术规范的要求，在检查合格有效期届满前（　　）向特种设备检测机构提出定期检验要求。
A.5天　　B.15天　　C.20天　　D.1个月
【答案】D
【嗨·解析】本题考查的是特种设备安全管理。特种设备使用单位应当按照安全技术规范的要求，在检验合格有效期届满前1个月向特种设备检验机构提出定期检验要求。

（二）特种设备的使用
登记：在特种设备投入使用前或投入使用后30日内，向负责特种设备安全监督管理的部门办理使用登记，取得使用登记证书（见图1Z306030-3）。

图1Z306030-3　特种设备的登记

定期检验：特种设备使用单位在检验合格有效期届满前1个月内向特种设备检验机构提出定期检验要求（见图1Z306030-4）。

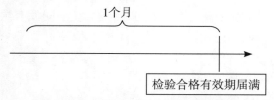

图1Z306030-4　特种设备的定期检验

### 五、施工现场消防安全职责和应采取的消防安全措施

（一）施工单位消防安全责任人和消防安全职责

施工单位应当在施工现场建立消防安全责任制度，确定消防安全责任人，制定用火、

用电、使用易燃易爆材料等各项消防安全管理制度和操作规程，设置消防通道、消防水源、配备消防设施和防火器材，并在施工现场入口处设置明显标志。

**（二）施工现场的消防安全要求**

1.不同建筑工程的消防安全要求见表1Z306030-4。

施工现场的消防安全要求　　表1Z306030-4

| 建筑工程 | 期间 | 限制 |
| --- | --- | --- |
| 公共建筑 | 营业、使用期间 | 不得进行外保温材料施工作业 |
| 居住建筑 | 进行节能改造作业期间 | 应撤离居住人员，并设消防安全巡逻人员，严格分离用火用焊作业与保温施工作业，严禁在施工建筑内安排人员住宿 |
| 新建、改建、扩建工程 | — | 外保温材料一律不得使用易燃材料，严格限制使用可燃材料 |
| 其他 | 建筑室内装饰装修材料必须符合国家、行业标准和消防安全要求 | |

2.施工现场要设置消防通道并确保畅通。

3.施工现场要按有关规定设置消防水源。

4.动用明火必须实行严格的消防安全管理。

5.施工现场的办公、生活区与作业区应当分开设置，并保持安全距离；施工单位不得在尚未竣工的建筑物内设置员工集体宿舍。

**（三）施工单位消防安全自我评估和防火检查**

要建立消防安全自我评估机制，消防安全重点单位每季度、其他单位每半年自行或委托有资质的机构对本单位进行一次消防安全检查评估，做到安全自查、隐患自除、责任自负。

**（四）建设工程消防施工的质量和安全责任**

建设工程的消防设计、施工必须符合国家工程建设消防技术标准。

**（五）施工单位的消防安全教育培训和消防演练**

在建工程的施工单位应当开展下列消防安全教育工作：

1.建设工程施工前应当对施工人员进行消防安全教育；

2.在建工地醒目位置、施工人员集中住宿场所设置消防安全宣传栏，悬挂消防安全挂图和消防安全警示标识；

3.对明火作业人员进行经常性的消防安全教育；

4.组织灭火和应急疏散演练。

施工单位应当根据国家有关消防法规和建设工程安全生产法规的规定，建立施工现场消防组织，制定灭火和应急疏散预案，并至少每半年组织一次演练，提高施工人员及时报警、扑灭初期火灾和自救逃生能力。

🔊 **嗨·点评** 考生应对消防内容做理解记忆，可结合实务相关内容做关联掌握。

**【经典例题】**6.在建工程的施工单位开展消防安全教育工作的表述错误的是（　　）。

A.在施工中应当对施工人员进行消防安全教育

B.在建工地醒目位置、施工人员集中住宿场所设置消防安全宣传栏，悬挂消防安全挂图和消防安全警示标识

C.对明火作业人员在工程施工前进行一次消防安全教育

D.组织救火演练

E.组织应急疏散演练

**【答案】**AC

**【嗨·解析】**A错误，建设工程施工前应当

对施工人员进行消防安全教育，而不是"施工中"；C错误，对明火作业人员进行经常性的消防安全教育，而不是"在施工前进行一次"。

### 六、工伤保险的规定

#### （一）工伤保险的法律规定

《建筑法》规定，建筑施工企业应当依法为职工参加工伤保险缴纳工伤保险费。鼓励企业为从事危险作业的职工办理意外伤害保险，支付保险费。

据此，工伤保险是强制性保险。意外伤害保险则属于法定的鼓励性保险。

#### （二）工伤保险基金

用人单位应当按时缴纳工伤保险费。职工个人不缴纳工伤保险费。用人单位缴纳工伤保险费的数额为本单位职工工资总额乘以单位缴费费率之积。

#### （三）工伤认定

1. 认定为工伤和视同工伤（见表1Z306030-5）

认定为工伤和视同工伤的情形　表1Z306030-5

| 认定为工伤 | 视同工伤 |
| --- | --- |
| （1）在工作时间和工作场所内，因工作原因受到事故伤害的；<br>（2）工作时间前后在工作场所内，从事与工作有关的预备性或者收尾性工作受到事故伤害的；<br>（3）在工作时间和工作场所内，因履行工作职责受到暴力等意外伤害的；<br>（4）患职业病的；<br>（5）因工外出期间，由于工作原因受到伤害或者发生事故下落不明的；<br>（6）在上下班途中，受到非本人主要责任的交通事故或者城市轨道交通、客运轮渡、火车事故伤害的；<br>（7）法律、行政法规规定应当认定为工伤的其他情形 | （1）在工作时间和工作岗位，突发疾病死亡或者在48小时之内经抢救无效死亡的；<br>（2）在抢险救灾等维护国家利益、公共利益活动中受到伤害的；<br>（3）职工原在军队服役，因战、因公负伤致残，已取得革命伤残军人证，到用人单位后旧伤复发的 |

2. 不得认定为工伤或者视同工伤

职工符合以上的规定，但是有下列情形之一的，不得认定为工伤或者视同工伤：

（1）故意犯罪的；

（2）醉酒或者吸毒的；

（3）自残或者自杀的。

3. 工伤认定程序（见图1Z306030-5）

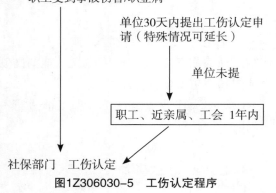

图1Z306030-5　工伤认定程序

职工或者其近亲属认为是工伤，用人单位不认为是工伤的，由用人单位承担举证责任。

4. 工伤认定结果（见图1Z306030-6）

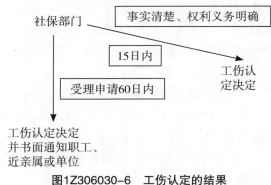

图1Z306030-6　工伤认定的结果

#### （四）劳动能力鉴定

申请鉴定的单位或者个人对设区的市级劳动能力鉴定委员会作出的鉴定结论不服的，可以在收到该鉴定结论之日起15日内向省、自治区、直辖市劳动能力鉴定委员会提出再次鉴定申请。省、自治区、直辖市劳动能力鉴定委员会作出的劳动能力鉴定结论为最终结论。

自劳动能力鉴定结论作出之日起1年后,工伤职工或者其近亲属、所在单位或者经办机构认为伤残情况发生变化的,可以申请劳动能力复查鉴定。

（五）工伤保险待遇

1.工伤的治疗

职工治疗工伤应当在签订服务协议的医疗机构就医,情况紧急时可以先到就近的医疗机构急救。

2.工伤医疗的停工留薪期

职工因工作遭受事故伤害或者患职业病需要暂停工作接受工伤医疗的,在停工留薪期内,原工资福利待遇不变,由所在单位按月支付。停工留薪期一般不超过12个月。情况特殊的可延长,但延长不得超过12个月。

工伤职工在停工留薪期满后仍需治疗的,继续享受工伤医疗待遇。

（六）工伤保险责任单位（见表1Z306030-6）

工伤保险责任单位　表1Z306030-6

| 劳动关系 | 责任 |
| --- | --- |
| 职工与两个或两个以上单位建立劳动关系,工伤事故发生时 | 职工为之工作的单位为承担工伤保险责任的单位 |
| 劳务派遣单位派遣的职工在用工单位工作期间因工伤亡的 | 派遣单位为承担工伤保险责任的单位 |
| 单位指派到其他单位工作的职工因工伤亡的 | 指派单位为承担工伤保险责任的单位 |
| 用工单位违反法律、法规规定将承包业务转包给不具备用工主体资格的组织或者自然人,该组织或者自然人聘用的职工从事承包业务时因工伤亡的 | 用工单位为承担工伤保险责任的单位 |
| 个人挂靠其他单位对外经营,其聘用的人员因工伤亡的 | 被挂靠单位为承担工伤保险责任的单位 |

**嗨·点评** 考生应结合实际理解工伤保险的相关规定,重点掌握工伤认定,要求考生能够做熟练判断,同时掌握工伤认定的程序。

【经典例题】7.（2015年真题）根据《工伤保险条例》,可以认定为工伤或者视同工伤的有（　　）。

A.李某取得革命伤残军人证后到企业工作,旧伤复发

B.张某患病后,精神抑郁,酗酒过度需要进行治疗

C.杨某在开车下班途中,发生交通事故受伤,该事故责任认定书中认定杨某对此负次要责任

D.陈某在工作场所与上司产生摩擦,一怒之下,拿剪刀将自己的胸前刺伤

E.牛某因失恋,上班时间爬到公司楼顶跳楼自杀

【答案】AC

【嗨·解析】B醉酒、D自残、E自杀均不能认定为工伤或者视同工伤。

### 七、建筑意外伤害保险的规定

（一）工伤保险与意外伤害保险的区别（见表1Z306030-7）

建筑施工企业应当依法为职工参加工伤保险缴纳工伤保险费。鼓励企业为从事危险作业的职工办理意外伤害保险,支付保险费。

工伤保险与意外伤害保险的区别　表1Z306030-7

|  | 工伤保险 | 意外伤害险 |
| --- | --- | --- |
| 性质 | 社会保险 | 商业保险 |
| 强制性 | 强制（"应当依法"） | 非强制（"鼓励"） |
| 范围 | 全部职员或雇工 | 施工现场从事危险作业的人员 |
| 期限 | 员工工作期间 | 开工之日—竣工验收合格 |
| 缴纳 | 用人单位缴纳，职工个人不缴纳 | 意外伤害保险费由施工单位支付。实行施工总承包的，由总承包单位支付意外伤害保险费。工程项目中有分包单位的由总承包施工企业统一办理，分包单位合理承担投保费用。业主直接发包的工程项目由承包企业直接办理 |

（二）建筑意外伤害保险的保险费和费率

保险费应当列入建筑安装工程费用。保险费由施工企业支付，施工企业不得向职工摊派。

（三）建筑意外伤害保险的投保

施工企业应在工程项目开工前，办理完投保手续。鉴于工程建设项目施工工艺流程中各工种调动频繁、用工流动性大，投保应实行不记名和不计人数的方式。

🔊 嗨·点评　考生应将意外伤害险和工伤保险做对比记忆。

【经典例题】8.根据《建筑法》，关于意外伤害保险的说法，正确的有（　　）。

A.意外伤害保险为非强制保险

B.被保险人为从事危险作业人员

C.受益人可以不是被保险人

D.保险费由分包单位支付

E.保险期限由施工企业根据实际自行确定

【答案】ABC

【嗨·解析】D错误，意外伤害保险费由施工单位支付。实行施工总承包的，由总承包单位支付意外伤害保险费；E错误，意外伤害保险期限自建设工程开工之日起至竣工验收合格止。

## 八、违法行为应承担的法律责任

（一）施工现场安全防护违法行为应承担的法律

《建筑法》规定，建筑施工企业违反本法规定，对建筑安全事故隐患不采取措施以消除的，责令改正，可以处以罚款；情节严重的，责令停业整顿，降低资质等级或者吊销资质证书；构成犯罪的，依法追究刑事责任。

（二）施工单位安全费用违法行为应承担的法律责任

《建设工程安全生产管理条例》规定，施工单位挪用列入建设工程概算的安全生产作业环境及安全施工措施所需费用的，责令限期改正，处挪用费用20%以上50%以下的罚款；造成损失的，依法承担赔偿责任。

（三）施工现场消防安全违法行为应承担的法律责任

当事人逾期不执行停产停业、停止使用、停止施工决定的，由作出决定的公安机关消防机构强制执行。

【经典例题】9.施工企业拒不执行公安消防机构作出的停止施工处罚决定的。将由（　　）负责强制执行。

A.公安机关

B.人民法院

C.作出决定的公安消防机构

D.建设行政主管部门

【答案】C

【嗨·解析】当事人逾期不执行停产停业、停止使用、停止施工决定的，由作出决定的公安机关消防机构强制执行。此处容易误选人民法院，考生选择时须慎重。

# 章节练习题

## 一、单项选择题

1. 施工单位应当组织专家对专项施工方案进行论证、审查的专项工程是（　　）。
   A.爆破工程　　　　　B.脚手架工程
   C.模板工程　　　　　D.地下暗挖工程

2. 某建筑工程深基坑施工过程中，基坑支护专项方案由土方分包单位组织编制完成，则该专项方案应由（　　）来组织专家论证。
   A.建设单位　　　　　B.总承包单位
   C.土方分包单位　　　D.监理单位

3. 某建筑施工过程中，由于建筑规划设计层高发生变化，施工单位不得已对脚手架安全专项方案进行重新修改，则修改后的专项方案应（　　）。
   A.重新审核
   B.经施工单位技术负责人签字后实施
   C.直接指导施工
   D.经项目总监理工程师签字后实施

4. 建筑职工意外伤害险的投保人是（　　）。
   A.建设单位　　　　　B.施工单位
   C.保险经纪公司　　　D.保险公司

5. 某建筑工程项目实行的施工总承包，由（　　）支付意外伤害保险费。
   A.总承包单位
   B.分包单位
   C.建设单位
   D.总承包单位和分包单位共同

6. 关于安全专项方案的编制、审核与实施，下列说法错误的是（　　）。
   A.项目经理审核签字后方可实施
   B.总监理工程师签字后方可实施
   C.施工单位应专人现场监督实施
   D.修改方案应当重新审核

7. 施工单位应当根据国家有关消防法规和建设工程安全生产法规的规定，建立施工现场消防组织，制定灭火和应急疏散预案，并至少每（　　）组织一次演练。
   A.一季度　　　　　B.半年
   C.一年　　　　　　D.二年

8. 某工程项目工期计划为18个月，其中合同价款中安全防护、文明施工措施费用为86万元，在合同没有约定或约定不明情况下，建设单位预付该部分费用至少应为（　　）万万。
   A.25.8　　B.34.4　　C.43　　D.51.6

9. 某建筑企业员工在工程施工中受伤，员工近亲属认为应属于工伤，建筑企业不认为是工伤，则应由（　　）对是否属于工伤承担举证责任。
   A.员工
   B.建筑企业工会组织
   C.建筑企业
   D.社会保险行政部门

10. 按照《建设工程安全生产管理条例》规定，建设工程施工前，（　　）应当对有关安全施工的技术要求向施工作业班组、作业人员作出详细说明，并由双方签字确认。
    A.施工单位项目负责人
    B.施工单位项目技术人员
    C.施工单位项目安全员
    D.项目总监理工程师

11. 根据《建设工程安全生产管理条例》规定，施工现场从事危险作业的人员的意外伤害保险期限（　　）。
    A.与合同工期一致
    B.与实际工期一致
    C.自开工之日起至竣工验收合格之日止
    D.自进场之日起至验收撤场之日止

12. 按照《工伤保险条例》规定，用人单位未按照规定提出工伤认定申请的，工伤职工或其近亲属、工会组织在事故伤害发生之日或被诊断、鉴定为职业病之日（　　），可以直接向用人单位所在地统筹地区社会保险行政部门提出工伤认定申请。
A.30日内　B.60日内　C.1年内　D.2年内

13. 职工因工作遭受事故伤害或者患职业病需要暂停工作接受工伤医疗的,停工留薪期一般不超过（　　）个月。
A.6　　B.8　　C.12　　D.18

## 二、多项选择题

1. 按照《建设工程安全生产管理条例》的规定，分部分项工程的专项施工方案必须经（　　）签字后方能实施。
A.专职安全生产管理人员
B.项目负责人
C.企业技术负责人
D.项目技术负责人
E.总监理工程师

2. 某建设项目由于涉及深基坑工程，总包单位依法分包给专业工程公司，对于编制专项施工方案，下列说法中正确的是（　　）。
A.该专项方案应当由施工总包单位组织编制
B.该专项方案可由专业工程公司组织编制
C.该专项方案仅由总包单位项目技术负责人签字
D.该专项方案应当组织专家论证
E.该专项方案经现场监理工程师确认后方可实施

3. 重点工程的施工现场应当履行的消防安全责任包括（　　）。
A.确定消防安全管理人
B.建立消防档案
C.实行每周防火巡查，并建立巡查记录
D.对职工进行岗前消防安全培训
E.定期组织消防演练

4. 按照《工伤保险条例》的规定，职工有下列情况可以认定为工伤的是（　　）。
A.患职业病的
B.加班期间，发生机械伤害
C.工作期间醉酒坠落致残
D.工作中帮助他人受到伤害
E.工作中发生互殴受伤

5. 建筑工程安全防护、文明施工措施费用主要包含（　　）。
A.文明施工费
B.临时设施费
C.工程排污费
D.安全施工费
E.环境保护费

6. 下列必须予以报废的建筑起重机械是（　　）。
A.超过安全技术标准的使用年限的
B.超过制造厂家规定的使用年限的
C.经检验达不到安全技术标准规定的
D.没有齐全有效的安全保护装置的
E.未经安全监测的

# 参考答案及解析

## 一、单项选择题

1.【答案】D
【解析】对下列达到一定规模的危险性较大的分部分项工程编制专项施工方案，并附具安全验算结果，经施工单位技术负责人、总监理工程师签字后实施，由专职安全生产管理人员进行现场监督：（1）基坑支护与降水工程；（2）土方开挖工程；（3）模板工程；（4）起重吊装工程；（5）脚手架工程；（6）拆除、爆破工程；（7）国务院建设行政主管部门或者其他有关部门规定的其他危险性较大的工程。对前款所列工程中涉及深基坑、地下暗挖工程、高大模板工程的专项施工方案，施工单位还应当组织专家进行论证、审查。

2.【答案】B

【解析】超过一定规模的危险性较大的分部分项工程专项方案应当由施工单位组织召开专家论证会。实行施工总承包的，由施工总承包单位组织召开专家论证会。

3.【答案】A

【解析】施工单位应当严格按照专项方案组织施工，不得擅自修改、调整专项方案。如因设计、结构、外部环境等因素发生变化确需修改的，修改后的专项方案应当按规定重新审核。

4.【答案】B

【解析】《建筑法》规定，鼓励企业为从事危险作业的职工办理意外伤害保险，支付保险费。《建设工程安全生产管理条例》则规定，施工单位应当为施工现场从事危险作业的人员办理意外伤害保险。意外伤害保险费由施工单位支付。实行施工总承包的，由总承包单位支付意外伤害保险费。

5.【答案】A

【解析】施工单位应当为施工现场从事危险作业的人员办理意外伤害保险，意外伤害保险费由施工单位支付。实行施工总承包的，由总承包单位支付意外伤害保险费。

6.【答案】A

【解析】本题考察安全专项施工方案的审核。专项方案应当由施工单位技术部门组织本单位施工技术、安全、质量等部门的专业技术人员进行审核。经审核合格的，由施工单位技术负责人签字。实行施工总承包的，专项方案应当由总承包单位技术负责人及相关专业承包单位技术负责人签字。不需专家论证的专项方案，经施工单位审核合格后报监理单位，由项目总监理工程师审核签字。施工单位应当根据论证报告修改完善专项方案，并经施工单位技术负责人、项目总监理工程师、建设单位项目负责人签字后，方可组织实施。专项方案经论证后需做重大修改的，施工单位应当按照论证报告修改，并重新组织专家进行论证。修改后的专项方案应当按规定重新审核。对于超过一定规模的危险性较大工程的专项方案，施工单位应当重新组织专家进行论证。施工单位应当指定专人对专项方案实施情况进行现场监督和按规定进行监测。

7.【答案】B

【解析】施工单位应当根据国家有关消防法规和建设工程安全生产法规的规定，建立施工现场消防组织，制定灭火和应急疏散预案，并至少每半年组织一次演练，提高施工人员及时报警、扑灭初期火灾和自救逃生能力。答案选B。

8.【答案】A

【解析】建设单位与施工单位在施工合同中对安全防护、文明施工措施费用预付、支付计划未作约定或约定不明的，合同工期在一年以内的，建设单位预付安全防护、文明施工措施项目费用不得低于该费用总额的50%；合同工期在一年以上的（含一年），预付安全防护、文明施工措施费用不得低于该费用总额的30%，其余费用应当按照施工进度支付。86万×30%=25.8万。

9.【答案】C

【解析】工伤或者其近亲属认为是工伤，用人单位不认为是工伤的，由用人单位承担举证责任。

10.【答案】B

【解析】《建设工程安全生产管理条例》规定，建设工程施工前，施工单位负责项目管理的技术人员应当对有关安全施工的技术要求向施工作业班组、作业人员作出详细说明，并由双方签字确认。
11.【答案】C
【解析】《建设工程安全生产管理条例》规定，意外伤害保险期限自建设工程开工之日起至竣工验收合格止。
12.【答案】C
【解析】职工发生事故伤害或者按照职业病防治法规定被诊断、鉴定为职业病，所在单位应当自事故伤害发生之日或者被诊断、鉴定为职业病之日起30日内，向统筹地区社会保险行政部门提出工伤认定申请。遇有特殊情况，经报社会保险行政部门同意，申请时限可以适当延长。用人单位未按以上规定提出工伤认定申请的，工伤职工或者其近亲属、工会组织在事故伤害发生之日或者被诊断、鉴定为职业病之日起1年内，可以直接向用人单位所在地统筹地区社会保险行政部门提出工伤认定申请。
13.【答案】C
【解析】本题考察工伤医疗的停工留薪期.原文：职工因工作遭受事故伤害或者患职业病需要暂停工作接受工伤医疗的，在停工留薪期内，原工资福利待遇不变，由所在单位按月支付。停工留薪期一般不超过12个月。

二、多项选择题
1.【答案】CE
【解析】专项方案应当由施工单位技术部门组织本单位施工技术、安全、质量等部门的专业技术人员进行审核。经审核合格的，由施工单位技术负责人签字。实行施工总承包的，专项方案应当由总承包单位技术负责人及相关专业承包单位技术负责人签字。不需专家论证的专项方案，经施工单位审核合格后报监理单位，由项目总监理工程师审核签字。施工单位应当根据论证报告修改完善专项方案，并经施工单位技术负责人、项目总监理工程师、建设单位项目负责人签字后，方可组织实施。
2.【答案】BD
【解析】B、D正确，建筑工程实行施工总承包的，专项方案应当由施工总承包单位组织编制。其中，起重机械安装拆卸工程、深基坑工程、附着式升降脚手架等专业工程实行分包的，其专项方案可由专业承包单位组织编制。C错误，应当由四方签字，C选项不全面。A错误，根据前面的陈述，可由专业承包单位组织编制，也就是说必须由总包编制是错的。
3.【答案】ABDE
【解析】重点工程的施工现场多定为消防安全重点单位，按照《消防法》的规定，除应当履行所有单位都应当履行的职责外，还应当履行下列消防安全职责：（1）确定消防安全管理人，组织实施本单位的消防安全管理工作；（2）建立消防档案，确定消防安全重点部位，设置防火标志，实行严格管理；（3）实行每日防火巡查，并建立巡查记录；（4）对职工进行岗前消防安全培训，定期组织消防安全培训和消防演练。
4.【答案】ABD
【解析】职工有下列情形之一的，应当认定为工伤：（1）在工作时间和工作场所内，因工作原因受到事故伤害的；（2）工作时间前后在工作场所内，从事与工作有关的预备性或者收尾性工作受到事故伤害的；（3）在工作时间和工作场所内，因履行工作职责受到暴力等意外伤害的；（4）患职业病的；（5）因工外出期间，由于工作原因受到伤害或者发生事故下落不明的；（6）在上下班途中，受到非本人主要责任的交通事故或者城市轨道交通、客运轮渡、火车事故伤害的；（7）法律、行政法规规定应当认定为工伤的其他情形。职工有下列情形之一的，视同工伤：（1）在工作时间和工作岗位，突发疾病死亡或者在48小时之内经抢救无效死亡的；（2）在抢险救灾等维护国家利益、公共利益活动中受到伤害的；（3）职工原在军队服役，因战、因公负伤致残，已取得革命伤残军人证，到用人单位后旧伤复发的。职工有以上第（1）项、第（2）项情形的，按照《工伤保险条例》的有关规定享受工伤保险待遇；职工有以上第（3）项情形的，按照《工伤保险条例》的有关规定享受除一次性伤残补助金以外的工伤保险待遇。职工符合以上的规定，但是有下列情形之一的，不得认定为工伤或者视同工伤：（1）故意犯罪的；（2）醉酒或者吸毒的；（3）自残或者自杀的。

5.【答案】ABDE

【解析】建设部发布的《建筑工程安全防护、文明施工措施费用及使用管理规定》中规定，建筑工程安全防护、文明施工措施费用是由《建筑安装工程费用项目组成》中措施费所含的文明施工费、环境保护费、临时设施费、安全施工费组成。

6.【答案】ABC

【解析】《建筑起重机械安全监督管理规定》中规定，出租单位应当在签订的建筑起重机械租赁合同中，明确租赁双方的安全责任，并出具建筑起重机械特种设备制造许可证、产品合格证、制造监督检验证明、备案证明和自检合格证明，提交安装使用说明书。有下列情形之一的建筑起重机械，不得出租、使用：（1）属国家明令淘汰或者禁止使用的；（2）超过安全技术标准或者制造厂家规定的使用年限的；（3）经检验达不到安全技术标准规定的；（4）没有完整安全技术档案的；（5）没有齐全有效的安全保护装置的。建筑起重机械有以上第（1）、（2）、（3）项情形之一的，出租单位或者自购建筑起重机械的使用单位应当予以报废，并向原备案机关办理注销手续。

## 1Z306040 施工安全事故的应急救援与调查处理

**本节知识体系**

本节主要围绕安全事故进行讲解。介绍了安全事故的等级划分、安全生产事故应急预案以及安全事故的处理。考生在学习时，需要梳理思路，理清安全事故发生到结束的整个流程。

**核心内容讲解**

### 一、生产安全事故的等级划分标准（见图1Z306040-1）

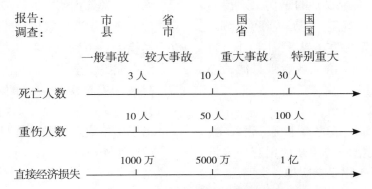

图1Z306040-1 生产安全事故的等级划分标准

注：节点就高。如3人死亡算较大事故。按不同要素划分事故等级不同，也就高。如按死亡人数为一般事故，重伤人数为较大事故，直接经济损失为重大事故，那么事故等级为重大事故。

🔊 **嗨·点评** 考生应根据图表记忆安全事故的等级划分，能够做到迅速判断。记忆口诀：313,151,151。

【经典例题】1.（2015年真题）某施工企业承揽拆除旧体育馆工程，作业过程中，体育馆屋顶坍塌，压死2人，重伤11人，根据《生产安全事故报告和调查处理条例》，该事故属于（　　）。

A.特别重大事故　　　B.重大事故
C.一般事故　　　　　D.较大事故

【答案】D

【嗨·解析】死亡2人为一般事故，重伤11人较大事故，因此事故等级为较大事故。

### 二、施工生产安全事故应急救援预案的规定

《生产安全事故报告和调查处理条例》规定，国务院安全生产监督管理部门可以会同国务院有关部门，制定事故等级划分的补充性规定。

## （一）施工生产安全事故应急救援预案的编制（见表1Z306040-1）

施工生产安全事故应急救援预案的编制　表1Z306040-1

| 应急救援预案 | 内容 |
| --- | --- |
| 综合应急预案 | 本单位的应急组织机构及其职责、预案体系及响应程序、事故预防及应急保障、应急培训及预案演练等 |
| 专项应急预案 | 危险性分析、可能发生的事故特征、应急组织机构与职责、预防措施、应急处置程序和应急保障等 |
| 现场处置方案 | 危险性分析、可能发生的事故特征、应急处置程序、应急处置要点和注意事项等 |

## （二）施工生产安全事故应急救援预案的评审和备案（见表1Z306040-2）

施工生产安全事故应急救援预案的评审和备案　表1Z306040-2

| 应急预案 | 具体内容 |
| --- | --- |
| 评审 | 建筑施工单位应当组织专家对本单位编制的应急预案进行评审。评审应当形成书面纪要并附有专家名单 |
| 签署公布 | 施工单位的应急预案经评审后，由施工单位主要负责人签署公布 |
| 申领安全生产许可证 | 应急预案已备案登记，提供备案登记表<br>应急预案未备案登记，提供相应的应急预案 |

## （三）施工生产安全事故应急预案的培训和演练

定期开展应急预案演练，切实提高事故救援实战能力。企业生产现场带班人员、班组长和调度人员在遇到险情时，要按照预案规定，立即组织停产撤人。演练频率见图1Z306040-2：

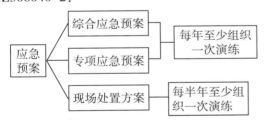

图1Z306040-2　安全生产事故应急预案的演练

## （四）施工生产安全事故应急预案的修订

生产经营单位制定的应急预案应当至少每3年修订一次，预案修订情况应有记录并归档。有下列情形之一的，应急预案应当及时修订：

1. 生产经营单位因兼并、重组、转制等导致隶属关系、经营方式、法定代表人发生变化的；
2. 生产经营单位生产工艺和技术发生变化的；
3. 周围环境发生变化，形成新的重大危险源的；
4. 应急组织指挥体系或者职责已经调整的；
5. 依据的法律、法规、规章和标准发生变化的；
6. 应急预案演练评估报告要求修订的；
7. 应急预案管理部门要求修订的。

## （五）施工总分包单位的职责分工

实行施工总承包的，由总承包单位统一组织编制建设工程生产安全事故应急救援预案，工程总承包单位和分包单位按照应急救援预案，各自建立应急救援组织或者配备应急救援人员，配备救援器材、设备，并定期组织演练。

🔊 嗨·点评　考生应理解记忆应急预案的内容和评审备案，同时应掌握应急预案修订的情形。

【经典例题】2.（2014年真题）生产安全事故综合应急预案应当包括的内容是（　　）。

A.应急组织机构及其职责、预案体系及相应程序、危险性分析、应急培训及预案演练

B.应急组织机构及其职责、预案体系及相应程序、可能发生的事故特征、应急培训及预案演练

C.应急组织机构及其职责、预案体系及相应程序、事故预防及应急保障、应急培训及预案演练

D.应急组织机构及其职责、危险性分析、可能发生的事故特征、应急培训及预案演练

【答案】C

【嗨·解析】综合应急预案,应当包括本单位的应急组织机构及其职责、预案体系及响应程序、事故预防及应急保障、应急培训及预案演练等主要内容。

## 三、施工生产安全事故报告及采取相应措施的规定

### (一)施工生产安全事故报告的基本要求

事故处理三措施:立即如实上报规定部门;启动应急救援预案,组织抢救;保护事故现场及相关证据。

1. 事故现场有关人员应当立即报告本单位负责人(见图1Z306040-3)

```
单位负责人接到事故报告后 → 应当迅速采取有效措施,组织抢救、防止事故扩大、减少人员伤亡和财产损失
                    → 并按照国家有关规定立即如实报告当地负有安全生产监督管理职责的部门
```

图1Z306040-3 单位负责人接到事故报告的处置

不得隐瞒不报、谎报或者拖延不报,不得故意破坏事故现场、毁灭有关证据。

2. 事故报告的时间要求(见图1Z306040-4)
事故发生后:

图1Z306040-4 事故报告的时间要求

注:民报民要立即,民报官1小时。

3. 事故报告的内容要求

《生产安全事故报告和调查处理条例》规定,报告事故应当包括下列内容:(1)事故发生单位概况;(2)事故发生的时间、地点以及事故现场情况;(3)事故的简要经过;(4)事故已经造成或者可能造成的伤亡人数(包括下落不明的人数)和初步估计的直接经济损失;(5)已经采取的措施;(6)其他应当报告的情况。

4. 事故补报的要求

(1)事故报告后出现新情况的,应当及时补报。

(2)自事故发生之日起30日内,事故造成的伤亡人数发生变化的,应当及时补报。

(3)道路交通事故、火灾事故自发生之日起7日内,事故造成的伤亡人数发生变化的,应当及时补报。

### (二)发生施工生产安全事故后应采取的相应措施

1. 组织应急抢救工作
2. 妥善保护事故现场

《生产安全事故报告和调查处理条例》规定,事故发生后,有关单位和人员应当妥善保护事故现场以及相关证据,任何单位和个人不得破坏事故现场、毁灭相关证据。

确因特殊情况需要移动事故现场物件的,须同时满足以下条件:(1)抢救人员、防止事故扩大以及疏通交通的需要;(2)经事故单位负责人或者组织事故调查的安全生产监督管理部门和负有安全生产监督管理职责的有关部门同意;(3)做出标志,绘制现场简图,拍摄现场照片,对被移动物件贴上标签,并做出书面记录;(4)尽量使现场少受破坏。

### (三)施工生产安全事故的调查

1. 事故调查的管辖(见表1Z306040-3)

事故调查的管辖　表1Z306040-3

| 事故等级 | 一般事故 | 较大事故 | 重大事故 | 特别重大事故 |
|---|---|---|---|---|
| 调查事故政府等级 | 事故发生地县级人民政府 | 事故发生地设区的市级人民政府 | 事故发生地省级人民政府 | 国务院或者国务院授权有关部门 |

未造成人员伤亡的一般事故，县级人民政府也可以委托事故发生单位组织事故调查组进行调查。上级人民政府认为必要时，可以调查由下级人民政府负责调查的事故。

2.事故调查组的组成与职责

（1）事故调查组的组成（见表1Z306040-4）

事故调查组的组成　表1Z306040-4

| | 事故调查组 |
|---|---|
| 原则 | 精简、高效 |
| 成员 | 由有关人民政府、安全生产监督管理部门、负有安全生产监督管理职责的有关部门、监察机关、公安机关以及工会派人组成 |
| 邀请 | 应当邀请人民检察院派人参加 |
| 聘请 | 可以聘请有关专家参与调查 |

（2）事故调查组的职责

事故调查组履行下列职责：①查明事故发生的经过、原因、人员伤亡情况及直接经济损失；②认定事故的性质和事故责任；③提出对事故责任者的处理建议；④总结事故教训，提出防范和整改措施；⑤提交事故调查报告。

3.事故调查组的权利与纪律

（1）事故调查组有权向有关单位和个人了解与事故有关的情况，并要求其提供相关文件、资料，有关单位和个人不得拒绝。

（2）事故调查组成员在事故调查工作中应当诚信公正、恪尽职守，遵守事故调查组的纪律，保守事故调查的秘密。未经事故调查组组长允许，事故调查组成员不得擅自发布有关事故的信息。

4.事故调查报告的期限与内容

（1）事故调查报告的期限

事故调查组应当自事故发生之日起60日内提交事故调查报告；特殊情况下，经负责事故调查的人民政府批准，提交事故调查报告的期限可以适当延长，但延长的期限最长不超过60日。

（2）事故调查报告的内容（与事故报告内容做对比，见表1Z306040-5）

事故报告与调查报告的对比　表1Z306040-5

| 事故报告内容 | 事故调查报告内容 |
|---|---|
| ① 事故发生单位概况；<br>② 事故发生的时间、地点以及事故现场情况；<br>③ 事故的简要经过；<br>④ 事故已经造成或者可能造成的伤亡人数（包括下落不明的人数）和初步估计的直接经济损失；<br>⑤ 已经采取的措施；<br>⑥ 其他应当报告的情况 | ① 事故发生单位概况；<br>② 事故发生经过和事故救援情况；<br>③ 事故造成的人员伤亡和直接经济损失；<br>④ 事故发生的原因和事故性质；<br>⑤ 事故责任的认定以及对事故责任者的处理建议；<br>⑥ 事故防范和整改措施 |

（四）施工生产安全事故的处理

1.事故处理时限和落实批复（见图1Z306040-5）

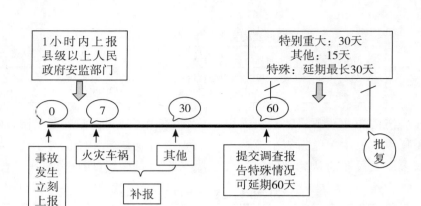

图1Z306040-5 安全事故的处理过程

2. 事故发生单位的防范和整改措施

安全生产监督管理部门和负有安全生产监督管理职责的有关部门应当对事故发生单位落实防范和整改措施的情况进行监督检查。

3. 处理结果的公布

事故处理的情况由负责事故调查的人民政府或者其授权的有关部门、机构向社会公布,依法应当保密的除外。

**嗨·点评** 考生应结合实际,按照图表说明顺时间轴记忆安全事故从发生到结束的基本程序,能区分事故报告和事故调查报告的异同,对流程中涉及的时间做精确记忆。

【经典例题】3.(2016年真题)生产安全事故发生后,有关单位和有关人员应当妥善保护事故现场以及相关证据,确因特殊情况需要移动事故现场物件的,必须同时满足的条件有(   )。

A.疏散、撤离、安置受到威胁的人员,并采取必要措施防止发生次生、衍生事故

B.抢救人员、防止事故扩大以及疏散交通的需要

C.做出标志,绘制现场简图,拍摄现场照片,对被移动物件贴上标签,并做出书面记录

D.经事故单位负责人或组织事故调查的安全生产监督管理部门和负有安全生产监督职责的有关部门同意

E.尽量使现场少受破坏

【答案】BCDE

【嗨·解析】见上文"妥善保护事故现场"内容。

【经典例题】4.(2015年真题)根据事故的具体情况,事故调查组由(   )派人组成,并应当邀请人民检察院派人参加。

A.公安机关

B.有关人民政府

C.人民法院

D.安全生产监督管理部门

E.负有安全生产监督管理职责的有关部门

【答案】ABDE

【嗨·解析】本题考查的是施工生产安全事故的调查。事故调查组由有关人民政府、安全生产监督管理部门、负有安全生产监督管理职责的有关部门、监察机关、公安机关以及工会派人组成,并应当邀请人民检察院派人参加。事故调查组可以聘请有关专家参与调查。

### 四、违法行为应承担的法律责任

特种设备安全管理人员、检测人员和作业人员不履行岗位职责,违反操作规程和有关安全规章制度,造成事故的,吊销相关人员的资格。

# 章节练习题

## 一、单项选择题

1. 某高层建筑在地下桩基施工中,基坑发生坍塌,造成10人死亡,直接经济损失900余万元;本次事故属于( )。
   A.重大事故　　　　B.特别重大事故
   C.较大事故　　　　D.一般事故

2. 某建筑公司制定的生产安全事故现场处置方案,按规定应( )至少组织一次演练。
   A.每年　　　　　　B.每半年
   C.每季度　　　　　D.每月

3. 某工地发生火灾事故,总包单位及时报告后发现伤亡人数又有增加,则( )。
   A.应自事故发生之日起15日内补报
   B.应自事故发生之日起30日内补报
   C.应自事故发生之日起10日内补报
   D.应自事故发生之日起7日内补报

4. 关于安全生产事故调查的管辖,下列说法中错误的是( )。
   A. 特别重大事故由国务院或者授权有关部门组织事故调查组进行调查
   B. 省级人民政府可以委托有关部门组织事故调查组进行调查
   C. 对于一般事故县级人民政府也可以委托事故发生单位组织事故调查组进行调查
   D. 事故发生地与事故发生单位不在一个行政区域的,由事故发生地人民政府负责调查

5. 某施工现场发生触电事故,导致2人死亡,1人受伤,事故调查组经仔细调查后提交了事故调查报告并附有关证据资料,则负责事故调查的人民政府应自收到报告后( )日内作出批复。
   A.15　　B.20　　C.30　　D.45

6. 《生产安全事故报告和调查处理条例》规定,安全事故调查组应当自事故发生之日起60日内提交事故调查报告;特殊情况,经批准可以适当延长,但延长的期限最长不超过( )日。
   A.15　　B.30　　C.60　　D.120

7. 以下不属于《生产安全事故报告和调查处理条例》规定的安全报告事故主要内容的是( )。
   A.事故现场情况
   B.事故可能造成的伤亡人数
   C.事故初步估计的直接经济损失
   D.事故防范和整改措施

## 二、多项选择题

1. 根据《生产安全事故报告和调查处理条例》规定,划分事故等级的要素包括( )。
   A.人身要素　　　　B.经济要素
   C.环境要素　　　　D.社会要素
   E.影响要素

2. 按照《生产安全事故应急预案管理办法》的规定,生产经营单位的应急预案分为( )。
   A.专项应急预案
   B.灭火和应急疏散预案
   C.综合应急预案
   D.职业病危害事故应急救援预案
   E.现场处置方案

3. 根据《生产安全事故报告和调查处理条例》,下列生产安全事故中属于重大生产安全事故的是( )。
   A.3人死亡事故　　　B.10人死亡事故
   C.30人死亡事故　　 D.50人重伤事故
   E.5000万元直接经济损失事故

4. 下列关于生产安全事故的分类包括( )。
   A.特别重大事故　　B.重大事故

C.较大事故　　　　D.一般事故
E.特别严重事故

## 参考答案及解析

### 一、单项选择题

1.【答案】A

【解析】国务院《生产安全事故报告和调查处理条例》规定，根据生产安全事故（以下简称事故）造成的人员伤亡或者直接经济损失，事故一般分为以下等级：（1）特别重大事故，是指造成30人以上死亡，或者100人以上重伤（包括急性工业中毒，下同），或者1亿元以上直接经济损失的事故；（2）重大事故，是指造成10人以上30人以下死亡，或者50人以上100人以下重伤，或者5000万元以上1亿元以下直接经济损失的事故；所称的"以上"包括本数，所称的"以下"不包括本数。

2.【答案】B

【解析】生产经营单位应当制定本单位的应急预案演练计划，根据本单位的事故预防重点，每年至少组织一次综合应急预案演练或者专项应急预案演练，每半年至少组织一次现场处置方案演练。

3.【答案】D

【解析】《生产安全事故报告和调查处理条例》规定，事故报告后出现新情况的，应当及时补报。自事故发生之日起30日内，事故造成的伤亡人数发生变化的，应当及时补报。道路交通事故、火灾事故自发生之日起7日内，事故造成的伤亡人数发生变化的，应当及时补报。

4.【答案】C

【解析】《生产安全事故报告和调查处理条例》规定，特别重大事故由国务院或者国务院授权有关部门组织事故调查组进行调查。重大事故、较大事故、一般事故分别由事故发生地省级人民政府、设区的市级人民政府、县级人民政府负责调查。省级人民政府、设区的市级人民政府、县级人民政府可以直接组织事故调查组进行调查，也可以授权或者委托有关部门组织事故调查组进行调查。未造成人员伤亡的一般事故，县级人民政府也可以委托事故发生单位组织事故调查组进行调查。

5.【答案】A

【解析】《生产安全事故报告和调查处理条例》规定，重大事故、较大事故、一般事故，负责事故调查的人民政府应当自收到事故调查报告之日起15日内做出批复；特别重大事故，30日内作出批复，特殊情况下，批复时间可以适当延长，但延长的时间最长不超过30日。案例事故属于一般事故等级。

6.【答案】C

【解析】事故调查组应当自事故发生之日起60日内提交事故调查报告；特殊情况下，经负责事故调查的人民政府批准，提交事故调查报告的期限可以适当延长，但延长的期限最长不超过60日。

7.【答案】D

【解析】《生产安全事故报告和调查处理条例》规定，报告事故应当包括下列内容：（1）事故发生单位概况；（2）事故发生的时间、地点以及事故现场情况；（3）事故的简要经过；（4）事故已经造成或者可能造成的伤亡人数（包括下落不明的人数）和初步估计的直接经济损失；（5）已经采取的措施；（6）其他应当报告的情况。

### 二、多项选择题

1.【答案】ABD

【解析】生产安全事故等级的划分包括了人身、经济和社会3个要素：人身要素就是人员伤亡的数量；经济要素就是直接经济损失的数额；社会要素则是社会影响。这三个要素依法可以单独适用。

2.【答案】ACE

【解析】《生产安全事故应急预案管理办法》进一步规定，生产经营单位的应急预案按照针对情况的不同，分为综合应急预案、专项应急预案和现场处置方案。生产经营单位编制的综合应急预案、专项应急预案和现场处置方案之间应当相互衔接，并与所涉及的其他单位的应急预案相互衔接。

3.【答案】BDE

【解析】根据生产安全事故（以下简称事故）造成的人员伤亡或者直接经济损失，事故一般分为以下等级：（1）特别重大事故，是指造成30人以上死亡，或者100人以上重伤（包括急性工业中毒，下同），或者1亿元以上直接经济损失的事故；（2）重大事故，是指造成10人以上30人以下死亡，或者50人以上100人以下重伤，或者5000万元以上1亿元以下直接经济损失的事故；（3）较大事故，是指造成3人以上10人以下死亡，或者10人以上50人以下重伤，或者1000万元以上5000万元以下直接经济损失的事故；（4）一般事故，是指造成3人以下死亡，或者10人以下重伤，或者1000万元以下直接经济损失。所称以上包括本数，所称的以下不包括本数。

4.【答案】ABCD

【解析】根据生产安全事故（以下简称事故）造成的人员伤亡或者直接经济损失，事故一般分为以下等级：（1）特别重大事故；（2）重大事故；（3）较大事故；（4）一般事故。

# 1Z306050 建设单位和相关单位的建设工程安全责任制度

**本节知识体系**

本节主要介绍建设单位、勘察单位、设计单位、监理单位、检验检测单位等在建设工程中有什么安全责任。考生在学习中，要注意对各个单位的安全责任进行区分。

**核心内容讲解**

## 一、建设单位相关的安全责任

### （一）建设单位相关的安全责任（见图1Z306050-1）

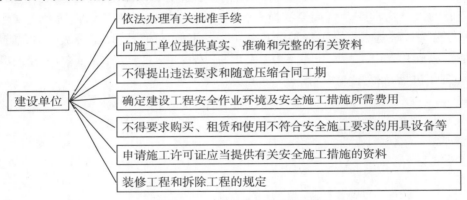

图1Z306050-1　建设单位相关的安全责任

### （二）建设单位相关的安全责任的具体内容

1. 依法办理有关批准手续

有下列情形之一的，建设单位应当按照国家有关规定办理申请批准手续：（1）需要临时占用规划批准范围以外场地的；（2）可能损坏道路、管线、电力、邮电通信等公共设施的；（3）需要临时停水、停电、中断道路交通的；（4）需要进行爆破作业的；（5）法律、法规规定需要办理报批手续的其他情形。

2. 向施工单位提供真实、准确和完整的有关资料

建设单位应当向建筑施工企业提供与施工现场相关的地下管线资料，建筑施工企业应当采取措施加以保护。

3. 申领施工许可证应当提供有关安全施工措施的资料

（1）安全措施资料的提供（见表1Z306050）

安全措施资料的提供　表1Z306050

| 开工制度 | 安全措施资料 |
| --- | --- |
| 施工许可证 | 领取时，应提供工程有关安全施工措施资料 |
| 开工报告 | 自开工报告批准之日起15日内，将保证安全的措施报送建设工程所在地县级以上建设行政主管部门备案 |

（2）安全措施资料的内容

建设单位在申请领取施工许可证时，应当提供的建设工程有关安全施工措施资料，一般包括：中标通知书，工程施工合同，施工现场总平面布置图，临时设施规划方案和已搭建情况，施工现场安全防护设施搭设（设置）计划、施工进度计划、安全措施费用计划，专项安全施工组织设计（方案、措施），拟进入施工现场使用的施工起重机械设备（塔式起重机、物料提升机、外用电梯）的型号、数量，工程项目负责人、安全管理人员及特种作业人员持证上岗情况，建设单位安全监督人员名册、工程监理单位人员名册，以及其他应提交的材料。

4.装修工程和拆除工程的规定

（1）装修工程的规定

涉及建筑主体和承重结构变动的装修工程，建设单位应当在施工前委托原设计单位或者具有相应资质条件的设计单位提出设计方案；没有设计方案的，不得施工。

（2）拆除工程的规定

建设单位应当在拆除工程施工15日前，将下列资料报送建设工程所在地的县级以上地方人民政府建设行政主管部门或者其他有关部门备案：

①施工单位资质等级证明（谁拆）；

②拟拆除建筑物、构筑物及可能危及毗邻建筑的说明（拆什么）；

③拆除施工组织方案（怎么拆）；

④堆放、清除废弃物的措施（拆完怎么办）。

【嗨·点评】 考生应对建设单位及相关单位的安全生产责任做区分记忆。

【经典例题】1.（2016年真题）关于建设单位安全责任的说法，正确的是（　　）。

A.建设单位不得调整合同工期

B.需要进行爆破作业的，建设单位应当委托施工企业办理申请批准手续

C.建设单位应当在拆除工程施工前告知施工企业，将施工企业资质等级证明和拆除施工组织方案送有关部门备案

D.建设单位应当向施工企业提供毗邻区的地下管线资料并保证资料的真实、准确、完整

【答案】D

【嗨·解析】A错误，建设单位不得提出违法要求和随意压缩合同工期，因此，合理调整合同工期是允许的；

B错误，建设单位应当在拆除工程施工15日前，将相关资料报送建设工程所在地县级以上地方人民政府建设行政主管部门或者其他有关部门备案；

C错误，建设单位不是告知施工企业，而是发包给具有相应资质等级的施工单位；

D正确。

## 二、勘察、设计单位相关的安全责任

（一）勘察单位的安全责任

勘察单位应当按照法律、法规和工程建设强制性标准进行勘察，提供的勘察文件应当真实、准确，满足建设工程安全生产的需要。勘察单位在勘察作业时，应当严格执行操作规程，采取措施保证各类管线、设施和周边建筑物、构筑物的安全。

（二）设计单位的安全责任

1.按照法律、法规和工程建设强制性标准进行设计。

2.提出防范生产安全事故的指导意见和措施建议。

3.对设计成果承担责任："谁设计，谁负责"。

【嗨·点评】 考生应对建设单位及相关单位的安全生产责任做区分记忆。

【经典例题】2.（2014年真题）设计单位的安全责任包括（　　）。

A.按照法律、法规和工程建设强制性标

准进行设计

B.提出防范安全生产事故的指导意见和措施建议

C.对安全技术措施或专项施工方案进行审查

D.依法对施工安全事故隐患进行处理

E.对设计成果承担责任

【答案】ABE

【嗨·解析】C、D属于监理单位的安全责任。

3.承担建设工程安全生产的监理责任

工程监理单位和监理工程师应当按照法律、法规和工程建设强制性标准实施监理，并对建设工程安全生产承担监理责任。

（二）设备检验检测单位的安全责任

1.设备检验检测单位的职责

承担安全评价、认证、检测、检验的机构应当具备国家规定的资质条件，并对其作出的安全评价、认证、检测、检验的结果负责。

2.设备检验检测单位违法行为应承担的法律责任

承担安全评价、认证、检测、检验工作的机构，出具虚假证明的，没收违法所得；违法所得在10万元以上的，并处违法所得2倍以上5倍以下的罚款；没有违法所得或者违法所得不足10万元的，单处或者并处10万元以上20万元以下的罚款；对其直接负责的主管人员和其他直接责任人员处2万元以上5万元以下的罚款；给他人造成损害的，与生产经营单位承担连带赔偿责任；构成犯罪的，依照刑法有关规定追究刑事责任。对有前款违法行为的机构，吊销其相应资质。

🔊 **嗨·点评** 考生应对建设单位及相关

## 三、工程监理、检验检测单位相关的安全责任

### （一）工程监理单位的安全责任

1.对安全技术措施或专项施工方案进行审查

工程监理单位应当审查施工组织设计中的安全技术措施或者专项施工方案是否符合工程建设强制性标准。

2.依法对施工安全事故隐患进行处理（见图1Z306050-2）

安全事故隐患 → 要求施工单位整改 → 拒不整改 ⎫
⎬ 报告主管部门
情况严重的事故隐患 → 要求暂时停工 → 拒不停工 ⎭
　　　　　　　　　　　+报告建设单位

**图1Z306050-2　依法对施工安全事故隐患进行处理**

单位的安全生产责任做区分记忆。

【经典例题】3.（2014年真题）根据《建设工程安全生产管理条例》，工程监理单位在实施监理过程中，发现存在安全隐患且情况严重的，应当（　　）。

A.要求施工单位整改，并及时报告有关主管部门

B.要求施工单位整改，并及时报告建设单位

C.要求施工单位暂时停止施工，并及时报告有关主管部门

D.要求施工单位暂时停止施工，并及时报告建设单位

【答案】D

【嗨·解析】《建设工程安全生产管理条例》规定，工程监理单位在实施监理过程中，发现存在安全事故隐患的，应当要求施工单位整改；情况严重的，应当要求施工单位暂时停止施工，并及时报告建设单位。施工单位拒不整改或者不停止施工的，工程监理单位应当及时向有关主管部门报告。

## 四、机械设备等单位相关的安全责任

### （一）提供机械设备和配件单位的安全责任

为建设工程提供机械设备和配件的单位，应当按照安全施工的要求配备齐全有效的保险、限位等安全设施和装置。

### （二）出租机械设备和施工机具及配件单位的安全责任

1. 出租的机械设备和施工机具及配件，应当具有生产（制造）许可证、产品合格证。出租单位应当对出租的机械设备和施工机具及配件的安全性能进行检测，在签订租赁协议时，应当出具检测合格证明。禁止出租检测不合格的机械设备和施工机具及配件。

2. 有下列情形之一的建筑起重机械，不得出租、使用：（1）属国家明令淘汰或者禁止使用的；（2）超过安全技术标准或者制造厂家规定的使用年限的；（3）经检验达不到安全技术标准规定的；（4）没有完整安全技术档案的；（5）没有齐全有效的安全保护装置的。建筑起重机械有以上第（1）、（2）、（3）项情形之一的，出租单位或者自购建筑起重机械的使用单位应当予以报废，并向原备案机关办理注销手续。

### （三）施工起重机械和自升式架设设施安装、拆卸单位的安全责任

1. 安装、拆卸施工起重机械和自升式架设设施必须具备相应的资质

在施工现场安装、拆卸施工起重机械和整体提升脚手架、模板等自升式架设设施，必须由具有相应资质的单位承担。

2. 编制安装、拆卸方案和现场监督

安装、拆卸施工起重机械和整体提升脚手架、模板等自升式架设设施，应当编制拆装方案、制定安全施工措施，并由专业技术人员现场监督。

3. 出具自检合格证明、进行安全使用说明、办理验收手续的责任

（1）施工起重机械和整体提升脚手架、模板等自升式架设设施安装完毕后，安装单位应当自检，出具自检合格证明，并向施工单位进行安全使用说明，办理验收手续并签字。

（2）建筑起重机械安装完毕后，使用单位应当组织出租、安装、监理等有关单位进行验收，或者委托具有相应资质的检验检测机构进行验收。建筑起重机械经验收合格后方可投入使用，未经验收或者验收不合格的不得使用。实行施工总承包的，由施工总承包单位组织验收。

**嗨·点评** 考生应对建设单位及相关单位的安全生产责任做区分记忆。

【经典例题】4.（2016年真题）根据《建筑起重机械安全监督管理规定》，关于建筑起重机械安装单位安全责任的说法，正确的是（　　）。

A.安装单位应当与建设单位签订建筑起重机械安装工程安全协议书

B.施工总承包企业不负责对建筑起重机械安装工程专项施工方案进行审查

C.建筑起重器械安装完毕后，建设主管部门应当参加验收

D.建筑起重机械安装完毕后，安装单位应当自检，出具自检合格证明

【答案】D

【嗨·解析】A错误，建筑起重机械使用单位和安装单位应当在签订的建筑起重机械安装、拆卸合同中明确双方的安全生产责任。实行施工总承包的，施工总承包单位应当与安装单位签订建筑起重机械安装、拆卸工程安全协议书；

B错误，施工总承包单位需要对专项施工方案审核；

C错误，建筑起重机械安装完毕后，使用单位应当组织出租、安装、监理等有关单位

进行验收，或者委托具有相应资质的检验检测机构进行验收；

D正确。

**五、政府主管部门安全监督管理的相关规定**

**（一）建设工程安全生产的监督管理体制**

《安全生产法》规定，国务院安全生产监督管理部门依照本法，对全国安全生产工作实施综合监督管理；县级以上地方各级人民政府安全生产监督管理部门依照本法，对本行政区域内安全生产工作实施综合监督管理。

**（二）建立安全生产的举报制度、相关信息系统和淘汰严重危及施工安全的工艺设备材料**

《建设工程安全生产管理条例》规定，国家对严重危及施工安全的工艺、设备、材料实行淘汰制度。具体目录由国务院建设行政主管部门会同国务院其他有关部门制定并公布。

# 章节练习题

## 一、单项选择题

1. 根据《建设工程安全生产管理条例》规定，关于建设单位安全责任的说法中，错误的是（　　）。
   A. 对向施工企业提供的勘察资料的真实性、准确性、完整性负责
   B. 施工前进行安全施工技术交底
   C. 依法履行合同，不得压缩合同约定的工期
   D. 对拆除工程进行备案

2. 在施工现场安装、拆卸施工起重机械和整体提升脚手架、模板等自升式架设设施，必须由（　　）单位承担。
   A. 施工单位　　　　B. 出租单位
   C. 具有相应资质的　D. 检验机构

3. 甲建筑公司承建乙市一住宅项目，采用租赁方式向乙市建筑机械租赁公司租赁一物料提升机，以降低成本。该物料提升机为乙建筑机械租赁公司刚刚购买，但缺少产品合格证明，下列说法正确的是（　　）。
   A. 不能出租使用
   B. 可以出租使用
   C. 经建设单位批准后可以出租使用
   D. 经建设行政管理部门批准后可以出租使用

4. 根据《建设工程安全生产管理条例》的规定，下列不属于监理单位安全责任的是（　　）。
   A. 编制安全技术措施
   B. 审查安全技术措施
   C. 审查专项施工方案
   D. 报告安全生产事故隐患

## 二、多项选择题

1. 在工程建设项目中，建设单位的安全责任包括（　　）。
   A. 编制安全技术措施的责任
   B. 统一协调总、分包单位安全生产的责任
   C. 对拆除工程进行备案的责任
   D. 确定建设工程安全作业环境及安全施工措施所需费用的责任
   E. 需要进行爆破作业的办理报批手续的责任

2. 工程监理单位在实施工程监理的过程中，发现安全事故隐患，其能够采取的措施有（　　）。
   A. 罚款
   B. 要求施工单位整改
   C. 要求施工单位暂时停工
   D. 要求施工单位停业整顿
   E. 向有关主管部门报告

3. 某施工单位拟租赁一家设备公司的塔吊，依照《建设工程安全生产管理条例》，租赁公司应当出具塔吊的（　　）。
   A. 发票　　　　　　B. 原始合同
   C. 检测合格证明　　D. 生产许可证
   E. 产品合格证

4. 《建筑起重机械安全监督管理规定》中规定，有下列情形之一的建筑起重机械，不得出租、使用，应当予以报废，并向原备案机关办理注销手续（　　）。
   A. 属国家明令淘汰或者禁止使用的
   B. 超过安全技术标准或者制造厂家规定的使用年限的
   C. 经检验达不到安全技术标准规定的
   D. 没有完整安全技术档案的
   E. 没有齐全有效的安全保护装置的

5. 下列属于设计单位安全责任的是（　　）。
   A. 按照法律、法规和工程建设强制性标准进行设计
   B. 对安全技术措施或专项施工方案进行审查
   C. 提出防范生产安全事故的指导意见和措施建议
   D. 依法对施工安全事故隐患进行处理
   E. 就设计意图、设计文件向施工单位做出说明和技术交底

## 参考答案及解析

### 一、单项选择题

1. 【答案】B

【解析】《建设工程安全生产管理条例》中明确规定,建设单位必须遵守安全生产法律、法规的规定,保证建设工程安全生产,依法承担建设工程安全生产责任:(1)依法办理有关批准手续;(2)向施工单位提供真实、准确和完整的有关资料;(3)不得提出违法要求和随意压缩合同工期;(4)确定建设工程安全作业环境及安全施工措施所需费用;(5)不得要求购买、租赁和使用不符合安全施工要求的用具设备等;(6)申领施工许可证应当提供有关安全施工措施的资料;(7)装修工程和拆除工程的规定,建设单位应当在拆除工程施工15日前,将有关资料报送建设工程所在地的县级以上地方人民政府建设行政主管部门或者其他有关部门备案;(8)建设单位违法行为应承担的法律责任。

2. 【答案】C

【解析】《建设工程安全生产管理条例》规定,在施工现场安装、拆卸施工起重机械和整体提升脚手架、模板等自升式架设设施,必须由具有相应资质的单位承担。

3. 【答案】A

【解析】禁止出租检测不合格的机械设备和施工机具及配件。

4. 【答案】A

【解析】工程监理单位的安全责任:(1)对安全技术措施或专项施工方案进行审查;(2)依法对施工安全事故隐患进行处理;(3)对建设工程安全生产承担监理责任。

### 二、多项选择题

1. 【答案】CDE

【解析】参见单项选择题第1题的解析。

2. 【答案】BCE

【解析】《建设工程安全生产管理条例》规定,工程监理单位在实施监理过程中,发现存在安全事故隐患的,应当要求施工单位整改;情况严重的,应当要求施工单位暂时停止施工,并及时报告建设单位。施工单位拒不整改或者不停止施工的,工程监理单位应当及时向有关主管部门报告。

3. 【答案】CDE

【解析】出租的机械设备和施工机具及配件,应当具有生产(制造)许可证、产品合格证。出租单位应当对出租的机械设备和施工机具及配件的安全性能进行检测,在签订租赁协议时,应当出具检测合格证明。

4. 【答案】ABC

【解析】出租机械设备和施工机具及配件单位的安全责任。有下列情形之一的建筑起重机械,不得出租、使用:(1)属国家明令淘汰或者禁止使用的;(2)超过安全技术标准或者制造厂家规定的使用年限的;(3)经检验达不到安全技术标准规定的;(4)没有完整安全技术档案的;(5)没有齐全有效的安全保护装置的。建筑起重机械有以上第(1)、(2)、(3)项情形之一的,出租单位或者自购建筑起重机械的使用单位应当予以报废,并向原备案机关办理注销手续。

5. 【答案】ACE

【解析】设计单位的安全责任。原文:设计单位的安全责任:(1)按照法律、法规和工程建设强制性标准进行设计。(2)提出防范生产安全事故的指导意见和措施建议:在施工单位作业前,设计单位还应当就设计意图、设计文件向施工单位做出说明和技术交底,并对防范生产安全事故提出指导意见。(3)对设计成果承担责任。

# 1Z307000 建设工程质量法律制度

一、本章近三年考情

本章近三年考试真题分值统计　　　　　　　　　　　　　　（单位：分）

| 节 \ 年份 | 2014年 单选题 | 2014年 多选题 | 2015年 单选题 | 2015年 多选题 | 2016年 单选题 | 2016年 多选题 |
|---|---|---|---|---|---|---|
| 1Z307010 工程建设标准 | 2 | | 1 | 2 | 2 | 2 |
| 1Z307020 施工单位的质量责任和义务 | 1 | 4 | 3 | 2 | 2 | 4 |
| 1Z307030 建设单位及相关单位的质量责任和义务 | 1 | 4 | 1 | 4 | 3 | |
| 1Z307040 建设工程竣工验收制度 | 1 | 2 | 1 | 2 | 2 | 2 |
| 1Z307050 建设工程质量保修制度 | 4 | 2 | 2 | | 2 | 2 |

二、本章学习提示

本章主要讲解建设工程当中对质量的要求。分别从工程建设标准、各单位的质量责任和义务、竣工验收制度、保修制度等各方面来展开讲解。其中，第一节工程建设标准较为简单，相对来讲考察频率略低，其他节均非常重要，考察均衡，要求考生在复习过程中有足够的重视。

## 1Z307010 工程建设标准

**本节知识体系**

本节主要介绍了工程建设标准的分类及实施。其中，工程建设标准分为国家标准、行业标准、企业标准、地方标准、培育发展团体标准等；工程建设标准的实施主要是各单位的实施。考生在学习中，需要重点掌握国家标准和行业标准 分类，以及各单位对强制性标准的实施。

**核心内容讲解**

### 一、工程建设标准的分类

（一）工程建设标准的分类（见图1Z307010）

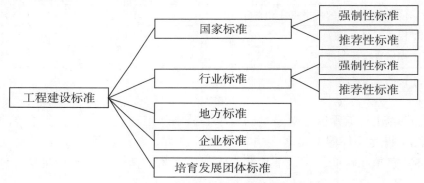

图1Z307010　工程建设标准的分类

（二）工程建设国家标准

1.工程建设国家标准的范围和类型（见表1Z307010-1）

工程建设国家标准的范围和类型　　表1Z307010-1

| 国家标准 | 强制性国家标准 |
|---|---|
| （1）工程建设勘察、规划、设计、施工（包括安装）及验收等通用的质量要求 | （1）工程建设勘察、规划、设计、施工（包括安装）及验收等通用的综合性标准和重要的通用的质量标准 |
| （2）工程建设通用的有关安全、卫生和环境保护的技术要求 | （2）工程建设通用的有关安全、卫生和环境保护的标准 |
| （3）工程建设通用的术语、符号、代号、量与单位、建筑模数和制图方法 | （3）工程建设重要的通用的术语、符号、代号、量与单位、建筑模数和制图方法标准 |
| （4）工程建设通用的试验、检验和评定等方法 | （4）工程建设重要的通用的试验、检验和评定等标准 |
| （5）工程建设通用的信息技术要求 | （5）工程建设重要的通用的信息技术标准 |
| （6）国家需要控制的其他工程建设通用的技术要求 | （6）国家需要控制的其他工程建设通用的标准 |

注：国家标准："通用的"；强制性国家标准："重要的通用的……标准"。①综合性标准；②安全、卫生和环境保护例外。

2.工程建设国家标准的制定程序

分为准备、征求意见、送审和报批四个阶段

3.工程建设国家标准的审批发布和编号

（1）审批发布：工程建设国家标准由国务院工程建设行政主管部门审批，由国务院标准化主管部门和国务院工程建设行政主管部门联合发布。

（2）编号：强制性国家标准的编号为"GB"，推荐性国家标准的代号为"GB/T"。由国务院标准化主管部门统一编号。

4.国家标准的复审与修订

国家标准实施后每5年复审一次。复审后，标准管理单位应当提出继续有效、予以修订或废止意见。

（三）工程建设行业标准

1.工程建设行业标准的范围和类型（见表1Z307010-2）

没有国家标准而又需要在全国某个行业范围内统一的技术要求，可以制定行业标准。在公布国家标准之后，该项行业标准即行废止。

工程建设行业标准的范围和类型　表1Z307010-2

| 行业标准 | 强制性行业标准 |
| --- | --- |
| （1）工程建设勘察、规划、设计、施工（包括安装）及验收等行业专用的质量要求 | （1）工程建设勘察、规划、设计、施工（包括安装）及验收等行业专用的综合性标准和重要的行业专用的质量标准 |
| （2）工程建设行业专用的有关安全、卫生和环境保护的技术要求 | （2）工程建设行业专用的有关安全、卫生和环境保护的标准 |
| （3）工程建设行业专用的术语、符号、代号、量与单位、建筑模数和制图方法 | （3）工程建设重要的行业专用的术语、符号、代号、量与单位、建筑模数和制图方法标准 |
| （4）工程建设行业专用的试验、检验和评定等方法 | （4）工程建设重要的行业专用的试验、检验和评定等标准 |
| （5）工程建设行业专用的信息技术要求 | （5）工程建设重要的行业专用的信息技术标准 |
| （6）其他工程建设行业专用的技术要求 | （6）行业需要控制的其他工程建设标准 |

2.工程建设行业标准的制定、修订程序与复审

（1）发布和备案：行业标准由国务院有关行政部门制定、编号、发布，并报国务院标准化行政主管部门备案。

（2）行业标准的效力：行业标准不得与国家标准相抵触。行业标准中个别规定与国家标准不一致，必须有充分的科学根据，并经国家标准的审批部门批准。行业标准在相应的国家标准实施后，应当及时修订或废止。简记为：国家标准＞行业标准＞地方标准。

（3）制订、复审、修订：实施后，根据科学技术的发展和工程建设的实际需要，该标准的批准部门应当适时进行复审，确认其继续有效或予以修订、废止。一般也是5年复审1次。

（四）工程建设地方标准

1.地方标准制定依据：没有国家标准、行业标准或者国家标准、行业标准规定不具体，需要在省、自治区、直辖市范围内统一的工业产品安全、卫生要求，可以制定地方标准。

2.工程建设地方标准的实施和复审（见表1Z307010-3）

工程建设地方标准的实施和复审　表1Z307010-3

| 地方性标准 | 具体内容 |
| --- | --- |
| 与国家标准、行业标准的冲突 | 工程建设地方标准不得与国家标准和行业标准相抵触。对与国家标准或行业标准相抵触的工程建设地方标准的规定，应当自行废止 |
| 备案 | 工程建设地方标准应报国务院建设行政主管部门备案。未经备案的工程建设地方标准，不得在建设活动中使用 |
| 强制性条文 | 工程建设地方标准中，对直接涉及人民生命财产安全、人体健康、环境保护和公共利益的条文，经国务院建设行政主管部门确定后，可作为强制性条文。在不违反国家标准、行业标准的前提下，地方标准可以独立实施 |
| 复审 | 复审周期一般不超过5年 |

（五）企业标准制定依据

1.企业标准制定依据：没有国家标准、行业标准，应当制定企业标准，作为组织生产的依据。有国家标准或行业标准的，国家鼓励企业制订严于国家标准或行业标准的企业标准。

2.企业标准分类：企业技术标准、企业管理标准、企业工作标准。

3.企业标准的效力：企业内部适用。

（六）培育发展团体标准

在标准制定主体上，鼓励具备相应能力的学会、协会、商会、联合会等社会组织和产业技术联盟协调相关市场主体共同制定满足市场和创新需要的标准，供市场自愿选用，增加标准的有效供给。

**嗨·点评** 考生应理解区分不同标准的范围和类型。

【经典例题】1.（2016年真题）关于工程建设标准的说法，正确的是（　　）。

A.国家标准和行业标准均是强制性标准

B.工程建设国家标准由国务院工程建设主管部门审查批准

C.公布国家标准后，原有的行业标准继续实施

D.国家标准的复审一般是在颁布后5年进行一次

【答案】B

【嗨·解析】A错误，国家标准、行业标准分为强制性标准和推荐性标准；

B正确；

C错误，在公布国家标准之后，该项行业标准即行废止；

D错误，国家标准的复审一般是在标准实施后5年进行1次。

【经典例题】2.（2016年真题）关于工程建设地方标准实施的说法，正确的是（　　）。

A.工程建设地方标准不得与国家标准相抵触，也不得独立实施

B.工程建设地方标准应报省级建设行政主管部门备案，方可在建设活动中使用

C.工程建设地方标准中直接涉及人民生命财产安全、环境保护的条文可直接作为强制性条文

D.工程建设地方标准与行业标准相抵触的规定，自行废止

【答案】D

【嗨·解析】A错误，工程建设地方标准不得与国家标准和行业标准相抵触。在不违反国家标准和行业标准的前提下，工程建设地方标准可以独立实施；

B错误，工程建设地方标准应报国务院建设行政主管部门备案；

C错误，工程建设地方标准中，对直接涉及人民生命财产安全、人体健康、环境保护和公共利益的条文，经国务院建设行政主管部门确定后，可作为强制性条文；

D正确。

## 二、工程建设强制性标准实施的规定

### （一）工程建设各方主体实施强制性标准的法律规定（见表1Z307010-4）

工程建设各方主体实施强制性标准的法律规定　表1Z307010-4

| 单位 | 实施强制性标准的规定 |
| --- | --- |
| 建设单位 | 不得以任何理由，不得明示或暗示施工单位、设计单位违反法律法规，降低安全、质量标准 |
| 施工、设计单位 | 对建设单位违反规定提出的降低工程质量的要求，应当拒绝 |
| | 必须按照强制性标准勘察、设计，并对勘查、设计的结果负责 |
| 监理单位 | 按监理依据监理（法律法规、技术标准、设计文件、施工合同） |

### （二）工程建设标准强制性条文的实施

1. 工程建设标准条文的用词

在工程建设标准的条文中，使用"必须"、"严禁"、"应"、"不应"、"不得"等属于强制性标准的用词，而使用"宜"、"不宜"、"可"等一般不是强制性标准的规定。

2. 工程建设强制性标准的内涵

在中国境内从事工程建设活动，必须执行工程建设强制性标准。工程建设强制性标准是直接涉及工程质量、安全、卫生及环境保护等方面的工程建设强制性条文。

3. 采用新技术、新材料或国际标准、国外标准的规定（见表1Z307010-5）

采用新技术、新材料或国际标准、国外标准的规定　表1Z307010-5

| 采用技术 | 适用标准 | 规定 |
| --- | --- | --- |
| 建设工程勘察、设计文件中规定采用的新技术、新材料，可能影响工程质量和安全 | 没有国家技术标准 | 【审定】应当由国家认可的检测机构进行试验、论证，出具检测报告，并经有关主管部门组织的建设专家委员会审定后，方可使用 |
| — | 采用国际标准或国外标准，我国强制性标准未作规定的 | 【备案】建设单位应当向国务院建设主管部门备案 |

### （三）对工程建设强制性标准的监督检查

1. 监督管理机构（见表1Z307010-6）

对工程建设强制性标准的监督检查-监督管理机构　表1Z307010-6

| 监管主体（官） | 监管阶段 |
| --- | --- |
| 规划审查机关 | 规划 |
| 施工图审查单位 | 勘察、设计 |
| 建筑安全监督机构 | 施工 |
| 工程质量监督机构 | 施工、监理、验收 |

2. 监督检查的方式和内容

工程建设标准批准部门应当定期对规划审查机关、审图单位、安监、质监机构的监管进行检查。

工程建设标准批准部门应当对工程项目执行强制性标准情况进行监督检查（重点检查、抽查和专项检查）。

强制性标准监督检查的内容包括：

（1）工程技术人员是否熟悉、掌握强制性标准；

（2）工程项目的规划、勘察、设计、施工、验收等是否符合强制性标准的规定；

（3）工程项目采用的材料、设备是否符合强制性标准的规定；

（4）工程项目的安全、质量是否符合强制性标准的规定；

（5）工程项目采用的导则、指南、手册、计算机软件的内容是否符合强制性标准的规定。

🔊 **嗨·点评** 考生应理解区分不同单位在工程建设标准实施上所承担的责任，同时掌握标准实施中的其他规定，如强制性条文的实施、监督部门等。

【经典例题】3.（2016年真题）根据《实施过程建设强制性标准监督规定》，属于强制性标准监督检查内容的有（　　）。

A.工程技术人员是否熟悉、掌握强制性标准

B.工程项目负责人是否熟悉、掌握强制性标准

C.工程项目的安全、质量是否符合强制性标准的规定

D.工程项目所采用的材料、设备是否符合强制性标准的规定

E.工程项目的规划、勘察、设计、施工、验收等是否符合强制性标准的规定

【答案】ACDE

【嗨·解析】B应为"工程技术人员"而不是"工程项目负责人"。

# 章节练习题

## 一、单项选择题

1. 下列选项中，不属于我国《标准化法》对标准划分类型的是（　　）。
   A.国家标准　　　　　B.行业标准
   C.技术标准　　　　　D.企业标准

2. 按照《标准化法》的规定，下列（　　）可以分为强制性标准和推荐性标准。
   A.工程建设地方标准
   B.行业标准
   C.地方标准
   D.企业标准

3. 工程建设领域制定的行业标准，在相关技术要求公布了国家标准后，该行业标准（　　）。
   A.即行废止
   B.行业标准优先适用
   C.国家标准优先适用
   D.两个同时适用

4. 工程建设行业标准应当适时进行复审，确认其继续有效或予以修订、废止。一般（　　）年复审一次。
   A.2　　B.3　　C.4　　D.5

5. 在《工程建设施工企业质量管理规范》GB/T 50430—2007中，其中GB/T符号表示此规范为（　　）。
   A.强制性国家标准　　B.推荐性国家标准
   C.强制性行业标准　　D.推荐性行业标准

## 二、多项选择题

1. 按照标准的级别，我国将标准划分为（　　）。
   A.国家标准　　　　　B.行业标准
   C.地方标准　　　　　D.企业标准
   E.推荐性标准

2. 工程建设标准批准部门应当对工程项目执行强制性标准情况进行监督检查，监督检查的主要方式有（　　）。
   A.复查　　　　　　　B.重点检查
   C.抽查　　　　　　　D.巡查
   E.专项检查

3. 工程建设国家标准的制定程序主要包括以下几个阶段（　　）。
   A.准备　　　　　　　B.草拟
   C.征求意见　　　　　D.报批
   E.备案

4. 下列属于工程建设国家标准中强制性标准的有（　　）。
   A. 工程建设通用的有关安全、卫生和环境保护的标准
   B. 工程建设重要的通用的建筑模数和制图方法标准
   C. 工程建设重要的行业专用的试验、检验和评定方法等标准
   D. 工程建设重要的通用的信息技术标准
   E. 工程建设勘察、规划、设计、施工（包括安装）及验收等行业专用的综合性标准

5. 下列属于强制性标准的行业标准是（　　）。
   A. 工程建设勘察、规划、设计、施工（包括安装）及验收等行业专用的综合性标准
   B. 工程建设行业专用的有关安全、卫生和环境保护的标准
   C. 工程建设重要的行业专用的试验、检验和评定方法等标准
   D. 工程建设重要的通用的信息技术标准
   E. 工程建设重要的行业专用的术语、符号、代号、量与单位和制图方法标准

## 参考答案及解析

### 一、单项选择题

1.【答案】C
【解析】《标准化法》的规定，我国的标准分为国家标准、行业标准、地方标准和企业标准。

2.【答案】B
【解析】《标准化法》规定，我国的标准分为国家标准、行业标准、地方标准和企业标准。国家标准、行业标准分为强制性标准和推荐性标准。

3.【答案】A
【解析】《标准化法》规定，对没有国家标准而又需要在全国某个行业范围内统一的技术要求，可以制定行业标准。在国家标准公布之后，该项行业标准即行废止。

4.【答案】D
【解析】《标准化法》规定，工程建设行业标准实施后，根据科学技术的发展和工程建设的实际需要，该标准的批准部门应当适时进行复审，确认其继续有效或予以修订、废止。一般也是5年复审1次。

5.【答案】B
【解析】工程建设国家标准的编号由国家标准代发布标准的顺序号和发布标准的年号组成。强制性国家标准的代号为"GB"，推荐性国家标准的代号为"GB/T"。

### 二、多项选择题

1.【答案】ABCD
【解析】《标准化法》的规定，我国的标准分为国家标准、行业标准、地方标准和企业标准。

2.【答案】BCE
【解析】工程建设标准批准部门应当对工程项目执行强制性标准情况进行监督检查。监督检查可以采取里重点检查、抽查和专项检查的方式。

3.【答案】ACD
【解析】工程建设国家标准的制订程序分为准备、征求意见、送审和报批四个阶段。

4.【答案】ABD
【解析】工程建设国家标准分为强制性标准和推荐性标准。下列标准属于强制性标准：（1）工程建设勘察、规划、设计、施工（包括安装）及验收等通用的综合标准和重要的通用的质量标准；（2）工程建设通用的有关安全、卫生和环境保护的标准；（3）工程建设重要的通用的术语、符号、代号、量与单位、建筑模数和制图方法标准；（4）工程建设重要的通用的试验、检验和评定方法等标准；（5）工程建设重要的通用的信息技术标准；（6）国家需要控制的其他工程建设通用的标准。强制性标准以外的标准是推荐性标准。

5.【答案】ABCE
【解析】工程建设行业标准也分为强制性标准和推荐性标准。下列标准属于强制性标准：（1）工程建设勘察、规划、设计、施工（包括安装）及验收等行业专用的综合性标准和重要的行业专用的质量标准；（2）工程建设行业专用的有关安全、卫生和环境保护的标准；（3）工程建设重要的行业专用的术语、符号、代号、量与单位和制图方法标准；（4）工程建设重要的行业专用的试验、检验和评定方法等标准；（5）工程建设重要的行业专用的信息技术标准；（6）行业需要控制的其他工程建设标准。强制性标准以外的标准是推荐性标准。

# 1Z307020 施工单位的质量责任和义务

**本节知识体系**

本节主要围绕施工单位在建设工程质量上所应当承担的责任和义务来进行展开，主要介绍了施工单位的质量负责，按图施工、材料检验、质量检验返修等内容。其中，材料检验部分的见证取样和送检需要考生做极精细的研究，此处是每年考试的重点。

**核心内容讲解**

## 一、对施工质量负责和总分包单位的质量责任

### （一）五方责任主体项目负责人质量终身责任

1.建筑工程五方责任主体项目负责人是指承担建筑工程项目建设的建设单位项目负责人、勘察单位项目负责人、设计单位项目负责人、施工单位项目经理、监理单位总监理工程师。

2.建筑工程开工建设前，建设、勘察、设计、施工、监理单位法定代表人应当签署授权书，明确本单位项目负责人。

3.建筑工程五方责任主体项目负责人质量终身责任，是指参与新建、扩建、改建的建筑工程项目负责人按照国家法律法规和有关规定，在工程设计使用年限内对工程质量承担相应责任。

### （二）施工单位对施工质量负责

建筑施工企业对工程的施工质量负责。

施工单位项目经理应当按照经审查合格的施工图设计文件和施工技术标准进行施工，对因施工导致的工程质量事故或质量问题承担责任。

### （三）总分包单位的质量责任

建筑工程实行总承包的，工程质量由工程总承包单位负责，总承包单位将建筑工程分包给其他单位的，应当对分包工程的质量与分包单位承担连带责任。分包单位应当接受总承包单位的质量管理。合同关系见图1Z307020-1。

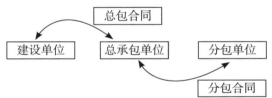

**图1Z307020-1 总分包单位和建设单位的合同关系**

🔊 **嗨·点评** 考生应重点掌握总分包单位的连带责任。

**【经典例题】** 1.（2016年真题）根据《建筑工程五方责任主体项目负责人质量终身责任终究暂行办法》，下列人员中，属于五方责任主体项目负责人的有（ ）。

A.建设单位项目负责人
B.监理单位负责人
C.勘察单位项目负责人
D.施工单位项目经理
E.造价单位项目负责人

**【答案】** ACD

**【嗨·解析】** B应为监理单位项目负责人。E不属于五方。

**【经典例题】** 2.（2015年真题）甲总承包

单位与乙分包单位依法签订了专业工程分包合同，在建设单位竣工验收时，发现该专业工程质量不合格。关于该专业工程质量责任的说法，正确的是（　　）。

A.乙就分包工程对建设单位承担全部法律责任

B.甲就分包工程对建设单位承担全部法律责任

C.甲和乙就分包工程对建设单位承担连带责任

D.甲对建设单位承担主要责任，乙承担补充责任

【答案】C

【嗨·解析】本题考查的是总分包单位的质量责任。总承包单位依法将建设工程分包给其他单位的，分包单位应当按照分包合同对其分包工程的质量向总包单位负责，总承包单位对分包工程的质量承担连带责任。

## 二、按照工程设计图纸和施工技术标准施工的规定（图1Z307020-2）

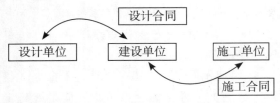

图1Z307020-2　设计单位、建设单位、施工单位的合同关系

1.施工单位必须按照（①）工程设计图纸（直接依据）和（②）施工技术标准（间接依据）施工，不得擅自修改工程设计，不得偷工减料。

2.工程设计的修改由原设计单位负责（谁设计，谁修改）。

3.施工单位在施工过程中发现设计文件和图纸（①）有差错的，应当及时提出意见和建议（使得（①）符合（②），然后按新的（①）施工）。

4.施工单位在施工中发现设计图纸有差错，不能直接向设计单位提出，而是顺合同关系，通过建设单位向设计单位提出。

🔊 嗨·点评　考生应按合同关系理解记忆按图施工的规定及修改图纸的程序。

【经典例题】3.（2016年真题）施工企业在施工过程中发现工程设计图纸存在差错的，应（　　）。

A.经建设单位同意，由施工企业负责修改

B.经建设单位同意，由设计单位负责修改

C.由施工企业负责修改，经监理单位审定

D.经监理单位同意，由建设单位负责修改

【答案】B

【嗨·解析】工程设计的修改由原设计单位负责，建筑施工企业不得擅自修改工程设计。施工单位在施工过程中发现设计文件和图纸有差错的，应当及时提出意见和建议。因此，根据合同关系及法律规定，选择B选项。

## 三、对建筑材料、设备等进行检验检测的规定

### （一）进场检验（围墙外）

施工中所有的材料、构配件、设备、商混（不分甲供乙供），都由施工单位按照：（1）工程设计要求；（2）施工技术标准和；（3）合同约定，单独做进场检验，检验不合格不得进场。

### （二）施工检测的见证取样和送检制度

1.见证取样和送检的概念

见证取样和送检，是指在建设单位或工程监理单位人员（谁见证？）的见证下，由施工单位的现场试验人员（谁取样？）对工程中涉及结构安全（检验什么？）的试块、试件和材料在现场（在哪里取样？）取样，并送至具有法定资格（谁检验？）的质量检测单位进行检测的活动。

## 2. 需要见证取样的材料

涉及结构安全的试块、试件和材料见证取样和送检的比例不得低于有关技术标准中规定应取样数量的30%。下列试块、试件和材料必须实施见证取样和送检（见表1Z307020-1）：

**需要见证取样的材料　表1Z307020-1**

| | 见证取样的材料 |
|---|---|
| 承重 | 用于承重结构的混凝土试块；<br>用于承重墙体的砌筑砂浆试块；<br>用于承重结构的钢筋及连接接头试件；<br>用于承重墙的砖和混凝土小型砌块；<br>用于承重结构的混凝土中使用的掺加剂 |
| 水泥 | 用于拌制混凝土和砌筑砂浆的水泥 |
| 防水 | 地下、屋面、厕浴间使用的防水材料 |
| 其他 | 国家规定必须实行见证取样和送检的其他试块、试件和材料 |

记忆：五个承重，一个水泥，一个防水。

## 3. 见证人员和取样人员

（1）见证人员

见证人员应由建设单位或该工程的监理单位中具备施工试验知识的专业技术人员担任，并由建设单位或该工程的监理单位书面通知施工单位、检测单位和负责该项工程的质量监督机构。在施工过程中，见证人员应按照见证取样和送检计划，对施工现场的取样和送检进行见证。

（2）取样人员

取样人员应在试样或其包装上作出标识、封志。标识和封志应标明工程名称、取样部位、取样日期、样品名称和样品数量，并由见证人员和取样人员签字。

（3）责任

见证人员和取样人员应对试样的代表性和真实性负责。

## 4. 工程质量检测单位的资质和检测规定（见表1Z307020-2）

**工程质量检测单位的资质和检测规定　表1Z307020-2**

| | 工程质量检测单位 |
|---|---|
| 性质 | 具有独立法人资格的中介机构 |
| 业务内容 | 专项检测机构资质和见证取样机构资质 |
| 委托 | 由工程项目建设单位委托具有相应资质的检测机构进行检测 |
| 检测报告 | ①检测人员签字；②检测机构法定代表人或其授权的签字人签署；③加盖公章或检测专用章 |
| 归档 | 建设单位或监理单位确认后，施工单位归档 |
| 复检 | 利害关系人对检测结果发生后争议，由双方共同认可的检测机构复检，提出复检方报当地建设主管部门备案 |
| 报告 | 检测机构检测过程中发现建设、监理、施工单位违法违规、违反强制性标准，以及涉及结构安全检测结果的不合格情况，及时报告工程所在地建设主管部门 |
| 台账 | 检测机构建立档案管理制度，并单独建立检测结果不合格项目台账 |
| 受聘 | 检测人员不得同时受聘于两家及以上的检测机构 |
| 回避 | 检测机构和检测人员不得推荐或监制检测，不得与检测对象有隶属或利害关系 |
| 业务 | 检测机构不得转包检测业务 |
| 负责 | 检测机构应当对其检测数据和检测报告的真实性和准确性负责 |

🔊 **嗨·点评** 见证取样是重中之重，所有内容均要求考生理解记忆，精确掌握。

【经典例题】4.（2015年真题）根据《房屋建筑工程和市政机场设施工程实行见证取样和送检的规定》，下列试块、试件和材料必须实施见证取样和送检的是（　　）。

A.用于承重结构的混凝土试块
B.用于墙体混凝土使用的掺加剂
C.用于砌筑结构的钢筋及连接接头试件
D.用于防水工程的水泥制品

【答案】A

【嗨·解析】见表1Z307020-1。

【经典例题】5.关于工程质量检测机构职责的说法，正确的有（　　）。

A.检测机构不得转包检测业务
B.检测机构对涉及结构安全的所有检测结果应及时报告建设主管部门
C.检测机构对发现的违反强制性标准的情况应及时报告建设主管部门
D.检测机构应当对检测结果不合格的项目建立单独的项目台账
E.检测机构对发现的项目参与方的违规行为应及时报告建设单位

【答案】ACD

【嗨·解析】B错误，检测机构对涉及结构安全检测结果的不合格情况，及时报告工程所在地建设主管部门；E错误，测机构检测过程中发现建设、监理、施工单位（E选项参建单位范围太广）违法违规、违反强制性标准，及时报告工程所在地建设主管部门。

### 四、施工质量检验和返修的规定

（一）隐蔽工程检验

1.隐蔽工程在隐蔽前，施工单位应当及时通知建设单位和建设工程质量监督机构。

2.承包人应在共同检查前48小时书面通知监理人检查。监理人未按时进行检查，也未提出延期要求的，视为隐蔽工程检查合格，承包人可自行完成覆盖工作，并作相应记录报送监理人，监理人应签字确认。监理人事后对检查记录有疑问的，可按约定重新检查。

3.承包人覆盖工程隐蔽部位后，发包人或监理人对质量有疑问的，可要求承包人对已覆盖的部位进行钻孔探测或揭开重新检查，（1）经检查证明工程质量符合合同要求的，由发包人承担由此增加的费用和（或）延误的工期，并支付承包人合理的利润；（2）经检查证明工程质量不符合合同要求的，由此增加的费用和（或）延误的工期由承包人承担。

4.承包人未通知监理人到场检查。私自将工程隐蔽部位覆盖的。监理人有权指示承包人钻孔探测或揭开检查。无论工程隐蔽部位质量是否合格。由此增加的费用和（或）延误的工期均由承包人承担。

（二）建设工程的返修

1.返修与保修的区分
竣工验收合格后：保修；
竣工验收未合格：返修。

2.返修的责任承担

（1）因施工人原因致使施工质量不符合约定的，发包人有权要求施工人在合理期限内无偿修理、返工或改建。

（2）对于非施工单位原因造成的质量问题，施工单位也应当负责返修，但是由此造成的损失和费用由责任方承担。

🔊 **嗨·点评** 隐蔽工程验收与实际工作有一定出入，考生按照书本知识学习应对考试即可。

【经典例题】6.（2016年真题）关于建设工程返修中法律责任的说法，正确的是（　　）。

A.因施工企业原因造成的质量问题，施工企业应当负责返修并承担费用
B.已发现的工程质量缺陷，由缺陷责任方修复

C.严重工程质量问题相关责任单位已被撤销的,不可追究项目负责人的责任

D.建设工程返修的质量问题仅指竣工验收时发现的质量问题

【答案】A

【嗨·解析】A正确;

B错误,对已发现的质量缺陷,建筑施工企业应当修复;

C错误,因施工人的原因致使建设工程质量不符合约定的,发包人有权要求施工人在合理期限内无偿修理或者返工、改建;

D错误,施工单位对施工中出现质量问题的建设工程或者竣工验收不合格的建设工程,应当负责返修。

### 五、违法行为应承担的法律责任

1.符合下列情形之一的,县级以上地方人民政府住房城乡建设主管部门应当依法追究项目负责人的质量终身责任:

(1)发生工程质量事故;

(2)发生投诉、举报、群体性事件、媒体报道并造成恶劣社会影响的严重工程质量问题;

(3)由于勘察、设计或施工原因造成尚在设计使用年限内的建筑工程不能正常使用;

(4)存在其他需追究责任的违法违规行为。

2.项目经理违反强制标准的,责令停止执业3个月到1年;因过错发生质量事故,停止执业1年;重大质量事故,吊销资格证书,5年内不予注册;情节特别恶劣的,终身不予注册。处以单位罚款的5%~10%,并向社会公布曝光。

3.《建设工程质量管理条例》规定,建设单位、设计单位、施工单位、工程监理单位工作人员离职、退休的,被发现在该单位工作期间违反国家质量管理规定,造成重大质量事故的,仍应当依法追究法律责任。

4.《刑法》规定,违反国家规定降低工程质量标准,造成重大安全事故,构成犯罪的,对直接责任人员依法追究刑事责任。

【经典例题】7.(2016年真题)根据《建筑工程五方责任主体项目负责人质量终身责任终究暂行办法》。发生工程质量事故,施工企业项目经理承担的法律责任由( )。

A.项目经理为注册建造师的,责令停止执业2年

B.向社会公布曝光

C.处单位罚款数额5%以上10%以下的罚款

D.构成犯罪的,依法追究刑事责任

E.项目经理为注册建造师的,吊销执业资格证书,5年内不予注册

【答案】BCD

【嗨·解析】A错误,E错误,项目经理为相关注册执业人员的,责令停止执业1年;造成重大质量事故的,吊销执业资格证书,5年以内不予注册;情节特别恶劣的,终身不予注册。

# 章节练习题

## 一、单项选择题

1. 某住宅工程,总承包单位经建设单位同意将装修工程分包给某分包单位施工。工程竣工验收发现:混凝土基础工程出现渗漏,部分房间地面石材出现大面积花斑。对上述质量问题的责任承担说法正确的是(    )。
   A. 由总承包单位对上述两个问题承担责任,分包单位不承担责任
   B. 由总承包单位与分包单位承担连带责任
   C. 总承包单位对基础混凝土问题承担责任,分包单位对地面石材问题承担责任
   D. 总承包单位对基础混凝土问题承担责任,总包单位与分包单位对地面石材问题承担连带责任

2. 工程施工中见证取样试件要作为质量验收的依据,则质量检验机构应当是(    )的机构。
   A. 具有相应资质等级
   B. 建设行政主管部门指定
   C. 当地技术质量监督局认可
   D. 质量监督站指定

3. 按照2013版《建设工程施工合同文本》通用条款规定,工程具备隐蔽条件后,施工单位进行自检,并在隐蔽前(    )小时以书面形式通知监理工程师验收。
   A.12    B.36    C.24    D.48

4. 包工头王某挂靠某建筑工程公司承揽住宅楼施工工程,后由其工程出现严重质量问题,建设单位为此提出索赔,对此质量问题的责任,说法正确的是(    )。
   A. 建筑公司独自承担
   B. 王某独自承担
   C. 建筑公司与王某按过错比例承担
   D. 建筑公司与王某连带承担

5. 某住宅小区施工时,承包方发现设计图纸结构尺寸部分存在错误,承包方正确的做法是(    )。
   A. 仍按图纸施工
   B. 按通常做法施工
   C. 由施工单位技术人员修改图纸
   D. 向相关单位及时提出修改建议

6. 涉及结构安全的试块、试件和材料见证取样和送检的比例不得低于有关技术标准中规定的应取样数量的(    )。
   A.20%    B.25%    C.30%    D.50%

7. 某项目地下管线施工中,施工单位未经监理工程师验收就将管道予以覆盖,监理责令其重新剥露检查,检查结果符合设计图纸和施工规范要求,则剥露重新隐蔽的费用应由(    )承担。
   A. 施工单位
   B. 监理单位
   C. 建设单位
   D. 建设单位和监理单位共同

8. 下列关于工程质量检测见证取样单位的说法,错误的是(    )。
   A. 质量检测业务由工程项目施工单位委托具有相应资质的检测机构进行检测
   B. 检测机构应当建立档案管理制度,并应当单独建立检测结果不合格项目台账
   C. 检测报告经检测人员签字、检测机构法定代表人或者其授权的签字人签署,并加盖检测机构公章或者检测专用章后方可生效
   D. 检测人员不得同时受聘于两个或者两个以上的检测机构

9. 某施工企业在工程地下室施工时,钢筋绑扎已完成,准备浇注混凝土时,按我国《建设工程质量管理条例》要求,施工方应通知建设单位和(    )参加隐蔽验收。
   A. 设计单位
   B. 勘察单位
   C. 建设行政主管部门
   D. 建设工程质量监督机构

## 二、多项选择题

1. 以下材料中,施工单位在工程施工中必须进行见证取样和送检的是( )。
   A. 地下防水材料
   B. 承重钢筋连接接头
   C. 混凝土掺加剂
   D. 砌筑砂浆的水泥
   E. 承重结构的混凝土小型砌块

2. 施工单位在现场取样时,应在( )的见证下进行。
   A. 政府质量监督人员
   B. 施工单位项目技术负责人
   C. 材料供应商技术负责人
   D. 监理工程师
   E. 建设单位代表

3. 下列关于工程质量检测单位的规定和要求,正确的是( )。
   A. 工程质量检测机构是独立法人资格的中介机构
   B. 检测机构可以兼营管理公共事务职能
   C. 检测机构发现结构安全检测结果不合格时,应保守秘密,只能向其委托方报告
   D. 检测报告必须经检测人员签字、检测机构法定代表人或者授权的签字人签署,并加盖检测机构公章或者专用章后方生效
   E. 检测机构应单独建立检测结果不合格项目台账

4. 在施工过程中,施工人员发现设计图样不符合技术标准,施工单位技术负责人采取的正确做法是( )。
   A. 继续按照工程设计图样施工
   B. 按照技术标准修改工程设计
   C. 追究设计单位违法责任
   D. 及时提出意见和建议
   E. 通过建设单位要求设计单位予以变更

# 参考答案及解析

## 一、单项选择题

1. 【答案】D
   【解析】《建筑法》规定,建筑工程实行总承包的,工程质量由工程总承包单位负责,总承包单位将建筑工程分包给其他单位的,应当对分包工程的质量与分包单位承担连带责任。

2. 【答案】A
   【解析】所谓见证取样和送检,是指在建设单位或工程监理单位人员的见证下,由施工单位的现场试验人员对工程中涉及结构安全的试块、试件和材料在现场取样,并送至具有法定资格的质量检测单位进行检测的活动。

3. 【答案】D
   【解析】除专用合同条款另有约定外,工程隐蔽部位经承包人自检确认具备覆盖条件的,承包人应在共同检查前48小时书面通知监理人检查,通知中应载明隐蔽检查的内容、时间和地点,并应附有自检记录和必要的检查资料。

4. 【答案】D
   【解析】承包人应当承担的赔偿损失。原文:2011年4月经修改后公布的《中华人民共和国建筑法》规定,建筑施工企业转让、出借资质证书或者以其他方式允许他人以本企业的名义承揽工程的……。对因该项承揽工程不符合规定的质量标准造成的损失,建筑施工企业与使用本企业名义的单位或者个人承担连带赔偿责任。

5. 【答案】D
   【解析】施工单位在施工过程中发现设计文件和图纸中确实存在差错,有义务及时向设计单位提出,避免造成不必要的损失和质量问题。

6. 【答案】C
   【解析】《房屋建筑工程和市政基础设施工

程实行见证取样和送检的规定》中规定，涉及结构安全的试块、试件和材料见证取样和送检的比例不得低于有关技术标准中规定应取样数量的30%。

7.【答案】A

【解析】工程隐蔽部位经承包人自检确认具备覆盖条件的，承包人应在共同检查前48小时书面通知监理人检查，通知中应载明隐蔽检查的内容、时间和地点，并应附有自检记录和必要的检查资料。监理人应按时到场并对隐蔽工程及其施工工艺、材料和工程设备进行检查。经监理人检查确认质量符合隐蔽要求，并在验收记录上签字后，承包人才能进行覆盖。经监理人检查质量不合格的，承包人应在监理人指示的时间内完成修复，并由监理人重新检查，由此增加的费用和（或）延误的工期由承包人承担。因为没有通知监理验收，所以无论合格与不合格费用均由施工单位承担。

8.【答案】A

【解析】质量检测业务由工程项目建设单位委托具有相应资质的检测机构进行检测。检测报告经检测人员签字、检测机构法定代表人或者其授权的签字人签署，并加盖检测机构公章或者检测专用章后方可生效。检测机构应当建立档案管理制度，并应当单独建立检测结果不合格项目台账。检测人员不得同时受聘于两个或者两个以上的检测机构。

9.【答案】D

【解析】《建设工程质量管理条例》规定，施工单位必须建立、健全施工质量的检验制度，严格工序管理，作好隐蔽工程的质量检查和记录。隐蔽工程在隐蔽前，施工单位应通知建设单位和建设工程质量监督机构。

二、多项选择题

1.【答案】ABD

【解析】《房屋建筑工程和市政基础设施工程实行见证取样和送检的规定》中规定，下列试块、试件和材料必须实施见证取样和送检：（1）用于承重结构的混凝土试块；（2）用于承重墙体的砌筑砂浆试块；（3）用于承重结构的钢筋及连接接头试件；（4）用于承重墙的砖和混凝土小型砌块；（5）用于拌制混凝土和砌筑砂浆的水泥；（6）用于承重结构的混凝土中使用的掺加剂；（7）地下、屋面、厕浴间使用的防水材料；（8）国家规定必须实行见证取样和送检的其他试块、试件和材料。C、E选项材料只有用在承重结构中，才要求见证取样和送检。

2.【答案】DE

【解析】所谓见证取样和送检，是指在建设单位或工程监理单位人员的见证下，由施工单位的现场试验人员对工程中涉及结构安全的试块、试件和材料在现场取样，并送至具有法定资格的质量检测单位进行检测的活动。

3.【答案】ADE

【解析】B错误，检测机构不得与行政机关，法律、法规授权的具有管理公共事务职能的组织有隶属关系或者其他利害关系；C错误，检测机构应当将检测过程中发现的涉及结构安全检测结果的不合格情况，及时报告工程所在地建设主管部门。

4.【答案】DE

【解析】《建设工程质量管理条例》进一步规定，施工单位必须按照工程设计图纸和施工技术标准施工，不得擅自修改工程设计，不得偷工减料。施工单位在施工过程中发现设计文件和图纸有差错的，应当及时提出意见和建议。工程监理人员发现工程设计不符合建筑工程质量标准或者合同约定的质量要求的，应当报告建设单位要求设计单位改正。

# 1Z307030 建设单位及相关单位的质量责任和义务

## 本节知识体系

本节主要介绍了施工单位以外的其他单位在工程质量上所承担的责任和义务。包括建设单位、勘察单位、设计单位、监理单位以及政府相关行政部门。其中，建设单位和监理单位是考生学习的重点。

## 核心内容讲解

### 一、建设单位相关的质量责任和义务

（一）建设单位相关的质量责任和义务
（见图1Z307030）

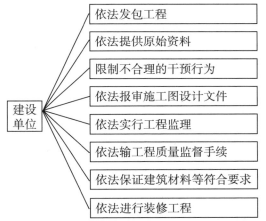

图1Z307030　建设单位相关的质量责任和义务

（二）建设单位相关的质量责任和义务的具体内容

1.依法发包工程：建设单位应当将工程发包给具有相应资质等级的单位。建设单位不得将建设工程肢解发包。建设单位应当依法对工程建设项目的勘察、设计、施工、监理以及与工程建设有关的重要设备、材料等的采购进行招标。

2.建设单位必须向有关的勘察、设计、施工、工程监理等单位提供与建设工程有关的原始资料。原始资料必须真实、准确、齐全。

3.建设工程发包单位不得迫使承包方以低于成本的价格竞标，不得任意压缩合理工期。不得明示或者暗示设计单位或者施工单位违反工程建设强制性标准，降低建设工程质量。

4.建设单位应当将施工图设计文件报县级以上人民政府建设行政主管部门或者其他有关部门审查。未经审查批准的，不得使用。

5.依法实行工程监理

下列建设工程必须实行监理：

（1）国家重点建设工程；

（2）大中型公用事业工程；

（3）成片开发建设的住宅小区工程；

（4）利用外国政府或者国际组织贷款、援助资金的工程；

（5）国家规定必须实行监理的其他工程。

6.依法办理工程质量监督手续

建设单位在领取施工许可证或者开工报告前，应当按照国家有关规定办理工程质量监督手续。

办理工程质量监督手续是法定程序，不办理质量监督手续的，不发施工许可证，工程不得开工。

7.按照合同约定，由建设单位采购建筑材料、建筑构配件和设备的，建设单位应当保证建筑材料、建筑构配件和设备符合设计文件和

合同要求。建设单位不得明示或者暗示施工单位使用不合格的建筑材料、建筑构配件和设备。

8.涉及建筑主体和承重结构变动的装修工程，建设单位应当在施工前委托原设计单位或者具有相应资质等级的设计单位提出设计方案；没有设计方案的，不得施工。

9.建设单位收到竣工报告后，应当组织设计、施工、工程监理等有关单位进行竣工验收。并在建设工程竣工验收后，及时向建设行政主管部门或者其他部门移交项目档案。

🔊**嗨·点评** 考生应对建设单位及相关单位的质量责任做区分记忆。

【经典例题】1.关于建设单位质量责任和义务的说法，错误的是（　　）。

A.不得明示或暗示设计单位或者施工企业违反工程建设强制性标准，降低建设工程质量

B.应当依法报审施工图设计文件

C.不得将建设工程肢解发包

D.在领取施工许可证或者开工报告后，按照国家有关规定办理工程质量监督手续

【答案】D

【嗨·解析】《建设工程质量管理条例》规定：建设单位在领取施工许可证或者开工报告前，应当按照国家有关规定办理工程质量监督手续。D错误，其余均为正确选项。

## 二、勘察、设计单位相关的质量责任和义务

（一）依法承揽工程的勘察、设计业务

勘察、设计不允许转包和违法分包。

（二）勘察、设计必须执行强制性标准

《建筑工程五方责任主体项目负责人质量终身责任追究暂行办法》进一步规定，勘察、设计单位项目负责人应当保证勘察设计文件符合法律法规和工程建设强制性标准的要求，对因勘察、设计导致的工程质量事故或质量问题承担责任。

（三）勘察单位提供的勘察成果必须真实、准确

（四）设计单位应当根据勘察成果文件进行建设工程设计。设计文件应当符合国家规定的设计深度要求，注明工程合理使用年限。

（五）除有特殊要求的建筑材料、专用设备、工艺生产线等外，设计单位不得指定生产厂、供应商（注意逻辑：无特殊要求，不得指定；有特殊要求，可以指定。高频考点）。

（六）依法对设计文件进行技术交底：设计单位应当就审查合格的施工图设计文件向施工单位进行设计交底。

（七）参与工程质量事故分析，对设计造成的质量事故出具技术处理方案。

【经典例题】2.（2016年真题）关于设计单位质量责任和义务的说法，正确的是（　　）。

A.设计单位项目负责人对因设计导致的工程质量问题承担责任

B.设计单位可以在设计文件中指定建筑材料的供应商

C.设计单位应当就审查合格的施工图设计文件向建设单位作出详细说明

D.设计文件应当符合国家规定的设计深度要求，但不必注明工程合理使用年限

【答案】A

【嗨·解析】A正确，勘察、设计单位项目负责人应当保证勘察设计文件符合法律法规和工程建设强制性标准的要求，对因勘察、设计导致的工程质量事故或质量问题承担责任；

B错误，除有特殊要求的建筑材料、专用设备、工艺生产线等外，设计单位不得指定生产厂、供应商；

C错误，设计单位应当就审查合格的施工图设计文件向施工单位作出详细说明；

D错误，设计文件应当符合国家规定的设计深度要求，注明工程合理使用年限。

## 三、工程监理单位相关的质量责任和义务

（一）依法承担工程监理业务，不得转让

监理业务

**（二）对有隶属关系或其他利害关系的回避**

工程监理单位与被监理工程的施工承包单位以及建筑材料、建筑构配件和设备供应单位有隶属关系或者其他利害关系的，不得承担该项建设工程的监理业务。

**（三）监理工作的依据和监理责任**

1.监理工作的依据：法律法规，有关技术标准，设计文件，建设工程承包合同。

2.监理责任：违约责任（监理合同）和违法责任。

**（四）工程监理的职责和权限**

工程监理实行总监理工程师负责制。

1.工程监理的职责

（1）总监管大事：钱+竣工验收

未经总监理工程师签字，建设单位不拨付工程款，不进行竣工验收。

（2）未经监理工程师签字，建筑材料、建筑构配件和设备不得在工程上使用或者安装，施工单位不得进行下一道工序的施工。

2.工程监理的权限

（1）监理工程师拥有对建筑材料、建筑构配件和设备以及每道施工工序的检查权。

（2）总监理工程师依法和在授权范围内可以发布有关指令，全面负责受委托的监理工程。

**（五）工程监理的形式**

监理工程师应当按照工程监理规范的要求，采取旁站、巡视和平行检验等形式，对建设工程实施监理。

**（六）监理赔偿责任**

对应当监督检查的项目不检查或不按照约定检查，给建设单位造成损失的，应当承担相应的赔偿责任；监理单位与承包商/供应商串通，给建设单位造成损失的，应与承包商/供应商承担连带赔偿责任。

🔊嗨·点评 考生应对建设单位及相关单位的质量责任做区分记忆。

【经典例题】3.（2015年真题）关于建设工程监理的说法，正确的是（　　）。

A.我国的工程监理主要是对工程的施工结果进行监督

B.监理单位与承包该工程的施工单位应为行政隶属关系

C.建设单位有权决定是否委托工程监理单位进行监理

D.建设单位须将工程委托给具有相应资质等级的监理单位

【答案】D

【嗨·解析】A错误，监理也需要旁站，即对工程中有关地基和结构安全的关键工序和关键施工过程，进行连续不断地监督检查或检验的监理活动，有时甚至要连续跟班监理；B错误，工程监理单位与被监理工程的施工承包单位有隶属关系或者其他利害关系的，不得承担该项建设工程的监理业务；C错误，依法需要实行监理的工程，必须依法委托单位进行监理。

**四、政府主管部门工程质量监督管理的相关规定**

（一）国务院建设主管部门对全国建设工程质量统一监督管理。

（二）任何单位和个人对建设工程质量事故、质量缺陷都有权检举、控告、投诉。

（三）县级以上人民政府建设行政主管部门和其他有关部门履行监督检查职责时，有权采取下列措施：

1.要求被检查的单位提供有关工程质量的文件和资料；

2.进入被检查单位的施工现场进行检查；

3.发现有影响工程质量的问题时，责令改正。

（四）建设工程发生质量事故，有关单位应当在24小时内向当地建设行政主管部门和其他有关部门报告。

🔊嗨·点评 考生应重点记忆政府采取的相关措施和时间规定。

## 章节练习题

### 一、单项选择题

1. 依法为建设工程办理质量监督手续，是（　　）的法定义务。
   A. 建设单位　　　　B. 施工单位
   C. 监理单位　　　　D. 质量监督机构

2. 按照《建设工程质量管理条例》规定，工程建设过程有关主体的下列行为中，除（　　）外都是违法的。
   A. 为保证工程质量，设计单位对某重要设备指定了生产商
   B. 建设单位装修过程中指令拆除承重墙
   C. 施工单位项目经理暗自修改了水泥混凝土的配合比，提高了混凝土强度
   D. 监理工程师采用旁站、巡视、平行检测的方法实施监理

3. 下列关于建设单位的质量责任和义务说法中错误的是（　　）。
   A. 建设单位可以支付赶工费采取必要措施情况下要求压缩合同工期
   B. 施工图纸未经审查批准不得使用
   C. 建设单位提供的资料应真实、准确、齐全
   D. 建设单位在工程开工后应当按照规定办理工程质量监督手续

4. 某建设项目，建设单位为降低工程成本，要求施工单位采用不合格建筑构配件，则施工单位正确做法是（　　）。
   A. 按照建设单位要求执行
   B. 要求设计单位出具设计变更
   C. 向工程监理机构请示批准后方可执行
   D. 拒绝执行

5. 下列工程所需的有关建筑材料、建筑构配件和设备,工程设计单位可以指定相应的生产厂、供应商的是（　　）。
   A. 先进的通用设备
   B. 进口的设备
   C. 特殊要求的专用设备
   D. 核心的设备

6. 监理工程师对工程中有关地基和结构安全的关键工序和关键施工过程,进行连续不断地监督检查或检验的监理活动,称之为（　　）。
   A. 旁站　　　　B. 巡视
   C. 重点检验　　D. 专项检查

7. 根据《建设工程质量管理条例》,对涉及（　　）的装修工程,建设单位应委托原设计单位或具有相应资质等级的设计单位提出设计方案。
   A. 改变建筑局部使用功能
   B. 建筑主体和承重结构变动
   C. 增加内部装修
   D. 增加投资额度

### 二、多项选择题

1. 下述行为中应由建设单位承担相应行政责任的有（　　）。
   A. 暗示设计单位违反工程建设强制性标准，降低工程质量
   B. 任意压缩合理工期
   C. 迫使承包方低于成本价竞标
   D. 施工图未经报审而就用于工程施工
   E. 未对钢筋和商品混凝土进行检验

2. 根据《建设工程质量管理条例》规定，工程监理单位与（　　）有隶属关系或者其他利害关系的，不得承担该项建设工程的监理业务。
   A. 该工程的建设单位
   B. 该工程的勘察设计单位
   C. 该工程的施工承包单位
   D. 该工程的建筑材料、建筑构配件供应商
   E. 该工程的设备供应商

3. 下列建设工程项目，必须实施工程监理的

是（　　）。
A.某成片开发建筑的住宅小区工程
B.世界银行贷款建设卫生设施
C.企业合资开发的制药产业园区
D.合资建设的大型公用事业工程
E.国家重点建设的南水北调工程

4.设计单位的质量责任包括（　　）。
A.应当根据勘察成果文件进行建设工程设计
B.应当符合国家规定的设计深度要求
C.应当注明工程合理使用年限
D.应当指定生产厂、供应商
E.设计单位应当参与建设工程质量事故分析，并对因设计造成的质量事故，提出相应的技术处理方案

5.下列属于监理工程师在建设工程施工中的监理形式的是（　　）。
A.旁站　　　　　　B.巡查
C.巡视　　　　　　D.重点抽查
E.平行检验

6.《建设工程质量管理条例》规定,工程监理单位应当依照（　　）代表建设单位对施工质量实施监理,并对施工质量承担监理责任。
A.有关法律法规
B.施工图设计文件
C.建设工程承包合同
D.建设工程监理合同
E.政府文件

7.按照《建筑工程五方责任主体项目负责人质量终身责任追究暂行办法》规定,下列不属于建筑工程五方责任主体的是（　　）。
A.建设单位项目负责人
B.工程质量监管单位项目负责人
C.设计单位项目负责人
D.施工单位项目经理
E.监理单位专业监理工程师

## 参考答案及解析

一、单项选择题
1.【答案】A
【解析】《建设工程质量管理条例》规定,建设单位在领取施工许可证或者开工报告前,应当按照国家有关规定办理工程质量监督手续。

2.【答案】D
【解析】《建设工程质量管理条例》规定,监理工程师应当按照工程监理规范的要求,采取旁站、巡视和平行检验等形式,对建设工程实施监理。

3.【答案】D
【解析】《建设工程质量管理条例》规定,建设单位在领取施工许可证或者开工报告前,应当按照国家有关规定办理工程质量监督手续,而不是开工后。

4.【答案】D
【解析】建设单位不得明示或者暗示设计单位或者施工单位违反工程建设强制性标准,降低建设工程质量。建筑设计单位和建筑施工企业对建设单位违反规定提出的降低工程质量的要求,应当予以拒绝。

5.【答案】C
【解析】依法规范设计对建筑材料等的选用。《建筑法》、《建设工程质量管理条例》都规定,设计单位在设计文件中选用的建筑材料、建筑构配件和设备,应当注明规格、型号、性能等技术指标,其质量要求必须符合国家规定的标准。除有特殊要求的建筑材料、专用设备、工艺生产线等外,设计单位不得指定生产厂、供应商。

6.【答案】A
【解析】所谓旁站,是指对工程中有关地基和结构安全的关键工序和关键施工过程,进行连续不断地监督检查或检验的监

理活动，有时甚至要连续跟班监理。

7.【答案】B

【解析】《建设工程质量管理条例》规定，涉及建筑主体和承重结构变动的装修工程，建设单位应当在施工前委托原设计单位或者具有相应资质等级的设计单位提出设计方案。

二、多项选择题

1.【答案】ABCD

【解析】建设单位相关的质量责任和义务。迫使承包方低于成本价竞标；任意压缩合理工期；暗示设计单位违反工程建设强制性标准，降低工程质量；施工图未经报审而就用于工程施工。E选项为施工单位责任。

2.【答案】CDE

【解析】《建筑法》、《建设工程质量管理条例》都规定，工程监理单位与被监理工程的施工承包单位以及建筑材料、建筑构配件和设备供应单位有隶属关系或者其他利害关系，不得承担该项建设工程的监理业务。

3.【答案】ABDE

【解析】《建设工程质量管理条例》还规定，下列建设工程必须实行监理：（1）国家重点建设工程；（2）大中型公用事业工程；（3）成片开发建设的住宅小区工程；（4）利用外国政府或者国际组织贷款、援助资金的工程；（5）国家规定必须实行监理的其他工程。

4.【答案】ABCE

【解析】《建设工程质量管理条例》规定，设计单位应当根据勘察成果文件进行建设工程设计。设计文件应当符合国家规定的设计深度要求，注明工程合理使用年限。《建设工程质量管理条例》规定，设计单位应当参与建设工程质量事故分析，并对因设计造成的质量事故，提出相应的技术处理方案。设计单位指定生产厂、供应商属于违法行为。

5.【答案】ACE

【解析】《建设工程质量管理条例》规定，监理工程师应当按照工程监理规范的要求，采取旁站、巡视和平行检验等形式，对建设工程实施监理。

6.【答案】ABC

【解析】监理工作的依据和监理责任。原文：《建设工程质量管理条例》规定，工程监理单位应当依照法律、法规以及有关技术标准、设计文件和建设工程承包合同，代表建设单位对施工质量实施监理，并对施工质量承担监理责任。

7.【答案】BE

【解析】建设单位及相关单位的质量责任和义务。原文：《建筑工程五方责任主体项目负责人质量终身责任追究暂行办法》明确规定，建筑工程五方责任主体项目负责人是指承担建筑工程项目建设的建设单位项目负责人、勘察单位项目负责人、设计单位项目负责人、施工单位项目经理、监理单位总监理工程师。

# 1Z307040 建设工程竣工验收制度

**本节知识体系**

本节主要讲解工程项目的施工全过程的最后一道工序——竣工验收。在本节中，要求考生能够熟练掌握竣工验收的主体和法定条件、规划、消防、节能、环保等验收的规定以及计算和质量争议的规定。本节内容较多，不同内容之间有一定的相似，需要考生区分学习。

**核心内容讲解**

## 一、竣工验收的主体和法定条件

### （一）竣工验收的主体

建设单位收到建设工程竣工报告后，应当组织设计、施工、工程监理等有关单位进行竣工验收。

### （二）竣工总验收组织（见表1Z307040-1）

竣工总验收组织　表1Z307040-1

| 竣工验收 | 单位 |
| --- | --- |
| 组织 | 建设单位 |
| 参加 | 施工、监理、设计单位 |
| 监管 | 建管办、质监站 |

### （三）竣工验收应当具备的法定条件

1. 已完成设计和合同约定的各项内容；
2. 有完整的技术档案资料和施工管理资料；
3. 有工程所用的主要建筑材料，建筑构配件和设备等进场试验报告；
4. 勘察、设计、施工、监理等单位分别签署的质量合格文件；

竣工验收前：四家分别签署（不含建设单位）；竣工验收后：五家共同签署（包括建设单位）。

5. 有施工单位签署的工程保修书。

**嗨·点评** 考生应结合实际理解记忆竣工验收的条件，法规与管理规定略有不同，考生应注意区分。

【经典例题】1.（2016年真题）根据《建设工程质量管理条例》，属于建设工程竣工验收应当具备的条件有（　　）。

A.施工单位签署的工程保修书

B.工程监理日志

C.完成建设工程设计和合同约定的各项内容

D.完整的技术档案和施工管理资料

E.工程使用的主要建筑材料、建筑构配件和设备的进场试验报告

【答案】ACDE

【解析】B监理日志不属于竣工验收必备条件，其他都属于竣工验收必备条件。

## 二、施工单位应提交的档案资料

各参建单位应当在竣工验收前向建设单位移交档案。其中，施工单位应提交的一般包括：

（一）工程技术档案；

（二）工程质量保证资料；

（三）工程检验评定资料；

（四）竣工图。

建设单位应当在竣工验收合格之日起3个月内向城建档案馆报送一套符合规定的工程建设档案。

**嗨·点评** 考生应背诵记忆，对时间规定做精确掌握。

## 三、规划、消防、节能、环保等验收的规定

（一）验收中的时间规定（表1Z307040-2）

验收中的时间规定　　表1Z307040-2

| 事项 | 时间规定 |
| --- | --- |
| 报送城建档案馆 | 建设单位应当在工程竣工验收后3个月内，向城建档案馆报送一套符合规定的建设工程档案 |
| 备案 | 建设单位应当自建设工程竣工验收合格之日起15日内，将建设工程竣工验收报告和规划、公安消防、环保等部门出具的认可文件或者准许使用文件报建设行政主管部门或者其他有关部门备案 |
| 规划验收 | 建设单位应当在竣工验收后6个月内向城乡规划主管部门报送有关竣工验收资料 |

（二）建设工程竣工规划验收

县级以上规划行政主管部门对建设工程是否符合规划条件予以核实。未经核实或经核实不符合规划条件的，建设单位不得组织竣工验收。

（三）建设工程竣工消防验收

1. 大型人员密集场所+特殊建设工程：由建设单位向公安消防机构申请验收。

2. 其他工程：由建设单位验收，验收后报公安消防机构备案。

简记：两类工程，官方验收；其余工程，业主验收。

3. 官方验收的，公安消防机构在受理申请之日起20日内组织消防验收，并出具验收意见。

4. 未经消防验收，擅自投入使用的，由公安消防机构责令停止使用，并处罚款。

（四）建设工程竣工环保验收（见表1Z307040-3）

建设工程竣工环保验收　　表1Z307040-3

| 环保验收 | 具体规定 |
| --- | --- |
| 申请 | 建设单位 |
| 验收 | 负责审批环评报告的环保局 |
| 环保设施竣工验收 | 应当与主体工程竣工验收同时进行 |
| 需进行试生产的 | 自投入试生产之日起3个月内申请验收 |
| 分期建设 | 分期建设、分期投入生产或者使用的建设项目，其相应的环境保护设施应当分期验收 |
| 完成验收 | 环保部门收到申请后30日内完成验收 |
| 责任承担 | 环境保护设施未经竣工验收，主体工程投入使用的，由环境保护行政主管部门责令停止使用，可以处以罚款 |

## （五）建设工程节能验收

1.建设单位组织竣工验收，应当对民用建筑是否符合节能强制性标准进行查验，不符合强制性标准的，不得出具竣工验收合格报告。

2.建筑节能分部工程验收的组织（见表1Z307040-4）

建筑节能分部工程验收的组织　表1Z307040-4

| 验收范围 | 主持 | 参加人员 | |
|---|---|---|---|
| 检验批和隐蔽工程 | 监理工程师 | 施工单位相关专业的质量检查员与施工员 | — |
| 分项工程 | 监理工程师 | | 施工单位项目技术负责人，必要时可邀请设计单位相关专业的人员参加 |
| 分部工程 | 总监理工程师（不实行监理的，由建设单位项目负责人） | | 施工单位项目经理、项目技术负责人，施工单位的质量或技术负责人应参加，设计单位节能设计人员应参加 |

3.监理单位不得组织节能工程验收的情形：
（1）未完成建筑节能工程设计内容的；
（2）隐蔽验收记录等技术档案和施工管理资料不完整的；
（3）工程使用的主要建筑材料、建筑构配件和设备未提供进场检验报告的，未提供相关的节能性能检测报告的；
（4）工程存在违反强制性条文的质量问题而未整改完毕的；
（5）对监督机构发出的责令整改内容未整改完毕的；
（6）存在其他违反法律、法规行为而未处理完毕。

4.监理单位应当重新组织建筑节能工程验收的情形：
（1）验收组织机构不符合法规及规范要求的；
（2）验收人员不具备相应资格的；
（3）验收各方主体验收意见不一致的；
（4）验收程序和执行标准不符合要求的；
（5）各方提出的问题未整改完毕的。

5.总结（见表1Z307040-5）

建设工程竣工验收的总结　表1Z307040-5

| 竣工验收 | 验收部门 | 其他规定 | |
|---|---|---|---|
| 规划验收 | 规划局 | 竣工总验收 | 建设单位组织 |
| 环保验收 | 环保局 | | |
| 消防验收 | 两类工程：消防局验收<br>其他工程：建设单位验收 | | |
| 节能验收 | 总监理工程师主持 | | |

🔊**嗨·点评**　考生应对各方验收做对比记忆。

【经典例题】2.（2016年真题）根据《消防法》，关于建设工程竣工消防验收的说法，正确的是（　　）。

A.已经依法备案的建设工程消防设计确需修改的，修改后建设单位不必重新申请消防设计备案

B.公安机关消防机构应当自受理消防验收申请之日起30日内组织消防验收，并出具消防验收意见

C.公安机关消防机构实施消防验收，可

以收取成本费

D.依法不需要取得施工许可的建设工程,可以不进行竣工验收消防备案

【答案】D

【嗨·解析】A错误,已经备案的消防设计,如果需要修改,需要重新备案;

B错误,公安机关消防机构应当自受理消防验收申请之日起20日内组织消防验收,并出具消防验收意见;

C错误,消防验收,不收取任何费用;

D正确。

【经典例题】3.(2014年真题)关于环境保护设施竣工验收的说法,正确的是(　　)。

A.环境保护设施未经竣工验收,主体工程投入使用的,由环境保护行政主管部门责令停止使用

B.需要进行试生产的建设项目,环境保护设施应当在投入试生产前申请竣工验收

C.分期建设、分期投入生产或者使用的建设项目,其相应的环境保护设施应当同时验收

D.建设项目投入试生产超过三个月,建设单位未申请环境保护设施竣工验收的,应当处10万元以下的罚款

【答案】A

【嗨·解析】A正确,建设项目需要配套建设的环境保护设施未建成、未经验收或者经验收不合格,主体工程正式投入生产或者使用的,由审批该建设项目环境影响报告书、环境影响报告表或者环境影响登记表的环境保护行政主管部门责令停止生产或者使用,可以处10万元以下的罚款。

B错误,环境保护设施竣工验收,应当与主体工程竣工验收同时进行。需要进行试生产的建设项目,建设单位应当自建设项目投入试生产之日起3个月内,向审批该建设项目环境影响报告书、环境影响报告表或者环境影响登记表的环境保护行政主管部门,申请该建设项目需要配套建设的环境保护设施竣工验收。

C错误,分期建设、分期投入生产或者使用的建设项目,其相应的环境保护设施应当分期验收。

D错误,建设项目投入试生产超过3个月,建设单位未申请环境保护设施竣工验收的,由审批该建设项目环境影响报告书、环境影响报告表或者环境影响登记表的环境保护行政主管部门责令限期办理环境保护设施竣工验收手续;逾期未办理的,责令停止试生产,可以处5万元以下的罚款。

## 四、工程竣工结算

（一）竣工结算文件的编制与审查（见表1Z307040-6）

竣工结算文件的编制与审查　　表1Z307040-6

| 项目 | 审查 |
| --- | --- |
| 单位工程 | 承包人编制,发包人审查;实行总承包的工程,由具体承包人编制,在总包人审查的基础上,发包人审查 |
| 单项工程竣工结算或建设项目竣工总结算 | 总(承)包人编制,发包人可直接进行审查,也可以委托具有相应资质的工程造价咨询机构进行审查 |
| 政府投资项目 | 由同级财政部门审查 |
| 单项工程竣工结算或建设项目竣工总结算经发、承包人签字盖章后有效 ||

## （二）竣工结算文件的审查期限

单项工程竣工后，承包人应在提交竣工验收报告的同时，向发包人递交竣工结算报告及完整的结算资料，发包人应按以下规定时限进行核对（审查）并提出审查意见（见图1Z307040）

```
  20天      30天       45天       60天
  ─────────┼─────────┼─────────┼─────────→
         500万    2000万    5000万
```

图1Z307040　竣工结算文件的审查期限

建设项目竣工总结算在最后一个单项工程竣工结算审查确认后15天内汇总，送发包人后30天内审查完成。

## （三）工程价款结算争议的处理

当事人对工程造价发生合同纠纷时，可通过下列方法解决：（1）双方协商确定；（2）按合同条款约定的办法提请调解；（3）向有关仲裁机构申请仲裁或向人民法院起诉。

🔊 **嗨·点评**　考生应结合实际理解记忆竣工结算文件的编制单位及审核过程。

【经典例题】4.某施工合同约定以《建设工程价款结算暂行办法》作为结算依据，该工程结算价约4000万元，发包人应从接到承包人竣工结算报告和完整的竣工结算资料之日起（　　）天内核对（审查）完毕并提出审查意见。

A.20　　B.30　　C.60　　D.45

【答案】D

【嗨·解析】见图1Z307040。

## 五、竣工工程质量争议的处理

### （一）承包方责任的处理

1.因施工人的原因致使建设工程质量不符合约定的，发包人有权要求施工人在合理期限内无偿修理或者返工、改建。

2.因承包人的过错造成建设工程质量不符合约定，承包人拒绝修理、返工或者改建，发包人请求减少支付工程价款的，应予支持。

### （二）发包方责任的处理

发包人具有下列情形之一，造成建设工程质量缺陷，应当承担过错责任：

1.提供的设计有缺陷；

2.提供或者指定购买的建筑材料、建筑构配件、设备不符合强制性标准；

3.直接指定分包人分包专业工程。

### （三）未经竣工验收擅自使用的处理

建设工程未经竣工验收，发包人擅自使用，又以使用部分质量不符合约定为由主张权利的，不予支持；但是承包人应当在建设工程合理使用寿命内对地基基础工程和主体结构质量承担民事责任。

🔊 **嗨·点评**　考生应结合实际理解记忆责任承担，同时重点掌握未经竣工验收擅自使用的处理，并与保修做关联理解。

【经典例题】5.（2016年真题）关于竣工工程质量问题处理的方法，正确的是（　　）。

A.因发包人提供的设计有缺陷，造成建设工程质量缺陷的，发包人不承担责任

B.因承包人的过错造成的质量问题，发包人可以要求承包人修理、返工，但不能减少支付工程价款

C.工程竣工时发现质量问题，无论是建设单位还是施工单位责任，施工企业都有义务进行修复或返修

D.未经竣工验收，发包人擅自使用建设工程的，工程质量责任全部由发包人承担

【答案】C

【嗨·解析】A错误，发包人具有下列情形之一，造成建设工程质量缺陷，应当承担过错责任：（1）提供的设计有缺陷；（2）提供或者指定购买的建筑材料、建筑构配件、设备不符合强制性标准；（3）直接指定分包人分包专业工程；

B错误，《合同法》规定，因施工人的原

因致使建设工程质量不符合约定的,发包人有权要求施工人在合理期限内无偿修理或者返工、改建。如果承包人拒绝修理、返工或改建的,《最高人民法院关于审理建设工程施工合同纠纷案件适用法律问题的解释》第11条规定,因承包人的过错造成建设工程质量不符合约定,承包人拒绝修理、返工或者改建,发包人请求减少支付工程价款的,应予支持;

C正确;

D错误,建设工程未经竣工验收,发包人擅自使用后,又以使用部分质量不符合约定为由主张权利的,不予支持;但是承包人应当在建设工程的合理使用寿命内对地基基础工程和主体结构质量承担民事责任。

【经典例题】6.(2015年真题)某工程项目未经竣工验收,发包人擅自使用后楼板裂缝,经鉴定是由于承包人偷工减料造成的。关于此项目质量责任的说法,正确的有( )。

A.未经竣工验收使用此工程,由发包人承担全部责任

B.承包人在设计文件规定的合理使用年限内对主体结构承担民事责任

C.承包人应当负责返修,费用由发包人承担

D.造成发包人损失的,承包人不承担责任

E.承包人应当负责返修,费用由承包人承担

【答案】BE

【嗨·解析】见上文。"未经竣工验收擅自使用的处理。"

### 六、竣工验收报告备案的规定

1.建设单位应当自建设工程竣工验收合格之日起15日内,将建设工程竣工验收报告和规划、公安消防、环保等部门出具的认可文件或者准许用文件报建设行政主管部门或者其他有关部门备案。

2.建设单位办理工程竣工验收备案应当提交下列文件:

(1)工程竣工验收备案表;

(2)工程竣工验收报告;

(3)法律、行政法规规定应当由规划、环保等部门出具的认可文件或者准许使用文件;

(4)法律规定应当由公安消防部门出具的对大型的人员密集场所和其他特殊建设工程验收合格的证明文件;

(5)施工单位签署的工程质量保修书;

(6)法规、规章规定必须提供的其他文件。住宅工程还应当提交《住宅质量保证书》和《住宅使用说明书》。

🔊 嗨·点评 考生应对时间规定做背诵记忆,对提交的材料做理解记忆。

【经典例题】7.建设单位办理大型公共建筑工程竣工验收备案应提交的材料有( )。

A.工程竣工验收备案表

B.住宅使用说明书

C.工程竣工验收报告

D.施工单位签署的工程质量保修书

E.公安机关消防机构出具的消防验收合格证明文件

【答案】ACDE

【嗨·解析】只有住宅才需要提交《住宅使用说明书》,题干为大型公共建筑工程,因此不用提交。

# 章节练习题

## 一、单项选择题

1. 某建设工程完工后,承包单位向建设单位提供完整的竣工资料和竣工验收报告,则组织竣工验收的主体是（    ）。
   A.质量监督站
   B.建设单位
   C.监理单位
   D.建设行政主管部门

2. 某工程承包单位完成了设计图纸和合同规定的施工任务,建设单位欲组织竣工验收,按照《建设工程质量管理条例》规定的工程竣工验收必备条件不包括的是（    ）。
   A.完整的技术档案和施工管理资料
   B.工程使用的主要建筑材料、建筑构配件和设备的进场试验报告
   C.勘察、设计、施工、工程监理等单位共同签署的质量合格文件
   D.施工单位签署的工程保修书

3. 按照《建设工程质量管理条例》规定,在工程竣工验收后,向建设行政主管部门或者其他有关部门移交建设项目档案的主体是（    ）。
   A.建设单位            B.监理单位
   C.施工单位            D.设计单位

4. 某建设工程于2006年9月15日竣工验收合格并投入使用,按照《建设工程质量管理条例》的规定,建设单位应当在（    ）前,将建设工程竣工验收报告和其他文件报建设行政主管部门进行竣工验收备案。
   A.2006年9月30日     B.2006年10月15日
   C.2006年11月15日    D.2006年12月15日

5. 按照《城乡规划法》的规定,建设单位应当在工程竣工验收后（    ）内向城乡规划主管部门报送有关竣工验收资料。
   A.15日            B.30日
   C.3个月           D.6个月

6. 对于大型人员密集场所或特殊工程外的一般建设工程,其消防验收方式为（    ）。
   A.施工单位应当向公安机关消防机构申请消防验收
   B.建设单位应当先行备案后进行消防验收
   C.可以不经消防验收,由公安机关消防机构进行抽查
   D.在验收后应当报公安机关消防机构备案

7. 《城市建设档案管理规定》规定,建设单位应当在工程竣工验收后（    ）内,向城建档案馆报送一套符合规定的建设工程档案。
   A.30日     B.1个月     C.3个月     D.6个月

8. 《建设项目环境保护管理条例》规定,需要进行试生产的建设项目,建设单位应当自建设项目投入试生产之日（    ）,向审批该建设项目环境影响报告书、环境影响报告表或者环境影响登记表的环境保护行政主管部门,申请该建设项目需要配套建设的环境保护设施竣工验收。
   A.同时              B.1个月内
   C.3个月内           D.6个月内

## 二、多项选择题

1. 根据《建设工程质量管理条例》规定,参加工程竣工验收的主体包括（    ）。
   A.建设单位            B.施工单位
   C.设计单位            D.监理单位
   E.质量监督站

2. 根据法律相关规定,建设单位具有下列情形之一,造成建设工程质量缺陷,应当承担过错责任（    ）。
   A.提供的设计有缺陷
   B.指定购买的建筑材料、构配件不符合强制性标准
   C.直接指定分包人分包专业工程
   D.建筑地质情况变化

E. 遇到不可抗力

3. 《建筑法》规定工程项目竣工验收应当具备的条件包含（　　）。
   A. 必须符合规定的建筑工程质量标准
   B. 完整的工程技术经济资料
   C. 经签署的工程保修书
   D. 具备国家规定的其他竣工条件
   E. 竣工结算是否编制

4. 建设单位办理工程竣工验收备案应提交的材料包括（　　）。
   A. 建设项目开工报告
   B. 施工图设计文件审查意见
   C. 验收人员签署的竣工验收原始文件
   D. 施工单位签署的工程质量保修书
   E. 市政基础设施的有关质量检测和功能性试验资料

## 参考答案及解析

一、单项选择题

1. 【答案】B
   【解析】《建设工程质量管理条例》规定，建设单位收到建设工程竣工报告后，应当组织设计、施工、工程监理等有关单位进行竣工验收。

2. 【答案】C
   【解析】竣工验收应当具备的法定条件。《建设工程质量管理条例》进一步规定，建设工程竣工验收应当具备下列条件：（1）完成建设工程设计和合同约定的各项内容；（2）有完整的技术档案和施工管理资料；（3）有工程使用的主要建筑材料、建筑构配件和设备的进场试验报告；（4）有勘察、设计、施工、工程监理等单位分别签署的质量合格文件；（5）有施工单位签署的工程保修书。建设工程经验收合格的，方可交付使用。C选项应为"勘察、设计、施工、工程监理等单位分别签署的质量合格文件"。

3. 【答案】A
   【解析】《建设工程质量管理条例》规定，建设单位应当严格按照国家有关档案管理的规定，及时收集、整理建设项目各环节的文件资料，建立、健全建设项目档案，并在建设工程竣工验收后，及时向建设行政主管部门或者其他有关部门移交建设项目档案。

4. 【答案】A
   【解析】《建设工程质量管理条例》规定，建设单位应当自建设工程竣工验收合格之日起15日内，将建设工程竣工验收报告和规划、公安消防、环保等部门出具的认可文件或者准许使用文件报建设行政主管部门或者其他有关部门备案。

5. 【答案】D
   【解析】《城乡规划法》规定，建设单位应当在竣工验收后6个月内向城乡规划主管部门报送有关竣工验收资料。

6. 【答案】D
   【解析】《消防法》规定，按照国家工程建设消防技术标准需要进行消防设计的建设工程竣工，依照下列规定进行消防验收、备案：（1）国务院公安部门规定的大型人员密集场所和其他特殊建设工程，建设单位应当向公安机关消防机构申请消防验收；（2）其他建设工程，建设单位在验收后应当报公安机关消防机构备案，公安机关消防机构应当进行抽查。

7. 【答案】C
   【解析】《城市建设档案管理规定》中规定，建设单位应当在工程竣工验收后3个月内，向城建档案馆报送一套符合规定的建设工程档案。

8. 【答案】C
   【解析】建设工程竣工环保验收。原文：需要进行试生产的建设项目，建设单位应当自建设项目投入试生产之日起3个月内，向审批该建设项目环境影响报告书、环境影响报告表或者环境影响登记表的环境保护行政主管部门，申请该建设项目需要配套建设的环境保护设施竣工验收。

## 二、多项选择题

1.【答案】ABCD

【解析】《建设工程质量管理条例》规定，建设单位收到建设工程竣工报告后，应当组织设计、施工、工程监理等有关单位进行竣工验收。

2.【答案】ABC

【解析】《最高人民法院关于审理建设工程施工合同纠纷案件适用法律问题的解释》第12条规定，发包人具有下列情形之一，造成建设工程质量缺陷，应当承担过错责任：（1）提供的设计有缺陷；（2）提供或者指定购买的建筑材料、建筑构配件、设备不符合强制性标准；（3）直接指定分包人分包专业工程。

3.【答案】ABCD

【解析】《建筑法》规定，交付竣工验收的建筑工程，必须符合规定的建筑工程质量标准，有完整的工程技术经济资料和经签署的工程保修书，并具备国家规定的其他竣工条件。建筑工程竣工经验收合格后，方可交付使用；未经验收或者验收不合格的，不得交付使用。《建设工程质量管理条例》进一步规定，建设工程竣工验收应当具备下列条件：（1）完成建设工程设计和合同约定的各项内容；（2）有完整的技术档案和施工管理资料；（3）有工程使用的主要建筑材料、建筑构（配）件和设备的进场试验报告；（4）有勘察、设计、施工、工程监理等单位分别签署的质量合格文件；（5）有施工单位签署的工程保修书。建设工程经验收合格的，方可交付使用。

4.【答案】BCDE

【解析】《房屋建筑工程和市政基础设施工程竣工验收备案管理暂行办法》规定，建设单位应当自工程竣工验收合格之日起15日内，依照本办法规定，向工程所在地的县级以上地方人民政府建设主管部门（以下简称备案机关）备案。建设单位办理工程竣工验收备案应当提交下列文件：（1）工程竣工验收备案表；（2）工程竣工验收报告，应当包括工程报建日期，施工许可证号，施工图设计文件审查意见，勘察、设计、施工、工程监理等单位分别签署的质量合格文件及验收人员签署的竣工验收原始文件，市政基础设施的有关质量检测和功能性试验资料以及备案机关认为需要提供的有关资料；（3）法律、行政法规规定应当由规划、环保等部门出具的认可文件或者准许使用文件；（4）法律规定应当由公安消防部门出具的对大型的人员密集场所和其他特殊建设工程验收合格的证明文件；（5）施工单位签署的工程质量保修书；（6）法规、规章规定必须提供的其他文件。住宅工程还应当提交《住宅质量保证书》和《住宅使用说明书》。

# 1Z307050 建设工程质量保修制度

**本节知识体系**

本节主要介绍了建设工程竣工验收后，所涉及的保修问题。重点讲解了保修书、最低保修期限以及质量保证金的内容。考生在学习中，需要重点记忆最低保修期限的时间，理解其内涵。同时，需要对保修期和缺陷责任期进行区分学习。

**核心内容讲解**

## 一、质量保修书和最低保修期限的规定

### （一）建设工程质量保修书

1.质量保修书的提交时间

建设工程承包单位在向建设单位提交工程竣工验收报告时，应当向建设单位出具质量保修书。

2.建设工程质量保修书的内容

质量保修书中应当明确建设工程的保修范围、保修期限和保修责任等。

### （二）建设工程质量的最低保修期限（见表1Z307050-1）

工程保修：约定≥法定，按约定；约定＜法定，按法定。

建设工程质量的最低保修期限　表1Z307050-1

| 法定保修范围 | 法定保修期限（最低保修期限） |
| --- | --- |
| 基础设施工程 | 设计文件注明的合理使用年限 |
| （房屋建筑工程）地基基础 | |
| （房屋建筑工程）主体结构 | |
| 屋面防水工程 | 5年 |
| 有防水要求的卫生间、房间 | |
| 外墙面的防渗漏 | |
| 外墙保温 | |
| 供热系统 | 2个采暖期（冬天） |
| 供冷系统 | 2个供冷期（夏天） |
| 电气管线 | 2年 |
| 给排水管道 | |
| 设备安装 | |
| 装修工程 | |

## （三）建设工程超过合理使用年限后需要继续使用的规定

建设工程在超过合理使用年限后需要继续使用的，产权所有人应当委托具有相应资质等级的勘察、设计单位鉴定，并根据鉴定结果采取加固、维修等措施，重新界定使用期。

🔊 **嗨·点评** 考生应对不同部位的保修时间做对比及背诵记忆。

【经典例题】1.（2016年真题）建设单位和施工企业经过平等协商确定某屋面防水工程的保修期限为3年，工程竣工验收合格移交使用后的第4年屋面出现渗漏，则承担该工程维修责任的是（　　）。

A.施工单位
B.建设单位
C.使用单位
D.建设单位和施工企业协商确定

【答案】A

【嗨·解析】屋面防水工程的最低保修期为5年，题干约定3年是无效的，第四年屋面出现渗漏，施工单位仍然应该保修。

【经典例题】2.某场馆工程的质量保修书的保修期限中，符合行政法规强制性规定的是（　　）。

A.主体结构工程为10年
B.供热与供冷为2个采暖期、供冷期
C.屋面防水工程为3年
D.有防渗漏要求的房间和内外墙为2年

【答案】B

【嗨·解析】见表1Z307050-1。

## 二、质量责任的损失赔偿

### （一）保修义务的责任落实与损失赔偿责任的承担

1.保修责任构成要件：保修期内+保修范围内（工程质量问题）。

注意：

（1）使用人使用不当或第三方造成损坏，不可抗力造成的损坏，均不属于工程质量问题，施工单位不承担保修责任。

（2）只要是正常使用条件下发现的工程质量问题（不论勘察、设计、建设、监理原因造成），施工单位都承担保修责任。保修后，查明该工程质量问题是非施工原因造成的，该项保修费用可以向建设单位主张。

2.赔偿损害（见图1Z307050）

图1Z307050　保修期与损害赔偿责任的划定

施工单位在工程合理使用年限内，对因施工质量造成使用人人身、财产损失的，承担损害赔偿责任。

建设工程在超过合理使用年限后需要继续使用的，产权所有人应当委托有相应资质的勘察、设计单位进行鉴定，并根据鉴定结果采取加固、维修措施，重新确定使用期。

### （二）建设工程质量保证金（见表1Z307050-2）

1.缺陷责任期的确定

保修期与缺陷责任期的区别    表1Z307050-2

|  | 保修期（强制的） | 缺陷责任期（非强制的） |
|---|---|---|
| 法律依据 | 国务院（1999）《建设工程质量管理条例》 | 建设部、财政部（2005）《建设工程质量保证金管理暂行办法》 |
| 期限 | 约定≥法定,才有效 | 约定（≤24个月）一般为6个月、12个月或24个月 |
| 起算 | 竣工验收合格日 | 工程通过竣工验收之日（由于承包人原因）实际通过竣工验收日（由于发包人原因）提交验收报告90日后 |
| 性质 | 违反《条例》规定的，承担行政处罚 | 不得作为执法依据，需合同具体约定，违反约定的，承担违约责任 |

2.预留保证金的比例

（1）建设工程质量保证金是指发包人与承包人在承包合同中约定，从应付的工程款中预留（按结算总额的5%），用以保证承包人在缺陷责任期内对建设工程出现的缺陷进行维修的资金。

（2）缺陷责任期内，由承包人原因造成的缺陷，承包人应负责维修，并承担鉴定及维修费用。如承包人不维修也不承担费用，发包人可按合同约定扣除保证金，并由承包人承担违约责任。承包人维修并承担相应费用后，不免除对工程的一般损失赔偿责任。

3.质量保证金的返还

缺陷责任期内，承包人认真履行合同约定的责任，到期后，承包人向发包人申请返还保证金。

🔊 嗨·点评 考生应对保修期和缺陷责任期做对比记忆。

【经典例题】3.（2014年真题）工程建设单位组织验收合格后投入使用，2年后外墙出现裂缝，经查是由于设计缺陷造成的，则下列说法正确的是（　　）。

A.施工单位维修，建设单位直接承担费用
B.建设单位维修并承担费用
C.施工单位维修并承担费用
D.施工单位维修，设计单位直接承担费用

【答案】A

【嗨·解析】施工单位在保修期内承担保修责任。外墙裂缝系主体结构工程，最低保修期为设计文件规定的合理使用期限，因此施工单位应承担保修责任，B错误，该质量问题是因为设计缺陷造成的，因此维修费由建设单位承担后可向设计单位追偿。

【经典例题】4.（2016年真题）关于工程建设缺陷责任期的说法，正确的有（　　）。

A.缺陷责任期一般为6个月、12个月或24个月
B.缺陷责任期从承包人提交竣工验收报告之日起计
C.缺陷责任期从工程通过竣工验收之日起计
D.发包人原因导致竣工延迟的，在承包人提交竣工验收报告后60天后，工程自动进入缺陷责任期
E.承包人原因导致竣工延迟的，缺陷责任期从实际通过竣工验收之日起计

【答案】ACE

【嗨·解析】A正确；

B错误、C正确，缺陷责任期从工程通过竣（交）工验收之日起计；

D错误，由于发包人原因导致工程无法按规定期限进行竣（交）工验收的，在承包人提交竣（交）工验收报告90天后，工程自动进入缺陷责任期；

E正确。

# 章节练习题

## 一、单项选择题

1. 下列关于工程最低保修期限的说法，错误的是（    ）。
   A.屋面防水工程的保修期为5年
   B.供热与供冷系统，为2个采暖期、供冷期
   C.地基基础工程为设计文件规定的该工程的合理使用年限
   D.给水管道的保修期为1年

2. 《建设工程质量管理条例》中要求，施工单位向建设单位提交《工程质量保修书》时间是（    ）。
   A.工程竣工验收合格后
   B.工程竣工同时
   C.提交工程竣工验收报告时
   D.工程竣工结算后

3. 根据《建设工程质量管理条例》的规定，《工程质量保修书》应当明确保修的范围、期限和责任。其中最低保修期限是（    ）。
   A.双方约定的          B.法定的
   C.设计文件确定的      D.业主方规定的

4. 在正常使用条件下，以下关于建设工程最低保修期限的说法，符合《建设工程质量管理条例》规定的是（    ）。
   A.外墙面的防渗漏为5年
   B.供热与供冷系统为2年
   C.屋面防水工程为3年
   D.地基基础和主体结构工程为永久

5. 某写字楼工程主楼尚未完工，裙楼商场部分未经验收即投入使用。使用中发现因施工原因致使裙楼一楼承重墙局部因地基下沉而开裂，则此质量责任应由（    ）承担。
   A.设计单位          B.施工单位
   C.建设单位          D.质量监管部门

6. 工程建设中预留保证金的比例，下列说法正确的是（    ）。
   A.全部使用政府投资的建设项目，按合同价款5%左右预留
   B.部分使用政府投资的建设项目，按工程价款结算总额5%左右预留
   C.社会投资项目一律按工程价款结算总额5%左右预留
   D.社会投资项目一律按合同价款10%左右预留

7. 某工程项目，发、承包施工合同中约定防水工程保修期为3年，工程竣工移交使用后第4年发生防水渗漏，则施工单位（    ）。
   A.无须承担保修责任
   B.须承担保修责任
   C.发包人支付费用后予以维修
   D.维修事宜另行协商

8. 某建筑工程已经达到其设计使用年限，业主想继续使用，则（    ）。
   A.不能继续使用，必须拆除
   B.继续使用即可
   C.向建设主管部门缴纳一定费用后可继续使用
   D.委托鉴定，重新界定使用期

## 二、多项选择题

1. 某住宅楼工程设计合理使用年限为50年。以下是该工程施工单位和建设单位签订的《工程质量保修书》关于工程保修期的条款，其中符合《建设工程质量管理条例》规定合法有效的是（    ）。
   A.地基基础和主体结构工程为50年
   B.屋面防水工程、卫生间防水为5年
   C.电气管线、给排水管道为2年
   D.供热与供冷系统为2年
   E.装饰装修工程为1年

2. 关于工程建设缺陷责任期的确定，下列说法中正确的是（    ）。
   A. 缺陷责任期一般为6个月、12个月或24

个月

 B. 缺陷责任期从工程通过竣（交）工验收之日起计

 C. 承包人导致竣工迟延的，缺陷责任期从实际通过竣工验收之日起计

 D. 发包人导致竣工迟延的，在承包人提交竣工验收报告后进入缺陷责任期

 E. 发包人导致竣工迟延的，在承包人提交竣工验收报告后60天，自动进入缺陷责任期

3. 下列不属于施工单位承担工程质量保修责任情形的是（　　）。

 A. 施工单位采购的材料质量不合格造成墙面脱落

 B. 住户装修过程中破坏防水层造成渗漏

 C. 地震造成墙体裂缝

 D. 建设单位采购材料不合格

 E. 设计承载力不足造成柱体弯曲

4. 发、承包双方需要在质量保修书中明确的是（　　）。

 A. 保修范围

 B. 保修人员

 C. 保修金的预留和返还

 D. 保修期限

 E. 保修责任

5. 某建筑工程投入使用后发现存在设计问题造成的质量缺陷，则处理方式正确的是（　　）。

 A. 由设计单位进行修复

 B. 先由施工单位负责维修,后向建设单位索赔

 C. 先由施工单位负责维修,后向设计单位索赔

 D. 由建设单位负责维修,后向设计单位索赔

 E. 建设单位可就施工单位的维修向设计单位索赔

## 参考答案及解析

### 一、单项选择题

1.【答案】D

【解析】《建设工程质量管理条例》规定，在正常使用条件下，建设工程的最低保修期限为：（1）基础设施工程、房屋建筑的地基基础工程和主体结构工程，为设计文件规定的该工程的合理使用年限；（2）屋面防水工程、有防水要求的卫生间、房间和外墙面的防渗漏，为5年；（3）供热与供冷系统，为2个采暖期、供冷期；（4）电气管线、给排水管道、设备安装和装修工程，为2年。

2.【答案】C

【解析】《建设工程质量管理条例》规定，建设工程承包单位在向建设单位提交工程竣工验收报告时，应当向建设单位出具质量保修书。

3.【答案】B

【解析】质量保修期限《建筑法》规定保修的期限应当安装保证建筑物合理寿命的年限内正常使用维护使用者合法权益的原则确定。具体的保修范围和最低期限是由国务院规定。据此，国务院在《建设工程质量管理条例》中作了明确的规定。

4.【答案】A

【解析】《建设工程质量管理条例》规定，在正常使用条件下，建设工程的最低保修期限为：（1）基础设施工程、房屋建筑的地基基础工程和主体结构工程，为设计文件规定的该工程的合理使用年限；（2）屋面防水工程、有防水要求的卫生间、房间和外墙面的防渗漏，为5年;（3）供热与供冷系统,2个采暖期、供冷期；（4）电气管线、给排水管道、设备安装和装修工程，为2年。其他项目的保修期限由发包方与承包方约定。

5.【答案】B

【解析】《最高人民法院关于审理建设工程施

工合同纠纷案件适用法律问题的解释》第13条规定，建设工程未经竣工验收，发包人擅自使用后，又以使用部分质量不符合约定为由主张权利的，不予支持；但是承包人应当在建设工程的合理使用寿命内对地基基础工程和主体结构质量承担民事责任。

6.【答案】B

【解析】全部或者部分使用政府投资的建设项目，按工程价款结算额5%左右的比例预留保证金。

7.【答案】B

【解析】《建设工程质量管理条例》规定，在正常使用条件下，建设工程的最低保修期限为：屋面防水工程、有防水要求的卫生间、房间和外墙面的防渗漏，为5年。所以双方合同约定保修期不能低于5年，低于则无效，仍按法定保修期计算，此期间承包人仍须继续承担保修责任。

8.【答案】D

【解析】《建设工程质量管理条例》规定，建设工程在超过合理使用年限后需要继续使用的，产权所有人应当委托具有相应资质等级的勘察、设计单位鉴定，并根据鉴定结果采取加固、维修等措施，重新界定使用期。

二、多项选择题

1.【答案】ABC

【解析】《建设工程质量管理条例》规定，在正常使用条件下，建设工程的最低保修期限为：（1）基础设施工程、房屋建筑的地基基础工程和主体结构工程，为设计文件规定的该工程的合理使用年限；（2）屋面防水工程、有防水要求的卫生间、房间和外墙面的防渗漏，为5年；（3）供热与供冷系统，为2个采暖期、供冷期；（4）电气管线、给排水管道、设备安装和装修工程，为2年。其他项目的保修期限由发包方与承包方约定。

2.【答案】ABC

【解析】缺陷责任期一般为6个月、12个月或者24个月，具体可由发承包双方在合同中约定。缺陷责任期从工程通过竣（交）工验收之日起计。由于承包人原因导致工程无法按规定期限进行竣（交）工验收的，缺陷责任期从实际通过竣（交）工验收之日起计。由于发包方原因导致工程无法按规定期限进行竣（交）工验收的，在承包方提交竣（交）工验收报告90天后，工程自动进入缺陷责任期。

3.【答案】BCDE

【解析】施工单位在建设工程质量保修书中，应当对建设单位合理使用建设工程有所提示。如果是因建设单位或者用户使用不当或擅自改动结构、设备位置以及不当装修等造成质量问题的，施工单位不承担保修责任；由此而造成的质量受损或者其他用户损失，应当由责任人承担相应的责任。B是装修工程中自行破坏的，C为不可抗拒的外力造成的，D是建设单位的责任，E是设计单位的责任。

4.【答案】ADE

【解析】《建设工程质量管理条例》规定，建设工程承包单位在向建设单位提交工程竣工验收报告时，应当向建设单位出具质量保修书。质量保修书中应当明确建设工程的保修范围、保修期限和保修责任等。

5.【答案】BE

【解析】质量责任的损失赔偿。《最高人民法院关于审理建设工程施工合同纠纷案件适用法律问题的解释》规定，因保修人未及时履行保修义务，导致建筑物损毁或者造成人身、财产损害的，保修人应当承担赔偿责任。保修人与建筑物所有人或者发包人对建筑物毁损均有过错的，各自承担相应的责任。由于设计问题造成的质量缺陷，先由施工单位负责维修，其经济责任按有关规定通过建设单位向设计单位索赔。

# 1Z308000 解决建设工程纠纷法律制度

一、本章近三年考情

本章近三年考试真题分值统计　　　　　　　　　　　　　　　（单位：分）

| 节 \ 年份 | 2014年 | | 2015年 | | 2016年 | |
|---|---|---|---|---|---|---|
| | 单选题 | 多选题 | 单选题 | 多选题 | 单选题 | 多选题 |
| 1Z308010 建设工程纠纷主要种类和法律解决途径 | | | | | 1 | |
| 1Z308020 民事诉讼制度 | 2 | 2 | 3 | 4 | 4 | 2 |
| 1Z308030 仲裁制度 | 3 | 2 | 2 | | 3 | 2 |
| 1Z308040 调解、和解制度与争议评审 | 2 | 4 | | | | 4 |
| 1Z308050 行政复议和行政诉讼制度 | 1 | 2 | 3 | | 1 | 2 |

二、本章学习提示

本章主要讲解建设工程中常见的纠纷以及纠纷的解决方式。纠纷主要包括民事纠纷和行政纠纷，前者是民与民的纠纷，后者是民与官的纠纷。纠纷的解决方式也分为两类：民事纠纷的解决方式主要有和解、调解、仲裁、诉讼。行政纠纷的解决方式主要包括行政复议与行政诉讼。考生在学习中，需要对以上纠纷解决方式进行区分学习，辨析异同。

# 1Z308000 解决建设工程纠纷法律制度

## 1Z308010 建设工程纠纷主要种类和法律解决途径

**本节知识体系**

本节主要介绍了建设工程纠纷的主要种类：民事纠纷和行政纠纷。分别介绍了这两种纠纷的含义和特征。其次，介绍了纠纷的法律解决途径，对每一种都做了简要介绍。学员在学习这一小节内容时，更多的是需要根据知识点对该章建立一个框架式的认知，方便学习后续内容。

**核心内容讲解**

### 一、建设工程纠纷的主要种类

（一）建设工程纠纷的主要种类（见图1Z308010-1）

图1Z308010-1 建设工程纠纷的主要种类

（二）建设工程纠纷的特征（见图1Z308010-2）

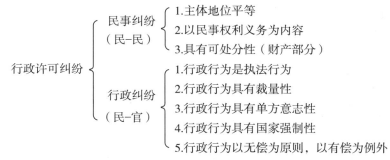

图1Z308010-2 建设工程纠纷的特征

**🔊 嗨·点评** 考生应对民事纠纷和行政纠纷的内容和特征做对比记忆。

【经典例题】1.以下属于行政纠纷的是（　　）。

A. 施工单位为文化局建设家属院被拖欠工程款

B. 税务局扩建办公楼挤占了某居民小区出行通道

C. 注册建造师王某不服建设行政主管部门作出的责令停止执业1年的决定

D.建设单位不服建设行政主管部门对工程结算争议进行的调解结果

【答案】C

【嗨·解析】行政纠纷是因行政机关"行政行为"（执法行为）引发的纠纷，A是合同纠纷B是侵权纠纷，D行政调解不是执法行为。

【经典例题】2.以下行政行为中属于行政处罚的是（　　）。

A.某建设行政主管部门审查发现甲施工企业在申请资质升级前1年内发生过较大安全事故，依法作出不予批准资质升级的决定

B.某建设行政主管部门检查乙施工企业的施工工地，发现该工程没有按照施工现场管理规定设置围挡，依法责令其停止施工

C.某建设行政主管部门检查某施工企业租赁的汽车吊，认为该汽车吊保护装置不齐全存在安全隐患，依法作出扣押的决定

D.某劳动行政主管部门检查发现丁施工企业无故拖欠和克扣农民工工资，依法作出责令其支付拖欠工资和赔偿金的决定

【答案】B

【嗨·解析】A是行政不许可，B是行政处罚，C是行政强制措施，D是行政裁决。

## 二、民事纠纷的法律解决途径

（一）民事纠纷的法律解决途径（见图1Z308010-3）

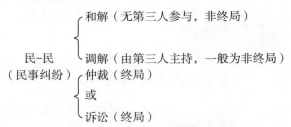

图1Z308010-3　民事纠纷的法律解决途径

（二）民事纠纷的法律解决途径的特征（见表1Z308010-1）

民事纠纷的法律解决途径的特征　表1Z308010-1

| 民事纠纷解决方式 | 法律特征 | |
|---|---|---|
| 和解 | 1.可以发生在任何阶段，包括执行和解 | 非终局性 |
| | 2.和解协议不具有强制执行力，依靠当事人自觉履行 | |
| 调解 | 1.民间调解与行政调解不具有强制执行力 | |
| | 2.人民调解，经司法确认后具有强制执行力 | |
| | 3.法院调解和仲裁调解，双方签收后具有强制执行力 | |
| 仲裁 | 1.需要仲裁协议约定管辖 | 终局性 |
| | 2.程序意思自治；不公开审理 | |
| | 3.一裁终局，裁决书作出即具有强制执行力 | |
| 诉讼 | 1.一方起诉发动，实行法定管辖 | |
| | 2.程序法定性；公开审理 | |
| | 3.原则上二审终审，终审判决作出后具有强制执行力 | |

（三）终局方式与非终局方式

1.非终局的，有赖于当事人自觉履行；终局的，可以申请法院强制执行。

2.非终局手段，可以通过申请公证机关公证赋予强制执行效力，或申请人民法院司法确认的方式，转化为终局。

3.非终局方式可以任意利用。但解决一个民事纠纷，只能在一个地点，采用一个终局手段彻底了结。

## （四）公证和司法确认（补充了解）

根据《最高人民法院关于建立健全诉讼与非诉讼相衔接的矛盾纠纷解决机制的若干意见》，经行政机关、人民调解组织、商事调解组织、行业调解组织或者其他具有调解职能的组织对民事纠纷调解后达成的具有给付内容的协议，当事人可以按照《公证法》的规定申请公证机关依法赋予强制执行效力。

经行政机关、人民调解组织、商事调解组织、行业调解组织或者其他具有调解职能的组织调解达成的具有民事合同性质的协议，经调解组织和调解员签字盖章后，当事人可以申请有管辖权的人民法院确认其效力。人民法院当面询问双方当事人是否理解所达成协议的内容，是否接受因此而产生的后果，是否愿意由人民法院通过司法确认程序赋予该协议强制执行的效力。经过司法确认，该协议产生终局效力。

## （五）仲裁的适用范围

仲裁的本质是国家放弃了大部分民间纠纷的管辖权（婚姻家庭纠纷除外），鼓励民间纠纷民间解决。

平等主体的公民、法人和其他组织之间发生的合同纠纷和其他财产权益纠纷，可以仲裁。但劳动仲裁（伙计-老板）和农业承包合同仲裁（村民-村委会），有自己的法律，不适用仲裁法。

下列纠纷不能仲裁：

1.婚姻、收养、监护、扶养、继承纠纷（家里人-家里人）；

2.依法应当由行政机关处理的行政争议（民-官）。

## （六）通过仲裁解决民事纠纷的特征

1.仲裁本质上的民间性。这是最基本、最核心、最主要的特征，其他特征都由此派生而来。

2.当事人意愿上的自主性。当事人关于仲裁的自主约定，是启动仲裁程序的前提要件，没有"约定"就没有"仲裁"。

3.机构设置上的独立性。仲裁机构与权力机关、行政机关、司法机关都没有隶属关系，仲裁机构相互之间也没有隶属关系。

4.仲裁服务上的有偿性。"有偿性"是仲裁的一个明显特征，也就是接受仲裁服务的民商事争议当事人必须承担仲裁费用。

5.私密性。仲裁实行不公开审理，当事人及其他案件参与人不得对外界透露案件实体和程序的有关情况，可以很好保护当事人的商业秘密和商业信誉。

6.制度设计上的简便性与灵活性。与严格、复杂的行政程序和司法程序相比，仲裁的审理、裁决各项制度上均具有既简便又快捷的特性。

7.效力上的终局性和广泛性。仲裁调解和裁决作为终局方式，不但在国内具有强制执行的效力，涉外案件甚至可以根据《承认和执行外国仲裁裁决公约》，在所有缔约国范围内申请强制执行。

## （七）通过诉讼解决民事纠纷的特征

当一方当事人把民事纠纷诉诸司法解决，就成了民事诉讼。

1.公权性。民事诉讼是以司法方式解决平等主体之间的纠纷，是由法院代表国家行使审判权解决民事争议。

2.强制性。和解、调解、仲裁均建立在双方当事人共同意愿的基础上，只要一方不愿意选择上述方式解决争议，和解、调解、仲裁就无从进行。民事诉讼则不同，只要原告起诉符合法定条件，法院就予以受理。无论被告是否愿意，诉讼均会发生。

3.程序的严格法定性。民事诉讼作为司法活动，有法定的形式和程序。当事人在程序上可以自主选择的情况不多。

🔊 **嗨·点评** 考生应对民事纠纷的几种

具体解决方式结合实际进行区分，能理解不同的纠纷解决方式适用不同的程序和特点。

【经典例题】3.下列有关处理建设工程民事纠纷的表述中，正确说法是（　　）。

A. 和解方式具有成本低、效率高的特点，有利于维护当事人双方的良好合作关系，是最常用的纠纷解决方式，但只能在诉讼和仲裁前进行。一旦进入诉讼或仲裁阶段，当事人就不可以再私下自行和解

B. 通过调解方式解决纠纷是指双方当事人自愿共同委托第三方，以法律法规、社会公德为依据，居中调停，其中由建设行政主管机关主持的调解具有强制执行力

C. 当事人双方也可以通过订立仲裁协议选择仲裁机构，将争议事项提交仲裁裁决。仲裁实行不公开审理和一裁终局制，有利于保护当事人的商业秘密，能够快速的解决纠纷

D. 如果没有仲裁协议，当事人一方可以通过起诉彻底解决纠纷。民事诉讼实行公开审理，所以不利于保护当事人的个人隐私和商业秘密

【答案】C

【嗨·解析】B错，行政调解不具有强制力。D错，诉讼以公开审理为原则，但涉及当事人个人隐私和商业秘密的实行不公开审理。

【经典例题】4.关于仲裁特点的说法，正确的是（　　）。

A. 仲裁委员会隶属行政机关
B. 仲裁以公开审理为原则
C. 仲裁员由当事人协商确定
D. 仲裁裁决作出后可以上诉

【答案】C

【嗨·解析】A考仲裁机构的独立性，B考仲裁的私密性，C考仲裁的当事人意愿自主性，D考仲裁的终局性。

【经典例题】5.民事诉讼的基本特点包括（　　）。

A.程序自主性
B.公权性
C.程序便捷性
D.私密性

【答案】B

【解析】A、C、D都是民事仲裁的基本特点。

### 三、行政纠纷的法律解决途径

（一）行政纠纷的法律解决途径的选择（见图1Z308010-4）

图1Z308010-4　行政纠纷的法律解决途径的选择

（二）行政复议和行政诉讼的区别（见表1Z308010-2）

行政复议和行政诉讼的区别　表1Z308010-2

| 行政纠纷解决方式 | 管辖 | 审查特点 | 审查范围 | 性质 |
| --- | --- | --- | --- | --- |
| 行政复议 | 本级政府或上级主管部门 | 书面审查，不调解 | 合法性、合理性 | 非终局（一般） |
| 行政诉讼 | 法院 | 公开开庭，不调解 | 合法性 | 终局 |

**嗨·点评** 考生应对行政复议和行政诉讼做对比记忆，首先了解行政复议和行政诉讼分别都是什么含义。

【经典例题】6.某施工单位在参加投标中有违法行为，建设行政主管部门的处罚决定于5月20日作出，施工单位5月25日收到。11月1日施工单位欲通过有关途径申请撤销该处罚决定，则说法正确的是（　　）。

A. 施工单位可以申请复议，也可以不经过复议直接起诉

B. 施工单位应先申请复议，不服复议可以向法院起诉

C. 施工单位只能向法院起诉

D. 施工单位既不可以申请复议，也不可以向法院起诉

【答案】C

【嗨·解析】从5月25日起，施工单位有两种选择。（1）60天之内提起行政复议，不服行政复议决定的，自收到行政复议决定书之日起15日内提起行政诉讼。此题中，11月1日距离5月25日已经超过了60天，不得行政复议。（2）当事人也可以自知道作出行政行为之日起（5月25日）6个月内直接提起行政诉讼。此题11月1日距离5月25日还没有超过6个月，因此还可以提起行政诉讼。综上所述，企业在11月1日只能提起行政诉讼。

## 章节练习题

### 一、单项选择题

1. 某工程建设项目发生工程款结算纠纷,当地建设行政管理部门组织建设方与施工方进行了商谈但未达成一致意见,上述纠纷属于（　　）。
   A.民事纠纷　　　　　B.行政纠纷
   C.刑事纠纷　　　　　D.程序纠纷

2. 下列选项中,当事人应承担侵权责任的是（　　）。
   A.工地的塔吊倒塌造成临近的民房被砸塌
   B.某施工单位未按照合同约定工期竣工
   C.因台风导致工程损害
   D.某工程存在质量问题

3. 某市建设行政主管部门在对施工工地安全检查时,发现某施工单位在尚未竣工的建筑物内设置民工宿舍,于是对其进行了罚款处理,该惩罚措施属于（　　）法律责任形式。
   A.民事责任　　　　　B.行政处分
   C.刑事责任　　　　　D.行政处罚

4. 以下不属于民事纠纷处理方式的是（　　）。
   A.当事人自行和解　　B.行政复议
   C.行政机关调解　　　D.商事仲裁

5. 在某建筑工地上,附近居民与施工方发生噪声扰民纠纷,双方同意调解解决。在下列解决争议的方式中,由（　　）主持或参与的调解,属于行政调解。
   A.施工方上级单位
   B.建设方
   C.当地政府建设主管部门
   D.人民法院

6. 某开发商与施工企业签订合同,约定双方就合同履行发生争议,提交北京市A仲裁委员会进行裁决,并自动履行其裁决。后双方工程款支付发生纠纷,现问双方解决争议可行的法律途径是（　　）。
   A.只能向有管辖权的人民法院起诉
   B.只能申请北京市A仲裁委员会仲裁
   C.既可向有管辖权的法院起诉,也可以申请仲裁
   D.只能向有管辖权的法院起诉

7. 商事仲裁具有许多特点,其中最突出的是（　　）。
   A.专业性　　　　　B.自愿性
   C.独立性　　　　　D.灵活性

8. 民事诉讼的基本特征不包括（　　）。
   A.自愿性　　　　　B.公权性
   C.强制性　　　　　D.程序性

9. 下列关于仲裁委员会独立性原则的说法,错误的是（　　）。
   A.仲裁委员会与行政机关没有隶属关系
   B.仲裁委员会之间也没有隶属关系
   C.仲裁庭进行仲裁,受行政机关的业务指导
   D.仲裁庭进行仲裁,不受仲裁委员会的干涉

### 二、多项选择题

1. 在建设工程领域,行政机关所做的下列行为属于行政许可的是（　　）。
   A.对责令停止施工的项目允许其开工建设
   B.吊销资质证书
   C.对先进单位予以表彰
   D.颁发施工许可证
   E.核准企业资质等级

2. 在建设工程领域常见的行政处罚有（　　）。
   A.降低资质等级　　　B.责令停止施工
   C.取消投标资格　　　D.记过
   E.裁决损害赔偿

3. 在下列调解书中,（　　）生效后具有强制执行力。
   A.行业调解
   B.司法调解
   C.行政调解
   D.经法院确认的人民调解
   E.经双方当事人签收后仲裁调解书

4. 下列案件纠纷中,受《仲裁法》调整的是（　　）。

A.婚姻、继承纠纷
B.建设工程施工合同纠纷
C.农业承包合同纠纷
D.加工承揽合同纠纷
E.劳动争议纠纷

5.下列关于行政复议的说法中，正确的是（　　）。
A.行政复议机关只审查具体行政行为的合法性
B.行政机关尚未做出决定之前，可以对其倾向性意见提请复议
C.行政复议以书面审查为主，以不调解为原则
D.对于正确的处罚决定不得提请复议
E.复议决定一般不为终局裁决

6.下列属于仲裁解决民事纠纷基本特点的是（　　）。
A.自愿性　　　　B.独立性
C.程序性　　　　D.保密性
E.专业性

## 参考答案及解析

### 一、单项选择题

1.【答案】A
【解析】民事纠纷是平等主体间的有关人身、财产权的纠纷，建设方和施工方的合同纠纷属于两个平等主体之间的纠纷。

2.【答案】A
【解析】侵权纠纷，是指一方当事人对另一方侵权而产生的纠纷。在建设工程领域也易发生侵权纠纷，如施工单位在施工中未采取相应防范措施造成对他方损害而产生的侵权纠纷。

3.【答案】D
【解析】行政处罚，即行政机关或其他行政主体依照法定职权、程序对于违法但尚未构成犯罪的相对人给予行政制裁的具体行政行为。

4.【答案】B
【解析】民事纠纷的法律解决途径主要有四种：和解、调解、仲裁、诉讼，而行政复议属于行政纠纷的救济措施。

5.【答案】C
【解析】行政调解是指国家行政机关应纠纷当事人的请求，依据法律、法规和政策，对属于其职权管辖范围内的纠纷，通过耐心的说服教育，使纠纷的双方当事人相互谅解，在平等协商的基础上达成一致协议，促使当事人解决纠纷。行政调解分为两种：（1）基础人民政府，即乡、镇人民政府对一般民间纠纷的调解。（2）国家行政机关依照法律规定对某些特定民事纠纷或经济纠纷或劳动纠纷等进行调解。行政调解属于诉讼外调解。行政调解达成的协议也不具有强制约束力。

6.【答案】B
【解析】仲裁机构通常是民间团体的性质，其受理案件的管辖权来自双方协议，没有协议就无权受理仲裁。但是，有效的仲裁协议可以排除法院的管辖权；纠纷发生后，一方当事人提起仲裁的，另一方应当通过仲裁程序解决纠纷。

7.【答案】B
【解析】当事人的自愿性是仲裁最突出的特点。仲裁是最能充分体现当事人意思自治原则的争端解决方式，仲裁以当事人的自愿为前提，即是否将纠纷提交仲裁，向哪个仲裁委员会申请仲裁，仲裁庭如何组成，仲裁员的选择，以及仲裁的审理方式、开庭形式等，都是在当事人自愿的基础上，由当事人协商确定的。

8.【答案】A
【解析】民事诉讼的基本特征是：（1）公权性；（2）程序性；（3）强制性。

9.【答案】C
【解析】《仲裁法》规定，仲裁委员会独立于行政机关，与行政机关没有隶属关系。

仲裁委员会之间也没有隶属关系。在仲裁过程中,仲裁庭独立进行仲裁,不受任何行政机关、社会团体和个人的干涉,也不受其他仲裁机构的干涉,具有独立性。

## 二、多项选择题

1.【答案】DE

【解析】行政许可,即行政机关根据公民、法人或者其他组织的申请,经依法审查,准予其从事特定活动的行政管理行为,如施工许可、专业人员执业资格注册、企业资质等级核准、安全生产许可等。D、E很明显是属于行政许可的,准许其做什么事情。A、C不是;B吊销则属于处罚。

2.【答案】ABC

【解析】在建设工程领域,法律、行政法规所设定的行政处罚主要有:警告、罚款、没收违法所得、责令限期改正、责令停业整顿、取消一定期限内参加依法必须进行招标的项目的投标资格、责令停止施工、降低资质等级、吊销资质证书(同时吊销营业执照)、责令停止执业、吊销执业资格证书或其他许可证等。D选项为行政处分,E为民事判决,A、B、C均属于行政处罚。

3.【答案】BDE

【解析】仲裁独立性原则。经人民调解委员会调解达成调解协议的,可以制作调解协议书。经人民调解委员会调解达成的调解协议具有法律约束力,当事人应当按照约定履行。经人民调解委员会调解达成调解协议后,双方当事人认为有必要的,可以按照《民事诉讼法》的规定,自调解协议生效之日起30日内共同向调解组织所在地基层人民法院申请司法确认调解协议。人民法院受理申请后,经审查,符合法律规定的,裁定调解协议有效,一方当事人拒绝履行或者未全部履行的,对方当事人可以向人民法院申请强制执行;不符合法律规定的,裁定驳回申请,当事人可以通过调解方式变更原调解协议或者达成新的调解协议,也可以向人民法院起诉。仲裁调解是仲裁机构对受理的仲裁案件进行的调解。调解达成协议的,仲裁庭应当制作调解书或者根据协议的结果制作裁决书。调解书经双方当事人签收后,即发生法律效力。调解书与裁决书具有同等法律效力。法院调解书经双方当事人签收后,即具有法律效力,效力与判决书相同。

4.【答案】BD

【解析】根据《仲裁法》的规定,该法的调整范围仅限于民商事仲裁,即"平等主体的公民、法人和其他组织之间发生的合同纠纷和其他财产权纠纷";劳动争议仲裁和农业集体经济组织内部的农业承包合同纠纷的仲裁不受《仲裁法》的调整,依法应当由行政机关处理的行政争议等不能仲裁。

5.【答案】CE

【解析】行政复议是公民、法人或其他组织(作为行政相对人)认为行政机关的具体行政行为侵犯其合法权益,依法请求法定的行政复议机关审查该具体行政行为的合法性、适当性。当事人提出行政复议,必须是在行政机关已经作出行政决定之后,如果行政机关尚未作出决定,则不存在复议问题。行政复议以书面审查为主,以不调解为原则。行政复议的结论作出后,即具有法律效力。只要法律未规定复议决定为终局裁决的,当事人对复议决定不服,仍可以按《行政诉讼法》的规定,向人民法院提请诉讼。

6.【答案】ABDE

【解析】仲裁的基本特点如下:(1)自愿性;(2)专业性;(3)独立性;(4)保密性;(5)快捷性;(6)裁决在国际上得到承认和执行。

# 1Z308000 解决建设工程纠纷法律制度

## 1Z308020 民事诉讼制度

**本节知识体系**

本节主要介绍了民事诉讼当中的基本知识，包括管辖、证据、诉讼时效、一审、二审、执行等内容。其中，管辖、证据、诉讼时效的内容对考生学习的要求较高，要求精确理解及记忆，一审、二审、执行的内容对考生要求较低，考频也较低，主要做了解掌握。

**核心内容讲解**

### 一、民事诉讼的法院管辖

#### （一）级别管辖与地域管辖（见表1Z308020-1）

级别管辖与地域管辖的规定　表1Z308020-1

| 管辖类别 | | 管辖规定 |
|---|---|---|
| 级别管辖 | | 案件大小、影响决定审级 |
| 地域管辖 | 一般管辖 | 被告住所地（原告就被告） |
| | 协议管辖 | 仅适用于合同、财产纠纷 |
| | 专属管辖 | 仅适用于不动产、港口、继承纠纷、建设工程施工合同纠纷 |

#### （二）协议管辖

除施工合同，房屋买卖合同等专属管辖情况外，合同当事人可以通过书面协议从被告住所地、合同履行地、原告住所地、合同签订地、标的物所在地（5家）法院中选择确定一家管辖法院，并只能在约定的法院起诉。（两个人挑，从五家里挑）

如无约定、约定不明或约定错误，则向被告住所地或合同履行地法院起诉。（一个人挑，从两家里挑）

#### （三）移送管辖

人民法院发现受理的案件不属于本院管辖的，应当移送有管辖权的人民法院，受移送的人民法院应当受理。受移送的人民法院认为受移送的案件依照规定不属于本院管辖的，应当报请上级人民法院指定管辖，不得再自行移送。

#### （四）指定管辖

有管辖权的人民法院由于特殊原因，不能行使管辖权的，由上级人民法院指定管辖。

人民法院之间因管辖权发生争议，由争议双方协商解决；协商解决不了的，报请其共同上级人民法院指定管辖。

#### （五）管辖权异议

人民法院受理案件后，当事人对管辖权有异议的，应当在提交答辩状期间（即被告收到起诉状副本之日起15日内）提出。

法院对异议审查后作出裁定，当事人不服裁定的，可以在10日内提起上诉。

## （六）管辖权转移（见表1Z308020-2）

移送管辖与管辖权转移的对比　　表1Z308020-2

| | 移送管辖 | 管辖权转移 |
|---|---|---|
| 方向 | 没有管辖权的法院把案件移送给有管辖权的法院审理（无→有） | 有管辖权的法院把案件转移给原来没有管辖权的法院审理（有→无） |
| 级别 | 可能在上下级法院之间或者在同级法院间发生 | 仅限于上下级法院之间 |
| 程序 | 程序上不完全相同 | |

**嗨·点评** 考生能够结合实际判断不同情形所对应的不同管辖原则。

**【经典例题】** 1.甲市的施工单位与乙市的水泥厂就位于丙市的某污水处理项目订立供货合同，合同在丁市签订，并约定合同发生争议，在丁市起诉。工程完工后，因货款纠纷水泥厂提起诉讼。则关于本案管辖，说法正确的是（　　）。

A.水泥厂可以在甲市或丙市起诉

B.水泥厂只能在丙市起诉

C.水泥厂只能在丁市起诉

D.水泥厂可以选择在甲、乙、丙、丁市起诉

**【答案】** C

**【嗨·解析】** 合同已约定在丁市起诉，则发生纠纷只能在丁市起诉。但如当事人未约定管辖法院，则应在甲市或丙市起诉。

**【经典例题】** 2.关于人民法院管辖权的说法，正确的是（　　）。

A.原告向两个以上有管辖权的人民法院起诉的，由最先受理的人民法院管辖

B.有管辖权的人民法院由于特殊原因，不能行使管辖权的，移送上级人民法院直接管辖

C.两个以上人民法院都有管辖权的诉讼，原告可以向其中一个人民法院起诉

D.人民法院之间因管辖权发生争议，报请共同上级人民法院直接管辖

**【答案】** C

**【嗨·解析】** 本题考查民事诉讼的法院管辖。A错误、C正确，两个以上人民法院都有管辖权的诉讼，原告可以向任一法院起诉，由最先立案的法院管辖（超纲）；B错误，有管辖权的人民法院由于特殊原因，不能行使管辖权的，由上级人民法院指定管辖；D错误，人民法院之间因管辖权发生争议，由争议双方协商解决；协商解决不了的，报请其共同上级人民法院指定管辖。

## 二、民事诉讼当事人和代理人的规定

### （一）当事人

广义的民事诉讼当事人包括原告、被告、共同诉讼人和第三人。

法人作为当事人的，由其法定代表人进行诉讼。其他组织作为当事人的，由其主要负责人进行诉讼。

### （二）共同诉讼人

共同诉讼人，是指当事人一方或双方为二人以上（含二人），诉讼标的是共同的；或者诉讼标的是同一种类、人民法院认为可以合并审理并经当事人同意，一同在人民法院进行诉讼的人。举例：甲装饰公司拖欠某劳务公司10万元工程款，劳务公司多次索要无果，当决定起诉时发现，甲装饰公司已经分立为乙装饰公司和丙运输公司，而乙、丙两个公司对10万元工程欠款的偿还事宜并未做明确约定，劳务公司便以乙装饰公司为被告诉至法院，法院受理后通知丙公司应诉。此

时，丙公司作为当事人属于共同诉讼人。

（三）第三人

1.第三人是指对他人争议的诉讼标的有独立请求权（简称为"有独三"），或者虽无独立的请求权，但案件处理结果与其有法律上的利害关系，而参加到已经开始的诉讼中的人（"无独三"）。

2.针对当事人双方的诉讼标的，第三人认为有独立请求的，有权提起诉讼（以本诉的原告和被告作为共同被告）。

他既不同意原告的主张，也不同意本诉被告的主张。他认为：不论是原告胜诉还是被告胜诉，都将损害他的民事权益。实际上他是以独立的实体权利人的地位向人民法院提起了一个新的诉讼，可提出主张、提供证据、开展辩论和提起上诉等，并且本诉的原告或被告的任何行为都不对他发生拘束的效力。

3.针对当事人双方的诉讼标的，第三人没有独立请求，但案件处理与他有法律上利害关系的，可以申请参加诉讼，法院也可以通知他诉讼。

他即不是原告，又不是被告，是为维护自己的合法权益而参加诉讼的独特的当事人，有其独立诉讼地位。但无独立请求权的第三人不得在第一审提出管辖异议，无权放弃、变更诉讼请求或申请撤诉。不得提起反诉，不得承认对方当事人的诉讼请求，不得在被参加一方反对的情况下申请调解。

4.人民法院判决承担民事责任的无独立请求权的第三人，对第一审人民法院判决不服的，有权提起上诉。

5.第三人因不能归责于本人的事由未参加诉讼，但有证据证明发生法律效力的判决、裁定、调解书的部分或者全部内容错误，损害其民事权益的，可以自知道或者应当知道其民事权益受到损害之日起6个月内，向作出该判决、裁定、调解书的人民法院提起诉讼。

（四）诉讼代理人

1.当事人、法定代理人可以委托1~2人作为诉讼代理人。

2.下列人员可以被委托为诉讼代理人：（1）律师、基层法律服务工作者；（2）当事人的近亲属或者工作人员；（3）当事人所在社区、单位以及有关社会团体推荐的公民。

3.委托他人代为诉讼的，须向人民法院提交由委托人签名或盖章的授权委托书，授权委托书必须记明委托事项和权限。《民事诉讼法》规定，"诉讼代理人代为承认、放弃、变更诉讼请求，进行和解、提起反诉或者上诉，必须有委托人的特别授权"。

**嗨·点评** 考生能够结合实际理解记忆当事人的含义，同时能理解诉讼代理人的"特别授权"相关的规定。

【经典例题】3.以下不属于民事诉讼当事人的是（　　）。

A.原告、被告

B.共同诉讼人

C.无独立请求权的第三人

D.诉讼代理人

【答案】D

【嗨·解析】广义的民事诉讼当事人包括原告、被告、共同诉讼人和第三人。无独立请求权的第三人属于第三人的一种。

【经典例题】4.张某因与某施工企业发生合同纠纷，委托李律师全权代理诉讼，但未作具体的授权。则李律师在诉讼中有权实施的行为是（　　）。

A.提起反诉

B.提出和解

C.提出管辖权异议

D.部分变更诉讼请求

【答案】C

【嗨·解析】委托授权书仅写"全权代理"而无具体授权的情形，不能认定诉讼代理人已获得特别授权，即诉讼代理人无权代为承认、放弃、变更诉讼要求，进行和解、提起反诉或者上诉。

【经典例题】5.以下关于民事诉讼代理制度，说法正确的是（　　）。

　　A.当事人最多可以委托3名诉讼代理人
　　B.诉讼代理人不具备律师资格的，只能是当事人亲属
　　C.授权委托书必须载明委托事项和权限，并由委托人签名或盖章
　　D.授权委托书注明全权代理的，视为诉讼代理人取得全部诉讼权利

【答案】C

【嗨·解析】A错误，当事人、法定搭理人可以委托1~2人作为诉讼代理人；B错误，诉讼代理人可以是律师、基层法律服务工作者、当事人的近亲属或者工作人员、当事人所在设区、单位以及有关社会团体推荐的公民；D错误，委托授权书仅写"全权代理"而无具体授权的情形，不能认定诉讼代理人已获得特别授权。

### 三、证据的种类和保全

（一）证据的种类

证据是证明案件事实的材料，包括当事人陈述、书证、物证、视听资料、电子数据、证人证言、鉴定意见、勘验笔录。

1.当事人陈述。当事人对自己的主张，只有本人陈述，不能提供相关证据的，其主张不予支持，但对方当事人认可的除外。

2.书证应当提交原件，物证应当提交原物。提交原件或原物确有困难的，可以提交复制品、照片、副本等。

3.视听资料。对于未经对方当事人同意私自录制其谈话取得的录音资料，只要不是"窃听"或"侵害隐私"方式取得的，可以作为认定案件事实的依据。

4.证人证言。凡是知道案件情况的单位和个人，都有义务出庭作证。不能正确表达意志的人，不能作证。与一方当事人或其代理人有利害关系的证人证言，不能单独作为认定案件事实的根据。

证人应当出庭作证，有正当理由不能出庭的，可以通过书证、视频等方式作证。证人不得旁听法庭审理；询问证人时，其他证人不得在场。

5.司法鉴定意见。鉴定人可以由当事人协商确定或法院委托。当事人对鉴定意见有异议的，鉴定人应当出庭作证。经法院通知，当事人拒不出庭作证的，其鉴定意见不得作为认定事实的根据，并退还鉴定费用。

（二）诉讼证据保全和诉前证据保全

1.证据可能灭失或以后难以取得的情况下，法院可以依申请或依职权，对证据固定和保护（查封扣押、拍照录像、鉴定勘验等）。

2.当事人在诉讼过程中，向人民法院申请证据保全的，为"诉讼证据保全"。

3.因情况紧急，利害关系人在起诉或者申请仲裁前向证据所在地、被申请人住所地或者对案件有管辖权的人民法院申请保全证据的，为"诉前证据保全"。诉前证据保全，申请人应当向法院提交担保。申请人在法院采取保全措施后30日内应当提起诉讼或仲裁，否则法院将解除保全，并要求申请人赔偿被申请人损失。

（三）证据保全的实施

人民法院进行证据保全，可以根据具体情况，采用查封、扣押、拍照、录音、录像复制、鉴定、勘验、制作笔录等方法。人民法院进行证据保全，可以要求当事人或者诉讼代理人到场。

【经典例题】6.根据《民事诉讼法》，下列证据中，属于书证的是（　　）。

　　A.施工现场监控录像

B.建筑材料样品
C.往来的电子邮件
D.施工合同文本

【答案】D

【嗨·解析】A为视听资料；B为物证；C为电子数据。

【经典例题】7.关于民事诉讼证据的说法，正确的是（   ）。

A.在民事诉讼中，书证可以只提交复印件
B.未成年人不可以作证
C.未经对方当事人同意私自录制的谈话资料不能作为证据使用
D.当事人对鉴定结论有异议，鉴定人应当出庭作证

【答案】D

【嗨·解析】A错误，书证应当提交原件，提交原件确实有困难的，可以提交复制品、照片、副本、节录本；B错误，未成年人所作的与其年龄和智力状况不相当的证言，不能单独作为认定案件事实的依据；C错误，有其他证据佐证并以合法手段取得的，无疑点的视听资料可以作为证据。

## 四、证据的应用

### （一）庭前举证

举证责任分配：原则上，谁主张谁举证。

举证期限：举证期限可以由当事人协商，并经人民法院准许。人民法院确定举证期限，第一审普通程序案件不得少于15日，当事人提供新的证据的第二审案件不得少于10日。举证期限届满后，当事人对已经提供的证据，申请提供反驳证据或者对证据来源、形式等方面的瑕疵进行补正的，人民法院可以酌情再次确定举证期限。当事人因客观原因逾期提供证据，或者对方当事人未提出异议的，视为未逾期。当事人因故意或者重大过失逾期提供的证据，人民法院不予采纳，但该证据与案件基本事实有关的，应当采纳。

### （二）当庭质证

人民法院应当组织当事人围绕证据的真实性、合法性以及关联性进行质证，并针对证据有无证明力和证明力大小进行说明和辩论。

证据应当在法庭上出示，由当事人互相质证。涉及国家秘密、商业秘密、个人隐私或者法律规定应当保密的证据，不得公开质证。未经当事人质证的证据，不得作为认定案件事实的根据。

### （三）庭后认证

非法证据（无证明力，应当排除）：不能作为定案的依据。

瑕疵证据（证明力小，应当补正）：不能单独作为定案的依据。

有效证据按证明力大小排序：

鉴定意见、勘验笔录>书证、物证>视听资料、电子数据>证人证言>当事人陈述

【嗨·点评】考生能够结合实际理解证据在诉讼当中使用的程序及发挥的作用。

【经典例题】8.（2016年真题）关于民事诉讼举证期限的说法，正确的是（   ）。

A.人民法院可以在案件审理过程中确定当事人的举证期限
B.人民法院确定举证期限，第一审普通程序案件不得少于10日
C.举证期限可以由当事人协商，并经人民法院准许
D.当事人逾期提供证据，人民法院不予采纳

【答案】C

【嗨·解析】A错误，人民法院应当在审理前的准备阶段确定当事人的举证期限；B错误，不得少于15日；D错误，当事人逾期提供证据的，人民法院应当责令其说明理由，必要时可以要求其提供相应的证据。

【经典例题】9.据我国《民事诉讼法》的有关规定，下列涉及人民法院审理过程中对证据质证的说法正确的是（　　）。

A.法院主动调查取得的证据材料，在法庭上可以直接作为证据使用，无须双方质证

B.案件中有涉及国家秘密、商业秘密、个人隐私证据的，不得在开庭时公开质证

C.当事人在举证期限内无正当理由未提交的证据，在法庭调查时，除非对方当事人同意，否则法庭不再组织质证

D.当事人在证据交换过程中认可并记录在卷的证据，经审判人员在庭审中说明后，可以作为认定案件事实的依据

【答案】B

【嗨·解析】未经质证的证据，不能作为认定案件事实的依据。

【经典例题】10.（2015年真题）下列当事人提出的证据中，可以单独作为认定案件事实的有（　　）。

A.与一方当事人或者其代理人有利害关系的证人出具的证言

B.与书证原件核对无误的复印件

C.无法与原件、原物核对的复印件、复制品

D.有其他证据佐证并以合法手段取得的、无疑点的视听资料

E.无正当理由未出庭作证的证人证言

【答案】BD

【嗨·解析】A、C、E属于不能单独作为认定案件事实的证据。

### 五、民事诉讼时效的规定

（一）诉讼时效概述

1.在受理案件时，法院不对诉讼时效进行审查，即无论是否超过诉讼时效，权利人都可以起诉。

2.在案件审理中，法院也不得主动对诉讼时效进行释明，更不得主动适用诉讼时效规定进行裁判。

3.只有义务人主动提出了诉讼时效抗辩，法院才进行审查。查明确实超过诉讼时效的，判决驳回权利人诉讼请求。这是胜诉权消灭的准确含义。

4.超过诉讼时效期间，义务人履行义务后又以超过诉讼时效为由反悔的，不予支持。

5.诉讼时效为法定期间，不允许当事人双方约定。

6.不适用诉讼时效的三种情况：存款、债券、出资。

（二）诉讼时效种类（见表1Z308020-3）

诉讼时效的种类　　表1Z308020-3

| 诉讼时效种类 | 具体 | 时间（年） |
| --- | --- | --- |
| 普通诉讼时效 | — | 2 |
| 短期诉讼时效 | 身体受伤要求赔偿 | 1 |
| | 延付或拒付租金 | |
| | 出售不合格商品未声明 | |
| | 寄存财物被丢失或损毁 | |
| 特殊诉讼时效 | 国际货物买卖合同 | 4 |
| | 海上货物运输 | 1 |
| | 环境侵权 | 3 |
| 不适用诉讼时效 | 存款、债券、出资 | — |

## （三）诉讼时效期间的起算

《民法通则》规定，诉讼时效期间从知道或者应当知道权利被侵害时起计算。

## （四）诉讼时效中止和中断（见表1Z308020-4）

诉讼时效的中止和中断　表1Z308020-4

| | 事由 | 特征 | 限制 |
|---|---|---|---|
| 时效中止（PAUSE） | 不可抗力 | 当事人不能行使请求权 | 最后六个月 |
| | 其他障碍 | | |
| 时效中断（REPLAY） | 起诉或仲裁 | 当事人已经行使请求权 | — |
| | 债权人请求履行 | | |
| | 债务人同意履行 | | |

简记为：天导致中止，人导致中断。

🔊**嗨·点评** 考生能结合实际理解诉讼时效的含义，同时记忆诉讼时效的时间规定，区分时效中止和中断的情形。

【经典例题】11.根据《民法通则》及相关司法解释，当事人对债权请求权提出的诉讼时效抗辩，法院予以支持的是（　　）。

A. 兑付国债本息请求权
B. 支付存款本金及利息请求权
C. 基于合同的违约金请求权
D. 基于投资关系产生的缴付出资请求权

【答案】C

【嗨·解析】不适用诉讼时效的三种情况：存款、债券、出资。

【经典例题】12.按照合同约定，2012年1月1日发包方应该向承包方支付工程款，但没有支付。当年7月1日至8月1日之间，当地发生了特大洪水，导致承包方不能行使请求权。则在此期间（　　）。

A. 诉讼时效中止
B. 诉讼时效中断
C. 诉讼时效不中止
D. 诉讼时效终止

【答案】C

【嗨·解析】诉讼时效中止的情形限制为最后六个月。此处诉讼时效为2年，从2012年1月1日开始计算。当年7月1日至8月1日发生洪水，并不是最后六个月，因此此不可抗力不会对诉讼时效造成影响，诉讼时效不中止。

## 六、一审程序

### （一）起诉条件

1. 原告与本案有直接利害关系；
2. 有明确的被告；
3. 有具体的诉讼请求、事实和理由；
4. 属于法院受理范围和管辖范围。

### （二）起诉方式和起诉状

1. 书面起诉为原则，口头起诉为例外。
2. 起诉状中最好载明案由。起诉状应当记明下列事项：原告和被告的基本信息；诉讼请求和所根据的事实与理由；证据和证据来源，证人姓名和住所。

## （三）审理方式（见图1Z308020）

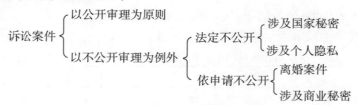

图1Z308020　民事诉讼的审理方式

备注：无论是否公开审理，判决一律应当公开。

## （四）法院调解

法院判决前，能够调解的，可以调解；调解不成的，应当及时判决（不再调解）。

## （五）当事人不到庭或中途退庭的处理

原告无正当理由，拒不到庭或中途退庭的，按撤诉处理；被告反诉的，可以缺席判决。

被告无正当理由，拒不到庭或中途退庭的，可以缺席判决。

## （六）宣告判决

应当同时告知当事人上诉权利、上诉期限和上诉法院。

🔊 **嗨·点评** 考生能理解记忆一审的基本程序。

【经典例题】13.关于民事诉讼起诉及审判的说法正确的是（　　）

　A. 一审程序包括普通程序和特殊程序
　B. 必须以书面形式起诉
　C. 原告必须与案件有直接利害关系
　D. 提交起诉状的同时提交全部证据

【答案】C

【嗨·解析】A错误，一审程序包括普通程序和简易程序；

B错误，起诉方式，应当以书面起诉为原则，口头起诉为例外；

D错误，起诉条件包括有具体的起诉请求、事实和理由，但不要求必须提交全部证据。

【经典例题】14.某核设施工程施工合同纠纷涉及国家军事机密，对该案件的审理及判决，人民法院应当（　　）。

　A. 裁定不公开审理，也不公开宣告判决
　B. 如果当事人申请公开审理，则应当公开审理，但不公开宣告判决
　C. 如果当事人不申请闭庭审理，则应当公开审理，并公开宣告判决
　D. 裁定不公开审理，但应公开宣告判决

【答案】D

【嗨·解析】人民法院审理民事案件，除涉及国家秘密、个人隐私或者法律另有规定的以外，应当公开进行。另外，法院一律公开宣告判决，因此选D。

## 七、第二审程序

### （一）二审程序

当事人对一审判决不服，自判决书送达之日起15日内，可以提出上诉。当事人提出上诉，应当递交上诉状。

### （二）二审法院的审查权限

二审法院对一审判决的审查仅限于当事人上诉请求的范围，即对上诉人提出的一审："1.认定事实是否清楚；2.适用法律是否正确；3.程序是否违法"进行审查，不做一般性的全面审查。二审法院对上诉案件应当组成合议庭，原则上开庭审理。

### （三）二审法院对上诉案件的处理（见表1Z308020-5）

二审法院对上诉案件的处理    表1Z308020-5

| 程序 | 事实 | 适用法律 | 结果 |
| --- | --- | --- | --- |
| 判决、裁定 | 清楚 | 正确 | 判决驳回上诉，维持原判决、裁定 |
| 判决、裁定 | 错误 | 错误 | 依法改判、撤销或变更 |
| 判决 | 不清 | | 裁定撤销原判决<br>发回原审法院重审<br>或查清后改判 |
| 判决 | 遗漏当事人<br>或违法缺席判决 | | 裁定撤销原判决<br>发回原审法院重审 |

对于发回重审的案件，原审法院仍按照第一审程序进行审理。当事人对重审案件不服判决的，仍然可以上诉。经过重审判决的案件，当事人上诉的，二审法院不得再次发回重审。

🔊 嗨·点评 考生能结合实际理解两审终审制的含义，同时区分记忆一审二审对上诉案件的处理。

【经典例题】15.法院2月1日作出一审民事判决，判决书2月5日送达原告，2月10日送达被告，当事人双方均未提出上诉，该判决书生效之日是2月（　　）日。

A.1　　B.26　　C.5　　D.10

【答案】B

【嗨·解析】提示：原告上诉期间：6~20日；被告上诉期间：11~25日。

【经典例题】16.关于人民法院对民事上诉案件的二审裁判的说法，正确的是（　　）。

A.原判决认定事实清楚，适用法律正确的，裁定驳回上诉，维持原判决

B.原判决适用法律错误的，裁定撤销原判决，发回原审人民法院重审

C.原判决认定事实不清的，裁定撤销原判决，发回原审人民法院重审，或者查清事实后改判

D.原判决违反法定程序的，依法改判

【答案】C

【嗨·解析】见表1Z308020-5。

## 八、审判监督程序（再审程序）

当事人申请再审，应当在裁定、判决生效后六个月内提出；四个例外：

（1）发现新的证据；（2）原判决主要证据为伪造；（3）据以作出原判决、裁定的法律文书被撤销或者变更；（4）发现审判人员在审理该案件时贪赃枉法的，自知道或应当知道之日起六个月内提出。

🔊 嗨·点评 考生应对情形和时间规定做背诵记忆。

## 九、民事诉讼的执行程序

（一）执行依据（终局性的）

第一种，人民法院制作并发生法律效力的民事判决书、裁定书、调解书和支付令。

第二种，人民法院所制作的已发生法律效力的并有财产执行内容的刑事判决书和裁定书。

第三种，仲裁机关制作发生法律效力的裁决书和调解书。

第四种，公证机关制作并赋予强制执行效力的债权文书。

第五种，人民法院承认并同意协助执行的外国法院（外国仲裁机构）判决、裁定的裁定书和执行令。

第六种，行政机关制作的法律明确规定由人民法院执行的行政决定。

（二）执行管辖（见表1Z308020-6）

执行管辖的规定　表1Z308020-6

| | 法院级别 |
|---|---|
| 生效法院调解、判决 | 一审法院<br>或（同级的）被执行财产所在地法院 |
| 生效仲裁调解、裁决 | 被执行人住所地<br>或被执行财产所在地中级人民法院 |

### （三）执行申请

1. 申请执行的期间为2年。申请执行时效的中止、中断，适用法律有关诉讼时效中止、中断的规定。

2. 前款规定的期间，从法律文书规定履行期间的最后1日起计算；法律文书规定分期履行的，从规定的每次履行期间的最后1日起计算；法律文书未规定履行期间的，从法律文书生效之日起计算。

### （四）执行再申请

人民法院自收到申请执行书之日起超过6个月未执行的，申请执行人可以向上一级人民法院申请执行。

### （五）执行措施（重点掌握限制高消费令）

被执行人为自然人的，不得有以下高消费行为：

1. 乘坐交通工具时，选择飞机、列车软卧、轮船二等以上船位；
2. 在星级以上宾馆、酒店、夜总会、高尔夫球场等场所进行高消费；
3. 购买不动产或者新建、扩建、高档装修房屋；
4. 租赁高档写字楼、宾馆、公寓等场所办公；
5. 购买非经营必需车辆；
6. 旅游、度假；
7. 子女就读高收费私立学校；
8. 支付高额保费购买保险理财产品；
9. 乘坐G字头动车组列车全部座位、其他动车组列车一等座以上座位。

被执行人为单位的，被限制高消费后，单位及其法定代表人、实际控制人、主要负责人、影响债务履行的直接责任人，不得实施上述行为。

🔊 **嗨·点评**　考生应结合实际理解记忆执行程序里采取的措施。

**【经典例题】17.**（2015年真题）甲诉乙施工合同纠纷一案经某市一区法院一审终结，判决乙支付工程款及利息。乙不服，向该市中级人民法院提出上诉，二审法院驳回乙的诉讼请求，维持原判。乙的住所地在该市二区，但在该区没有财产可以提供执行，而在该市三区存有50万元的钢材。如乙拒不履行生效判决，甲可以向该市（　　）法院申请强制执行。

A. 一区　　　　　　B. 中级
C. 一区或二区　　　D. 一区或三区

**【答案】** D

**【嗨·解析】** 见表1Z308020-6。一审法院为一区法院，被执行财产所在地在三区，因此选D。

**【经典例题】18.** 某施工企业因拖欠分包工程款，终审败诉后拒不履行生效判决，被法院纳入失信被执行人名单，并发布限制高消费令。就该限制消费措施，说法正确的是（　　）。

A. 仅施工企业及法定代表人受到限制，其他人员不受限制
B. 施工企业为完成工程项目必需的采购活动不受限制
C. 施工企业为承揽工程项目，在酒店宴请客户不受限制
D. 施工企业租赁高档写字楼用于办公不受限制

**【答案】** B

**【嗨·解析】** A错误，被执行人为单位的，被限制高消费后，单位及其法定代表人、实际控制人、主要负责人、影响债务履行的直接责任人，不得实施上述行为；C、D属于高消费，是受限制的。

# 章节练习题

## 一、单项选择题

1. 下列关于起诉必须符合的条件的表述中，不正确的是（　　）。
   A. 原告是任何公民、法人和其他组织
   B. 有明确的被告
   C. 有具体的诉讼请求和事实、理由
   D. 属于人民法院受理民事诉讼的范围和受诉人民法院管辖

2. 被执行人为自然人的，被限制高消费后，可以有以下以其财产支付费用的行为（　　）。
   A. 购买经营必需车辆
   B. 乘坐列车软卧
   C. 旅游
   D. 购买不动产

3. 下列可以单独作为证据的是（　　）。
   A. 存在有疑点的视听资料
   B. 在不侵害对方隐私的情况下未经对方当事人同意私自录制其谈话
   C. 不能正确表达意志的人的证言
   D. 与一方代理人有利害关系的证人出具的证言

4. 当事人交换证据的时限是（　　）。
   A. 起诉后至答辩结束
   B. 答辩期满后至开庭审理前
   C. 开庭后至审理结束前
   D. 起诉后至裁决前

5. 有关证据质证的概念理解正确的是（　　）。
   A. 证据不是必须进行质证，未经质证的证据，可以作为认定案件事实的依据
   B. 物证原物可以不进行质证
   C. 质证是围绕证据的真实性、合法性、关联性，针对证据证明力有无以及证明力大小，进行质疑的过程
   D. 证人必须当场对质，因此，证人应旁听法庭审理

6. 人民法院收到起诉状，无论是否符合立案条件，确定是否立案的时间是（　　）日内。
   A. 5　　　B. 7　　　C. 10　　　D. 15

7. 当事人不服地方人民法院一审裁定的，应当（　　）。
   A. 自判决书送达之日起20日内向上一级人民法院提起上诉
   B. 自裁定书送达之日起15日内向上一级人民法院提起上诉
   C. 自裁定书送达之日起10日内向上一级人民法院提起上诉
   D. 自判决书送达之日起10日内向上一级人民法院提起上诉

8. 权利人在法定期间内不行使权利即丧失请求人民法院保护的权利，这是（　　）。
   A. 当事人的权利被剥夺
   B. 权利人的胜诉权消灭
   C. 义务人得到法院的保护
   D. 原来的债权债务关系消灭

9. 特殊诉讼时效从法律上为国际货物买卖合同和技术进出口合同争议提起诉讼或仲裁提供保护的期间通常为（　　）年。
   A. 1　　　B. 2　　　C. 3　　　D. 4

10. 张某2003年3月因车祸受外伤，经治疗恢复健康，2005年6月感觉腹部不适，经诊断证明是由于2年前的车祸导致的内伤，则张某的诉讼时效截止日是（　　）。
    A. 2004年3月　　　B. 2005年3月
    C. 2006年6月　　　D. 2007年6月

11. 根据我国民事诉讼法的规定，因（　　）提起的诉讼，属于专属管辖的诉讼。
    A. 票据纠纷　　　B. 涉外纠纷
    C. 不动产纠纷　　D. 军人婚姻纠纷

12. 下列关于执行的说法，正确的是（　　）。
    A. 执行程序都是因当事人的申请而开始的
    B. 申请执行的期限，双方或一方当事人是公民的为1年，双方是法人或其他组织

的为6个月
C.申请执行的期间为2年
D.具有执行力的裁判文书由作出该裁判文书的法院负责执行

13. 当事人不服地方人民法院第一审判决的,有权在判决书书送达之日起( )日内向上一级人民法院提起上诉。
A.7　　　B.10　　　C.15　　　D.30

14. 位于甲地的A公司承建位于乙地的B公司的位于丙地的工程,后二者发生纠纷,A公司将B公司诉至法院控告B公司违约。根据《民事诉讼法》,此案件的管辖法院是( )
A.甲地法院
B.乙地法院
C.丙地法院
D.如无特别约定,乙地和丙地的法院都有管辖权

15. 我国《民事诉讼法》规定,人民法院应当在立案之日起5日内将起诉状副本发送被告,被告在收到之日起( )日内提出答辩状。
A.7　　　B.10　　　C.15　　　D.20

16. 经人民法院判决,建设单位应最迟于2007年4月5日向承包商支付工程款,但是届时却没有支付,由承包商请求强制执行的期限截止于( )。
A.2007年5月5日　　B.2007年7月5日
C.2007年10月5日　　D.2009年4月5日

二、多项选择题

1. 以下属于书证的是( )。
A.电子邮件
B.传真
C.证人出具的书面证言
D.电报
E.信函

2. 合同双方当事人可以约定选择下列( )人民法院作为合同纠纷的管辖法院。
A.被告住所地人民法院
B.合同履行地人民法院
C.合同签订地人民法院
D.原告住所地人民法院
E.仲裁机构所在地

3. 根据我国《民事诉讼法》的规定,起诉必须符合的条件有( )。
A.有充分的证据
B.有明确的被告
C.属于人民法院受理民事诉讼的范围
D.原告是与本案有间接利害关系的公民
E.有书面的起诉书

4. 在下列的表述中,( )的诉讼时效为1年。
A.国际货物买卖合同争议提起诉讼或仲裁
B.身体受到伤害要求赔偿
C.延付或拒付租金
D.出售质量不合格的商品未声明
E.技术合同争议提起诉讼或仲裁

5. 下列属于民事诉讼法中规定的证据有( )。
A.物证　　　　　B.视听资料
C.律师辩护　　　D.证人证言
E.法庭记录

6. A市中级人民法院作出的一审民事判决生效后,债权人甲公司查明债务人乙公司在A市有一栋办公楼,在B市有一座厂房,在C市有一所房屋。根据法律规定,甲公司可以向( )法院申请执行。
A. A市中级人民法院
B. B市中级人民法院
C. C市中级人民法院
D. A市高级人民法院
E. B市高级人民法院

7. 下列纠纷适用于专属管辖的是( )。
A.加工承揽合同纠纷

B.建设工程施工合同纠纷
C.土地使用权转让纠纷
D.房屋买卖纠纷
E.服装买卖合同纠纷

## 参考答案及解析

### 一、单项选择题

1.【答案】A
【解析】起诉必须符合四个条件,包括(1)原告是与本案有直接利害关系的公民,法人和其他组织有;(2)明确的被告;(3)有具体的诉讼请求和事实、理由;(4)属于人民法院受理民事诉讼的范围和受诉人民法院管。

2.【答案】A
【解析】被执行人为自然人的,被限制高消费后,不得有以下以其财产支付费用的行为:(1)乘坐交通工具时,选择飞机、列车软卧、轮船二等以上舱位;(2)在星级以上宾馆、酒店、夜总会、高尔夫球场等场所进行高消费;(3)购买不动产或者新建、扩建、高档装修房屋;(4)租赁高档写字楼、宾馆、公寓等场所办公;(5)购买非经营必需车辆;(6)旅游、度假;(7)子女就读高收费私立学校;(8)支付高额保费购买保险理财产品;(9)其他非生活和工作必需的高消费行为。

3.【答案】B
【解析】不能单独作为认定案件事实的依据:1.未成年人所作的与其年龄和智力状况不相当的证言;2.与一方当事人或者其代理人有利害关系的证人出具的证言;3.存有疑点的视听资料;4.无法与原件、原物核对的复印件、复制品;5.无正当理由未出庭作证的证人证言。

4.【答案】B
【解析】证据交换,是指在诉讼答辩期届满后开庭审理前,在法院的主持下,当事人之间相互明示其持有证据的过程。

5.【答案】C
【解析】质证是指当事人在法庭的主持下,围绕证据的真实性、合法性、关联性,针对证据证明力有无以及证明力大小,进行质疑、说明与辩驳的过程。《最高人民法院关于民事诉讼证据的若干规定》中规定,证据应当在法庭上出事,由当事人质证。未经质证的证据,不能作为认定案件事实的依据。

6.【答案】B
【解析】《民事诉讼法》规定,人民法院应当保障当事人依照法律规定享有的起诉权利。对符合本法第119条的起诉,必须受理。符合起诉条件的,应当在7日内立案,并通知当事人;不符合起诉条件的,应当在7日内作出裁定书,不予受理;原告对裁定不服的,可以提起上诉。

7.【答案】C
【解析】当事人不服地方人民法院第一审判决的,有权在判决书送达之日起15日内向上一级人民法院提起上诉;不服地方人民法院第一审裁定的,有权在裁定书送达之日起10日内向上一级人民法院提起上诉。

8.【答案】B
【解析】诉讼时效是指权利人在法定的时效期间内,未向法院提起诉讼请求保护其权利时,依据法律规定消灭其胜诉权的制度。超过诉讼时效期间,在法律上发生的效力是权利人的胜诉权消灭。

9.【答案】D
【解析】特殊诉讼时效不是由民法规定的,而是由特别法规定的诉讼时效。例如,《合同法》规定,因国际货物买卖合同和技术进出口合同争议的时效期间为4年。

10.【答案】C

【解析】下列诉讼时效期间为1年：身体受到伤害要求赔偿的；延付或拒付租金的；出售质量不合格的商品未声明的；寄存财物被丢失或损毁的。诉讼时效期间的起算：人身损害赔偿的诉讼时效期间，伤害明显的，从受伤之日起；伤害当时未曾发现，后经检查确诊并能证明由侵害引起的，从伤势确诊之日起算。所以本题中张某的诉讼时效截止日为2005年6月起加算1年，即为2006年6月。

11.【答案】C

【解析】《民事诉讼法》中规定了3种适用专属管辖的案件，其中因不动产纠纷提起的纠纷，由不动产所在地人民法院管辖，如房屋买卖纠纷、土地使用权转让纠纷等。

12.【答案】C

【解析】执行程序，是指人民法院的执行机构依照法定的程序，对发生法律效力并具有给付内容的法律文书，以国家强制力为后盾，依法采取强制措施，迫使具有给付义务的当事人履行其给付义务的行为。人民法院作出的判决、裁定等法律文书，当事人必须履行。如果无故不履行，另一方当事人可向有管辖权的人民法院申请强制执行。申请强制执行应提交申请强制执行书，并附作为执行根据的法律文书。申请强制执行，还应遵守申请执行期限。申请执行的期间为2年。

13.【答案】C

【解析】当事人不服地方人民法院第一审判决的，有权在判决书送达之日起15日内向上一级人民法院提起上诉；不服地方人民法院第一审裁定的，有权在裁定书送达之日起10日内向上一级人民法院提起上诉。

14.【答案】C

【解析】《民事诉讼法》中规定了3种适用专属管辖的案件，其中因不动产纠纷提起的诉讼，由不动产所在地人民法院管辖，如房屋买卖纠纷、土地使用权转让纠纷等。

15.【答案】C

【解析】《民事诉讼法》规定，人民法院应当在立案之日起5日内将起诉状副本发送给被告，被告在收到之日起15日内提出答辩状。人民法院应当在收到之日起5日内将答辩状副本发送给原告。被告不提出答辩状的，不影响人民法院审理。

16.【答案】D

【解析】当事人申请执行申请强制执行，还须遵守执行期限。申请执行期间为2年。申请执行时效的中止、中断适用法律有关诉讼时效的规定。这里的期间，从法律文书规定履行期间的最后1日起计算；法律文书规定分期履行的，从规定的每次履行期间的最后1日起计算；法律文书未规定履行期间的，从法律文书生效之日起计算。

二、多项选择题

1.【答案】ABDE

【解析】书证一般表现为各种书面形式文件或纸面文字材料（但非纸类材料亦可成为书证载体）如合同文件各种信函、会议纪要、电报传真、电子邮件、图纸、图表等。C属于证人证言。

2.【答案】ABCD

【解析】《民事诉讼法》规定，合同的当事人可以在书面合同中协议选择被告住所地、合同履行地、合同签订地、原告住所地、标的物所在地等与争议有实际联系的地点人民法院管辖，但不得违反本法对级别管辖和专属管辖的规定。

3.【答案】BC

【解析】《民事诉讼法》第119条规定，起诉必须符合以下条件：（1）原告是与本案有直接利害关系的公民、法人和其他组织；（2）有明确的被告；（3）有具体的诉讼请求、事实和理由；（4）属于人民法院受理民事诉讼的范围和受诉人民法院管辖。

4.【答案】BCD
【解析】下列诉讼时效期间为1年：身体受到伤害要求赔偿的；延付或拒付租金的；出售质量不合格的商品未声明；寄存财物被丢失或毁损。

5.【答案】ABD
【解析】根据《民事诉讼法》的规定，根据表现形式的不同，民事证据有以下8种：当事人陈述、书证、物证、视听资料、电子数据、证人证言、鉴定意见、勘验笔录。

6.【答案】ABC
【解析】发生法律效力的民事判决、裁定，以及刑事判决、裁定中的财产部分，由第一审人民法院或者与第一审人民法院同级的被执行的财产所在地人民法院执行。法律规定由人民法院执行的其他法律文书，由被执行人住所地或者被执行的财产所在地人民法院执行。

7.【答案】BCD
【解析】《民事诉讼法》中规定了3种适用专属管辖的案件，其中因不动产纠纷提起的诉讼，由不动产所在地人民法院管辖，如房屋买卖纠纷、土地使用权转让纠纷等。建设工程施工合同纠纷按照不动产纠纷确定管辖。

## 1Z308030 仲裁制度

**本节知识体系**

仲裁是解决民商事纠纷的重要方式之一。本节主要围绕仲裁制度的基本规定、特点及程序来展开讲解，重点介绍了仲裁的基本制度、仲裁协议、仲裁的开庭和裁决以及执行。本节内容较少，但可考性很大，考试中出题形式也千变万化。考生在学习本节时，需要相当的细心。

**核心内容讲解**

### 一、仲裁的基本制度

**（一）协议仲裁制度**

没有仲裁协议，一方申请仲裁的，仲裁委员会不予受理。

**（二）或裁或审制度**

当事人达成仲裁协议，一方向人民法院起诉的，人民法院不予受理，但仲裁协议无效的除外。

**（三）一裁终局制度**

裁决作出后，当事人就同一纠纷再申请仲裁或者向人民法院起诉的，仲裁委员会或者人民法院不予受理。

🔊 **嗨·点评** 考生应理解记忆仲裁的三个基本制度，能做熟练掌握和判断。

【经典例题】1.（2014年真题）关于我国仲裁基本制度，正确的是（　　）。

A.当事人对仲裁不服的，可以提起诉讼

B.当事人达成有效仲裁协议，一方向法院起诉的，人民法院不予受理

C.当事人没有仲裁协议而申请仲裁的，仲裁委员会应当受理

D.仲裁协议不能排除法院对案件的司法管辖权

【答案】B

【嗨·解析】A错误，裁决书一裁终局，当事人不得就已经裁决的事项再申请仲裁，也不得就此提起诉讼；

B正确；

C错误，没有仲裁协议，一方申请仲裁的，仲裁委员会不予受理；

D错误，有效的仲裁协议可以排除法院对案件的司法管辖权。

### 二、仲裁协议的规定

**（一）仲裁协议的形式（必须书面）**

仲裁协议包括合同中订立的仲裁条款和其他以书面形式在纠纷发生前或者纠纷发生后达成的请求仲裁的协议。

## （二）仲裁协议的内容（见表1Z308030-1）

仲裁协议的内容　表1Z308030-1

| 仲裁协议的内容 | 内容要求 | 必要内容欠缺的后果 | |
|---|---|---|---|
| 1.请求仲裁的意思表示 | 有"仲裁"两字，确定仲裁 | 既约定仲裁又约定诉讼 | 无效 |
| 2.仲裁事项 | 合同有关一切争议，或个别 | 约定不明可协议补充，协议不成的 | |
| 3.选定的仲裁委员会 | 仲裁委员会名称应当准确 | | |

### （三）仲裁协议的效力（约束力）

1.对当事人的法律效力。仲裁协议约定的特定争议发生后，当事人就该争议的起诉权受到限制，只能将争议提交仲裁解决，不得向法院起诉。

2.对仲裁机构的法律效力。仲裁机构受理和裁决案件均受到仲裁协议约束，不得对超出协议约定的争议事项进行仲裁（超裁）。

3.对法院的法律效力。法院知道当事人之间订立有仲裁协议的，不得受理。法院不知道当事人甲乙之间订立有仲裁协议的，甲起诉，法院受理案件后，乙在首次开庭前出示仲裁协议的，法院应当驳回甲的起诉。

4.仲裁协议的独立性。合同变更、解除、终止或无效，不影响仲裁协议的效力。

### （四）仲裁协议效力纠纷及其处理

1.当事人对仲裁协议效力有异议的，应当在仲裁庭首次开庭前提出。

2.当事人对仲裁协议的效力有异议的，可以请求仲裁委员会作出决定或者请求仲裁机构所在地中级人民法院作出裁定。一方请求仲裁委员会作出决定，另一方请求人民法院作出裁定的，由人民法院作出裁定。

**嗨·点评** 考生应结合实际熟练掌握仲裁协议的内容及效力。

【经典例题】2.（2015年真题）仲裁协议应当具备的内容是（　　）。

A.仲裁事项、仲裁员、选定的仲裁委员会

B.请求仲裁的意思表示、选定的仲裁委员会、仲裁事项

C.仲裁事项、仲裁规则、选定的仲裁委员会

D.仲裁事项、仲裁地点、仲裁规则

【答案】B

【嗨·解析】见表1Z308030-1。

【经典例题】3.（2014年真题）下列仲裁协议约定的内容中，属于有效条款的是（　　）。

A.仲裁协议约定的两个仲裁机构，且当事人不能就仲裁机构选择达成一致

B.当事人约定争议可以向仲裁机构申请仲裁也可以向人民法院起诉

C.劳动合同约定发生劳动争议向北京仲裁委员会申请仲裁

D.双方因履行合同发生纠纷向北京仲裁委员会申请仲裁

【答案】D

【嗨·解析】A错误，仲裁协议约定两个以上仲裁机构的，当事人可以协议选择其中一个，不能达成一致的，仲裁协议无效；

B错误，当事人既约定仲裁又约定诉讼的，仲裁协议无效；

C错误，劳动纠纷适用劳动仲裁，不能由北京仲裁委员会受理，而是由相关的劳动争议仲裁委员会受理；

D正确。

【经典例题】4.当事人双方在合同中约定解决争议的方法可以是向专业机构申请调解、也可以是仲裁或诉讼。当纠纷发生后，若一方坚决不同意调解，此时争议解决方式为（　　）。

A.和解　B.调解　C.诉讼　D.仲裁

【答案】C

【嗨·解析】调解为自愿进行的非终局解决方式。仲裁、诉讼均为终局性解决方式。同时约定两个终局手段的，法律规定，不能仲裁只能起诉。

【经典例题】5.甲、乙发生合同纠纷，在仲裁庭审过程中，双方对仲裁协议效力发生争议。甲请求仲裁委员会确认仲裁协议有效，乙请求仲裁委员会所在地的中级人民法院确认仲裁协议无效。关于确定该仲裁协议效力的下列表述中，符合法律规定的是（    ）。

A. 应由仲裁委员会对仲裁协议的效力作出决定

B. 应由法院对仲裁协议的效力作出裁定

C. 法院不予受理乙的请求

D. 应当由仲裁协议签订地中级人民法院确认该仲裁协议的效力

【答案】C

【嗨·解析】当事人对仲裁协议效力有异议的，应当在"首次开庭前"提出，已经开庭的，不能再提。

### 三、仲裁的申请受理

（一）申请仲裁的条件

1.有仲裁协议；
2.有具体的仲裁请求和事实、理由；
3.属于仲裁委员会的受理范围。

（二）申请仲裁的方式

当事人申请仲裁，应当向仲裁委员会递交仲裁协议、仲裁申请书及副本。

（三）审查与受理

仲裁委员会收到仲裁申请书之日起5日内，认为符合受理条件的应当受理，并通知当事人；认为不符合受理条件的，应当书面通知当事人不予受理，并说明理由。

【经典例题】6.纠纷发生后，下列不属于仲裁案件受理条件的是（    ）。

A. 有仲裁协议
B. 有具体的仲裁请求、事实和理由
C. 属于仲裁委员会受理范围
D. 当事人双方口头愿意仲裁

【答案】D

【嗨·解析】《仲裁法》规定，"仲裁协议包括合同中订立的仲裁条款或其他以书面形式在纠纷发生前或者纠纷发生后达成的请求仲裁的协议。"据此，仲裁协议应当采用书面形式。口头达成仲裁意思的表示无效。

### 四、仲裁的开庭和裁决

（一）仲裁庭的产生（见图1Z308030-1）

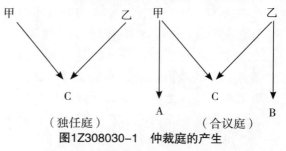

图1Z308030-1 仲裁庭的产生

1.独任仲裁庭：甲乙为双方当事人，共同选定或者共同委托仲裁委员会主任指定仲裁员C。

2.合议仲裁庭：甲乙为双方当事人，各自选定或者各自委托仲裁委员会主任指定一名仲裁员A和B，第三名仲裁员C由当事人共同选定或者共同委托仲裁委员会主任指定。第三名仲裁员C为首席仲裁员。

（二）仲裁员回避的情形

仲裁员有下列情形之一的，必须回避，当事人也有权提出回避申请：

1.是本案当事人或者当事人、代理人的近亲属；
2.与本案有利害关系；
3.与本案当事人、代理人有其他关系，可能影响公正仲裁的；
4.私自会见当事人、代理人，或者接受

当事人、代理人的请客送礼的。

### （三）仲裁审理方式（见图1Z308030-2）

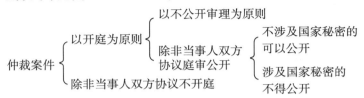

图1Z308030-2　仲裁的审理方式

### （四）当事人不到庭或中途退庭的处理

申请人不到庭或中途退庭，视为撤回申请；被申请人不到庭或中途退庭，可以缺席裁决。

### （五）仲裁和解与仲裁调解（见表1Z308030-2）

仲裁和解与仲裁调解　表1Z308030-2

| 和解与调解 | 过程 | 结果 |
| --- | --- | --- |
| 仲裁和解 | 请求根据和解协议作出裁决 | 裁决作出即终局，不能再申请仲裁 |
| | 撤回仲裁申请 | 反悔的，可根据原仲裁协议重新发动仲裁（但不能起诉） |
| 仲裁调解 | 制作仲裁调解书 | 双方签收生效 |
| | 制作仲裁裁决书 | 作出生效 |

### （六）仲裁裁决（见表1Z308030-3）

仲裁裁决的规定　表1Z308030-3

| 仲裁 | 仲裁裁决 | |
| --- | --- | --- |
| 仲裁庭组成 | 双方当事人协商确定 | 协商不成的，主任定 |
| 仲裁实体问题 | 仲裁庭裁决 | 两种意见：按多数仲裁员意见 |
| | | 三种意见：按首席仲裁员意见 |

🔊 **嗨·点评**　考生应结合图表理解记忆仲裁庭的规定及开庭审理的规定，对独任仲裁庭和合议仲裁庭做区分记忆。

【经典例题】7.根据《仲裁法》，关于仲裁庭组成的说法，正确的是（　　）。

A. 仲裁庭必须由3名及3名以上的单数仲裁员组成

B. 仲裁庭可由当事人双方各选定两名仲裁员组成

C. 首席仲裁员可以由当事人双方共同选定

D. 首席仲裁员不可能由仲裁委员会主任指定

【答案】C

【嗨·解析】A错误，仲裁庭由1名或3名仲裁员组成；

B错误，仲裁庭最多3人，双方各选2名是错误的；

D错误，首席仲裁员由双方当事人共同选定，在规定期限内因意见不合无法选定的，由主任指定。

【经典例题】8.（2014年真题）关于仲裁开庭和审理的说法，正确的是（　　）。

A.仲裁开庭审理必须经当事人达成一致

B.仲裁审理案件应当公开进行

C.当事人可以协议仲裁不开庭审理
D.仲裁庭不能做出缺席裁决
【答案】C
【嗨·解析】A错误、C正确,仲裁应当开庭进行。当事人协议不开庭的,仲裁庭可以根据仲裁申请书、答辩书以及其他材料作出裁决;

B错误,为了保护当事人的商业秘密和商业信誉,仲裁可以不公开进行,当事人协议公开的,可以公开进行,但涉及国家秘密的除外。仲裁审理不公开为原则,公开为例外;

D错误,被申请人无正当理由开庭时不到庭的,或在开庭审理时未经仲裁庭许可中途退庭的,仲裁庭可以缺席审理,并作出裁决;如果被申请人提出了反请求,视为撤回反请求。

【经典例题】9.南沙公司与北极公司因购销合同发生争议,南沙公司向仲裁委员会申请仲裁,在仲裁中双方达成和解协议:南沙公司向仲裁庭申请撤回仲裁申请。之后,北极公司拒不履行和解协议。下列(　　)是正确的。
A.南沙公司可以根据原仲裁协议申请仲裁
B.南沙公司应与北极公司重新达成仲裁协议后,才可以申请仲裁
C.南沙公司可以直接向法院起诉
D.仲裁庭可以裁定恢复仲裁程序
【答案】A
【嗨·解析】见表1Z308030-3。

【经典例题】10.承、发包双方停工损失赔偿纠纷一案,仲裁庭根据双方自愿原则主持调解达成协议并制作了仲裁调解书。关于该调解书的效力(　　)是正确的。
A.做出后即发生效力
B.该调解书的效力低于裁决书
C.该调解书一经作出不允许反悔
D.双方均签收后才发生法律效力
【答案】D
【嗨·解析】见表1Z308030-2。

【经典例题】11.甲、乙、丙三人组成仲裁庭,甲为首席仲裁员,甲认为应该支持申请人的主张,乙、丙认为不应支持申请人的主张,关于仲裁裁决的说法,正确的是(　　)
A.应按乙、丙的意见做出仲裁裁决
B.应该按甲的意见做出仲裁书
C.甲、乙、丙各自的意见全部列出交由仲裁委员会做出决定
D.按照甲的意见做出仲裁裁决,裁决书如实记载乙、丙意见
【答案】A
【嗨·解析】两种意见按多数。

**五、仲裁裁决的执行**

**(一)仲裁裁决的执行**

1.当事人申请执行仲裁裁决案件,由被执行人住所地中级人民法院或被执行财产所在地中级人民法院管辖。

2.申请执行的期间为2年,自仲裁裁决书规定履行期限的最后1日起算。如果仲裁裁决书规定分期履行的,自每次履行期限的最后1日起算。

**(二)仲裁的翻案**

仲裁裁决一经作出即产生法律效力,当事人不得就同一纠纷再起诉或重新申请仲裁(一裁终局)。但在法律规定的情形下,当事人有确切证据证明该裁决为错案的,可以通过向法院申请撤销或不予执行来推翻生效的仲裁裁决(翻案程序)。

翻案的法定事由共六种:
1.没有仲裁协议;
2.仲裁庭超裁或无权仲裁;
3.仲裁庭的组成或仲裁程序违法;
4.仲裁裁决所依据的证据是伪造的;
5.对方当事人隐瞒重要证据;
6.仲裁员行为不法。

翻案应当自收到裁决书6个月内申请,向

仲裁委员会所在地中级人民法院提出。

**嗨·点评** 考生应结合实际理解仲裁可以翻案的情形。

【经典例题】12.某施工合同纠纷案经仲裁裁决，将已经竣工工程的部分楼层折价给施工单位抵偿工程欠款，但建设单位拒绝履行裁决。因此，施工单位决定申请执行仲裁裁决。关于申请执行仲裁裁决的说法，正确的是（　　）。

A．施工单位申请执行的期间为1年

B．申请执行仲裁裁决，由施工单位所在地的中级人民法院管辖

C．申请执行本案的仲裁裁决，由本案工程合同签订地的中级人民法院管辖

D．施工单位有权向人民法院申请执行

【答案】D

【嗨·解析】仲裁裁决的执行管辖：被执行人（建设单位）住所地或被执行财产（房产）所在地中级人民法院。

【经典例题】13.当事人申请撤销仲裁裁决的，应当自收到裁决书之日起（　　）内向（　　）提出。

A．三个月，原仲裁机构

B．六个月，仲裁机构所在地中级人民法院

C．六个月，被申请人住所地基层法院

D．二年，仲裁机构上级主管部门

【答案】B

【嗨·解析】翻案应当自收到裁决书6个月内申请，向仲裁委员会所在地中级人民法院提出。

【经典例题】14.根据《仲裁法》，当事人有证据证明仲裁裁决存在（　　）情形的，可以向人民法院申请撤销该仲裁裁决。

A．双方当事人均不满意仲裁结果

B．没有仲裁协议

C．仲裁员隐瞒了应该回避的事由

D．没有对另一方当事人形成强制作用

E．仲裁事项超出仲裁委员会权限

【答案】BCE

【嗨·解析】当事人提出证据证明裁决有下列情形之一的，可以向仲裁委员会所在地中级人民法院申请撤销裁决：

1．没有仲裁协议的；

2．裁决的事项不属于仲裁协议的范围或者仲裁委员会无权仲裁的；

3．仲裁庭的组成或者仲裁的程序违反法定程序的；

4．裁决所依据的证据是捏造的；

5．对方当事人隐瞒了足以影响公正裁决的证据的；

6．仲裁员在仲裁该案时有索贿受贿，徇私舞弊，枉法裁决行为的。

A未提及，B符合第1条，C符合第3条，D未提及，E符合第2条。

### 六、涉外仲裁的特别规定

（一）涉外仲裁的基本规定

在我国，涉外仲裁的主体基本包括两种类型：

1．一方或者双方当事人是外国人、无国籍人或者外国企业和组织；

2．涉及港澳台的案件参照涉外案件处理。

（二）涉外仲裁机构

我国依据《仲裁法》设立的涉外仲裁机构是中国国际经济贸易仲裁委员会和中国海事仲裁委员会。

（三）涉外仲裁案件的证据、财产保全

1．证据保全：涉外仲裁的当事人申请证据保全的，涉外仲裁委员会应当将当事人的申请提交证据所在地的中级人民法院。

2．财产保全：在涉外仲裁过程中，当事人申请财产保全，经仲裁机构提交人民法院的，由被申请人住所地或被申请保全的财产所在地的中级人民法院裁定并执行。

## （四）涉外仲裁案件裁决的执行

涉外仲裁委员会作出的发生法律效力的仲裁裁决，当事人请求执行的，如果被执行人或者其财产不在中华人民共和国领域内，应当由当事人直接向有管辖权的外国法院申请承认和执行。

【经典例题】15.甲公司与乙公司就买卖合同纠纷在中国某仲裁委员会仲裁，乙申请财产保全，要求扣押甲在中国某港口的一批设备，仲裁委员会对乙的申请的处理，正确的是（　　）。

A.将乙的申请提交港口所在地的中级人民法院裁定

B.不予受理，告知乙直接向有关法院提出申请

C.将乙的申请提交甲所在地的基层法院裁定

D.审查后，直接作出裁定，由设备所在地的法院执行

【答案】A

【嗨·解析】当事人申请采取财产保全的，中华人民共和国的涉外仲裁机构应当将当事人的申请，提交被申请人住所地或者财产所在地的中级人民法院裁定。本题中，被申请人是甲公司，财产在中国某港口。因此是甲公司住所地或者港口所在地的中级人民法院来管辖。

# 章节练习题

## 一、单项选择题

1. 承、发包双方在施工合同中约定，双方在履行合同过程中所发生的争议，均提交上海的仲裁委员会仲裁（注，上海地区有两家仲裁委员会）。那么，下列说法中正确的是（　　）。
   A. 该约定意思表示明确，有效
   B. 当事人可以协议选择位于上海的其中一家仲裁机构申请仲裁
   C. 由于该约定对于仲裁委员会的选择不是唯一的，因而无效
   D. 当事人可以申请仲裁，也可以提起诉讼

2. 关于有效的仲裁协议的效力，以下表述错误的是（　　）。
   A. 对双方当事人均有约束力
   B. 可以排除法院的司法管辖权
   C. 对法院不具有约束力
   D. 对仲裁机构具有约束力

3. 当事人申请撤销仲裁裁决的，应当自收到裁决书之日起（　　）内提出。
   A. 3个月　B. 6个月　C. 1年　D. 2年

4. 甲、乙因合同纠纷申请仲裁。甲、乙各选定一名仲裁员，首席仲裁员由甲乙共同选定。仲裁庭合议时产生了两种不同意见，仲裁庭应当（　　）作出裁决。
   A. 按多数仲裁员的意见
   B. 按首席仲裁员的意见
   C. 提请仲裁委员会
   D. 提请仲裁委员会主任

5. 关于仲裁审理案件的方式，表述正确的是（　　）。
   A. 不公开也不开庭
   B. 不公开但开庭
   C. 公开但不开庭
   D. 公开且开庭

6. 当事人约定由三名仲裁员组成仲裁庭的，应当各自选定或者各自委托仲裁委员会主任指定一名仲裁员，第三名仲裁员由当事人共同选定或者共同委托（　　）指定。
   A. 仲裁委员会
   B. 仲裁委员会秘书处
   C. 已选定的两名仲裁员共同
   D. 仲裁委员会主任

## 二、多项选择题

1. 下列选项中不属于商事仲裁基本制度的是（　　）。
   A. 协议仲裁制度
   B. 两审终审制
   C. 一裁终局制度
   D. 公开审理制度
   E. 或裁或审制度

2. 仲裁协议应当包括的内容有（　　）。
   A. 仲裁事项
   B. 具体的仲裁请求和事实、理由
   C. 请求仲裁的意思表示
   D. 选定的仲裁委员会
   E. 属于仲裁委员会的受理范围

3. 工程建设双方发生争议，申请仲裁应具备的条件是（　　）。
   A. 有仲裁协议
   B. 具体的仲裁请求
   C. 属于仲裁委员会的受理范围
   D. 选定的仲裁委员会
   E. 有准确的被申请人

4. 某工程建设纠纷，仲裁委员会组成的仲裁庭中，以下符合法律规定的是（　　）。
   A. 由1人组成仲裁庭
   B. 由3人组成仲裁庭
   C. 由4人组成仲裁庭
   D. 由5人组成仲裁庭
   E. 由7人组成仲裁庭

5. 仲裁裁决被人民法院依法撤销或裁定不予

执行后，当事人就该纠纷（　　）。
A. 可以依据原仲裁协议重新组成仲裁庭申请仲裁
B. 可以依据重新达成的仲裁协议申请仲裁
C. 可以向人民法院起诉
D. 可以申请做出撤销或裁定的法院继续审理
E. 可以协商和解

6. 当事人证明仲裁裁决有下列（　　）情形之一的，可以向仲裁委员会所在地的中级人民法院申请撤销仲裁裁决。
A. 没有仲裁协议
B. 裁决的事项不属于仲裁协议的范围或者仲裁委员会无权仲裁
C. 裁庭的组成或者仲裁的程序违反法定程序
D. 仲裁庭持不同意见的仲裁员未在裁决书上签名
E. 裁决所根据的证据是伪造的

## 参考答案及解析

**一、单项选择题**

1.【答案】B
【解析】《仲裁法》司法解释规定，仲裁协议约定由某地的仲裁机构仲裁且该地有两个以上仲裁机构的，当事人可以协议选择其中的一个仲裁机构申请仲裁；当事人不能就仲裁机构选择达成一致的，仲裁协议无效。

2.【答案】C
【解析】仲裁协议一经有效成立，即对当事人产生法律约束力。发生纠纷后，当事人只能向仲裁协议中所约定的仲裁机构申请仲裁，而不能就该纠纷向法院提起诉讼。有效的仲裁协议排除法院的司法管辖权。仲裁协议是仲裁委员会受理仲裁案件

的基础，是仲裁庭审理和裁决案件的依据。没有有效的仲裁协议，仲裁委员会就不能获得仲裁案件的管辖权。

3.【答案】B
【解析】根据《仲裁法》的规定，当事人提出证据证明裁决有上述情形之一的，可以向仲裁委员会所在地的中级人民法院申请撤销裁决。当事人申请撤销裁决的，应当自收到裁决书之日起6个月内提出。

4.【答案】A
【解析】仲裁裁决应当按照多数仲裁员的意见作出，少数仲裁员的不同意见可以记入笔录。仲裁庭不能形成多数意见时，裁决应当按照首席仲裁员的意见作出。答案选A。

5.【答案】B
【解析】仲裁审理的方式分为开庭审理和书面审理两种。仲裁应当开庭审理作出裁决，这是仲裁审理的主要方式。为了保护当事人的商业秘密和商业信誉，仲裁不公开进行，当事人协议公开的，可以公开进行，但涉及国家秘密的除外。

6.【答案】D
【解析】根据仲裁规则的规定或者当事人约定由三名仲裁员组成仲裁庭的，应当各自选定或者各自委托仲裁委员会主任指定一名仲裁员，第三名仲裁员由当事人共同选定或者共同委托仲裁委员会主任指定。第三名仲裁员是首席仲裁员。

**二、多项选择题**

1.【答案】BD
【解析】仲裁有下列三项基本制度：协议仲裁制度、或裁或审制度、一裁终局制度。

2.【答案】ACD
【解析】裁协议应当具有下列内容：（1）请求仲裁的意思表示；（2）仲裁事项；（3）选定的仲裁委员会。这三项内容必须同时

具备，仲裁协议才能有效。答案选ACD。

3.【答案】ABC

【解析】当事人申请仲裁，应当符合下列条件：（1）有仲裁协议；（2）有具体的仲裁请求和事实、理由；（3）属于仲裁委员会的受理范围。注意区别于仲裁协议的内容。

4.【答案】AB

【解析】仲裁庭的组成形式包括合议仲裁庭和独任仲裁庭两种，即仲裁庭可以由三名仲裁员或者一名仲裁员组成。

5.【答案】BCE

【解析】民事纠纷的法律解决途径主要有四种：和解、调解、仲裁、诉讼。仲裁裁决被法院裁定不予执行的，当事人就该纠纷可以重新达成仲裁协议，并依据仲裁协议申请仲裁，也可以向法院提起诉讼。仲裁裁决被人民法院依法撤销后，当事人之间的纠纷并未解决。根据《仲裁法》的规定，当事人就该纠纷可以根据双方重新达成的仲裁协议申请仲裁，也可以向人民法院起诉。如果被撤销和不予执行，之后双方也可以彼此协商处理。

6.【答案】ABCE

【解析】根据《民事诉讼法》的规定，被申请人提出证据证明裁决有下列情形之一的，经人民法院组成合议庭审查核实，裁定不予执行：（1）当事人在合同中没有仲裁条款或者事后没有达成书面仲裁协议的；（2）裁决的事项不属于仲裁协议的范围或者仲裁机构无权仲裁的；（3）仲裁庭的组成或者仲裁的程序违反法定程序的；（4）裁决所根据的证据是伪造的；（5）对方当事人向仲裁机构隐瞒了足以影响公开裁决的证据的；（6）仲裁员在仲裁该案时有索贿受贿、徇私舞弊、枉法裁决行为的。此外，人民法院认定执行该裁决违背社会公共利益的，裁定不予执行。根据《仲裁法》的规定，当事人提出证据证明裁决有上诉情形之一的，可以向仲裁委员会所在地的中级人民法院申请撤销裁决。

# 1Z308040 调解、和解制度与争议评审

## 本节知识体系

本节简单介绍了调解、和解与争议评审在实践当中的应用。其中，调解是本节的重点。考生在学习本节内容时，需要能够区分调解的几种方式，尤其是人民调解相关的规定。

## 核心内容讲解

### 一、调解的规定

我国的调解方式主要有人民调解、行政调解、仲裁调解、法院调解和专业机构调解等。

（一）人民调解

1.调解协议对双方具有法律约束力，当事人应当履行。

2.就调解协议的履行和内容有争议，一方当事人可以向法院起诉。

3.当事人认为有必要，可以自调解协议生效之日起30日内共同向调解组织所在地基层人民法院申请司法确认调解协议。（经司法确认的调解协议具有强制执行力）

（二）行政调解

行政调解属于诉讼外调解。行政调解达成的协议也不具有强制约束力。

（三）仲裁调解

见表1Z308030-2。

（四）法院调解（见图1Z308040）

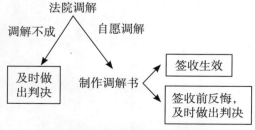

图1Z308040 法院调解的规定

1.人民法院进行调解，可以由审判员一人主持，也可以由合议庭主持，并尽可能就地进行。

2.人民法院进行调解，可以邀请有关单位和个人协助。被邀请的单位和个人，应当协助法院进行调解。

3.法院调解书经双方当事人签收后，即具有法律效力，效力与判决书相同。

4.对不需要制作调解书的协议（比如离婚等），应当记入笔录，由双方当事人、审判人员、书记员签名或者盖章后，即具有法律效力。

（五）专业机构调解

专业调解机构进行调解达成的调解协议对当事人双方具有合同约束力，可以通过法院的司法确认或者申请仲裁机构出具和解裁决书获得强制执行力。

**嗨·点评** 考生应对几种调解的规定做对比记忆。

【经典例题】1.人民调解协议生效后30日内，当事人双方共同向人民法院申请司法确认后，当事人就协议履行中的纠纷（　　）。

A.仍可以起诉
B.仍可以重新订立仲裁协议申请仲裁
C.可以申请重新调解
D.可以申请强制执行

【答案】D

【嗨·解析】经司法确认的调解协议具有强制执行力。

【经典例题】2.某工程施工合同因被拖欠工程款发生纠纷、施工方诉至法院,后本案经调解达成协议,并制作了协调书。关于本案中调解的说法,正确的是（　　）。

A.法院调解应由审判员一人主持

B.法院调解必须邀请有关单位和个人协助

C.调解书与判决书的效力不同

D.调解书经双方当事人签收即发生法律效力

【答案】D

【嗨·解析】A错误,可以由审判员一人主持,也可以由合议庭主持;B错误,人民法院进行调解,可以邀请有关单位和个人协助;C错误,法院调解书经双方当事人签收后,即具有法律效力,效力与判决书相同。

## 二、和解

### （一）和解的类型

诉讼前的和解、诉讼中的和解、执行中的和解、仲裁中的和解等。

### （二）诉讼中的和解

诉讼阶段的和解没有法律效力。当事人和解后,可以请求法院调解,制作调解书,经当事人签名盖章产生法律效力,从而结束诉讼程序的全部或一部分。结束全部程序的,即视为当事人撤销诉讼。

### （三）执行中的和解

在执行中,双方当事人自行和解达成协议的,执行员应当将协议内容记入笔录,由双方当事人签名或者盖章。一方当事人不履行和解协议的,人民法院可以根据对方当事人的申请,恢复对原生效法律文书的执行。

### （四）法律文书效力的总结（见表1Z308040）

法律文书效力的总结　表1Z308040

| 调解与和解 | 程序 | 强制执行力 |
| --- | --- | --- |
| 法院调解 | 当事人签收后 | 强制执行 |
| 仲裁调解 | 当事人签收后 | 强制执行 |
| 人民调解 | 生效起30天内向人民法院申请司法确 | |
| 其他调解、和解 | 不具有强制执行力 | |

🔊 嗨·点评　考生应重点区分不同法律文书的效力,理解记忆具有强制执行力的法律文书种类。

【经典例题】3.（2016年真题）关于调解法律效力的说法,正确的有（　　）。

A.法院调解书经双方当事人签收后,具有强制执行的法律效力

B.仲裁调解书经人民法院确认后,即发生法律效力

C.经人民调解委员后调解达成的调解协议具有法律约束力

D.经调解组织调解达成的调解协议,具有强制执行的法律效力

E.专业机构调解达成的调解协议具有法律约束力

【答案】AC

【嗨·解析】A正确,法院调解书经双方当事人签收后,即具有法律效力,效力与判决书相同;

B错误,调解达成协议的,仲裁庭应当制作调解书或者根据协议的结果制作裁决书。调解书经双方当事人签收后,即发生法律效力;

C正确，经人民调解委员会调解达成的调解协议具有法律约束力，当事人应当按照约定履行；

D错误，没有强制执行力；

E错误，专业调解机构进行调解达成的调解协议对当事人双方具有合同约束力，可以通过法院的司法确认或者申请仲裁机构出具和解裁决书获得强制执行力。

【经典例题】4.（2016年真题）关于和解的说法，正确的有（　　）。

A.当事人申请仲裁后，达成和解协议的，可以撤回仲裁申请

B.和解协议具有强制执行力

C.民事诉讼第一审普通程序中，当事人达成和解协议的，应继续进行诉讼程序

D.民事诉讼第二审人民法院审理上诉案件，不适用和解

E.当事人申请仲裁后，达成和解协议的，可以请求仲裁庭根据和解协议作出裁决书

【答案】AE

【解析】A正确；

B错误，和解协议不具有强制约束力；

C错误，一审中的和解，可以撤销诉讼，也可以继续诉讼；

D错误，民事案件二审期间，双方当事人达成和解协议，人民法院准许撤回上诉的，该和解协议未经人民法院依法制作调解书，属于诉讼外达成的协议。一方当事人不履行和解协议，另一方当事人申请执行一审判决的，人民法院应予支持（超出教材范围）。

E正确。

【经典例题】5.（2014年真题）下列纠纷解决途径中，可以获得具有强制执行效力的法律文书是（　　）。

A.诉讼

B.法院调解

C.和解

D.行政调解

E.仲裁

【答案】ABE

【解析】依据我国《民事诉讼法》，人民法院作出的判决书、调解书，具有强制执行效力。仲裁裁决是由仲裁庭作出的具有强制执行效力的法律文书。

## 三、争议评审机制的规定

建设工程争议评审（以下简称争议评审），是指在工程开始时或工程进行过程中当事人选择的独立于任何一方当事人的争议评审专家（通常是3人，小型工程1人）组成评审小组，就当事人发生的争议及时提出解决问题的建议或者作出决定的争议解决方式。

# 章节练习题

## 一、单项选择题

1. 根据《人民调解法》规定,经人民调解委员会调解后达成的调解协议,当事人可以自调解协议生效之日起( )日内共同向人民法院申请司法确认。
   A.30　　B.60　　C.90　　D.180

2. 仲裁机构对受理的仲裁案件进行的调解,调解答成协议的,仲裁庭应当制作调解书或者根据协议的结果制作裁决书,调解书与裁决书( )。
   A.具有同等法律效力
   B.调解书不具有强制执行效力
   C.都不具有强制执行效力
   D.只有裁决书可以申请撤销

3. 下列属于诉讼内调解的是( )。
   A.居民委员会的调解
   B.专业机构的调解
   C.人民法院的调解
   D.人民政府的调解

4. 当事人在执行法院生效裁决阶段达成和解协议后,一方当事人不履行和解协议,人民法院可以根据对方当事人的申请,( )。
   A.强制执行和解协议
   B.恢复对原生效法律文书的执行
   C.对和解协议进行审查
   D.将和解协议转审判庭审查

5. 仲裁庭调解达成协议的,调解书自( ),即发生法律效力。
   A.仲裁庭制作完成后
   B.当事人签收后
   C.人民法院确认后
   D.当事人签字后

## 二、多项选择题

1. 王某在施工中腿部受伤,施工队支付了医药费和治疗期间工资,双方就伤残补偿问题达成书面协议,约定再付一万元,王某不得起诉,但是王某收款后又起诉,以下关于达成协议的方式、协议效力以及王某诉讼权利的说法中,正确的是( )。
   A.双方是通过和解方式达成协议
   B.双方是通过调解方式达成协议
   C.协议书具有强制执行约束力
   D.协议书具有法律效力
   E.王某仍有权起诉

2. 人民调解委员会是群众性自治组织,工作在( )指导下进行。
   A.人民政府　　　　B.人民法院
   C.仲裁机构　　　　D.居委会
   E.上级调解委员会

3. 和解是指建设工程纠纷当事人在自愿友好的基础上( ),从而解决纠纷的一种方式。
   A.互相沟通
   B.通过仲裁委员会
   C.通过担保人调解
   D.互相谅解
   E.双方共同仲裁

# 参考答案及解析

## 一、单项选择题

1.【答案】A
   【解析】经人民调解委员会调解达成调解协议后,双方当事人认为有必要的,可以自调解协议生效之日起30日内共同向人民法院申请司法确认。

2.【答案】A
   【解析】调解书与裁决书具有同等法律效力。

3.【答案】C
   【解析】法院调解是人民法院对受理的民事案件、经济纠纷案件和轻微刑事案件在双方当事人自愿的基础上进行的调解，是诉讼内调解。

4.【答案】B

【解析】《民事诉讼法》规定，双方当事人自行和解达成协议的，执行员应当将协议内容记入笔录，由双方当事人签名或者盖章。一方当事人不履行和解协议的，人民法院可以根据对方当事人的申请，恢复对原生效法律文书的执行。

5.【答案】B

【解析】仲裁庭在作出裁决前，可以先行调解。当事人自愿调解的，仲裁庭应当调解。调解不成的，应当及时作出裁决。调解达成协议的，仲裁庭应当制作调解书或者根据协议的结果制作裁决书。调解书与裁决书具有同等法律效力。调解书经双方当事人签收后，即发生法律效力。

二、多项选择题

1.【答案】ADE

【解析】和解是当事人之间自愿协商，达成协议，没有第三人参加。所以A正确、B错误。和解协议不具有强制约束力，如果一方当事人不按照和解协议执行，另一方当事人不可以请求人民法院强制执行，但可以向法院提起诉讼，也可以根据约定申请仲裁。所以C错误，D、E正确。

2.【答案】AB

【解析】《人民调解法》规定，人民调解委员会是村民委员会和居民委员会下设的调解民间纠纷的群众性自治组织，在人民政府和基层人民法院指导下进行工作。

3.【答案】AD

【解析】和解是当事人之间自愿协商，达成协议，没有第三人参加。

# 1Z308050 行政复议和行政诉讼制度

**本节知识体系**

行政复议、行政诉讼处理和解决的都是行政争议，但二者又有明显的区别。本节从二者的范围、申请、受理等方面展开讲解，考生在学习时，也需要进行必要的对比，以便牢固掌握。

**核心内容讲解**

## 一、行政许可和行政强制的种类及法定程序

### （一）可以设定行政许可的事项

1.下列事项可以设定行政许可：

（1）直接涉及国家安全、公共安全、经济宏观调控、生态环境保护以及直接关系人身健康、生命财产安全等特定活动，需要按照法定条件予以批准的事项；

（2）有限自然资源开发利用、公共资源配置以及直接关系公共利益的特定行业的市场准入等，需要赋予特定权利的事项；

（3）提供公众服务并且直接关系公共利益的职业、行业，需要确定具备特殊信誉、特殊条件或者特殊技能等资格、资质的事项；

（4）直接关系公共安全、人身健康、生命财产安全的重要设备、设施、产品、物品，需要按照技术标准、技术规范，通过检验、检测、检疫等方式进行审定的事项；

（5）企业或者其他组织的设立等，需要确定主体资格的事项；

（6）法律、行政法规规定可以设定行政许可的其他事项。

2.以上所列事项，通过下列方式能够予以规范的，可以不设行政许可：

（1）公民、法人或者其他组织能够自主决定的；

（2）市场竞争机制能够有效调节的；

（3）行业组织或者中介机构能够自律管理的；

（4）行政机关采用事后监督等其他行政管理方式能够解决的。

### （二）行政许可的设定权限

法律可以设定行政许可。尚未制定法律的，行政法规可以设定行政许可。必要时，国务院可以采用发布决定的方式设定行政许可。实施后，除临时性行政许可事项外，国务院应当及时提请全国人民代表大会及其常务委员会制定法律，或者自行制定行政法规。

尚未制定法律、行政法规的，地方性法规可以设定行政许可；尚未制定法律、行政法规和地方性法规的，因行政管理的需要，确需立即实施行政许可的，省、自治区、直辖市人民政府规章可以设定临时性的行政许可。

**嗨·点评** 考生应结合实际理解行政许可的制定范围，同时记忆行政许可的制定机关。

**【经典例题】** 1.（2015年真题）根据《行政许可法》，下列法律法规中，不得设定任何行政许可的是（　　）。

A.法律　　　　　B.行政法规
C.地方性法规　　D.部门规章

【答案】D
【嗨·解析】见上文。

## 二、行政强制及其种类、法定程序

### （一）行政强制措施、行政强制执行的区分

行政强制措施（静态：限制公民人身自由；查封扣押；冻结存款汇款）：行政机关为制止违法行为、防止证据损毁、避免危害发生、控制危险扩大，对公民人身或财产进行暂时性控制。

行政强制执行（动态：加处罚款或者滞纳金；划拨存款、汇款；拍卖；排除妨碍、恢复原状）：对拒不履行行政决定的公民或单位，依法强制履行义务的行为。有执行权的，自己执行；无强制执行权的，自履行期限届满之日起3个月内申请法院执行。

### （二）行政强制的设定

1. 行政强制措施（见表1Z308050-1）

行政强制措施的设定权可以由法律、行政法规、地方法规设定。

行政强制措施的设定　表1Z308050-1

|  | 限制人身自由 | 冻结存款、汇款 | 其他强制 | 查封、扣押 |
|---|---|---|---|---|
| 法律 | √ | √ | √ | √ |
| 行政法规 |  |  | √ | √ |
| 地方法规 |  |  |  | √ |

2. 行政强制执行

行政强制执行由法律设定。

### （三）行政强制的法定程序

1. 实施前需向行政机关负责人报告并经批准（情况紧急，需要当场实施行政强制措施的，行政执法人员应当在24小时内向行政机关负责人报告，并补办批准手续）；
2. 由两名以上行政执法人员实施；
3. 出示执法身份证；
4. 通知当事人到场；
5. 当场告知当事人采取行政强制措施的理由、依据及当事人依法享有的权利、救济途径；
6. 听取当事人的陈述和申辩；
7. 制作现场笔录；
8. 现场笔录由当事人和行政执法人员签名或者盖章，当事人拒绝的，在笔录中予以注明；
9. 当事人不到场的，邀请见证人到场，由见证人和行政执法人员在现场笔录上签名或者盖章；
10. 其他。

### （四）查封扣押的实施程序

查封、扣押应当由法律、法规规定的行政机关实施，其他任何行政机关或者组织不得实施。查封、扣押限于涉案的场所、设施或者财物，不得查封、扣押与违法行为无关的场所、设施或者财物；不得查封、扣押公民个人及其所扶养家属的生活必需品。当事人的场所、设施或者财物已被其他国家机关依法查封的，不得重复查封。

查封、扣押的期限不得超过30日；情况复杂的，经行政机关负责人批准，可以延长，但是延长期限不得超过30日。对查封、扣押的场所、设施或者财物，行政机关应当妥善保管或委托第三人保管，不得使用或者损毁；造成损失的，应当承担赔偿责任。因查封、扣押发生的保管费用由行政机关承担。

嗨·点评　学员应结合实际对行政强制措施和行政强制执行做对比记忆。

【经典例题】2.以下行政行为中属于行政强制措施的是（  ）。
A.限制出境
B.查封未经检测的施工电梯
C.没收违法所得
D.冻结施工企业基本账户
E.行政拘留
【答案】ABD
【嗨·解析】C、E属于行政处罚，A、B、D是行政强制措施。措施是对人或物做暂时控制（例如查封扣押不超过30日），为处罚做准备。当事人拒不履行义务的，对他行政强制执行。

【经典例题】3.《环境保护法》规定，排污者超标排放污染物，受到罚款处罚，被责令改正，拒不改正的，依法作出罚款处罚决定的环境保护主管部门可以实施按日连续处罚。"按日连续处罚"决定本质上属于（  ）。
A.行政强制措施    B.行政强制执行
C.行政处分        D.行政赔偿
【答案】B
【嗨·解析】加处罚款或者滞纳金属于行政强制执行。

【经典例题】4.行政法规可以规定的行政强制措施包括（  ）。
A.限制人身自由
B.冻结存款、汇款
C.查封场所、扣押财物
D.拍卖被查封的场所和财物
【答案】C
【嗨·解析】D选项属于"强制执行"，不是"强制措施"，因此只能由法律规定。

### 三、行政复议范围和行政诉讼受案范围（见表1Z308050-2）

行政复议范围和行政诉讼受案范围　表1Z308050-2

| 是否可复议、诉讼 | 内容 | 性质 | |
|---|---|---|---|
| 可以复议可以诉讼 | 行政处罚 | 官-某民（行政执法行为） | |
| | 行政强制 | | |
| | 行政许可 | | |
| | 侵犯经营自主权 | | |
| | 行政征收、摊派 | | |
| 不可复议不可诉讼 | 抽象行政行为 | 官-全民 | 不是执法行为 |
| | 行政批复、行政处分 | 官-官 | |
| | 行政机关对民间纠纷的调解 | 民-民 | |

🔊 **嗨·点评** 考生应结合实际对可以复议诉讼和不得复议诉讼的情形做对比记忆。

【经典例题】5.（2014年真题）根据《行政复议法》，下列事项中，属于不可申请行政复议的情形是（  ）。
A.对建设主管部门责令施工企业停止施工的决定不服的
B.对建设主管部门撤销施工企业资质证书的决定不服的
C.对规划行政主管部门撤销建设工程规划许可证的决定不服的
D.对建设行政主管部门就建设工程合同争议进行的调解结果不服的
【答案】D
【嗨·解析】下列事项应按规定的纠纷处理方式解决，不能提起行政复议：（1）不服行政机关作出的行政处分或者其他人事处理决定的，应当依照有关法律、行政法规的规定提起申诉；（2）不服行政机关对民事纠纷作出的调解或者其他处理，应当依法申请仲裁或者向法院提起诉讼。

【经典例题】6.（2014年真题）下列情形中，属于我国法律规定的行政诉讼受案范围的是（　　）。

A.认为行政机关侵犯其财产权的
B.对拘役不服的
C.认为行政机关侵犯法律规定的经营自主权的
D.行政机关工作人员对奖惩决定不服的
E.认为行政机关制定发布的具有普遍约束力的决定违法的

【答案】AC

【嗨·解析】见表1Z308050-2。

【经典例题】7.公民、法人或者其他组织认为行政机关的行政行为侵犯其合法权益，可以单独申请行政复议的情形是（　　）。

A.不服行政机关作出的行政处分
B.不服行政机关作出的行政处罚决定
C.不服行政机关对民事纠纷作出的调解
D.部分地方人民政府颁布的规章

【答案】B

【嗨·解析】《行政复议法》规定的第1条，对行政机关作出的警告、罚款、没收违法所得、没收非法财物、责令停产停业、暂扣或吊销许可证、暂扣或吊销执照、行政拘留等行政处罚决定不服的，可以申请行政复议。

【经典例题】8.建设行政部门对建设工程合同争议进行调解，施工单位不服，可以（　　）。

A. 申请行政复议或提起行政诉讼
B. 申请行政复议后提起行政诉讼
C. 申请仲裁或提起民事诉讼
D. 申请仲裁后提起民事诉讼

【答案】C

【嗨·解析】本案属于民事纠纷，不是行政纠纷，因此不适用民告官，A、B排除。民告民：或裁或审，D排除。

### 四、行政复议的申请、受理和决定的有关规定

（一）行政复议的申请和受理（见图1Z308050）

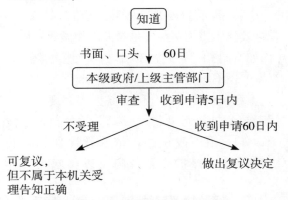

图1Z308050　行政复议的申请和受理

1.公民、法人或者其他组织认为具体行政行为侵犯其合法权益的，可以自知道该具体行政行为之日起60日内提出行政复议申请。

2.申请人申请行政复议，可以书面申请，也可以口头申请。

3.对县级以上地方各级人民政府工作部门的具体行政行为不服的，由申请人选择，可以向该部门的本级人民政府申请行政复议，也可以向上一级主管部门申请行政复议。

4. 在行政复议期间，行政机关不停止执行该具体行政行为，但有下列情形之一的，可以停止执行：

（1）被申请人认为需要停止执行的；
（2）行政复议机关认为需要停止执行的；
（3）申请人申请停止执行，行政复议机关认为其要求合理，决定停止执行的；
（4）法律规定停止执行的。

## （二）行政复议决定

行政复议原则上采取书面审查的办法，但申请人提出要求或者行政复议机关负责法制工作的机构认为有必要时，可以向有关组织和人员调查情况，听取申请人、被申请人和第三人的意见。行政复议决定作出前，申请人要求撤回行政复议申请的，经说明理由，可以撤回；撤回行政复议申请的，行政复议终止。

🔊 **嗨·点评** 考生应对行政复议的程序做理解记忆，同时对其中的时间规定做背诵记忆。

【经典例题】9.（2016年真题）申请人对县级以上地方各级人民政府工作部门的具体行政行为不服的，可以申请行政复议，关于该行政复议的说法，正确的有（　　）。

A.申请人可以向该部门的本级人民政府申请行政复议

B.申请人可以向上一级主管部门申请行政复议

C.申请人申请行政复议不可以口头申请

D.申请人应当自知道该具体行政行为之日起60日内提出行政复议申请

E.行政复议机关应当在收到行政复议申请后15日内进行审查，决定是否受理

【答案】AB

【嗨·解析】C错误，申请人申请行政复议，可以书面申请，也可以口头申请；

D错误，公民、法人或者其他组织认为具体行政行为侵犯其合法权益的，可以自知道该具体行政行为之日起60日内提出行政复议申请；但法律规定的申请期限超过60日的除外；

E错误，行政复议机关收到行政复议申请后，应当在5日内进行审查，依法决定是否受理，并书面告知申请人。

【经典例题】10.具体行政行为在行政复议期间不停止执行，但（　　）可以停止执行。

A.申请人申请停止执行

B.申请人提供担保的

C.被申请人认为需要停止执行的

D.被申请人被撤销的

E.行政复议机关认为需要停止执行的

【答案】CE

【嗨·解析】见上文。

## 五、行政诉讼的法院管辖、起诉和受理

### （一）行政诉讼管辖（见表1Z308050-3）

**行政诉讼的管辖　表1Z308050-3**

| 情形 | 有管辖权法院 |
| --- | --- |
| 级别管辖 | 基层人民法院，以下中级人民法院：<br>1.确认发明专利、海关处理<br>2.国务院、省政府的具体行政行为<br>3.辖区内重大、复杂 |
| 一般地域管辖 | 最初作出行政行为的行政机关所在地法院 |
| 经复议且复议机关改变原行政行为 | 也可以是复议机关所在地法院 |
| 限制人身自由 | 原/被告所在地法院 |
| 不动产纠纷 | 不动产所在地法院 |

### （二）起诉

提起诉讼应当符合下列条件：

1.原告是认为具体行政行为侵犯其合法权益的公民、法人或者其他组织；

2.有明确的被告；

3.有具体的诉讼请求和事实根据；

4.属于人民法院受案范围和受诉人民法院管辖。

## （三）受理

人民法院接到起诉状，经审查，应当在7日内立案或者作出裁定不予受理。原告对裁定不服的，可以提起上诉。

🔊 **嗨·点评** 学员应对行政诉讼的规定做理解记忆，其中管辖可以类比民事诉讼的地域管辖来记忆。

【经典例题】11.（2015年真题）根据《行政诉讼法》，因不动产提起的行政诉讼，由（　　）人民法院管辖。

A．原告住所地
B．被告住所地
C．由原告选择被告住所地或不动产所在地
D．不动产所在地

【答案】D

【嗨·解析】因不动产提起的行政诉讼，由不动产所在地人民法院管辖。

## 六、行政诉讼的审理、判决和执行

### （一）审理

1．人民法院公开审理行政案件，但涉及国家秘密、个人隐私和法律另有规定的除外。涉及商业秘密的案件，当事人申请不公开审理的，可以不公开审理。

2．人民法院审理行政案件，不适用调解。但是，行政赔偿、补偿以及行政机关行使法律、法规规定的自由裁量权的案件可以调解。

3．行政诉讼期间，具体行政行为不停止执行。

### （二）判决

### （三）执行

当事人必须履行人民法院发生法律效力的判决、裁定、调解书。公民法人或者其他组织拒绝履行判决、裁定、调解书的，行政机关或者第三人可以向第一审人民法院申请强制执行，或者由行政机关依法强制执行。

公民、法人或者其他组织对行政行为在法定期间不提起诉讼又不履行的，行政机关可以申请人民法院强制执行，或者依法强制执行。

🔊 **嗨·点评** 考生应结合实际理解记忆行政诉讼的审理范围。

【经典例题】12.（2015年真题）人民法院审理行政案件一般不适用（　　）。

A．调解　　　　　B．开庭审理
C．公开审理　　　D．两审终审

【答案】A

【嗨·解析】人民法院审理行政案件，不适用调解。

【经典例题】13.（2016年真题）关于行政诉讼案件审理的说法，正确的是（　　）。

A．行政诉讼期间，被诉行政行为停止执行
B．涉及商业秘密的行政诉讼案件一律不得公开审理
C．人民法院对行政案件宣告判决前原告申请撤诉的，是否准许，由人民法院裁定
D．人民法院审理行政赔偿案件不适用调解

【答案】C

【嗨·解析】A错误，《行政诉讼法》规定，行政诉讼期间，除该法规定的情形外，不停止行政行为的执行；

B错误，涉及商业秘密的案件，当事人申请不公开审理的，可以不公开审理；

C正确；

D错误，人民法院审理行政案件，不适用调解。但是，行政赔偿、补偿以及行政机关行使法律、法规规定的自由裁量权的案件可以调解。

## 七、行使行政职权时侵权的赔偿责任

行政机关及其工作人员在"违法行使行政职权时"造成公民、法人或其他组织人身权或财产权损害，受害人有取得赔偿的权利。

但是，有下列情形之一的，国家不承担

赔偿责任：

1. 行政机关工作人员与行使职权无关的个人行为；

2. 因公民、法人和其他组织自己的行为致使损害发生的；

3. 法律规定的其他情形。

【经典例题】14.下列情况中，受害人有权请求国家赔偿的是（　　）。

A.某地政府为挽救当地一濒危倒闭的国有企业，强令另一企业与该国有企业订立并购合同，该企业不服，政府将其银行账户冻结

B.市交警队在查处酒驾过程中，刘某慌忙将车掉头，与一公交车相撞发生车祸

C.工商局张某骑自行车上班途中与人相撞，发生争执后将人打伤

D.市政管理部门管理窨井盖不善造成行人梁某受伤

【答案】A

【嗨·解析】见上文。

# 章节练习题

## 一、单项选择题

1. 根据《行政处罚法》规定，下列不属于行政处罚形式的是（　　）。
   A.记过
   B.责令停止营业
   C.暂扣或者吊销许可证
   D.停业整顿

2. 以下关于行政复议和行政诉讼两者之间的区别，说法错误的是（　　）。
   A. 行政复议是行政机关上级对下级的监督
   B. 行政复议是对具体行政行为合法性和适当性进行审查
   C. 行政诉讼可以审查抽象行政行为的合法性
   D. 行政诉讼后不服的，不能再申请行政复议

3. 下列选项中，不能提起行政复议的是（　　）。
   A. 某市质量监督站依据质量检测报告责令施工单位将不合格材料清退出现场
   B. 某市混凝土协会下发文件，提议各会员单位根据市场需求调高商品价格
   C. 建设行政主管部门将施工企业的资质由一级降为二级的行为
   D. 建设行政主管部门由于开发企业信誉不好不予颁发项目施工许可证

4. 某地方建设行政管理部门于2007年5月10日针对某建筑公司恶意拖欠劳务费用下发了给予其一年内禁止在本区域内参加投标的处罚决定，建筑公司于2007年5月15日收到该处罚通知，建筑公司对此不服的话最迟应于（　　）前提起行政复议。
   A.2007年6月10日　　B.2007年6月15日
   C.2007年7月10日　　D.2007年7月15日

5. 某市西城区建委根据市政府总体规划，对某大街实施改造，刘某房屋位于改造区。某日，西城区建委改造建设指挥部下达住房拆迁通知，刘某未搬迁。数日后，区建委工作人员带领20余人强行拆除了刘某房屋，刘某不服提起行政复议，则可以作复议机关的是（　　）。
   A.省政府　　　　B.市政府
   C.西城区政府　　D.西城区建委

6. 甲房地产开发公司对该市建委对其作出不予颁发施工许可证行为不服，欲直接向人民法院提起诉讼的，则甲房地产开发公司应当在知道作出具体行政行为之日起（　　）内提出。
   A.3个月　　　　B.6个月
   C.2年　　　　　D.5年

## 二、多项选择题

1. 行政复议期间，不停止具体行政行为的执行。但有（　　）情形之一的，可以停止具体行政行为的执行。
   A. 被告认为需要停止执行的
   B. 原告申请停止执行，人民法院认为该具体行政行为的执行会造成难以弥补的损失，并且停止执行不损害社会公共利益，裁定停止执行的
   C. 仲裁机构认为应当停止执行的
   D. 原告提供担保的
   E. 法律、法规规定停止执行的

2. 以下不属于行政诉讼受案范围的是（　　）。
   A. 某施工单位在建设文化局办公楼过程中被拖欠工程进度款
   B. 甲市建设行政管理部门吊销建造师乙的执业资格，乙认为处罚行为于法无据
   C. 某市规划局工作人员李某对该局人事任职评选结果不服
   D. 某县市容管理人员，在执行公务过程中，粗暴执法将运输人员张某打伤
   E. 某建筑公司对项目中标结果不服

3. 下列关于行政许可的说法，不正确的是（　　）。
   A. 行政许可是由国家行政机关和司法机关作出
   B. 行政许可依当事人的申请而作出
   C. 行政许可依行政机关的职权而作出

D. 行政许可事项可以口头作出批准或认可
E. 行政许可是赋予当事人一定收益的权利

4. 下列可以由行政法规设定的具体行政强制措施是（　　）。
   A. 冻结存款　　　　B. 扣押财物
   C. 查封设施　　　　D. 限制人身自由
   E. 限制出境

5. 根据《行政复议法》，市建委的下列行为中，当事人不服，可以申请行政复议的有（　　）。
   A. 限制某项目经理的人身自由
   B. 查封某建筑公司的主要财产
   C. 给其内部某公务员撤职的处分
   D. 冻结某建筑公司的银行账号
   E. 向某建筑公司摊派赞助费

6. 人民法院不予受理公民、法人或者其他组织对（　　）提起的诉讼。
   A. 国防、外交等国家行为
   B. 行政机关对行政机关工作人员的奖惩、任免等决定
   C. 法律规定由行政机关最终裁决的具体行政行为
   D. 行政法规、规章或者行政机关制定、发布的具有普遍约束力的决定、命令
   E. 对限制人身自由或者对财产的查封、扣押、冻结财产等行政强制措施不服的

## 参考答案及解析

### 一、单项选择题

1. 【答案】A
   【解析】常见的行政处罚为警告、罚款、没收违法所得、取消投标资格、责令停止施工、责令停业整顿、降低资质等级、吊销资质证书等。记过属于行政机关内部行政处分形式。

2. 【答案】C
   【解析】行政复议以具体行政行为为审查对象，但可应当事人的申请，依法附带审查该具体行政行为所依据的行政机关相关规定（即抽象行政行为）的合法性，而行政诉讼只对具体行政行为进行审查；行政复议不仅审查具体行政行为的合法性，也审查具体行政行为的适当性，行政诉讼只审查具体行政行为的合法性。

3. 【答案】B
   【解析】行政复议的目的，是为了防止和纠正违法的或者不当的具体行政行为，保护公民、法人和其他组织的合法权益，保障和监督行政机关依法行使职权。因此，只要是公民、法人或者其他组织认为行政机关的具体行政行为侵犯其合法权益，就有权向行政机关提出行政复议申请。

4. 【答案】D
   【解析】公民、法人或者其他组织认为具体行政行为侵犯其合法权益的，可以自知道该具体行政行为之日起60日内提出行政复议申请；但是法律规定的申请期限超过60日的除外。

5. 【答案】C
   【解析】对于行政复议，应当按照《行政复议法》的规定向有权受理的行政机关申请，如"对县级以上地方各级人民政府工作部门的具体行政行为不服的，由申请人选择，可以向该部门的本级人民政府申请行政复议，也可以向上一级主管部门申请行政复议"。

6. 【答案】B
   【解析】行政争议未经行政复议，由当事人直接向法院提起行政诉讼的，除法律另有规定的外，应当在知道作出行政行为之日起6个月内起诉。

### 二、多项选择题

1. 【答案】ABE
   【解析】在行政复议期间，行政机关不停止具体行政行为的执行，但有下列情形之一的，可以停止执行：（1）被告认为需要停止执行的；（2）行政复议机关认为需要停止执行的；（3）申请人申请停止执行，

行政复议机关认为其要求合理,决定停止执行的;(4)法律规定停止执行的。

2.【答案】ACE

【解析】《行政诉讼法》规定,法院受理公民、法人和其他组织提起的下列诉讼:(1)对行政拘留、暂扣或者吊销许可证和执照、责令停产停业、没收违法所得、没收非法财物罚款、警告等行政处罚不服的;(2)对限制人身自由或者对财产的查封、扣押、冻结等行政强制措施和行政强制执行不服的;(3)申请行政许可,行政机关拒绝或者在法定期限内不予答复,或者对行政机关作出的有关行政许可的其他决定不服的;(4)对行政机关作出的关于确认土地、矿藏、水流、森林、山岭、草原、荒地、滩涂、海域等自然资源的所有权或者使用权的决定不服的;(5)对征收、征用决定及其补偿决定不服的;(6)申请行政机关履行保护人身权、财产权等合法权益的法定职责,行政机关拒绝履行或者不予答复的;(7)认为行政机关侵犯其经营自主权或者农村土地承包经营权的;(8)任务行政机关滥用行政权力排除或者限制竞争的;(9)认为行政机关违法集资、摊派费用或者违法要求履行其他义务的;(10)认为行政机关没有依法发给抚恤金、最低生活保障待遇或者社会保险待遇的。但是,法院不受理公民、法人或者其他组织对下列事项提起的诉讼:(1)国防、外交等国家行为;(2)行政法规、规章或者行政机关制定、发布的具有普遍约束力的决定、命令;(3)行政机关对行政机关工作人员的奖惩、任免等决定;(4)法律规定由行政机关最终裁决的具体行政行为。

3.【答案】ACDE

【解析】行政许可只能由行政机关作出,且只能依申请而发生,不能主动作出;其往往赋予申请人一定权利而产生收益,但是一般也附加一定的条件或义务;行政许可可以正规的文书等形式作出批准或认可。

4.【答案】BC

【解析】行政强制措施由法律设定。尚未制定法律,且属于国务院行政管理职权事项的,行政法规可以设定除限制公民人身自由、冻结存款汇款和应当由法律规定的行政强制措施以外的其他行政强制措施。

5.【答案】ABDE

【解析】《行政复议法》规定,有11项可申请行政复议的具体行政行为,结合建设工程实践,其中7种尤为重要:(1)对行政机关作出的警告、罚款、没收违法所得、没收非法财物、责令停产停业、暂扣或者吊销许可证、暂扣或者吊销执照、行政处罚等行政处罚决定不服的;(2)对行政机关作出的限制人身自由或者查封、扣押、冻结财产等行政强制措施决定不服的;(3)对行政机关作出的有关许可证、执照、资质证、资格证等证书变更、中止、撤销的决定不服的;(4)对行政机关侵犯合法的经营自主权的;(5)认为行政机关违法集资、征收财物、摊派费用或者违法要求履行其他义务的;(6)认为符合法定条件,申请行政机关颁发许可证、执照、资质证、资格证等证书,或者申请行政机关审批、登记有关事项,行政机关没有依法办理的;(7)认为行政机关的其他具体行政行为侵犯其合法权益的。

6.【答案】ABCD

【解析】行政诉讼中法院不予受理公民、法人或者其他组织对下列事项提起的诉讼:(1)国防、外交等国家行为;(2)行政法规、规章或者行政机关制定、发布的具有普遍约束力的决定、命令行政行为;(3)行政机关对其工作人员的奖惩、任免等决定;(4)法律规定由行政机关最终裁决的具体行政行为。

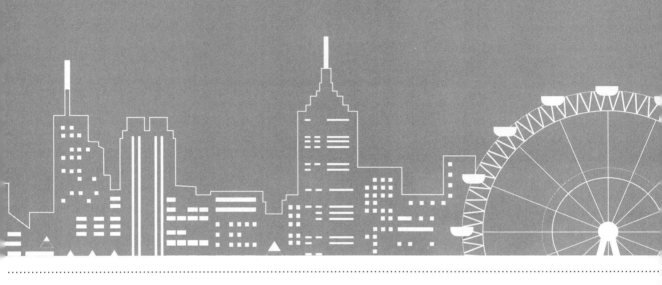

# 第三篇 知识总结篇

# 各章常考时间汇总

## 1Z301000 建设工程基本法律知识

1.发明专利权的期限为20年，实用新型专利权和外观设计专利权的期限为10年，均自申请之日起计算。

2.注册商标的有效期为10年，自核准注册之日起计算。提前12个月续展期，延后6个月宽展期。

3.公民的作品，其发表权、使用权和获得报酬权的保护期，为作者终生及其死后50年。如果是合作作品，截止于最后死亡的作者死亡后**第50年的12月31日**。

4.法人或者其他组织的作品、著作权（署名权除外）由法人或者其他组织享有的职务作品，其发表权、使用权和获得报酬权的保护期为50年，截止于作品首次发表后**第50年的12月31日**，但作品自创作完成后50年内未发表的，不再受著作权法保护。

5.一般保证未约定保证期间的，保证期间为主债务履行期届满之日起6个月，连带责任保证的保证人与债权人未约定保证期的，债权人有权自主债务履行期届满之日起6个月内要求保证人承担保证责任。

6.安装工程一切险对考核期的保险责任一般不超过3个月，若超过3个月，应另行加收保险费。

## 1Z302000 施工许可法律制度

1.建设行政主管部门应当至收到申请之日起15日内，对符合条件的申请颁发施工许可证。

2.建设单位应当自领取施工许可证之日起3个月内开工，因故不能按期开工的，应当向发证机关申请延期，延期以**两次**为限，每次不超过3个月。

3.在建的建筑工程因故中止施工的，建设单位应当自中止施工之日起1个月内向发证机关报告，并按规定做好建筑工程的维护管理工作。中止施工**满1年**的工程恢复施工前，建设单位应当报发证机关核验施工许可证。

4.对于实行开工报告制度的建设工程，因故不能按期开工超过6个月的，应当重新办理开工报告的批准手续。

5.资质证书有效期为5年。建筑业企业资质证书有效期届满，企业继续从事建筑施工活动的，应当于资质证书有效期届满3个月前，向原资质许可机关提出延续申请。

6.企业在建筑业资质证书有效期内名称、地址、注册资本、法定代表人等发生变更的，应当在工商部门办理变更手续后1个月内办理资质证书变更手续。

7.建造师初始注册者，可自资格证书签发之日起3年内提出申请。建造师执行资格注册有效期一般为3年。注册期届满的，应当在注册有效期届满30日前申请延续注册。延续注册有效期为3年。

8.申请人有下列情形的，不予注册：
①因执行活动收到刑事处罚，自刑事处罚**执行完毕**之日起至申请注册之日止**不满5年**的；
②因前向规定以外的原因收到刑事处罚，自处罚**决定**之日起至申请注册之日止**不满3年**的；
③被吊销注册证书，自处罚**决定**之日起至申请注册之日止**不满2年**的；
④在申请注册之日前3年内担任项目经理期间，所负责项目发生过重大质量和安全事故的；
⑤年龄超过65周岁的。
9.因非承包方的原因致使工程停工超过**120天（含）**，经建设单位同意，可以同时担任两个项目的项目经理。
10.建设工程合同履行期间变更项目负责人的，企业应当于项目负责人变更**5个工作日**内报建设行政主管部门和有关部门及时进行网上变更。
11.对认定有挂靠行为的个人，不得再担任该项目施工单位项目负责人；有执业资格证书的吊销其执业资格证书，**5年内**不予执业资格注册；造成重大质量安全事故的，吊销其执业资格证书，**终身**不予注册。

## 1Z303000 建设工程发承包法律制度

1.招标人对已发出的招标文件进行必要的澄清或者修改的，应当在招标文件要求提交投标文件截止时间至少15日前，以书面形式通知所有投标人。
2.依法必须进行招标的项目，自招标文件开始发出之日起至投标人提交投标文件截至之日止，最短不得少于20日。
3.自招标文件出售之日起至停止出售之日止，最短不得少于5日。
4.开标应当在招标文件确定的提交投标文件截止时间的**同一时间**公开进行。
5.招标人和中标人应当自中标通知书发出之日起30日内，按照招标文件和中标人的投标文件订立书面合同。
6.依法必须进行招标的项目，招标人应当自确定中标人之日起15日内，向有关行政监督部门提交招标投标情况的书面报告。
7.投标有效期是从投标人**提交投标文件截至之日**起计算。
8.投标保证金有效期应当和投标有效期**一致**。
9.招标人与中标人**签订合同后5日内**，应当向未中标的投标人退还投标保证金。
10.《招标投标法实施条例》规定，投标人或者其他利害关系人认为招标投标活动不符合法律、行政法规规定的，可以自知道或者应当知道之日起10日内向有关行政监督部门投诉。投诉应当有明确的请求和必要的证明材料。
11.行政监督部门应当自收到投诉之日起**3个工作日**内决定是否受理投诉，并自受理投诉之日起**30个工作日**内作出书面处理决定。
12.建筑市场诚信行为记录信息的公布时间为行政处罚决定作出后**7日内**，公布期限一般为**6个月至3年**；良好行为记录信息公布期限一般为**3年**。
13.省、自治区和直辖市建设行政主管部门负责审查整改结果，对整改确有实效的。由企业提出申请，经批准，可缩短其不良行为记录信息公布期限，但公布期限最短不得少于**3个月**。

## 1Z304000 建设工程合同和劳动合同法律制度

1.建设工程承包人行使优先权的期限为**6个月**，自建设工程**竣工之日**或者建设工程合同约定的竣工之日起计算。

2.需要注意的是，行使撤销权应当在知道或者应当知道撤销事由之日起**1年**内行使，并应当向人民法院或者仲裁机构申请。

3.解除合同的程序，当事人对异议期限有约定的依照约定，没有约定的，最长期为**3个月**。

4.用人单位自用工之日起满**1年**不与劳动者订立书面劳动合同的，则视为用人单位与劳动者已订立**无固定期限**劳动合同。

5.有下列情形的，应订立无固定期限合同：

① 劳动者在用人单位连续工作满**10年**的；

② 用人单位初次实行劳动合同制度或者国有企业改制重新订立劳动合同时，劳动者在该用人单位连续工作满**10年且距法定退休年龄不足10年**的；

③ 连续订立**2次**固定期限劳动合同，且劳动者没有《劳动合同法》第39条和第40条，第1项、第2项规定的情形，续订劳动合同的。

6.未同时订立书面劳动合同的，应当自用工之日起**1个月**内订立书面劳动合同。

7.劳动合同期限**3个月以上不满1年**的，试用期不得超过**1个月**；劳动合同期限**1年以上不满2年**的，试用期不得超过**2个月**；**3年以上固定期限和无固定期限**的劳动合同，试用期不得超过**6个月**。用人单位与劳动者只能约定**1次**试用期。

8.劳动者提前**30日**以书面形式通知用人单位，可以解除劳动合同。劳动者在试用期内提前**3日**通知用人单位，可以解除劳动合同。

9.在本单位连续工作**满15年**，且距法定退休年龄**不足5年**的；用人单位不得依照该法第40条、第41条的规定解除劳动合同。

10.临时性工作岗位是指存续时间**不超过6个月**的岗位。

11.劳务派遣单位应当与被派遣劳动者订立**2年以上**的固定期限劳动合同。

12.劳动争议申请仲裁的时效期间**为1年**。因拖欠劳动报酬发生争议的，劳动者申请仲裁不受第一条时效期限限制；但是，劳动关系终止的，应当自劳动关系终止之日起**1年**内提出。

13.劳动争议当事人对仲裁的裁决不服的，可以自收到裁决书之日起**15日**内向人民法院提起诉讼。

14.租赁期限不得超过**20年**，超过20年的，超过部分无效。

## 1Z305000 建设工程施工环境保护、节约能源和文物保护法律制度

1.在城市市区范围内，建设施工过程中使用机械设备，可能产生环境噪声污染的，施工单位必须在开工**15日**前向工程所在地县级以上地方人民政府环境保护部门申报。

2.全国重点文物保护单位和省级文物保护单位自核定公布之日起**1年内**，由省级人民政府划定必要的保护范围。

3.无特殊情况，应当在**24小时**赶赴现场，并在**7日**内提出处理意见。

## 1Z306000 建设工程安全生产法律制度

1.管理人员和作业人员每年至少进行**1次**安全生产教育培训并考核合格。

2.安全生产许可证的有效期为**3年**；企业应当于期满前**3个月**向原安全生产许可证颁发管理机关办理延期手续，有效期延期**3年**。

3.建筑施工企业变更名称、地址、法定代表人等，应当在变更后**10日内**，到原安全生产许可证颁发机关办理安全生产许可证变更手续。

4.《危险化学品安全管理条例》还规定，进行可能危及危险化学品管道安全的施工作业，

施工单位应当在开工的7日前书面通知管道所属单位,并与管道所属单位共同制定应急预案。

5.特种设备使用单位应当在特种设备投入使用前或者投入使用后30日内,向负责特种设备安全监督管理的部门办理使用登记,取得使用登记证书。

6.特种设备使用单位应当按照安全技术规范的要求,在检验合格有效期届满**前1个月**向特种设备检验机构提出定期检验要求。

7.消防安全重点单位**每季度**、其他单位**每半年**自行或委托有资质的机构对本单位进行**一次**消防安全检查评估,做到安全自查、隐患自除、责任自负。

8.施工单位应当根据国家有关消防法规和建设工程安全生产法规的规定,建立施工现场消防组织,制定灭火和应急疏散预案,并至少**每半年组织一次演练**。

9.在工作时间和工作岗位,突发疾病死亡或者在48小时之内抢救无效死亡的视同工伤。

10.单位应当自事故发生之日或者被诊断、鉴定为职业病之日起30日内,向统筹地区社会保险行政部门提出工伤认定申请。

11.工伤职工或者近亲属、工会组织在事故伤害发生之日或者被诊断、鉴定之日起1年内,可以直接向用人单位所在地统筹地区社会保险行政部门提出工伤认定申请。

12.设区的市级劳动能力鉴定委员会应当自收到劳动能力鉴定申请之日起60日内作出劳动能力鉴定结论,必要时,作出劳动能力鉴定结论的期限可以**延长**30日。

13.申请鉴定的单位或者个人对设区的市级劳动能力鉴定委员会作出的鉴定结论不服的,可以在收到该鉴定结论之日起15日内向省、自治区、直辖市劳动能力鉴定委员会提出再次鉴定申请。

14.自劳动能力鉴定结论作出之日起1年后,工伤职工或者其近亲属、所在单位或者经办机构认为伤残情况发生变化的,可以申请劳动能力复查鉴定。

15.停工留薪期一般不超过12个月,特殊情况延长,但延长不超过12个月。

16.意外伤害保险期限自建设工程**开工之日起至竣工验收合格止**。

17.**每年至少组织一次**综合应急预案演练或者专项应急预案演练,**每半年至少组织一次**现场处置方案演练。

18.生产经营单位制定的应急救援预案应当至少**每3年**修订一次,预案修订情况应有记录并归档。

19.事故发生后,现场有关人员应当**立即**向本单位负责人报告;单位负责人接到报告后,应当于1小时内向事故发生地有关部门报告。

20.自事故发生之日起30日内,事故造成伤亡人数变化的应当及时补报。道路交通事故、火灾事故自发生之日起7日内及时补报。

21.事故调查组应当自事故发生之日起60日内提交事故调查报告,特殊情况经批准,提交事故调查报告的期限可以适当延长,但延长的期限最长不超过60日。

22.一般、较大、重大事故,负责事故调查的人民政府应当自收到调查报告之日起15日内做出批复;特别重大事故,30日内做出批复。

23.依法批准开工报告的建设工程,建设单位应当自开工报告批准之日起15日内,将保证安全的措施报相关部门备案。

24.建设单位应当在拆除工程施工15日前,将相关资料报相关部门备案。

# 1Z307000 建设工程质量法律制度

1.复审一般在国家标准实施后5年进行1次。

2.除专用合同条款另有约定外,工程隐蔽部位经承包人自检确认具备覆盖条件的,承包人应在共同检查**前48小时**书面通知监理人检查,通知中应载明隐蔽检查的内容、时间和地点,并应附有自检记录和必要的检查资料。

3.除专用合同条款另有约定外,监理人不能按时进行检查的,应在检查**前24小时**向承包人提交书面延期要求,但**延期不能超过48小时**,由此导致工期延误的,工期应予以顺延。

4.《建设工程质量管理条例》规定,建设工程发生质量事故,有关单位应当在24小时内向当地建设行政主管部门和其他有关部门报告。

5.《生产安全事故报告和调查处理条例》规定,**每级上报的时间不超过2小时**。

6.建设单位应当在工程竣工验收后3个月内向城建档案馆报送一套符合规定的建设工程档案。

7.建设单位应当自建设工程竣工验收合格之日起15日内,报建设行政主管部门或其他有关部门备案。

8.建设单位应当在竣工验收后6个月内向城乡规划主管部门报送有关竣工验收资料。

9.公安消防机构应当自受理消防验收申请之日起20日内组织消防验收。

10.建设单位应当自建设项目投入试生产之日起3个月内向审批该建设项目环境影响报告书等资料。环境保护行政部门应当自收到环境保护设施竣工验收申请之日起30日内完成验收。

11.建设项目竣工总结算在最后一个单项工程竣工结算审查确认后**15天内**汇总,送发包人后30天内审查完毕。

12.承包人如未在规定时间内提供完整结算资料,经发包人催告后**14天内**仍未提供,责任由承包人自负。

13.根据确认的竣工结算报告,发包人应当在收到申请后**15天内**支付结算款。

14.工程质量监督机构应当在工程竣工验收之日起5日内向备案机关提交工程质量监督报告。

15.建设工程质量最低保修期限:
① 基础工程、主体结构工程为**设计文件规定的该工程的合理使用年限**;
② 屋面防水;卫生间、房间、外墙面防渗漏,为**5年**;
③ 供热与供冷系统,为**2个采暖期、供冷期**;
④ 电气管线、给排水管道、设备安装和装修工程,为**2年**。

16.建设工程保修期起始日是**竣工验收合格之日**。

17.缺陷责任期一般为**6个月、12个月或者24个月**。

18.发包人接到承包人返还保证金申请后,应于**14日内**进行核实。无异议,发包人应在核实后14日内将保证金返还给承包人。

19.发包人接到承包人返还保证金申请后14日内不予答复,经催告后14日内人不予答复,视同认可承包人返还保证金申请。(4个14天)

# 1Z308000 解决建设工程纠纷法律制度

1.人民法院接受申请后,必须在**48小时**内作出裁定;裁定采取保全措施的,应当**立即**开始执行。申请人在人民法院采取保全措施后**30日**内不依法提起诉讼或者申请仲裁的,人民法院应当解除保全。申请有错误的,申请人应当赔偿被申请人因保全所遭受的损失。

2.人民法院确定举证期限,第一审普通程序案件不得少于**15日**,当事人提供新的证据的第二审案件不得少于**10日**。

3.诉讼时效期间的分类:
① 普通诉讼时效:**2年**;

② 短期诉讼时效：1年（包含：身体伤害、延付（拒付）租金、出售质量不合格的商品未声明的、寄存财务丢失或损毁的）；
③ 因国际货物买卖合同和技术进出口合同争议的时效期间为4年；
④ 就海上货物运输向承运人要求赔偿的请求权，时效期间为1年。
4.从权利被侵害之日起超过**20年**的，法院不予保护。
5.在诉讼时效期间的最后**6个月**内，因不可抗力或者其他障碍不能行使请求权的，诉讼时效**中止（中途停止）**。从中止时效的原因消除之日起，诉讼时效期间**继续计算**。
6.《民事诉讼法》规定，一审程序应当在立案之日起**6个月**内审结，有特殊情况需要延长的，经本院院长批准，可以延长6个月。适用简易程序审理的案件，应当在立案之日起**3个月**内审结。
7.符合起诉条件的，应当在**7日**内立案，并通知当事人；不符合起诉条件的，应当在7日内作出裁定书，不予受理；原告对裁定不服的，可以提起上诉。
8.人民法院应当在立案之日起**5日**内将起诉状副本发送被告，被告在收到之日起**15日**内提出答辩状。被告提出答辩状的，人民法院应当在收到之日起**5日**内将答辩状发送原告。
9.普通程序的审判组织应当采用合议制。合议庭组成人员确定后，应当在**3日**内告知当事人。
10.当事人不服地方人民法院第一审**判决**的，有权在判决书送达之日起**15日**内向上一级人民法院上诉；不服地方人民法院第一审**裁定**的，有权在裁定书送达之日起**10日**内向上一级人民法院上诉。
11.当事人直接向第二审人民法院上诉的，第二审人民法院应当在**5日**内将上诉状移交原审人民法院。
12.当事人申请再审，应当在判决、裁定发生法律效力后**6个月**内提出。
13.人民法院受理执行申请后，当事人对管辖权有异议的，应当自收到执行通知书之日起**10日**内提出。
14.申请强制执行的期间为**2年**。这里的期间，从法律文书规定履行期间的**最后1日**起计算。法律文书未规定履行期间的，从法律文书**生效之日起**计算。
15.人民法院自收到申请执行书之日起**超过6个月**未执行的，申请执行人可以向上一级人民法院申请执行。
16.仲裁委员会收到仲裁申请书之日起**5日**内，认为符合受理条件的应当受理，并通知当事人。
17.申请人在人民法院采取保全措施后**30日**内不依法申请仲裁的，人民法院应当解除保全。
18.仲裁裁决强制执行的，申请执行的期间为**二年**。
19.当事人申请撤销裁决的，应当在收到裁决书之日起**6个月**内提出（此处仲裁案件时间和诉讼同）。
20.自调解协议生效之日起**30日**内共同向调解组织所在地基层人民法院申请司法确认调解协议。
21.公民、法人或其他组织可以自知道该具体行政行为之日起**60日**内提出行政复议申请。
22.行政复议机关收到复议申请后，应当5日内进行审查，依法决定是否受理。（和民间诉讼不同）
23.行政复议机关应当在受理行政复议申请之日起**60日**内作出行政复议决定。
24.行政争议当事人直接提起行政诉讼的。应当在知道作出具体行政行为之日起**6个月**内起诉。
25.经过行政复议不服而依法提起行政诉讼的，应当自收到行政复议决定书之日起**15日**内起诉。